JN093231

地域医療の経済学

医療の質・費用・ヘルスリテラシーの効果

Ii Masako
井伊雅子［著］

慶應義塾大学出版会

はじめに

本書を執筆しようと思った大きな動機の一つは、私のように医療政策の研究をしていると、多くの人から医療に関して相談されることがとても多いことだ。信頼できる医師など医療関係者の知り合いが多いと思われているからだろう。

本人の問題だけでなく、孫や子供、親のことまで、相談の対象は幅広いし、内容もさまざまだ。すでに気になる症状があるが、どの医療機関の何科に行けばよいのか、病院を受診したがこのまま通院を続けてもよいのか、健康診断（健診）の検査結果が出たが再検査するべきかよくわからない、など多種多様である。

病気の心配だけではない。知り合いが最近病気になったこともあり、気がかりなので自分もがん検診を受けたい、医療機関ガイドの雑誌を買ったけれどよくわからない、がん検診を受けたところ異常があり、いくつかの選択肢があるが、どうしたらよいのだろうか、といった質問もある。ご承知の通り、私は医療経済の研究者ではあるが医師ではない。

よい医療を受けたいという悩みは切実で、名医を求めて全国どこでも行くことをためらわないケースもある。しかし、インターネット上の医療情報は玉石混交だ。不安に駆られて必要以上に受診してしまい、にもかかわらずその受診が納得や満足につながっていないこともままあることだ。

最近は介護サービスに関する相談も多い。親が入居中の施設では在宅医師が定期的に訪問するが診察にはほとんど時間をかけず薬を置いていくだけ、そもそもこんなにたくさんの薬が必要なのだろうか。今まで長年診てもらっていた医師に往診を依頼しようとしても、施設の決められた医師だけしか在宅医療を提供できないといわれるのはどうしてなのか。

高齢化社会では介護は自分事でもある。そろそろ自分の老後も心配になってきたが、どのように施設探しをすればよいのだろうか、在宅で暮らしていくには現在通院している病院や診療所との関係をどうしたらよいのだろうか、という相談も多い。

身近に相談に乗ってくれる医療関係者がいる人はよいのだが、大多数の人には、知人に詳しい相談ができる人がいないだろう。もしそうした人脈に恵まれていなければ、主にインターネットやSNSなどを頼りに情報を得ることになる。しかし、インターネット上には玉石混交の医療情報が溢れている。そうした情報だけを頼りに医療機関を探すと思うと背筋が寒くなる。

医療機関や施設探しを助けるシステムづくりをビジネスチャンスと捉える人もいるかもしれない。だが、「国民皆保険制度」を誇るわが国で、正確な医療機関の情報を入手するために余計な出費を要するというのは、あるべき姿とはいえない。

こうした不安は日本人だけでなく、どの国の人でも同様だと思うが、他の国の医療関係者に聞くと、それほど頻繁に相談を受けることはないという。なぜだろう。日本では急速に高齢化が進んでいることや、日本人がやや心配性であることも理由の一つかもしれないが、最も大きな理由は、主要国では行政などの信頼できる第三者機関が医療機関の質を評価しているからだ。そしてその評価の結果を地域住民向けにわかりやすく情報発信もしている。検索エンジンでも行政機関のサイトが優先されて表示される場合が多い。

また、地域医療の専門トレーニングを受けた専門医が多く、利用者が彼らを容易に見つけることができることも大きい。心配な時に相談できる人がいることの安心感は何物にも代え難い。そのような人がいないまま、多くの日本人は、自分や家族に必要な医療や介護を求めてあれこれ試し続けている。多くのお金と時間を使い、個人にとっても社会にとっても多くの無駄を生んでしまう。結果として地域住民の満足度も下げているのではないだろうか。

日本の医療・介護提供体制の改革では、無駄を減らすために自己負担を上げるといった議論になりがちだ。そこでは、地域住民が何を必要としているかはほとんど考慮されていない。自己負担を上げても地域住民の不安を解消することはできず、結局心配で多少無理をしてでも、いくつもの医療機関を渡り歩き、重複する検査を受け続けるというループに陥ることも少なくない。結果として医療費の総額は増えてしまう。金銭や人脈に頼ることなく地域住民が公平に情報にアクセスできる制度の構築はどうしたらできるのだろうか。

医療・介護提供体制の改革の国際的な潮流は、医療の質の評価、特に医療の質に直結する医療者の教育の充実が大前提だ。それなしには地域住民が安心する医療・介護制度の確立は難しい。逆説的なように聞こえるが、医療の標準化を進めることは、医療の質を高めるだけでなく、無駄な医療を減らし、医療費の削減にもつながる。限られた予算の中で、よい医療を実現するために必要なことは、損害賠償を高くするなど罰則を厳しくするとか、自己負担を上げることではない。医師と患者の信頼関係を強め、地域住民が安心する制度をつくることだ。

もっとも、どのように制度を整えても地域住民が１００％安心することはないだろう。確実性を追求するのは日本人だけでなく人間の心に深く根差した欲求であり、現代の医療や健康に関する大きな問題でもある。医療に関する技術進歩は絶え間なく、遺伝子検査や個別化医療など確実性が高そうなものが次々と出てくる。しかし絶対に確実という検査や治療法は残念ながら存在しない。そうした理解がないと、地域住民だけでなく医師をはじめとする医療従事者も、「費用をかければかけるほど良い医療なのだ」という幻想を抱いてしまう。不確実性のもとで賢い意思決定をするためには、費用も情報も多ければ多いほどよいというわけでもない。共同で意思決定をサポートしてくれる医療者の存在が不可欠だ。本書の第５章ではさまざまな実例に基づいて、不確実性下の賢い意思決定について考察する。

本書執筆のもう一つの動機は、地域医療の議論をする時の参考資料になるような書籍をつくることである。地域医療の議論に地域住民が関わることはとても重要だ。しかし医療・介護制度は複雑で、専門家でないと議論に加われないと思っている人は多い。

国や地方自治体のウェブサイトからはさまざまなデータや資料を入手できるが、正直なところ、医療政策の議論に長く関わってきた私も、必要な資料や統計を見つけることに一苦労することが多い。本書では地域医療に関心を持つ人が議論に参加をするときの一助になることを目指し、公開されているデータをもとにできる限りわかりやすい論点整理を心がけた。

ここで、私が考える日本の医療と医療政策の課題を四点指摘したい。

まず一点目は病院中心、高度医療中心という考え方である。医療＝病院で行われるもの、というイメージだ。住民も医療者も政治家も、大学病院や大病院の専門医療を偏重するのが日本の医療制度の特徴だ。そのため「地域医療の充実とは大きな病院を建てること」と思われがちである。

そもそも「地域医療」の定義は何であろうか。日本では地域医療を定義することは実は難しい。国際的に地域医療というと、その主役は病院ではなく診療所だ。そこでのキープレーヤーは、診療所で働く医師、看護師をはじめとする多職種チームのことだ。診療所が保健所の役割も担っている。「地域医療」は英語では、プライマリ・ケアまたはプライマリ・ヘルスケアと呼ぶのが適切であろう。プライマリ・ケアの定義は第2章に詳しい。

二点目は、行政も地域を担う医療機関も、実は地域で何が起こっているかを正確には把握していないということだ。本書の第1章では東京という「特殊な地域」の医療について議論したが、たとえば東京都民の高血圧の有病率や、この1カ月間に急性心筋梗塞になった人の数を知りたくても正確なデータがない。中央区や小平市のようにより小さい行政区域でもデータを入手できない。これは東京都のような大都市だけの問題でない。へき地と言われている人口が数千人の町でも同様で、その地域に何人の高血圧の患者がいるかわからないのである。そのような状況で地域医療の政策を立案するのは難しい。ここでの問題の本質は、デジタル化の遅れではない。いままでもデジタル化に巨額の補助金をつけながら遅々として進まなかった、制度的な理由が考えられる。本書では全編にわたりその理由を深掘りする。

三点目の課題は、第3章で考察するように、医療の質の定義が明確でないことだ。日本の医療の質は高いと言われてきた。先進国の中でも低い乳幼児死亡率、高い平均余命を達成した。病院を中心とする日本の医療政策では最先端の医療機器で検査を受けることを「質の高い医療」と解釈することも多い。それを反映してか、国際比較に使われるOECDの統計では、急性期やがん治療などの一部を除いて、日本からの報告は少ない。特に地域医療の質に関しては、可視化の取組みはとても遅れていて、診療所の診療の質に関してはほとんど開示されていない。国際的に用いられる指標をほとんど報告していないため、わが国の医療は世界の中で、どの程度（質が高いのか低いの）かもわからない状況だ。

四点目の課題として、政策の議論が費用に関する統計に基づいていないことだ。日本では医療や介護の制度を支えるために住民がいくら負担をしているのか、どの治療にどの程度の費用を使っているのかなどに関して、わかりやすい情報を得ることがとても難しい。第4章で考察するように、日本の医療、介護、予防は地方自治体や職場の役割も大きいが、そこでの健診、検診、学校医、産業医などに関する費用の把握は難しい。そうしたさまざまな政策の費用を把握することが、地域医療の議論に不可欠だ。質も費用もわからないところで医療政策を議論することは、本来はできないはずである。

本書は上記のような問題点を深く議論しているが、医療政策や医療経済に関する書籍はすでに数多く出版されている。その中で本書をユニークなものとしているアプローチがいくつかある。

第一は、地域医療の要である診療所の役割を質の評価、費用の把握、情報の提供の仕方、診療所で働く医師の育成や教育などの視点から考察したことである。最近ようやく「かかりつけ医機能」の議論が本格的に始まった。そこではゲートキーピングや登録制の是非について指摘されることが多いが、第6章でみるように、ゲートキーピングや登録制は国によって選択だったり必須だったり、多様だ。その中で日本が諸外国と大きく異なるのは、地域医療の専門医になるための専門研修が必須化されていないことだ。日本の地域医療が標準化されていない大きな原因の一つである。

「かかりつけ医」や「かかりつけ医機能」の質の評価についての具体的な議論がないことも問題だ。日本以外の主要国では、医療機関の公式検索サイトに質の評価が明記され、患者が医療機関を選択するのに役立っている。

本書の第二の特徴として、国際比較の視点を重視している。今日ほとんどの国が所得格差、情報格差、日々進歩する医療技術がもたらす費用の高騰などの共通の問題に直面している。そうした環境の中で、各国は医療・介護提供体制をどのように整備しているのだろうか。医療制度の国際比較をした書籍は多いが、上記のような視点からの論考は日本ではとても少ない。

日本では「わが国には特殊な事情がある」「日本の仕組みは他国とは異なる」などを理由に、国際比較をしない傾向がある。国際比較は優劣をつけるためでない。診療内容の改善や行動変容の取組みに結びつけることが目的だ。

わが国では医療政策が、主に事例を中心として議論されがちだが、三番目の特徴として、本書ではさまざまなエビデンス（具体的な数値や統計、科学的根拠など）に基づいて分析・議論をすることを心がけた。ここで注意すべきことは、エビデンスに基づくとは、エビデンスの有無ですべてを決めるということではない。エビデンスとは判断材料のひとつである。

さらに第四の特徴として、前項とも関連するが、マクロとミクロの統計の重要性を強調している。たとえば日本には医療・介護にかかる費用を知るためのマクロ統計がいくつかあるが、政策議論において特に重要なのがＯＥＣＤの分類方法でまとめられた「保健医療支出」である。しかし残念なことに、わが国の推計方法は精密性と透明性に欠け、そこから地域医療の実態を把握できるレベルにない。ミクロ統計については、保険医療機関の経営実態把握に不可欠な事業報告書（財務諸表）の開示も遅れている。日本の地域医療をよりよくするためにも、政策議論のもとになるような統計の整備を進める必要がある。

本書を書くにあたり、主要国の行政機関のウェブサイトを比較検討したが、それらの多くは、流行りの言葉でいえばデザイン思考に秀でていて、同時に標準化されてシンプルだ。その国の事情をよく知らない人が見てもわかりやすく設計されており、統計を入手しやすい。一方日本では、健康・医療情報の内容や提供の仕方が地方自治体間でも標準化されていない。「健康づくり・介護予防」は、自治体で差別化することに意義があるとか、民間の創意工夫に任せればよいという考えまである。本来、保健サービスは、標準的・ユニバーサルであるべきだろう。

質と費用がわかりやすく示されることで、地域住民も増税などの負担の必要性を理解できるようになるのではないだろうか。

経済成長は基本的には民間企業と市場によって実現される。政府の役割は、そのプロセスが邪魔されないように環境を整備することである。日本では住民の健康管理に責任を持つ真の代理人としての医師が不在である。そのため病名がわかるまで医療機関を渡り歩いたり、さまざまな検査や投薬を受ける続けることも珍しくない。私たちが通常利用する医療サービスの多くは、通常の財と異なり、お金をかければかけるほど質が高くなるわけではない。医療サービスは情報の非対称性もあり、過度に商業化されがちなサービスだ。

行政など信頼できる機関が医師や医療機関の評価をし、わかりやすく開示する、国際比較可能な費用統計を整備する、高いコスト意識を持ち、優れた費用対効果を目指す地域医療の専門家を多数育成し、予防がインセンティブになるような支払い制度を設計する。国民が安心して日常生活を過ごせる、こうしたセーフティネットの整備が、まず政府が取り組むべき政策ではないだろうか。
以上、本書でこれらの問題意識を読者と共有しながら深掘りしていくことで、地域住民が安心して日々の生活を送れる医療・介護提供体制を整備する一助となれば、著者として望外の喜びである。

著　者

地域医療の経済学

◆目次◆

第4章　地域医療と医療費

ブックデザイン・坂田　政則
カバーイラスト・岩橋　香月
（デザインフォリオ）

第1章　東京という地域の医療

1　地域医療とは

日本で「地域医療」を定義するのは難しい。わが国では「地域」の定義が曖昧で明確な法律が存在せず、それゆえ地域医療の「地域」の概念すら、実は曖昧なところが多いのである。それぞれの立場で「地域医療」と呼ぶことが多い。

国民健康保険（以下、国保）、高齢者医療制度、介護保険の保険証は、住んでいる自治体で発行される。たとえば千葉県の船橋市に住んでいれば船橋市に保険料を納めており、予防接種や検診などは船橋市から連絡がくる。地域住民にとって、都道府県よりも市区町村のほうが身近な存在だ。一方で住民は医療機関を自由に選ぶことができるため、隣接する市川市の診療所や、東京都内の病院に通院している人も少なくない。

自由に選べるのは医療機関だけでない。介護施設も同様だ。[1]「地域包括ケアシステム」の地域もその意味するところは明確でない。厚生労働省（以下、厚労省）の説明では「地域包括ケアシステムは、保険者である市町村や都道府県が、地域の自主性や主体性に基づき、地域の特性に応じて作り上げていくことが必要です」とあるが、住民は自分の住む自治体にある介護施設だけでなく、他の市町村、もしくは他の都道府県の施設でも自由に選ぶことができる。

「地域医療構想」では、地域の定義として、基本的には「二次医療圏」を用いている。ところが地域住民は「二次医療圏」とは何か、ほとんど知らない。聞いたこともない人も多いであろう。医療機関や介護施設を選ぶ時に必要な情報でもない。このように住民が医療や介護の制度を理解するのは、聞きなれない言葉も多く、いろいろとハードルが高い。

医療や介護提供体制のあり方も複雑で、費用負担や保険制度、財政構造はもっと複雑だ。医療も介護も基本的にフリーアクセスで、受診が必要な場合は、主治医やケアマネージャーに関して自分たちで情報を集め、自己責任で医療機関や施設を探すことになる。日本では、地域住民が参考にする情報ソースに関して、行政機関が質を担保し、わかりやすく発信しているとは言い難い。

この章では、東京という世界的にみても最大の人口を有する超巨大なエリアを一つの巨大な「地域」と見立て、いびつで大きな偏りを伴いながらもそこで営まれている特殊な「地域医療」の実態を考察する。

東京は日本の人口の1割を占める。東京、埼玉、神奈川、千葉を含めた首都圏と考えると人口3700万人と、日本の人口の3分の1を占めている。人類史上古今東西、最大の人口集積地であり、その高齢化のスピードも過去に例を見ない。そこでの医療提供体制はどのようになっているのだろうか。大都市の高齢化の問題は、世界に共通の問題でもある。

2　東京の医療提供体制について

自分が住む地域の医療提供体制の概要を知りたいときには、都道府県が作成する「医療計画」が参考になる。東京都では「保健医療計画」と呼んでいるが、県によっては「医療計画」と呼んでいるところもある。都道府県の医療計画の名称は、法に基づく手続きにより作成され記載されていれば「〇〇県保健医療計画」でも「〇〇県医療計画」でもどちらでも差し支えないとされている。しかし、住民にとっては「保健医療計画」は「医療計画」とどう異なるのか、まずここで迷ってしまうかもしれない。

東京都が作成した「第7次東京都保健医療計画」（2018）は、国が定める基本方針に沿って、東京都の実情に応じて、医療提供体制の確保を図るために策定したものだ。第7次東京都保健医療計画の対象期間は2018~2023年度で、2021年7月に中間見直しも行われた。6年ごとに改定することになっており、2023年7月現在、第8次東京都保健医療計画を作成中である。

「第7次東京都保健医療計画」（2018）は、「誰もが質の高い医療を受けられ、安心して暮らせる東京の達成に向けた取り組みを進めていくための計画」である。具体的に何が書かれているのか読み進めていこうとしても、600ページ近い大部で、一般の人が1ページ目から読み始めても何がポイントなのかわかりにくく、東京都の医療の現状を把握することが難しい。概要版でも60ページ近くある。

さらに、今後の人口減少と高齢化に対応した医療提供体制を構築するため、２０１４（平成26）年6月に成立した「医療介護総合確保推進法」によって、「地域医療構想」が制度化された。２０１６年に策定された「東京都地域医療構想」は「東京都保健医療計画」を作成するための重要な資料でもある。東京都地域医療構想に関しては、次の3節で詳しく説明する。

この章では、公表されているデータを整理しながら、東京都の医療提供体制の実態と今後のあるべき姿を考察する。具体的には、病床（3節）、医療ニーズ（4節）、医師数（5節）、都民に聞いた必要な医療（6節）、東京都で策定したさまざまな計画（7節）に関して論点を整理する。

3　東京都に病床は足りているのか

この節ではまず病床に着目する。病床は、医療資源の中でも重要な位置を占め、その運用には多くの人的・物的資源が必要とされているからだ（東京都保健医療計画［2018］56ページ）。日本の医療政策では、「地域医療構想」をはじめ病床数の優先順位が高く、病床が議論の中心になっている。その理由の一つとして、医療経営の視点から病床数が重要となるからだ。日本の入院の支払いは、1日あたりの定額（ＤＰＣ／ＰＤＰＳ［Diagnosis Procedure Combination/Per-Diem Payment

System」、ＤＰＣは診断群分類（疾病の種類別）、ＰＤＰＳは1日あたり包括払い）と出来高払いの組合わせなので、病床数が増えるとその病床を埋めるために入院期間が長引き、医業収入（国民の視点からは医療費）が増える傾向にある。おおよその額であるが、1日1床あたりの医業収入は、急性期の治療で4～10万円、回復期・慢性期でも2～4万円である。

一方で、東京都など都市部でも病床利用率は高くなく、病床数が増えることで、地域での競合が激しくなる可能性もある。病院経営者にとり、病床数は重要な数字なのである。

東京都の医療提供体制の特徴は、高度医療を提供する大学病院や特定機能病院が集積していることだ。同時に多くの中小病院や診療所もあり、都内の医療機関数や病床数は多い。しかし、新型コロナウイルス感染症（以下、コロナ）禍では病床が逼迫し、また以前から救急車での妊婦のたらい回しなども問題になっていた。

厚労省は病床種類別の病床数を報告しており、表１－１は東京都の２０２１年3月末の病床数だ。一般病床（general beds）と療養病床（long-term care beds）、精神病床、感染症病床、結核病床ごとに病床数を報告している。「一般病床」とはどのような病床なのだろうか。

厚労省の定義によると、病床は、特殊疾病に限定して利用する「精神病床、感染症病床、結核病床」、それ以外で主として長期にわたり療養を必要な患者が入院する「療養病床」、残りすべての病床が「一般病床」とされている。

「一般病床」とは、国際比較でよく使われる経済協力開発機構（Organisation for Economic Co-

表1－1　東京都の病床数（病床種類別、令和3［2021］年）

（単位：床）

一般病床			療養病床		
	病院	診療所		病院	診療所
85,206			22,912		
	81,125	4,081		22,708	204

精神病床	感染症病床	結核病床
22,612	145	520

（出所）　厚生労働省　医療施設動態調査（2021年3月末）

operation and Development, 以下、OECD）の統計の「急性期病床（curative（acute）care beds）」と異なり、病床が機能分化していない日本特有の病床といえる。そのため「一般病床」数からは、国際的に病床が多いのか少ないのか、よくわからないのである。

それでは、東京の病床は医療機能別に見るとどのような病床配分になっているのだろうか。東京都の今後の人口構成に見合った配分になっているのだろうか。この節ではさまざまな指標を用いて検討していく。

東京都の病床の過不足を議論する時に、まず重要となる「基準病床数」、次に「地域医療構想」、「病床機能報告制度」、そして、病院や病床の統合再編を進めるための財政支援制度である「地域医療介護総合確保基金」の順に考察する。

(1)　基準病床数とは

基準病床数は現在必要な病床数であり、各都道府県

図1－1　国が定める基準病床数の算定式

一般病床

$$\frac{\left(\text{性別·年齢階級別人口}\right)\times\left(\text{性別·年齢階級別一般病床退院率}\right)\times\left(\text{平均在院日数}\right)❷+\left(\text{流入入院患者数}\right)-\left(\text{流出入院患者数}\right)}{\left(\text{病床利用率}\right)❶}$$

療養病床

$$\frac{\left(\text{性別·年齢階級別人口}\right)\times❸\left(\text{性別·年齢階級別療養病床入院受療率}\right)-❹\left(\text{在宅医療等対応可能数}\right)+\left(\text{流入入院患者数}\right)-\left(\text{流出入院患者数}\right)}{\left(\text{病床利用率}\right)}$$

都道府県間の患者流出入を見込む場合

流出先又は流入元の都道府県と協議を行い定めた数 ❺

①病床利用率は一般76%、療養90%を下限値として設定
②平均在院日数は地方ブロックごとの経年変化率を踏まえた日数を設定
③入院入所需要率から、療養病床入院受療率へ見直し
④介護施設対応可能数から、在宅医療等対応可能数に見直し
⑤流出超過加算から、都道府県間で調整を行い定める数へ変更

（出所）　厚生労働省、神奈川県

が病床の整備を進める時の基準にしている。病床を効率的かつ適切に活用するために医療法に基づき、病床の種類ごとに基準病床数を定めている。国から示されている算定式は図1－1の通りだ。「性別・年齢階級別人口」については、都道府県に裁量の余地があるため、人口の増減に伴い基準病床数を再算定することができる。

基準病床数と既存病床数は表1－2のように、二次医療圏ごとに報告されている。二次医療圏（より詳細はBOX 1－1を参照）は、住民の身近な医療の範囲として定義されており、医療政策の策定において、重要な役割を担っている。

2023年4月1日現在、既存病床数の総計は10万8489床、基準病床数の総計は9万9446床で、東京都は、9043

表1－2　東京都の基準病床数と既存病床数の比較

（単位：床）

区分	二次保健医療圏	構成区市町村	基準病床数（A）	既存病床数（B）	過（▲）不足（C＝B－A）
療養病床及び一般病床	区中央部	千代田、中央、港、文京、台東	5,576	13,263	7,687
	区南部	品川、大田	8,257	8,141	▲ 116
	区西南部	目黒、世田谷、渋谷	9,749	9,684	▲ 65
	区西部	新宿、中野、杉並	8,390	10,031	1,641
	区西北部	豊島、北、板橋、練馬	14,880	14,767	▲ 113
	区東北部	荒川、足立、葛飾	10,978	10,996	18
	区東部	墨田、江東、江戸川	9,446	9,354	▲ 92
	西多摩	青梅、福生、あきる野、羽村、瑞穂、日の出、檜原、奥多摩	3,342	4,096	754
	南多摩	八王子、町田、日野、多摩、稲城	11,381	10,665	▲ 716
	北多摩西部	立川、昭島、国分寺、国立、東大和、武蔵村山	4,322	4,340	18
	北多摩南部	武蔵野、三鷹、府中、調布、小金井、狛江	7,067	7,302	235
	北多摩北部	小平、東村山、西東京、清瀬、東久留米	5,810	5,770	▲ 40
	島しょ	大島、利島、新島、神津島、三宅、御蔵島、八丈、青ヶ島、小笠原	248	80	▲ 168
	総計		99,446	108,489	9,043
精神病床		都内全域	18,576	20,649	2,073
結核病床		都内全域	254	363	109
感染症病床		都内全域	132	124	▲ 8

（注）　令和5年4月1日現在。
（出所）　東京都HP（2023年8月13日アクセス）

床の病床過剰地域となっている。しかし、二次医療圏により大きな差があり、区中央部（千代田、中央、港、文京、台東）では7687床の過剰、区西部（新宿、中野、杉並）では1641床の過剰である一方で、南多摩（八王子、町田、日野、多摩、稲城）では716床の病床過少になっている。

理由は不明だが、「第7次東京都保健医療計画」（2018）（以下「東京都保健医療計画」と表記）には、東京都の全体像がわかるような二次医療圏ごとの「基準病床数」「既存病床数」「過不足の数字」を一つの図表として掲載していない。そのため過去の「既存病床数」の推移も容易にわからない。こうした記載のあり方も「東京都保健医療計画」をとても読みにくくしている。

そこで、大阪府の医療計画（図1－2）を参考に、東京都の平均在院日数の推移と基準病床数・既存病床数の推移を示したものが図1－3だ。こうした図を東京都の保健医療計画にも掲載すれば、東京都の医療提供体制のあるべき姿を議論するために参考になる。

大阪府と同様に2019年までは平均在院日数は減少傾向にあるが、東京都の基準病床数は年々増える傾向にある。基準病床数は2019（平成31／令和元）年（9万6491床）から2022（令和4）年（9万9446床）へと、3000床も増えている。既存病床数も2019年（10万6790床）から2022年（10万8523床）へと、1733床増えていて、基準病床数より増加数は少ないが、病床過剰の傾向は変わらない。

2020年以降は、図1－3⑵が示すように病床利用率が大きく下がり、平均在院日数は増加傾向にある。コロナ禍による受診控えによる入院患者の減少で、病院の一部には在院日数を伸ばすこ

図1−2　大阪府の平均在院日数、病床利用率、基準病床数の推移

（1）　平均在院日数（一般病床）の推移

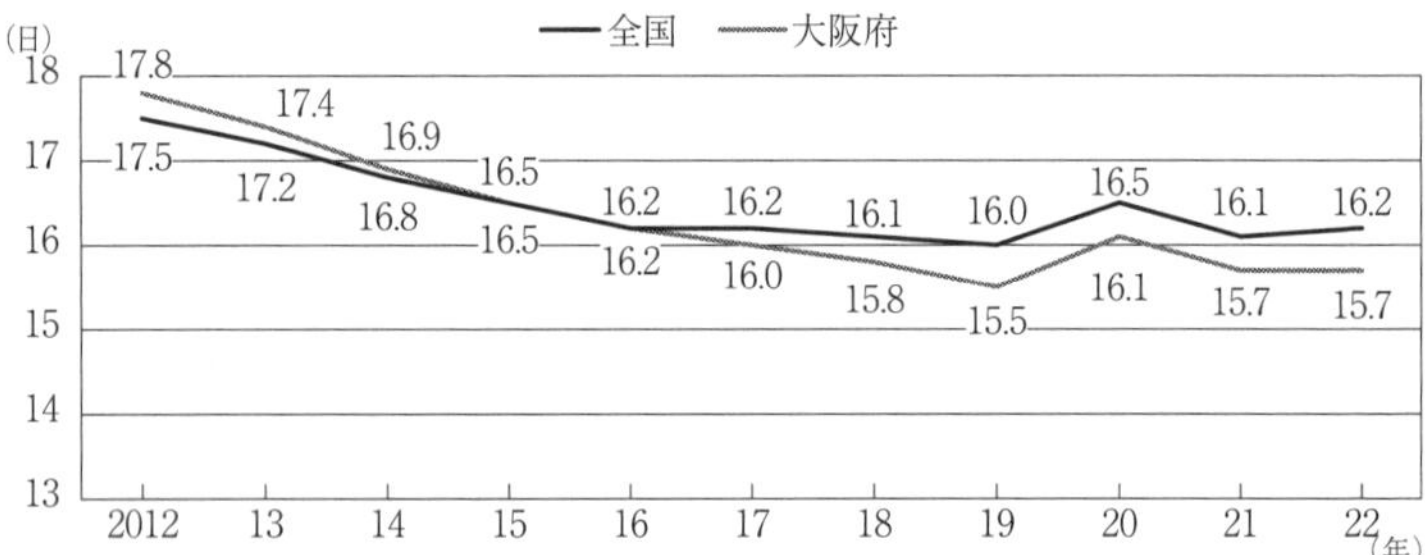

（2）　病床利用率（一般病床）の推移

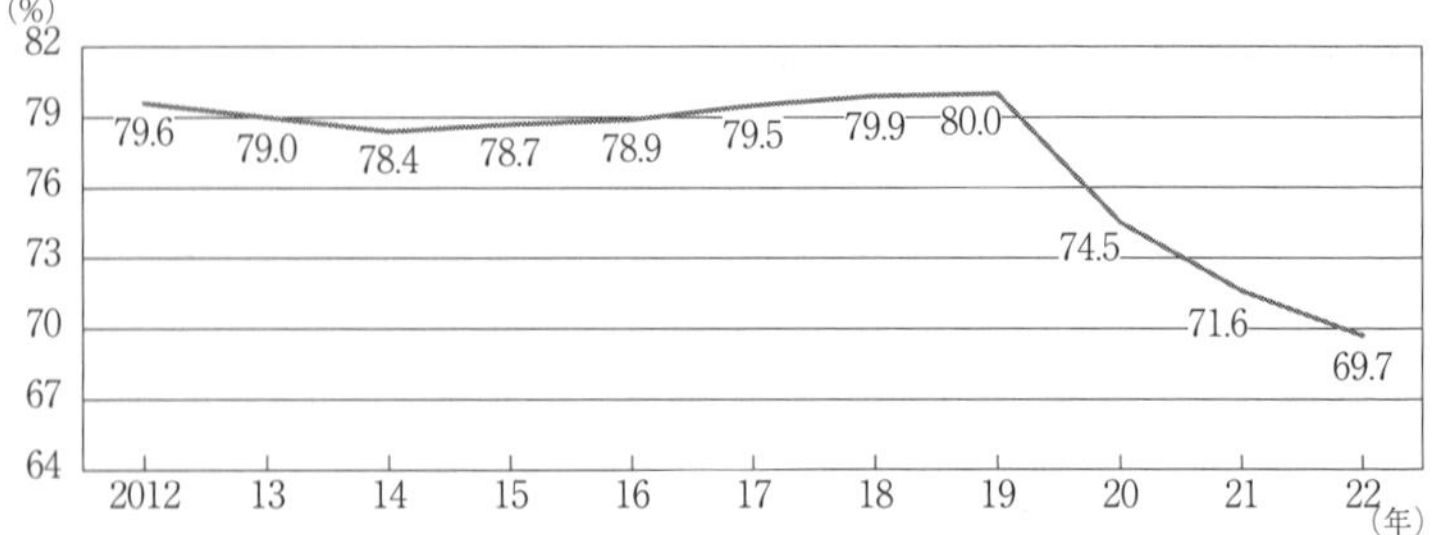

（3）　基準病床数の推移

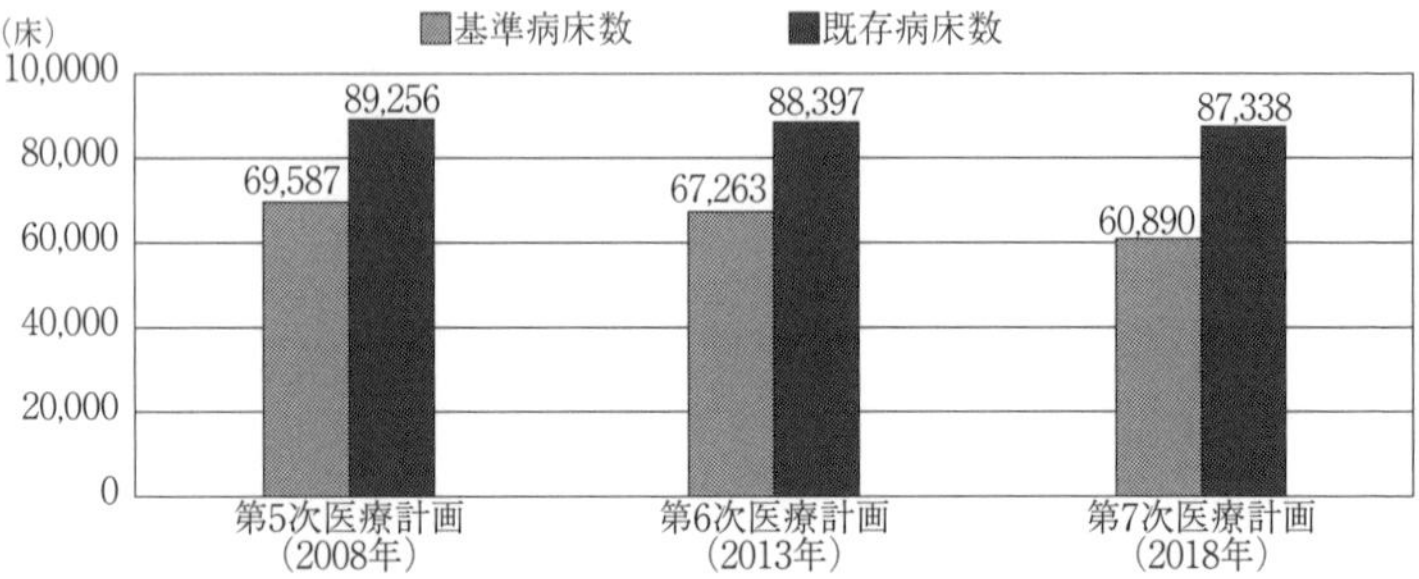

（注）　2019年まで、平均在院日数は短縮し、医療計画の改定ごとに「基準病床数」は減少している。2020年以降は病床利用率が大きく下がり、平均在院日数は増加傾向。

（出所）　病院報告、大阪府の資料をもとに筆者作成

図1−3　東京都の平均在院日数、病床利用率、基準病床数と既存病床数の推移

(1)　平均在院日数(一般病床)の推移

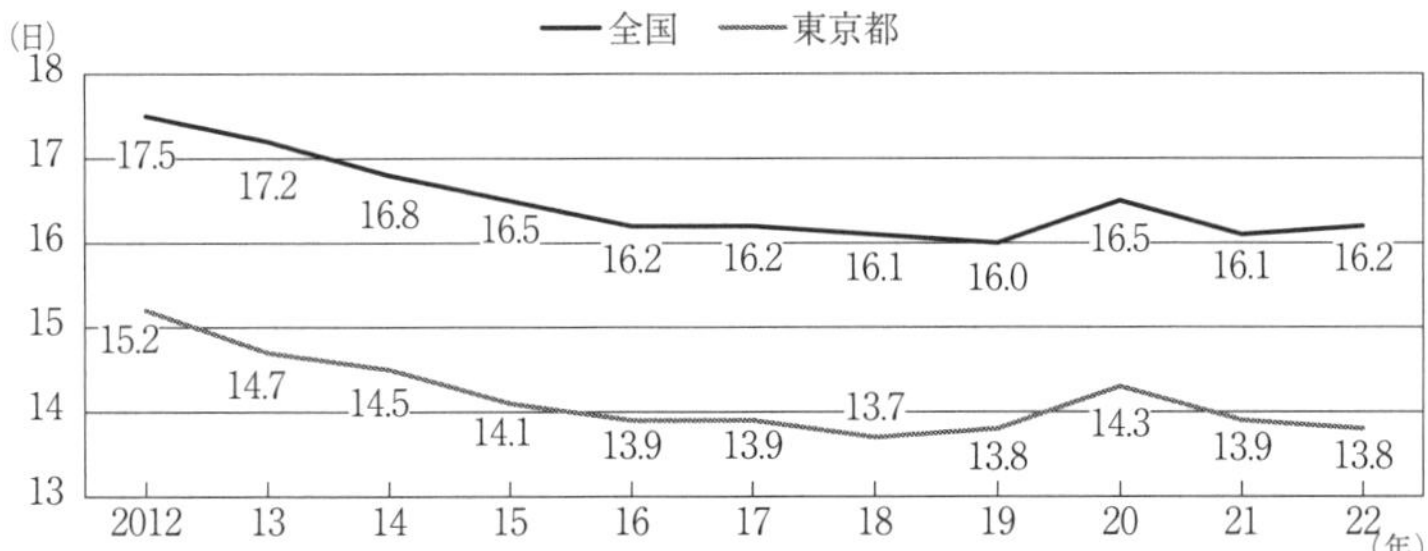

(2)　病床利用率(一般病床)の推移

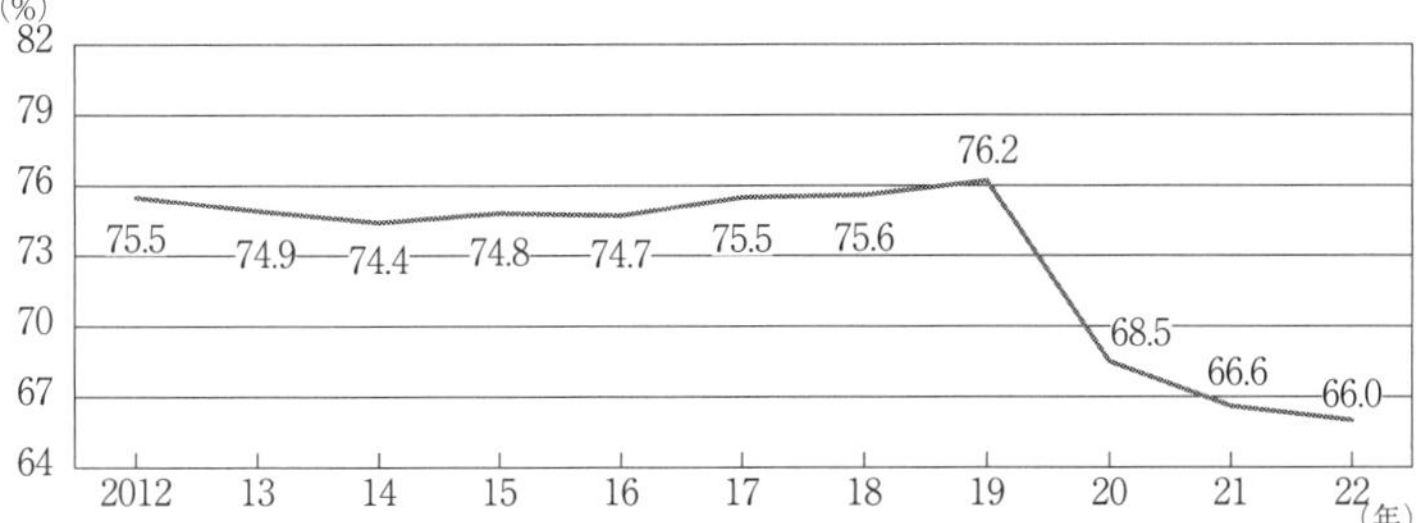

(3)　基準病床数と既存病床数の推移

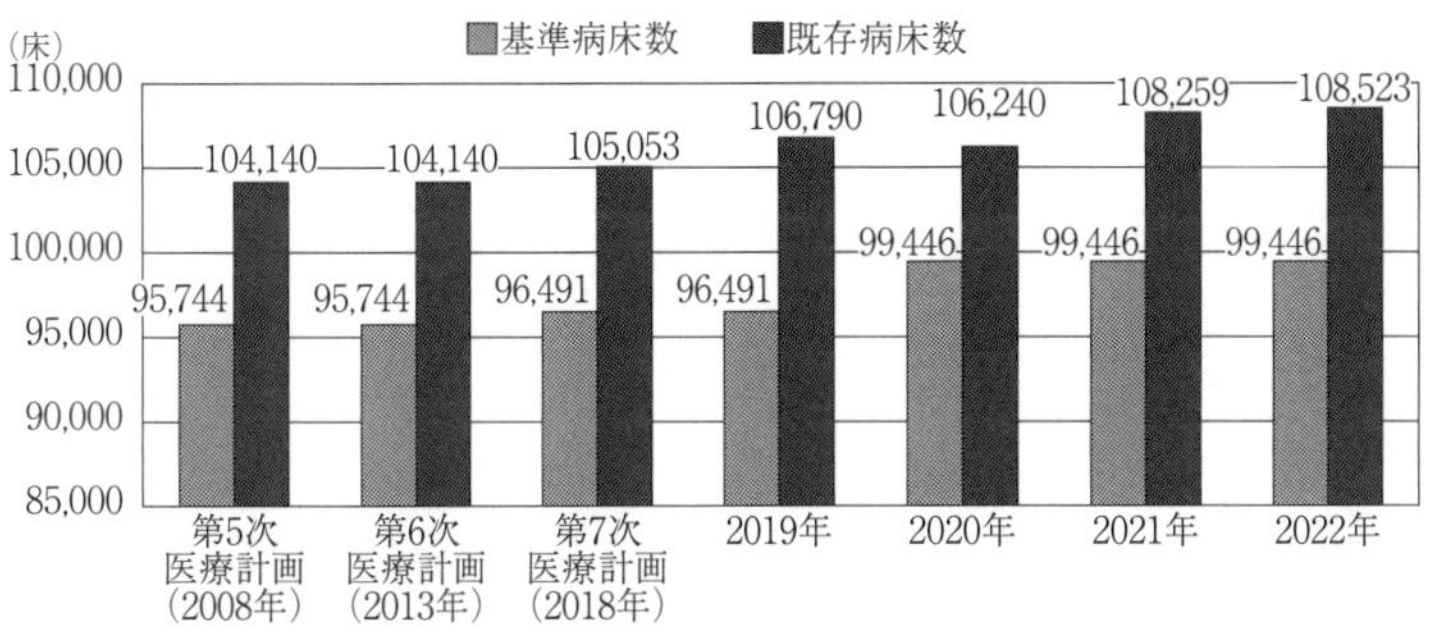

(注)　2019年まで、平均在院日数は短縮したが、大阪府と異なり「基準病床数」は増加した。2020年以降は病床利用率が大きく下がり、平均在院日数は増加傾向。

(出所)　病院報告、東京都の資料をもとに筆者作成

とで収益を確保しようとした可能性がある。

「東京都保健医療計画」56ページによると、「既存病床数が基準病床数を上回る圏域における病院及び有床診療所の開設、増床等は原則としてできず、開設の中止、増床数の削減等の知事の勧告の対象となります」とある。

病床は運用に多くの人的・物的資源を必要としており、基準病床数は厳しく運用されているはずであるが、その根拠が曖昧と思われる場合でも基準病床数を増やすことが認められたケースを筆者は東京都医療審議会で経験した。

２０２１（令和３）年3月に区東北部（荒川区・足立区・葛飾区）は９５６床の病床配分の申請を行った。２０２１年2月1日現在、区東北部には４８３床（基準病床数1万５０５床と既存病床数1万22床の差）が配分可能であったが、それを４７３床上回る申請を行ったのである。そのため、東京都は基準病床数を見直すことにした。

見直しの（基準病床数を増やす）理由としては①急速な高齢化に伴う医療需要の増加への対応が必要、②感染症や災害発生時に医療機能を発揮する病床の整備が急務、特に、区東北部では大学病院などの集積する区中央部に患者が多数流出しているという[2]理由で、基準病床数を増やすことが認められた。東京都の資料[3]によると対象とする病床機能には、急性期機能（ＩＣＵの増床など）も含まれているため、筆者は東京都医療審議会の委員として、基準病床数を増やすことに、以下のような意見を出した[4]。

「区東北部は、基準病床数を上回る病床配分申請が出されていることから、多くの医療需要があると認められる」とあるが、「申請されている＝多くの医療需要がある」は妥当なのか。東京都は、将来の高齢化による医療ニーズを推測して急性期病床が不足するという試算を出しているが、これには少なくとも2点問題がある。1)2011年の患者調査の入院受療率に基づくが（急性期の）医療ニーズは年々下がってきている、2)現状の長い急性期在院日数の維持が前提となっている。

一方で、回復期・慢性期のニーズは増大するので、これらに必要な病床数の確保は必要で、急性期からの転換は重要となる。

都は、まず都内の急性期医療機関の病床利用率と平均在院日数を調査して（コロナ禍前のデータが適切）医療ニーズの現状を知り、将来の入院受療率から医療ニーズ予測を出し、それを元に議論をすべき。コロナ禍前でも病床利用率は8割程度、平均在院日数はDPC／出来高病院（筆者注：1日あたり定額または出来高払いの病院）も含め12－13日ほどではないか。これから在院日数が減れば（OECD諸国並み）、日本の急性期病床は半分ぐらいで十分という試算もある。もっとも、現状の診療報酬下で在院日数を減らすことは、医業収益が激減することになるので、入院医療の支払いを一入院包括に移行することなどの議論も進めることが不可欠である。

ところが、当日の東京都医療審議会では、事務局からは「おおむね賛同、あるいは、好意的なご意見が提出されたものというふうに考えております」として、基準病床数の変更について、「審議の結果、適当」と認められた(5)。

基準病床数を増やすのは、以下のような条件が設けられている。

「既存病床数が基準病床数を超える二次保健医療圏であっても、高度ながん診療施設、周産期医療を行う施設など特定の病床が不足する地域における当該診療を行う医療機関のための病床整備（医療法施行規則第30条の32の2）、人口の著しい増加に対応した病床整備など（医療法施行令（昭和23年政令第326号）第5条の3）、特別な事情により更なる整備が必要な場合には、都道府県は、関係機関・関係団体と調整の上、厚生労働大臣に協議して、同意を得た数を基準病床数に加えることができます」（「東京都保健医療計画」[2018]）56ページ）

今回は、上記のどの条件に該当するのか、判断が難しい。地域の医療機関の要望で基準病床数を安易に増やすことにはもっと慎重になるべきであろう。特に問題なのは、上記の意見にも書いたように、現状の長い急性期病院の在院日数の維持を前提としている点だ。図1-2のように、大阪府では、年々平均在院日数が減少する傾向にあり、基準病床数を削減している。一方で、東京都の基準病床数が年々増える傾向にある理由は何か、東京都の保健医療計画に明記されるべきだろう。

この東京都医療審議会の議論は2021年3月という、コロナ対策において、都内では中小の急性期病院が多く、病床数は多いがコロナ患者を十分に引き受けられないという議論の最中でもあった。医療従事者の体力がない中小病院で感染症対応をしてＩＣＵを数床増やしても医療の質が担保されず、かつ非効率である。ＩＣＵを増床するのであれば、大病院で医師や看護師など集中治療に対応できる人員が揃っていることも条件とするべきである。

コロナ禍でも明らかになったように、集中治療に対応するためには、医療従事者の集約化（急性期病床数を適正化し急性期機能を集約化）を前提と考えるべきで、これはコロナ対応だけでなく、集中治療が必要な重篤な疾患・状態でも同様のことがいえる。そうした知見を共有できるようになったと思っていた時だけに、この基準病床数を増やす決定はとても残念なことだった。

病床を増やすことは、都民の負担も増えることになる。一病床を増やすことで、都民の負担はどのくらい増えるのか、本来はそうした議論も必要であろう。東京都は限られた資源をどのように配分するのか、都民の税金の使い方として適切なのか、こうしたすべてについて、東京都は明確な根拠とともに理由を開示すべきである。これは、都民への説明責任である。

基準病床数を増やした区東北部（荒川区、足立区、葛飾区）の既存病床数は、２０２１（令和３）年2月1日の1万22床から、２０２１年4月1日には1万９７８床と、９５６床増えた。２０２３（令和５）年4月1日には、既存病床数が1万９９６床と、18床の病床過剰地域になっている（前出表１－２）。増床された９５６床の配分に関しては審議会の資料が公開されているが[6]、その増床の結果、地域住民の利便性が増したのか、医療費はどのぐらい増加したのかなどの分析とその報告を、地域医療構想調整会議、保健医療計画推進協議会、医療審議会などで行うべきであろう。病床配分を要望するだけで、その後の病床の使われ方、そのための金銭的な負担の議論がさまざまな会議でほとんど行われていないことは大きな問題だ。

基準病床数は都道府県の医療政策において重要な数字であるが、ほかにもいろいろな問題や矛盾が指摘されている。よくある指摘として、図1－1から明らかなように、「病床利用率が高ければ、基準病床数が下がる」「平均在院日数を短くすれば、基準病床数が下がる」ことだ。つまり、頑張ってベッドを埋めるほど、頑張って患者を退院させるほど、基準病床数を下げる方向に働くことになる。そのため、病院経営者にとっては、病床の稼働率を下げて、患者を長く入院させておいたほうが、基準病床数が増え、自院の病床数を多く確保できる可能性がある。一方で、基準病床数が多くなると、新規に参入する病院が増えて競合することになるので、基準病床数は抑えたいと考えるのかもしれない。

図1－1のように基準病床数は一般病床と療養病床とそれぞれに算出しているが、表1－2のように対外的に基準病床数を報告するときは、一般病床と療養病床の合計数になっている[7]。そのため、どの病床が増えたのか減ったのかわからないことも問題だ。一般病床自体、日本独特の病床であるが、基準病床数の対象病床は、一般病床と療養病床の区別すらしていないのである。ましてや、急性期、回復期、慢性期など、どの機能を持つ病床なのかもわからない。

要するに、日本の病床は機能分化ができていないため、どの病床が足りないのか多いのか、基準病床数だけではよくわからないのである。

ＢＯＸ１－１　保健医療圏とは

一次保健医療圏：日常的な医療を提供する区域
二次保健医療圏：入院医療および専門外来医療を提供する区域、原則、地域医療構想の構想区域
三次保健医療圏：高度、特殊な専門的医療を提供するとともに東京都全域での対応が必要な保健医療サービスを提供する上での区域

保健医療計画や地域医療構想をはじめ多くの医療政策の策定において、都民の身近な医療の範囲として「二次保健医療圏（以下、二次医療圏と表記）」を用いている。しかし、「二次医療圏」を理解している都民はどれくらいいるだろうか。通常患者は医療機関を受診する時に二次医療圏を意識することはない。都内は道路も整備され、交通網が発達しているので、交通機関の便利なところを受診することが多い。「名医」を求めてわざわざ遠くの医療機関にかかることもある。

東京都の二次医療圏は、病床の整備を図る区域として、１９８９（平成元）年に東京都が定めた。東京都は、病床の整備とともに、５疾病・５事業（２０２４年からは６事業）、感染症、認知症対策、また、福祉の分野などでも、この区域を用いて整備を進めてきた。一方、東京は、高度医療を求めて、全国から患者が集中するなど、広範な医療連携が構築されている。また、地域包括ケアシステムでは、中学校区で進める地域もあれば、二次医療圏で進める地域もあるなど、その特性に応じた取組みとなっている。

東京都の地域医療構想では、構想区域は原則二次医療圏とし、構想区域ごとに地域医療構想調整会議が開催されている。今後はきめ細かく病床の整備を図っていくこととし、医療連携については、第7次東京都保健医療計画より事業推進区域を設けた。これはたとえば、周産期の搬送体制は8ブロックといったような、二次医療圏にかかわらず設定し、事業を柔軟に進めていくための区域である。

一次医療圏は、プライマリ・ケアを提供する区域で、主に診療所や病院の外来が中心である。医療法の規定はないが、基本的に市町村を単位に設定されている。

プライマリ・ケアに関しては、第2章のBOX2－1で詳しく説明する。

BOX 1－2 病床と病棟の関係

病床数を議論する時に、注意することがいくつかある。まず、病床と病棟の内訳だ（図1－4）。病床は、特殊疾病に限定して利用する「精神病床、感染症病床、結核病床」、それ以外に長期にわたり療養が必要な患者が入院する「療養病床」、残りすべての病床は「一般病床」と定義される。病棟は、四つの病棟（一般病棟、療養病棟、回復期リハビリテーション病棟、地域包括ケア病棟）に分かれる。

次に注意すべきは、病床区分には医療法と診療報酬制度が関わっていることだ。一般病床と療養病床は、「医療法」の位置づけである。一方で、回復期リハビリテーション病棟と地域包括ケア病棟は「診療報酬」における機能に応じた分類である。そのため、回復期リハビリテーション病棟と地域包括ケア病棟は、一般病床と療養病床にまたがっている（図１－５）。

図1－4　病床と病棟の関係（1）

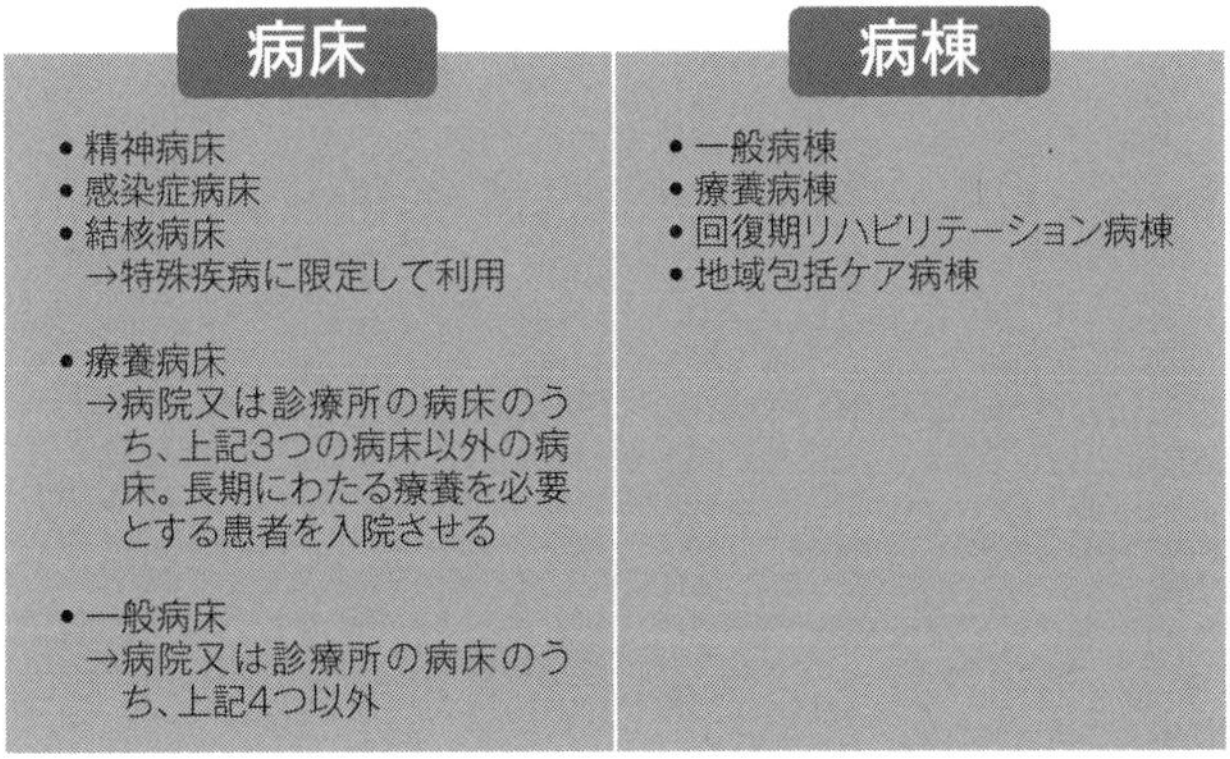

病床	病棟
• 精神病床 • 感染症病床 • 結核病床 →特殊疾病に限定して利用 • 療養病床 →病院又は診療所の病床のうち、上記3つの病床以外の病床。長期にわたる療養を必要とする患者を入院させる • 一般病床 →病院又は診療所の病床のうち、上記4つ以外	• 一般病棟 • 療養病棟 • 回復期リハビリテーション病棟 • 地域包括ケア病棟

図1－5　病床と病棟の関係（2）（イメージ）

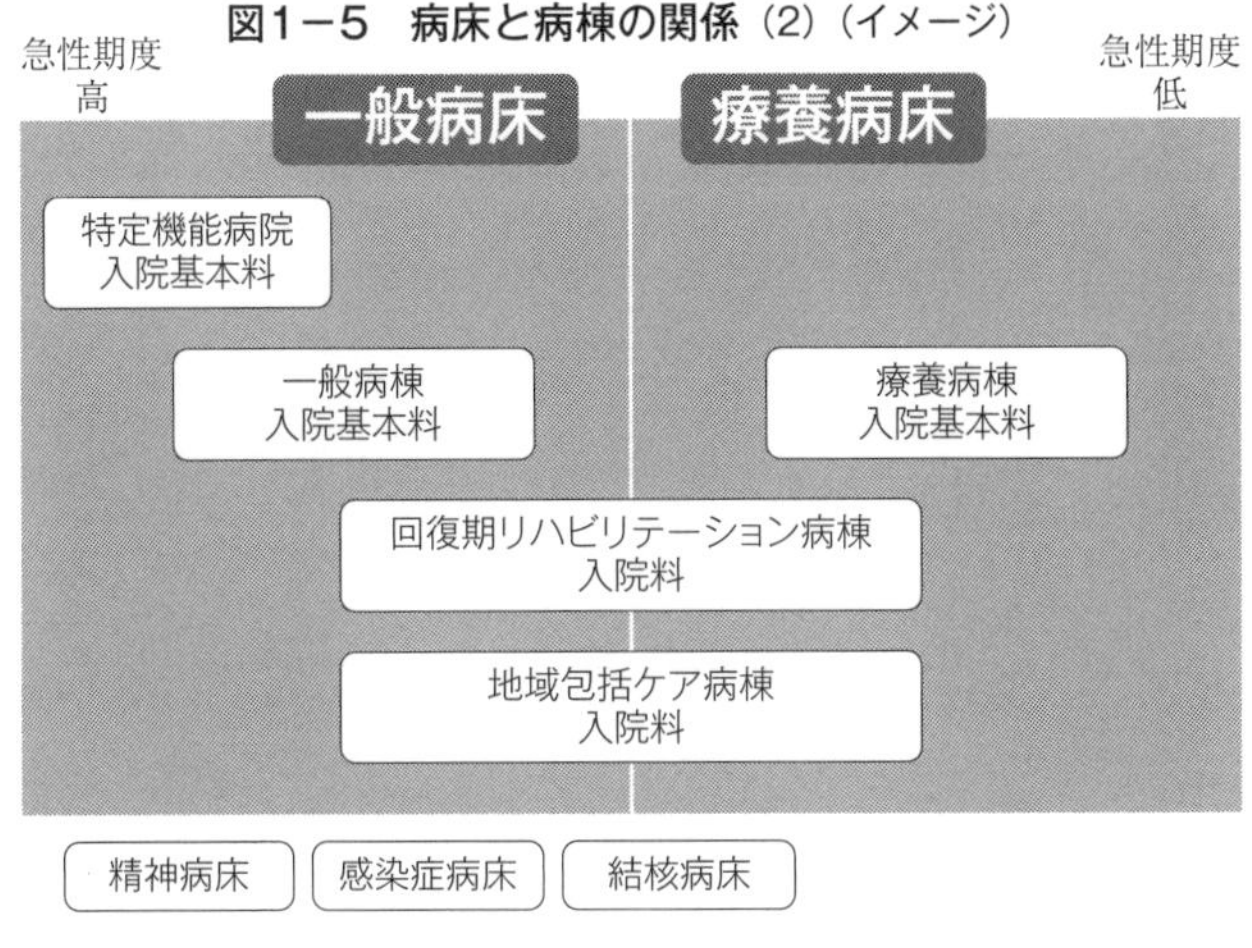

精神病床は減少傾向にあるが、依然2073床過剰だ（前出表1－2）。日本のメンタルヘルスケアの問題点は、第6章（医療提供体制の国際比較）で議論するが、過剰な病床数と長期入院が問題になっており、病床削減の重要性が長年指摘されている。また、このあと本章5節で詳しく見るように、都内の診療科の増加率では、近年診療所では精神科の伸びが顕著で、精神病床とのバランスで考えていく必要がある。

精神病床は二次医療圏ごとでなく、都内全域の合計数のみが報告されている。一律に二次医療圏という枠の中で、医療機関や医師の偏在の議論をするべきでないというのが理由のようだ。

東京都の医療機関の特徴として、精神科の病院は多摩地区に偏っていて、診療所は23区に多いという偏在の問題がある。精神科病院には入院手続きや行動制限などで精神保健指定医が必要なのにもかかわらず、どんどん開業して診療所に移ってしまい、精神科病院に指定医が不足しており、その結果、都の指定業務にも協力ができず支障が出ている点は東京都精神科病院協会会長から「医師の適正配置ということも考えて、まあ病院には地域医療計画がありますが、診療所にも、特に精神科については地域医療計画をつくって、開業するかどうかについても、地区医師会がそれなりにかかわって判断するというようなことも、私は必要ではないかというふうに考えています[8]」との提案もなされている。

このように、メンタルヘルスケアは医療資源の偏在が特に顕著で、都民が困っている典型的な例だ。たとえば、メンタルな異常は身体症状として現れることが多いが、メンタルな問題と身体的問題を併せてケアできる医師が少ない。本書を通して議論するように、多くの国や地域ではプライマリ・ケアの専門研修を受けた医師が軽症や中等症のメンタルヘルスケアに対応するが、日本ではそうした患者への対応が遅れている。

⑵　２０２５年に向けて東京にふさわしい病床の機能分化と連携を進めるための「地域医療構想」

既存病床数も基準病床数も、医療機能に分かれていないので、どの病床がどれだけ過剰なのか過少なのかは、表１－２や図１－３からはよくわからない。そこで参考になるのが、東京都の「地域医療構想」だ。

地域医療構想は、今後の人口減少・高齢化に対応する医療提供体制を構築することを目的に２０１４年に制度化された。病床を四つの医療機能（高度急性期、急性期、回復期、慢性期）に分けて、それぞれどのくらい病床が必要とされているのか、ニーズを把握した上で、医療提供体制の議論を進めようとしている。

より具体的には、将来人口推計をもとに２０２５年に必要となる病床数（必要病床数）を四つの医療機能ごとに推計した上で、地域の医療関係者の協議を通じて病床の機能分化と連携を進め、効率的な医療提供体制を実現するための仕組みで、医療機関の再編成を意図している。

東京の「地域医療構想」では、「誰もが質の高い医療を受けられ、安心して暮らせる『東京』」の

図１－６　東京都における構想区域

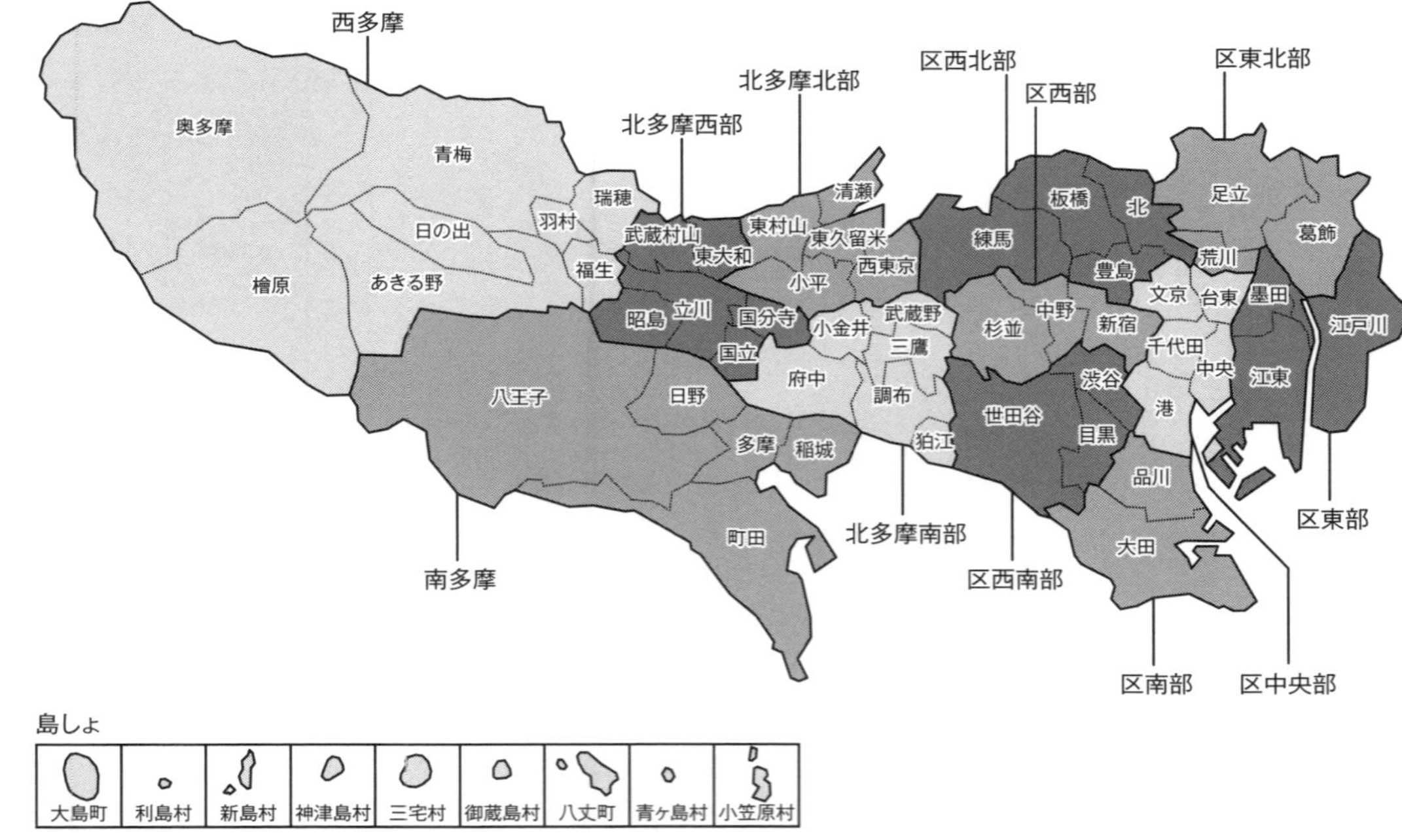

実現を目指すと明記されている。なお、「質の高い医療」とは具体的に何を意味するのか、「地域医療構想」では詳しい説明はない。

地域医療構想では構想区域を定めることになっていて、原則二次医療圏である。東京都では、図１－６のように13の構想区域（二次医療圏）に分かれている。構想区域ごとに「地域医療構想調整会議」を設置し、関係者が協議する。それぞれの構想区域ごとに、そして医療機能ごとに、２０２５年の必要病床数（と在宅医療等患者数）を算定した結果が表１－３だ。２０２５年の必要病床数は、厚労省令等で定める計算式に基づき、ＮＤＢ（匿名医療保険等関連情報データベース：ＤＰＣデータ・医療レセプト・特定健診などの情報データベース）などのデータから入院受療率を算定し病床数を算定した数字である。たとえば高度急性期の医療資源投入量は１日３０００点以上、急性期は６００点以上などである。

参考までに表１－３には、表１－２の基準病床数と既存病床数も記載した。

表１－４では、東京都全体として、２０１３年と２０２５年の必要病床数を比較している。この推計によると２０２５年には総病床数11万３７６４床が必要となり、２０１３年時点で８２６７床の不足だ。その内訳は、高度急性期で１９９９床、急性期で７９００床の不足となっている。

表１－２および表１－３の２０２３年「既存病床数」10万８４８９床は、２０２５年の必要病床数（11万３７６４床）と比べると、東京都の病床数は５２７５床不足していることになる。病床整備の基準である２０２３年「基準病床数」（９万９４４６床）と比較すると、１万４３１８床も不足

表1－3　2025年の患者数と必要病床数、2023年の基準病床数と既存病床数

			高度急性期	急性期	回復期	慢性期	計	在宅医療等	基準病床数	既存病床数
区中央部	千代田、中央、港、文京、台東	患者数	2,498	5,212	3,463	559	11,732	11,864		
		病床数	3,331	6,682	3,848	608	14,469		5,576	13,263
区南部	品川、大田	患者数	1,012	2,780	2,457	853	7,102	17,700		
		病床数	1,349	3,564	2,730	927	8,570		8,257	8,141
区西南部	目黒、世田谷、渋谷	患者数	1,119	2,894	2,772	1,565	8,350	24,344		
		病床数	1,492	3,710	3,080	1,701	9,983		9,749	9,684
区西部	新宿、中野、杉並	患者数	1,542	3,886	3,550	1,043	10,021	21,932		
		病床数	2,056	4,982	3,944	1,134	12,116		8,390	10,031
区西北部	豊島、北、板橋、練馬	患者数	1,384	4,300	4,391	2,895	12,970	28,844		
		病床数	1,845	5,513	4,879	3,147	15,384		14,880	14,767
区東北部	荒川、足立、葛飾	患者数	628	2,466	3,033	2,159	8,286	19,227		
		病床数	837	3,162	3,370	2,347	9,716		10,978	10,996
区東部	墨田、江東、江戸川	患者数	816	2,834	2,465	880	6,995	15,672		
		病床数	1,088	3,633	2,739	957	8,417		9,446	9,354
西多摩	青梅、福生、あきる野、羽村、瑞穂、日の出、檜原、奥多摩	患者数	206	754	928	1,357	3,245	4,120		
		病床数	275	967	1,031	1,475	3,748		3,342	4,096
南多摩	八王子、町田、日野、多摩、稲城	患者数	746	2,566	2,760	4,040	10,112	20,047		
		病床数	995	3,290	3,067	4,391	11,743		11,381	10,665
北多摩西部	立川、昭島、国分寺、国立、東大和、武蔵村山	患者数	446	1,394	1,308	921	4,069	8,178		
		病床数	595	1,787	1,453	1,001	4,836		4,322	4,340
北多摩南部	武蔵野、三鷹、府中、調布、小金井、狛江	患者数	1,072	2,408	2,373	1,427	7,280	15,069		
		病床数	1,429	3,087	2,637	1,551	8,704		7,067	7,302
北多摩北部	小平、東村山、西東京、清瀬、東久留米	患者数	447	1,464	1,647	1,595	5,153	9,975		
		病床数	596	1,877	1,830	1,734	6,037		5,810	5,770
島しょ	大島、利島、新島、神津島、三宅、御蔵島、八丈、青ヶ島、小笠原	患者数	10人/日未満のため数値なし	16	18	10人/日未満のため数値なし	34	308		
		病床数	10人/日未満のため数値なし	21	20	10人/日未満のため数値なし	41		248	80
東京都合計	患者数(人/日)		11,916	32,974	31,165	19,294	95,349	197,277		
	病床数(床)		15,888	42,275	34,628	20,973	113,764		99,446	108,489
	構成比(%)		14.0	37.2	30.4	18.4	100.0			

（注）　患者数=人/日、病床数=床。

（出所）　2025年の患者数と病床数は「東京都地域医療構想（2016, p.35-36）」基準病床数と既存病床数は表1−2より

表１－４　東京都地域医療構想において推計した2013年と2025年の必要病床数の比較

（単位：床）

	高度急性期	急性期	回復期	慢性期	計
2013年	13,889	34,375	26,812	30,421	105,497
↓	↓	↓	↓	↓	↓
2025年	15,888	42,275	34,628	20,973	113,764
増減	1,999	7,900	7,816	▲9,448	8,267

（注）　2013年の病床数は「必要病床数等推計ツール」（厚生労働省）による。
（出所）　「東京都保健医療計画」374ページより

していることになる。東京都によると、「２０２５年の必要病床数は、２０１３年の患者の受療動向等を基にした２０２５年の推計値で、さまざまな要因で変化する可能性があり、目標値ではない」「病床の整備は、従来通り、基準病床数制度により実施し、地域に必要な医療の確保を図る」としている（東京都地域医療構想［2016］37ページ）。

このように、丁寧にデータを見ても、急性期病床が足りないのか多いのか容易にわからないのである。また、日本の医療制度の問題点としてしばしば指摘される精神病床数は地域医療構想の対象になっていない。

地域医療構想の大きな問題は、議論の中心が病床数であり病院（入院）構想であることだ。入院外の統計としては、「在宅医療等患者数（１日あたりの人数）」として算定されているが、地域医療構想での位置づけははっきりしていない。現状との比較もない。慢性期の一部は在宅医療で対応可能だが、そうした分析も地域医療構想ではほとんど行われていない。

「在宅医療等」の定義は、「地域医療構想策定ガイドライン」[9]

によると、「居宅、特別養護老人ホーム、養護老人ホーム、軽費老人ホーム、有料老人ホーム、介護老人保健施設、その他医療を受ける者が療養生活を営むことができる場所であって、現在の病院・診療所以外の場所において提供される医療を指し、現在の療養病床以外でも対応可能な患者の受け皿となることも想定」である。居宅とは、利用者の自宅のことである。

この定義によると、「在宅医療等」に含まれるのは、医療者が自宅や施設などを訪問する場合のみで、自宅や施設に住んでいる患者が医療機関へ出かけて行って受診すること（外来医療）は、「在宅医療等」には含まれない。つまり、外来は地域医療構想に含まれていない。

「地域医療構想」の目的は医療機関の役割分担と連携を明確にすることだ。そのためには「外来医療」として「中小病院や診療所」の役割を明確に位置づけることが不可欠である。病床目標の2025年目標を着実に達成することをまず優先するという考え方もあるかもしれないが、政府が病院の集約を進めようとしても、地域での受け皿がなければ地域住民は不安で、病院の統廃合には反対するであろう。地域での受け皿とは、平日の日中だけなく夜間や週末でも必要な時に気軽に自分や家族の健康を相談できる医療者や医療機関（かかりつけ医やかかりつけ医療機関）である。そうした「かかりつけ医機能」を整備することなしに、地域医療構想を進めることは難しい。

日本の医療提供体制の議論で気になるのは「外来医療」と「在宅医療」が別々に議論されていることだ。外来も在宅も診療の一つの形態であり、本来は患者の意向、ＱＯＬ、医学的適用、社会的状況などに応じて、外来または在宅を選ぶものだ。そもそも、日本では、どの医療機関にもかかることができ、疾患ごとにそれぞれの医療機関や診療科に行ける制度なので、住民と医療者の関係は一過性であることが多い。

一方、第6章で見るように多くのOECD諸国と台湾を含む国や地域では医療機能の分化を進め、プライマリ・ケアを整備している。そうした国や地域では、プライマリ・ケアを担う医療者が住民の健康と疾病予防に対して一貫して継続的な責任を持つ義務がある。[10] 長期間の継続的な健康管理[11]を責任を持って担うために、外来と在宅を基本として、必要に応じて電話、メール、ビデオなどで対応している。

日本では、「在宅医療」や「オンライン診療」のみをスポットで行う医療者が急増しており、質も担保されていない状況だ。従来から日本の医療制度の問題として指摘されてきた重複受診や重複投薬の問題がより一層深刻になる可能性がある。地域の医療機関で患者の情報を共有できれば、こうした問題は回避できる。そのため医療資源の効率的な利用を目指して、今までもネットワーク構築に多額の補助金が使われてきたが、補助金が終了するとそのまま放棄される場合も多い。デジタル化を進めるためには、まずは現在のような一過性であり継続性のない診療のあり方を見直し、身近に受診できる診療所が健康医療情報を集約するベースとしての役割を担えるようにしなければならない。

その際、「外来医療」「在宅医療」「オンライン診療」など縦割りに施策を議論していても地域住民の利便性につながらない。医療政策の議論では、プライマリ・ケアに従事する医師たちが行う診療

（外来、在宅、オンラインなど）をどのように評価し（具体的な指標については第3章（医療の質）を参照）、診療の質を上げているのか、そのために必要なインフラの整備や教育をどのように実施するのか、費用はどのくらいかかるのか、という議論も合わせて行わなければ十分とは言えない。OECD加盟国の多くが行っていることであり、東京都が率先して始めてもよいのではないか。

なお、厚労省の定義では、「在宅医療等」の一部として「訪問診療のみ」とある（たとえば表1－6）。「訪問診療」は「予定されている診療（planned）」で、「往診」は「予定されていない臨時の診療（upon request）」のことだ。「居宅」「訪問診療」「往診」などの定義やちがいを正確に知っている住民はどのくらいいるのだろうか。地域医療構想では、「病床数の必要量」と「必要病床数」が両方が使われているが、量と数のちがいが明確でなくわかりにくい。本書では「必要病床数」で統一した。こうした独特な言葉を多用することも、地域住民が地域医療の議論に関わりにくい大きな理由の一つだ。長年議論に関わっていても、誤解をしている場合も少なくないのではないだろうか。

(3) 医療機関による「病床機能報告」の問題

地域医療構想の策定にあたり、地域の医療機関が担っている医療機能の現状把握、分析を行う必要があることから、2014（平成26）年度より病床機能報告制度が開始された。医療機関は、毎年その有する病床（一般病床および療養病床）において担っている機能を自ら選択し、病棟単位を基本として都道府県に報告するとともに、その病棟にどのような設備があるのか、どのような医療スタッフが配置されているのか、どのような医療行為が行われているのか、について報告することになっている。病床機能報告の対象となるのは、一般病床または療養病床を有する病院または診療所である。

BOX 1-3　東京都地域医療構想（2016）について

表1-3は、国から提供された「必要病床数等推計ツール」を用いて東京都[12]が算出した2025年の患者数（医療需要）と必要病床数である。

東京都は、他県からの流入が多いので、患者所在地をベースに計算をするのか、医療機関所在地をベースにするかで医療需要の推計が大きく異なる。主に使われているのは「医療機関所在地ベース」の数値だ。「患者所在地」は国保の場合は入手できるが、後期高齢者（都道府県）および職域健康保険（健保組合の所在地）の場合には入手できない。特に職域健康保険は、組合自体は本社所在地（の近く）にあっても、被保険者は（一定規模以上なら）複数の都道府県に分かれて居住している。

患者所在地（市区町村などの住所）は個人情報特定につながるためNDBでも都道府県どまりで、医療圏ごとの情報を用いることができるのは都道府県の関係者（県や地域医療構想調整会議の委員など）に限られる。

東京都の二次医療圏ごとに現状を示した数字が表1－5と表1－6である。各病院が病床機能別の病床数を自己申告した数を二次医療圏ごとに合計したものが表1－5だ。

自己申告であるとはいえ、「病床機能報告」では、医療圏ごとに2014年から毎年詳細なデータが公開されるようになったことは特筆するべきことだ。たとえば表1－6は、区西部（新宿区・中野区・杉並区）の2014年と2019年の病床数（病床機能報告）と2025年の必要病床数（地域医療構想）の比較である。2025年の必要病床数（高度急性期：2056床、急性期：4982床）に比べて、2014年は高度急性期（3815床）や急性期（4311床）が過剰であることがわかる。一方で、回復期は3000床以上不足している。2019年でも依然、高度急性期（2728床）、急性期（5222床）が過剰で、回復期が不足している。他の11構想地域（島しょは除く）でも、同様の状況である。

表1－7は東京都の病床機能別の2019年の病床数（各医療機関の自己申告である病床機能報告による）と2025年の必要病床数（表1－3の東京都合計）の比較である。2019年では、高度急性期が全病床に占める割合が22・4％（2025年の必要病床数14％）、急性期は42・7％（同37・2％）、回復期12・9％（同30・4％）、慢性期21・7％（同18・4％）となっている。病床機能報告によると、東京都は高度急性期病床は8000床、急性期病床は2000床が過剰で、回復期は2万床、慢性期は2000床不足していることになっている。

図1－7は病床機能報告が始まった2014年から2020年までの推移を示している。201

表１－５　2019年病床機能報告（二次医療圏別）

（単位：床）

二次保健医療圏		全体	高度急性期	急性期	回復期	慢性期	休棟等
区中央部	千代田区、中央区、港区、文京区、台東区	13,363	7,436	4,778	732	373	44
区南部	品川区、大田区	7,933	1,585	4,059	1,020	901	368
区西南部	目黒区、世田谷区、渋谷区	9,291	898	5,118	1,733	1,184	358
区西部	新宿区、中野区、杉並区	10,265	2,784	5,180	993	1,131	177
区西北部	豊島区、北区、板橋区、練馬区	13,889	2,140	6,280	2,163	2,952	354
区東北部	荒川区、足立区、葛飾区	9,704	690	4,569	1,869	2,478	98
区東部	墨田区、江東区、江戸川区	8,472	1,851	3,914	1,606	931	170
西多摩	青梅市、福生市、羽村市、あきる野市、瑞穂町、日の出町、檜原村、奥多摩町	4,060	187	1,254	492	1,950	177
南多摩	八王子市、町田市、日野市、多摩市、稲城市	10,282	1,529	3,204	1,291	3,649	609
北多摩西部	立川市、昭島市、国分寺市、国立市、東大和市、武蔵村山市	4,430	1,409	1,251	752	1,018	0
北多摩南部	武蔵野市、三鷹市、府中市、調布市、小金井市、狛江市	7,419	2,658	2,536	913	1,149	163
北多摩北部	小平市、東村山市、清瀬市、東久留米市、西東京市	6,036	535	2,292	746	2,290	173
島しょ	大島町、利島村、新島村、神津島村、三宅村、御蔵島村、八丈町、青ヶ島村、小笠原村	116	0	114	2	0	0
合計（東京都全体）		105,260	23,702	44,549	14,312	20,006	2,691

（注）　令和元（2019）年7月1日時点。

表1－6　2014年と2019年の病床数と2025年の必要病床数
――区西部（新宿区・中野区・杉並区）

(1) 2014年と2019年の病床数（病床機能報告結果）

（単位：床）

	高度急性期	急性期	回復期	慢性期
2014年病床数(構成割合)	3,815(37.2%)	4,311(42.0%)	656 (6.4%)	1,473(14.4%)
2019年病床数(構成割合)	2,728(26.8%)	5,222(51.3%)	959(9.4%)	1,263(12.4%)

(2) 2025年の必要病床数（地域医療構想による推計）

（単位：床）

	高度急性期	急性期	回復期	慢性期
病床数 (構成割合)	2,056 (17.0%)	4,982 (41.1%)	3,944 (32.5%)	1,134 (9.4%)

（単位：人／日）

在宅医療等	(再掲)訪問診療のみ
21,932	16,490

（出所）「地域医療構想」(2016) 85ページより

表1－7　2019年の病床数と2025年の必要病床数（東京都）

（単位：床）

	高度急性期	急性期	回復期	慢性期	休棟･ 無回答など	合計
2019年病床数 (構成割合)	23,543 (22.4%)	44,913 (42.7%)	13,093 (12.8%)	22,867 (21.7%)	882	105,298 (100%)
2025年必要病床数 (構成割合)	15,888 (14.0%)	42,275 (37.2%)	34,628 (30.4%)	20,973 (18.4%)		113,764 (100%)

（注）2019年病床数は、病床機能報告による自己申告の病床数。2025年病床数は、地域医療構想の推計による必要病床数。

図1－7 病床機能の分化

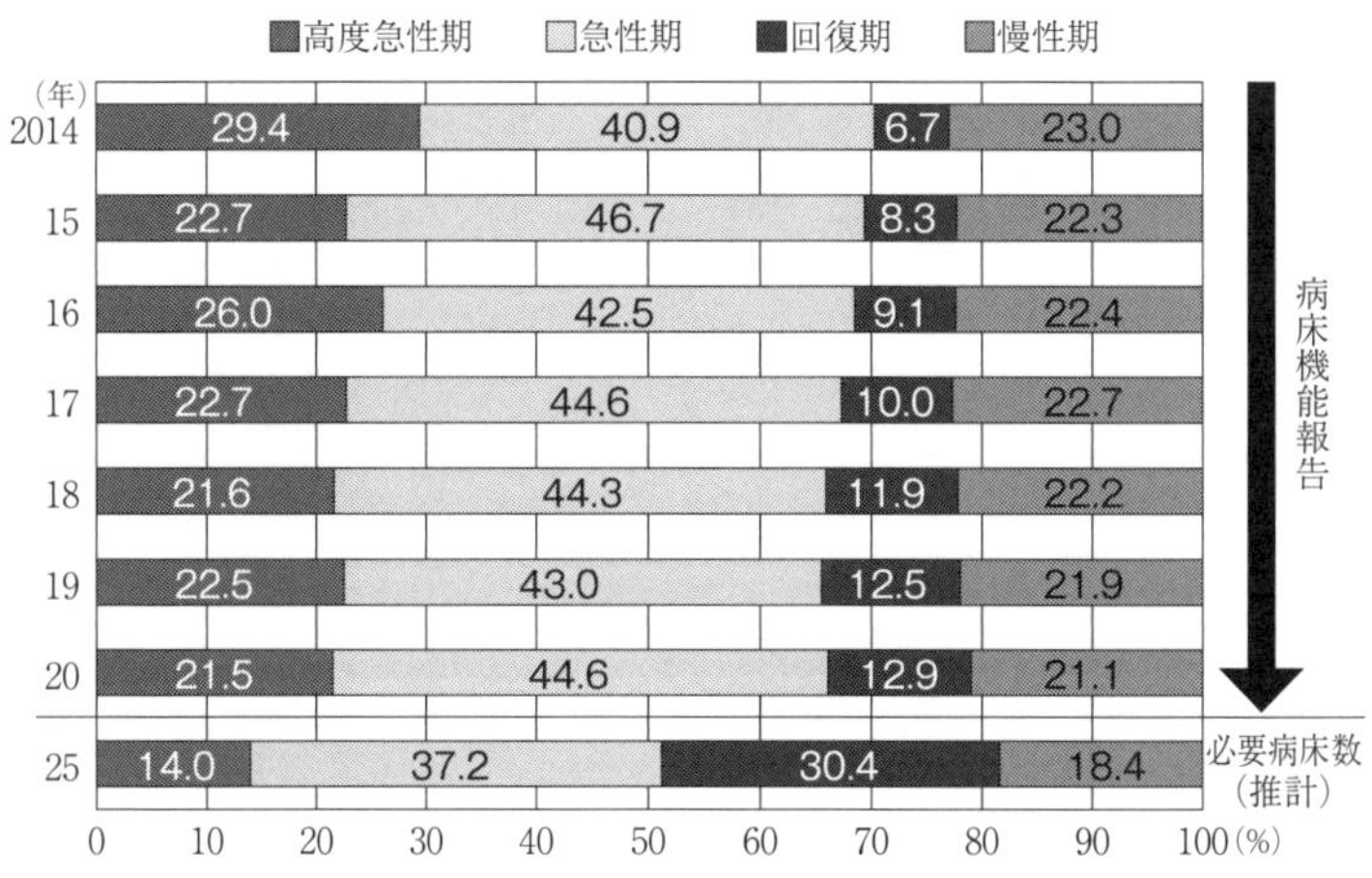

（出所）　東京都病床機能報告

５年の第二回の病床機能報告では、高度急性期が前年に比べて８０００床減少して、急性期が５０００床増加した。そして２０１６年には高度急性期は４０００床増えた。２０１７年にはまた４０００床減り、その後は大きな変化はないようだ。四つの機能分類に明確な基準はなく、報告する際の病床機能の分類は医療機関に委ねられているため[13]、特に当初は年ごとの変動も大きかったと思われる。

高度急性期は減少傾向だが２０２０年と２０２５年の必要病床数と比べると依然倍近くある。急性期は２０１４年当初より増えていて、２０２０年は２０２５年の必要病床数よりも７％多い。回復期は増加傾向にあるが、２０２５年の30・４％の半分にも達していない。この点は現場の感覚とは異なり、回復期に関して再整理が必要との指摘は多い。「回復期」は当初は「亜急性期」とする案もあったようである。病院団体や中央社会保険医療協議会（以下、中医協と表記）などでもたびたび議論されてきた。いろいろな議論を経て「回復期」という名称（英語はrecovery）となったが、回復期を選ぶ病院が少ない理由の一つがこの回復期という名称にあるようだ（厚生労働省［2018］、尾形［2022］など）。つまり回復期＝回復期リハビリ病棟のイメージである。

また、救急医療を担う急性期病院が優れていて、回復期は下と思い込んでいる病院経営者も少なくないことも、回復期への転換が進まない大きな理由だと考えられる。

東京都の一般病床の２０２２年の病床利用率は66％（病院報告[14]）、コロナ前の２０１９年でも76・２％だ。平均在院日数もコロナ禍で増加したが中長期的には減少傾向にある（図１‐３）。稼働していない病床を有効活用するためにはどうすればよいのか。病床機能報告のデータなどを活用しながら、都民が理解しやすいように説明することが、本来の保健医療計画の役割であろう。

病床機能報告を用いて、上記のような機能別の病床数などの有用な情報を得ることができるが、自己申告という問題のほかにも二点留意が必要だ。

病床機能報告は、一般病床・療養病床を有する病院または診療所が担っている医療機能を、病棟単位を基本として、「高度急性期」「急性期」「回復期」「慢性期」の四区分からいずれか一つ自主的に選択し、都道府県に報告することになっている。しかし、実際の病棟にはさまざまな病期の患者が入院しているため、図１‐８のように当該病棟でいずれかの機能のうち最も多くの割合の患者を都道府県に報告することが基本となっていることが一点目の留意点だ。

二点目は、四区分の曖昧さを解消するために、厚労省からの通知（平成30年8月16日医政地発0816第1号）により、各都道府県が地域の実情に応じて独自の「定量的な基準」を定めた点だ。東

BOX 1-4　病床利用に関するさまざまな定義

日本では「病床利用率」を報告することが多い。病床利用率と病床稼働率を区別しないこともあるが、定義はそれぞれ以下の通りである。

病床利用率＝　24時現在の患者数／病床数

病床稼働率＝（24時現在の患者数＋退院患者数）／病床数

病床機能報告では「病床利用率」は使わず「稼働病床数または稼働病床数比率」を使っていたが、令和3年度報告からは「稼働病床数」を「最大使用病床数」に名称を変更している。「稼働病床数」は、「過去1年間で最も多くの入院患者を収容した時点で使用した病床数」である。「稼働病床数比率」は、1日でも全病床を使っている人があれば100％となる。

OECDのHealth Statisticsでは「病床稼働率（Occupancy rate）[15]」を報告している。

図1－8　病床機能報告制度における医療機能の選択にあたっての基本的な考え方

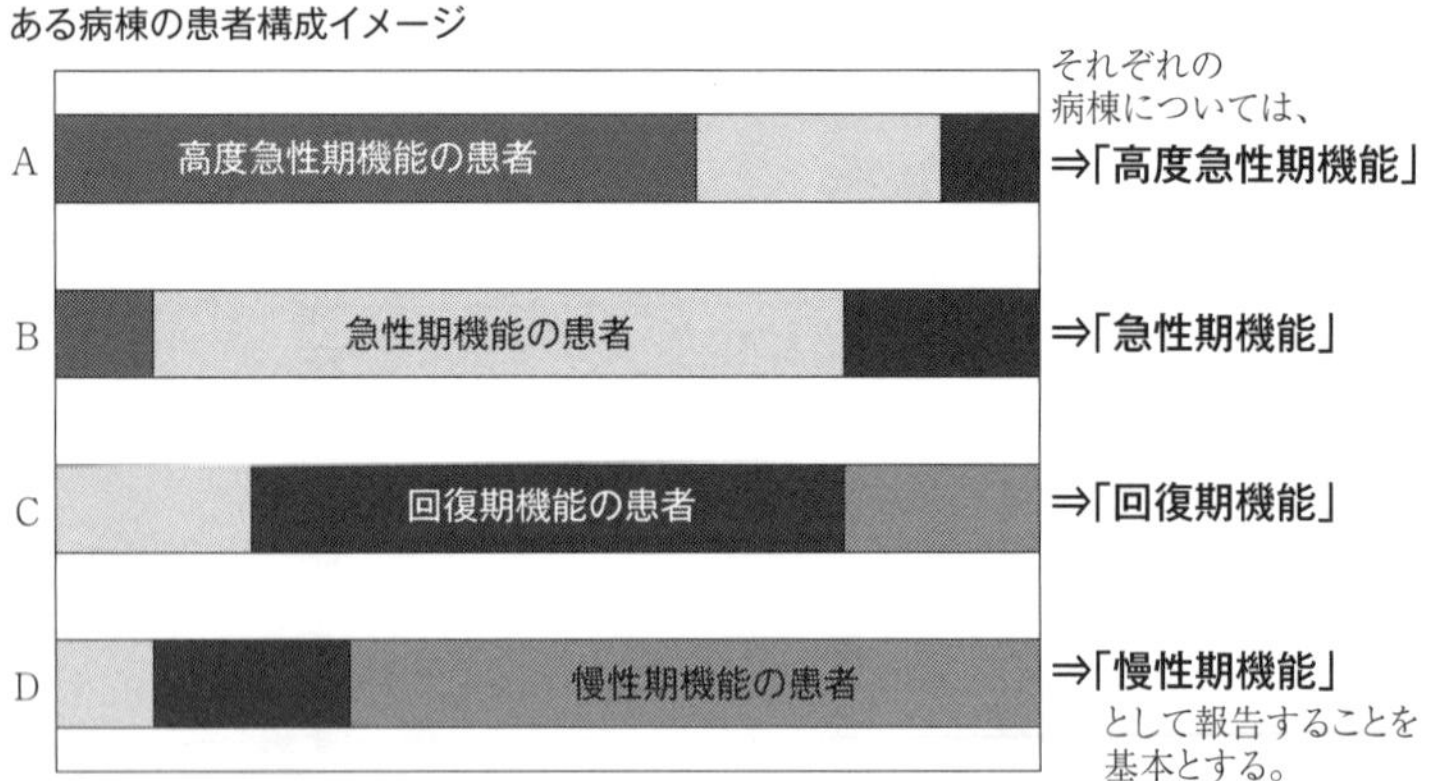

（出所）　東京都保健医療計画（2018）42ページ

京都では「全身麻酔または化学療法を1年間に1床あたり1回（日）以上実施」を満たさない場合は、「回復期」とする定量的な基準を採用した。

この基準を導入すると、急性期は大きく減少し、回復期の割合が2～3倍近くに増加する（図1－9）。この定義も万能ではなく、たとえば「病棟ごとの全身麻酔や化学療法の実績」は主に外科手術とがん治療が該当するが、それ以外の治療の場合（手術を伴わない脳血管疾患など）は回復期に分類される場合もある。

以上の議論でわかるように、そもそも日本の病院は機能分化していないため、日本の人口あたり急性期病床数は多いのか少ないのか正確なデータが把握しにくい。医療提供体制の機能分化を進めることが医療計画を立てる上でも不可欠である。

地域医療構想は、必要病床数に実際の病床数を近づけるというものだ。「コロナの拡大で、病床数

図1−9　平成29（2017）年−令和3（2021）年病床機能報告と令和3（2021）年の定量的な基準適用後の医療機能

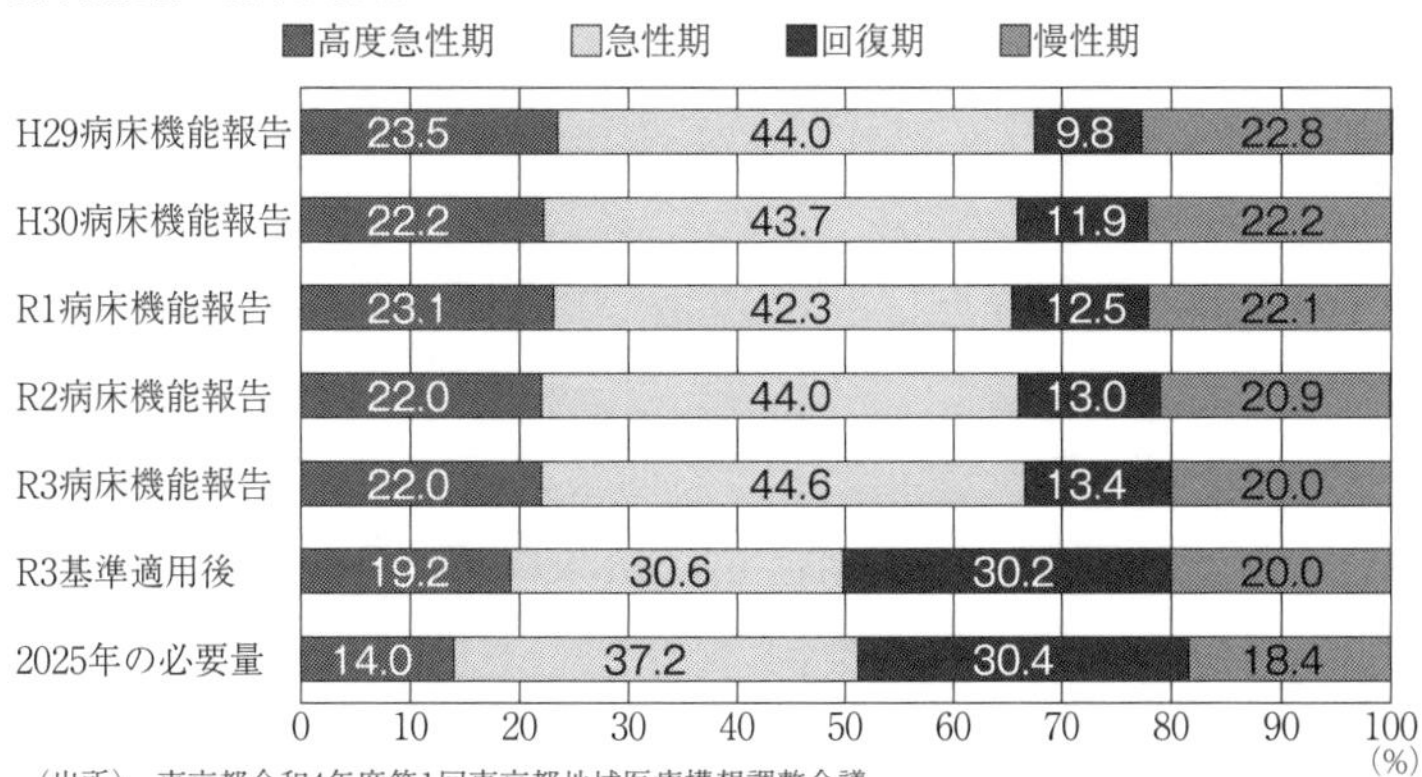

（出所）　東京都令和4年度第1回東京都地域医療構想調整会議

が足りなくなったので、病床数に余裕を持たせるべき」「地域医療構想の様な効率化の議論は見直すべき」という意見もある。しかし、高齢化や人口減少は進んでおり、医療機関の機能分化や統廃合などは当初の目的通りに進めていくべきであろう。

(4)　地域医療構想推進のための財政支援としての「地域医療介護総合確保基金」

地域医療構想の目的は、団塊の世代が75歳以上となる２０２５年に向けて、効率的かつ質の高い医療提供体制の構築と地域包括ケアシステムを構築することだ。地域医療構想の推進のためには、全国一律に設定される診療報酬・介護報酬とは別の財政支援の手法が不可欠ということで、平成26（２０１４）年度から消費税増収分等を活用した財政支援制度「地域医療介護総合確保基金」が創設され、各都道府県に設置された。

厚労省は2022年度予算では1854億円（医療分1029億円、介護分824億円）を計上した。この基金を用いた「病床機能再編支援事業[16]」は、新たな病床機能の再編支援として、国が全額負担をして支援する事業だ。病床数の減少や病床機能の変更がある場合に、減少する病床一床あたりに財政支援を行うことが目的だ。一つの医療機関が単独で行う場合、複数の医療機関が統合などで取り組む場合などそれぞれに財政支援が行われる。税制上の優遇措置も創設され、認定を受けた再編計画に基づき取得した不動産に関して優遇措置が講じられる。

こうした財政支援にもかかわらず、東京都をはじめ地域医療構想は遅々として進んでいない。東京都医療審議会でも、年に2施設程度の申請があるのみで、活用されているとは言い難い[17]。

また、内閣府の経済・財政一体会議推進会議（2022年11月11日開催の第44回 社会保障ワーキング・グループ）でも、委員の一人である津田塾大学教授の伊藤由希子から以下のような指摘がされている。

「この事業は平易に言えば病床の減反政策だと思っている。つまり、もう必要がなくなった病床があるが、減らすに減らせないことから、国が全額出資をして、減らすための解決金として1床あたり100万円から200万円出すプランになっている。すでに医療行為のサービスを提供する媒体として効果的に機能していない病床にわざわざお金をつけることがよいかどうかに関しては議論があるにせよ、このようにしなければ病床が減らせず、再編ができないのであれば、政策として十分に説明責任を持って行っていただきたい。懸念点は、責任の明確化。病床を減らすためだけの政策になっていないか。病床を減らした後もあまり変わらないという単なるサイズダウンになってはいけない。まず国と都道府県の責任の明確化。国は10分の10の負担でお金を出すが、医療機関の監督は引き続き都道府県にということであれば、都道府県としてはお金を出していないため、インセンティブは伴わないという問題が発生する。次に、病院の責任分担。病床を減らす目的は何なのか。医療の資源を必要なところに集約し、機能を明確化することにより、各病院が担う機能をはっきりさせ、その中で診療行為を続けることであるのならば、そのことを明確にした上での病床再編ではないか。事業として進んでいるため、この点に留意していただきたい」

地域医療構想に関しては、ほかにも以下のような論点が当日の社会保障ワーキング・グループで指摘された。どれも本書を執筆時点（2023年7月）でも重要な論点であるので、ここに紹介したい。

- 「各地域でどのような医療提供体制が望ましいのかという共通理解ができていない」
- 「当事者（病院経営者等）が議論し進めるのは難しいからこそ現状の地域医療の状況などをデータで示し、各医療機関のあるべき姿を考えることが必要」
- 「医師の働き方改革を進める上でも大学病院などからのアルバイトの非常勤医師に頼った救急医療提供体制をどうするかが重要」

・「地域医療構想調整会議[18]の構成メンバーは、医療機関の関係者や保健所、大学関係者、有識者等であり、住民の傍聴は可能だが、意見は言えないため、実質的な『住民の参加はない』」

最後の点だが、厚労省からは「住民の代表は誰かという問題は難しいが、その他の関係者として、地域の中で医療者に限らず、そのような立場の方を置くことは地域で協議する上で重要ではないかと思う」という趣旨の回答であった。地域住民の意見は医療政策にどの程度反映されるべきなのだろうか。

この点を考えるのによい事例が、2023年3月29日の東京都医療審議会であった。南多摩圏域で病院の新規開設のため、200床の病床配分の申請があり、申請内容が了承されたと報告があった。その背景として、地区の住民から複数年度にわたって「医療体制の充実」を求める意見が出ていて、病院開設は地域医療の充実のためにも非常に有益ということで、「申請通りに病床を配分する」と東京都から報告があった。一般病床200床（急性期機能130床、回復期機能70床）の病院の新規開設である。東京都医療審議会の多くの委員から近隣地域において急性期機能を持つ病院は十分にあり病院新設の必要性はないとの反対意見が出て、地域医療構想調整会議に持ち帰ることになった。委員の一人からは、「地区の住民から医療体制の充実を求める意見が長い間出ているので、病院建設を認めるべきでないか」という発言があった。こうした発言はよくあるが、二つの点で注意が必要である。

一つは、地域住民に病院を欲しいか欲しくないかと聞けば、ほとんどの住民は欲しいと答えるだろう。本来であれば、税金を上げても病院を建てるか、他の予算（教育、道路などのインフラなど）を減らして病院を建てるのか、といった議論が必要だ。第4章で議論するように、日本では費用負担の仕組みが複雑で、費用対効果という視点での議論が成り立ちにくい。

もう一つは、「病院を建てる＝地域医療の充実」でないことだ。病院を建てても、医師、看護師をはじめとする医療者が集まらなければ、医療を提供することはできない。また地域住民は、医療の充実とは、具体的に何を求めているのか不明だ。がん治療なのか、心筋梗塞や脳梗塞のような超急性期の医療なのか、子供の発熱などの小児医療なのか、高齢者の認知症の問題なのか、イメージできていない場合がほとんどだ。医療政策の議論でも「現場の実感が何より重要」という発言を聞くことがある。もちろんデータがすべてを決めるわけではないが、医療者でもその地域にどのような医療が必要とされており、何が足りないかを的確に把握している人はほとんどいないだろう。そのため地域医療構想では、さまざまなデータに基づいて必要な医療を試算して、それに基づいて医療提供体制を整備していくことを提案している。もっともデータは多ければ多いほどよいわけではない。住民や住民の代表である地方議員などが議論に参加しやすいように、わかりやすいデータを厳選して示すことが有効だ。

残念なことに、ここまで見てきたように、たとえば東京都の「保健医療計画」や「地域医療構想」には多くの図表が掲載され、推計値、必要量などの多くの数字が記載されているが、住民にわかり

図1－10　主要死因の割合（令和元年　東京都）

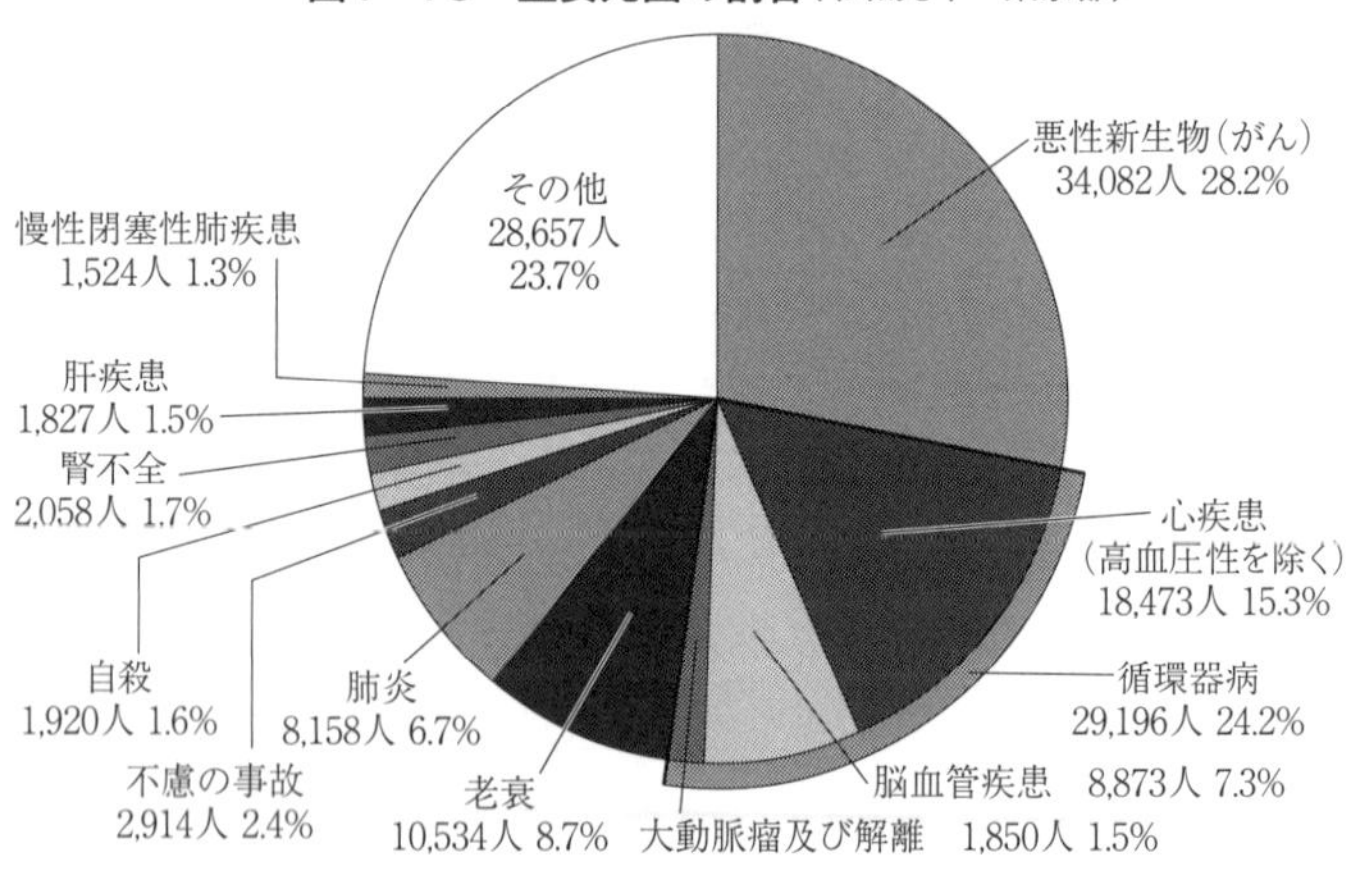

（出所）　東京都循環器病対策推進計画（2021）より

やすい資料とは言い難い。図1－3のような過去の推移や表1－3のような必要な（2025年）病床数と現状（2023年）の病床数を二次医療圏ごとに示すだけでも、有益な資料となるであろう。

4　東京都民の医療ニーズの把握

東京都では、後期高齢者を中心に高齢者人口は増加しており、団塊の世代がすべて75歳以上になる2025年には約326万人、2030年には339万人に達し、都民の4人に1人が高齢者になる。東京都は65歳未満の単独世帯が全世帯の36・2%と全国平均（23・4%）よりも多く、将来は高齢者の単独世帯が急増する。

死因は、がん、心疾患、脳血管疾患などが上位を占めており（図1－10）、特に人口あたりのがん

図1−11　疾病大分類別医療費の構成（平成30年度診療分　国保＋後期　医科計）

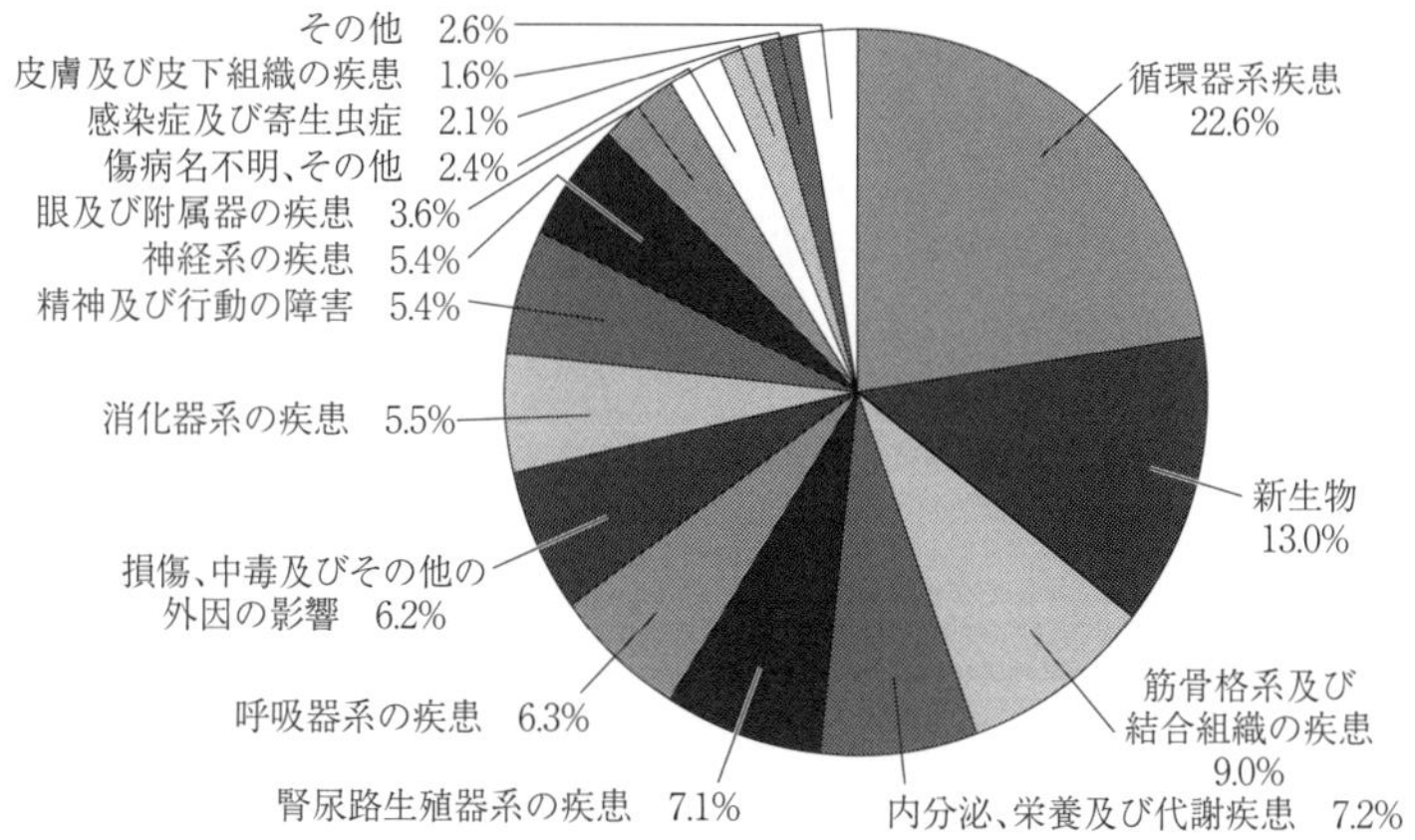

（出所）　東京都循環器病対策推進計画（2021）より

の死亡率は増加傾向である。肺炎による死亡率が増加傾向なのも高齢化が要因だ。医療機関の受診理由の上位には、高血圧症、糖尿病、急性上気道炎、急性気管支炎など慢性期と急性期の両方の疾患が入っている。

それぞれの疾患の治療にかかった費用はどれくらいだろうか。都民が加入している公的医療保険は、健保組合、共済組合、協会けんぽ、国保、後期高齢者医療制度などさまざまに分かれており、東京都の全体像は見えにくい。「循環器病対策推進計画」では、東京都が保険者である国保と後期高齢者医療制度を合計して、疾病分類別の医療費の構成割合（％）を示しているが、各疾患にかかった医療費の額の記載がないのが残念だ（図１－11[19]）。

実は費用に関しては、「東京都医療費適正化計画」として、計画本文と毎年の進捗状況を東京都は報告している。そこで報告されている疾病ごとの医療費などの情報は「保健医療計画」にも掲載するべきであろう。現状では、都民がどの疾患にどの程度の医療費を使っているのか「東京都保健医療計画」ではほとんどわからない。

東京都の場合、「医療費適正化計画」は保健医療局医療政策部、「保健医療計画」は保健医療局保健政策部と、担当が分かれており、また歴史的な背景と根拠法が異なり[20]、典型的な縦割りとなっている。しかし、費用負担の議論をせずに「誰もが質の高い医療を受けられ、安心して暮らせる『東京』」を実現するための医療提供体制の構築は難しい。

第4章で議論するが、日本では、医療や介護の制度を支えるために住民がいくら負担をしているのか、どの治療にどの程度の医療費を使っているのかなどに関して、わかりやすい情報を得ることはとても難しい。

これは東京都だけでなく、他の道府県でも同様だ。質も費用もわからないところで、医療政策を議論することは本来できないはずである。もっとも問題の根本は、日本の公的医療保険の運用に3000以上の保険者が関わり、複雑な財政調整によって制度を維持していることだ。池上（2017）や田中（2023）などが指摘しているように、県単位で保険者を再編[21]し、県間の所得と年齢を調整して、保険料負担と給付する医療サービスの関係を明確にすることで、都道府県も主体的に対応することができるようになる。

国は、可能な限り住み慣れた地域で、自分らしい暮らしを続けられるよう、医療、介護、予防、住まいなど生活支援を一体的に提供する「地域包括ケアシステム」を推進してきた。日常生活圏（中中学校区）を単位とし、30分以内に主なサービスが提供されるとしている。東京都では「地域包括ケアシステム」はどの程度機能しているのだろうか。

救急搬送の状況によると、２０１９年の救急搬送人員（73万１９００人）を２０１０年（61万７８１９人）と比べて約18％急増している。過去５年（２０１５～２０１９年）でも８・７％増加している。救急搬送人員に占める65歳以上の高齢者は52％で、一貫して増加傾向にある。救急搬送人員に占める軽症（入院を必要としない）患者の割合は、50％を超えている。２０２０年は62万５６３９人と、コロナ禍で救急車の利用は大きく減少したが、２０２１年は63万２８７人と再び増加傾向にある。

軽症の救急搬送を減らすために、自己負担を課すべきという意見もよく聞かれる。自己負担を導入すれば、明らかに悪用している人は減らせるかもしれない。しかし救急医療が必要なのにお金を払えなくて、救急車を呼べなくなる人も出てくるだろう。

症状が軽症なのか、救急車を呼ぶべきなのか、自分自身の症状でも判断は難しいが、たとえば子どもが高熱を出した、老齢の母がめまいのような症状を起こして座り込んでしまったなど、素人が判断をするのはなおさら難しい。自己負担が課せられると、経済的に支出可能な人は救急車を迷わず呼べるだろう。そうでない場合は、どこに助けを求めたらよいのだろうか。不必要な救急搬送を減らすには、自己負担を課すことよりは、まずは困った時に気軽に相談できる普段から自分や家族のことを知っている医療者に相談できる仕組みが不可欠だ。

しかし、日本の救急医療体制は三次救急を中心に構築されているため、困った時に頼れるのは救急車という住民が少なくない。救急搬送される高齢者には、誤嚥性肺炎や脱水症が多く、現在はそのほとんどは急性期病床に入院している[22]。しかし、急性期病床は短期間での退院や転院を余儀なくされるため（長期間入院すると診療報酬が激減する）、十分な在宅復帰への適切な対応がないまま、療養病床などで点滴治療のみが行われてしまいがちだ。本来であれば、ある程度の期間入院し、リハビリや在宅調整（自宅などの環境整備）を行うことが必須である。

つまり、急増する高齢者の救急搬送に対応する上で、足りていないのは自宅や介護施設に住んでいる高齢者患者の受け皿となる病床である。現在過剰である急性期病床を地域包括ケア病棟の病床などに転換していくことも一案であろう。

介護施設では、降圧剤などの定期的な処方は行っていても、急変時には病院受診や救急車を指示する嘱託医は少なくない。その結果として不必要な救急搬送や入院を増やすことになってしまう。高齢者の不必要な緊急入院を減らすためには、病床の転換も必要だが、自宅や施設において適切に医療提供を行える総合診療専門医や看護師などの育成も不可欠となる（詳しくは本章7節(1)、第6章）。

高齢者の救急搬送には、終末期をどうするかという問題もあり、延命を希望しない高齢者が三次救急の集中治療室に救急搬送され、濃厚な治療を受けてしまうことが少なからずある。費用がかかり、現場の医療者も疲弊し、必ずしも家族の意向に沿ったケアになる保証はない。このように高齢者救急に対して疾患・状態のトリアージをすることで、現在多くの中核病院で問題になっている医師の働き方改革にも貢献することになる。

地域医療構想の目標の一つは、多すぎる急性期病床を回復期に転換することだが、地域医療構想調整会議が単なる病床数の数合わせの議論とならないことが重要だ。そして、増え続ける高齢者や

BOX 1-5　救急搬送患者の傷病程度の定義

救急搬送患者の傷病程度の定義は以下の通りである（総務省）。
死亡：初診時において死亡が確認されたもの
重症（長期入院）：傷病程度が3週間以上の入院加療を必要とするもの
中等症（入院診療）：傷病程度が重症または軽症以外のもの
軽症（外来診療）：傷病程度が入院加療を必要としないもの
その他：医師の診断がないものおよび傷病程度が判明しないもの、その他の場所に搬送したもの
この定義は、患者の重症度に基づく分類ではなく、主に、入院の有無と在院日数による分類である。そのため、たとえば高齢者の退院後の目処がつかず3週間以上の入院となった場合は「重症」と分類され、重篤な疾患でも3週間以内の入院であれば、「中等症」と分類されることに注意が必要だ。より正確な分類のためには、DPCデータなどを用いて救急搬送患者の院内治療実績に基づいて行うべきだろう。

軽症患者の病院受診や救急搬送を減らすために、自己負担を増やすとか医療者の数を増やす議論だけでは本質的な解決にはならないこと、病院や病床の機能分化を進め、外来や在宅で適切に対応できる医療者を育成することが重要であることを、ここでも強調したい。

5　東京都に医師は足りているのか

２０２０年12月時点で、東京都は全国でも医師多数の区域となっている（令和２年医師・歯科医師・薬剤師統計［2020］）。東京都の医師数は年々増加していて、女性医師の割合が31・１％と３割を超えており、全国（22・８％）よりかなり高い。男性医師の平均年齢は48・８歳（全国は50・９歳）、女性医師の平均年齢は42・７歳（全国は43・１歳）と若い医師も多い。

図１－12は従事場所別の医師数で、病院、医育機関、診療所別の医師数を縦軸として、横軸の年齢ごとに示している。⑴が全国、⑵が東京都である。全国の医師数は、年齢にかかわらず、60代まで一定の人数を保っている。東京都は一番多いのが30代と比較的若く、その後急激に減少するという特徴がある。東京都内には13の大学の医学部があり、研修医や専攻医など若い医師が多い。そのため大学病院などの医育機関で働く医師の数が多いが、医育機関以外で働く病院医師が少ない。40代、50代になると全国に分散して減っている。

現状として東京都にはどのような医師がどのような場で働いているのだろうか。表１－８は、東

図1−12　従事場所別の医師数（全国・東京）

■病院（医育機関附属の病院を除く）の従事者　■医育機関附属の病院の従事者
■診療所の従事者　■医療施設以外の者

（1）従業場所別の医師数（全国）

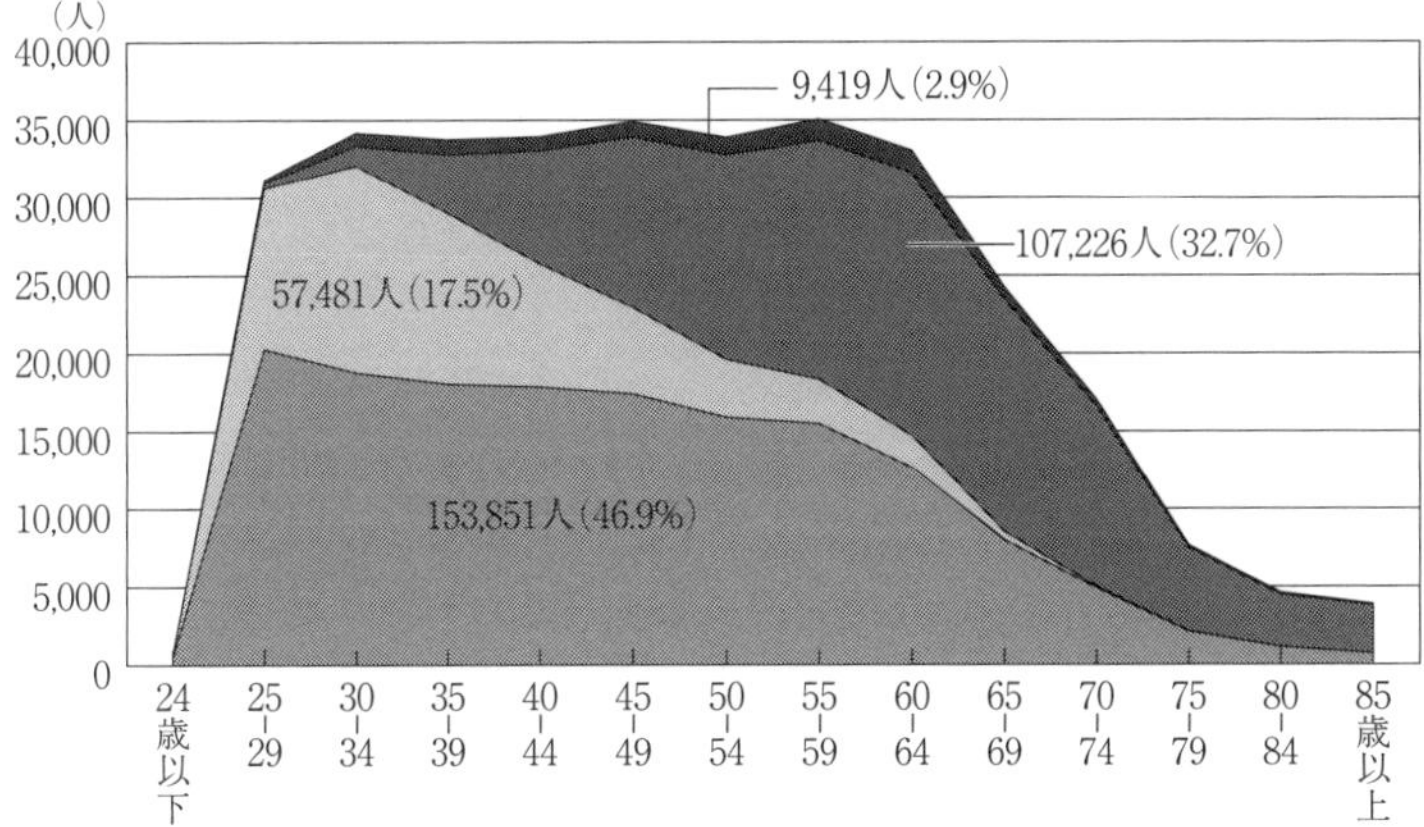

（2）従業場所別の医師数（東京都）

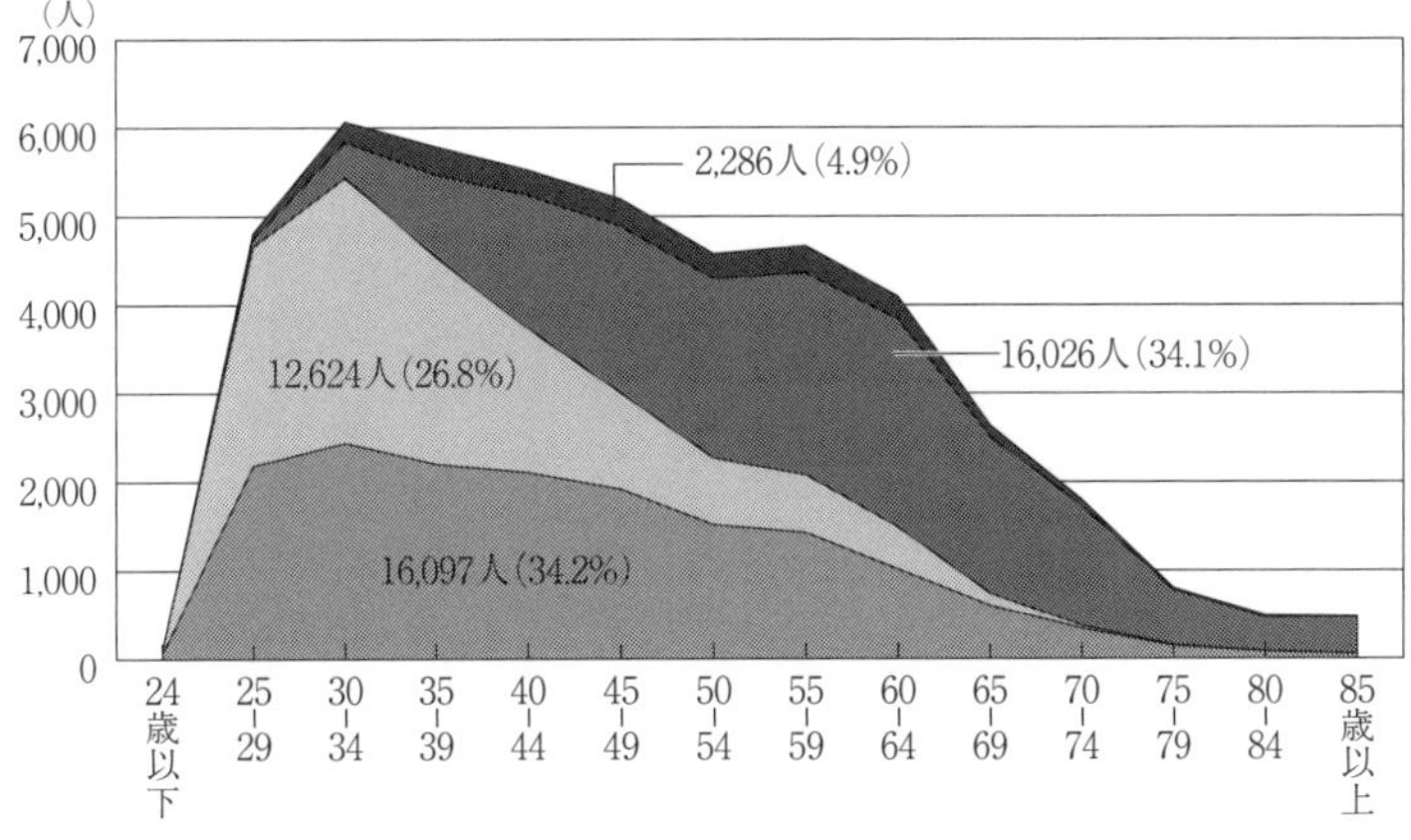

（注）　東京都医師確保計画（2020）13ページをもとに筆者が2020年のデータを追記。
（出所）　医師・歯科医師・薬剤師統計（厚生労働省）2020年

表1－8　東京都の診療科別医師数（病院・診療所別）医師数の多い診療科 上位（2022年）

（1）病院

診療科	人数
合計	29,052
1.内科系	8,922
2.臨床研修医	2,623
3.外科系	2,409
4.小児科	1,639
5.整形外科	1,606
6.麻酔科	1,407
7.精神科	1,342

（2）診療所

診療科	人数
合計	16,026
1.内科系	6,833
2.眼科	1,265
3.皮膚科	1,148
4.小児科	965
5.精神科	927
6.整形外科	921
7.耳鼻咽喉科	814

（3）女性比率の高い診療科（注）

診療科	人数	女性比率(%)
合計	14,003	31.3
1.皮膚科	1,061	58.5
2.産科・産婦人科	930	51.8
3.麻酔科	753	50.6
4.眼科	1,274	48.8
5.小児科	1,167	44.8
6.臨床研修医	1,063	40.5

（注）　医師総数が1400人以上の診療科を対象。東京都の分析では、産科と産婦人科を合計していて婦人科を入れていない。
（出所）　医師・歯科医師・薬剤師統計（2020）

京都における診療科別の医師の総数である。多い順から、病院では内科系、外科系、小児科、整形外科、麻酔科、精神科、診療所では内科系、眼科、皮膚科、小児科、精神科、整形外科、耳鼻咽喉科となっている。他国と比較をすると、日本の診療科別の医師の分布はかなり特異であることがわかる（詳細は第6章）。ほとんどの国で上位に位置する家庭医療科が存在しない。

女性医師の比率の高い診療科は（病院と診療所と合計）、皮膚科（58・5％）産科・産婦人科（51・8％）、麻酔科（50・6％）、眼科（48・8％）、小児科（44・8％）となっている。

図1－13は、都内の診療科別医師数の推移を示している。病院では、麻酔科、放射線科、産婦人科、小児科などの増加率が大きくなっている。診療所では、精神科、皮膚科で増加率が大きい。第6章に詳しいが、日本の精神科病床は

図1−13　東京都の診療科別医師数の推移（病院・診療所別）（婦人科を含まない）

（1）病院

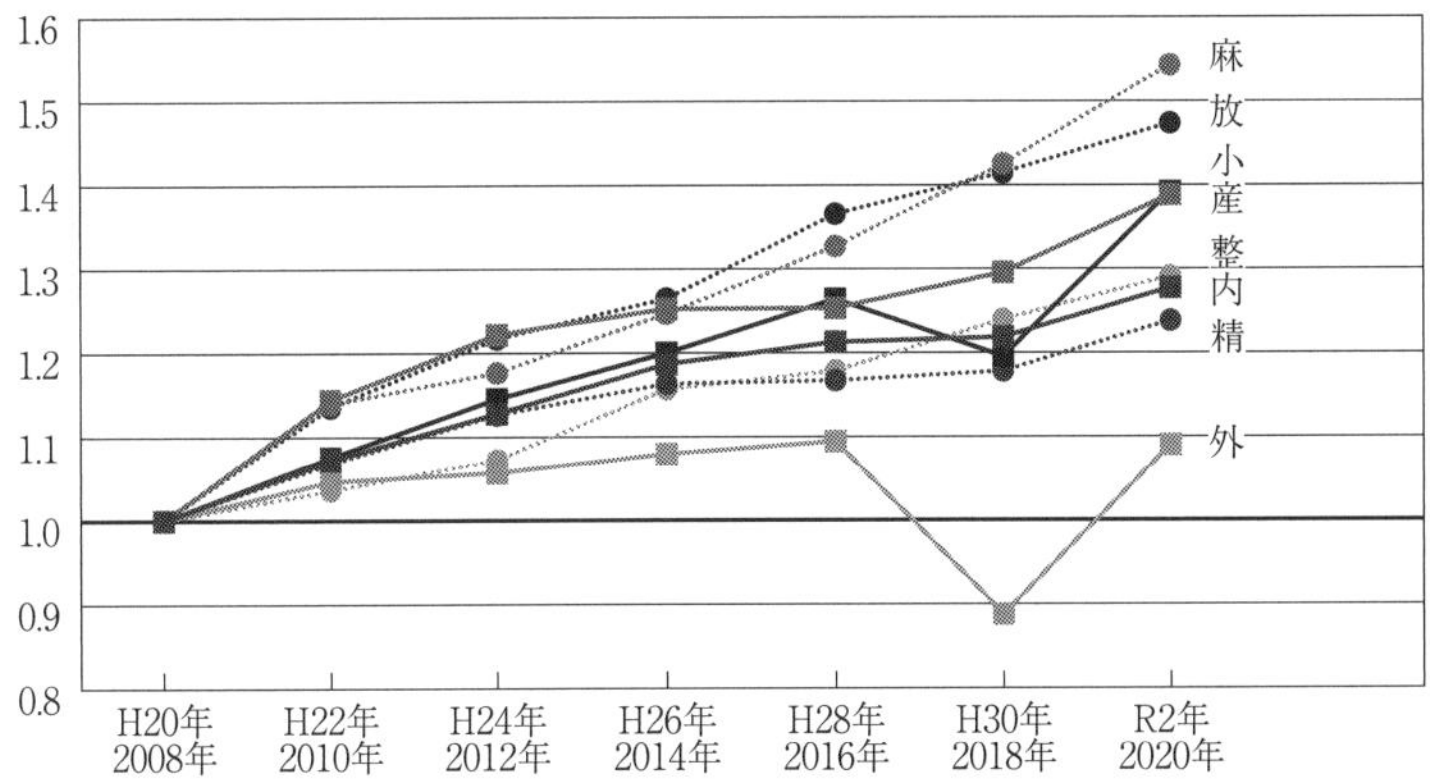

（2）診療所

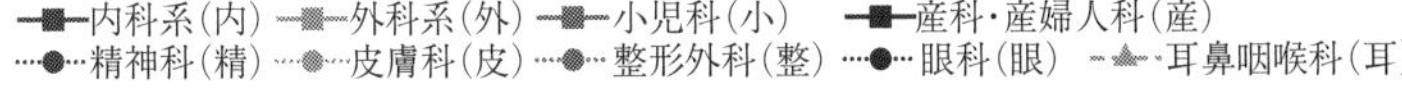

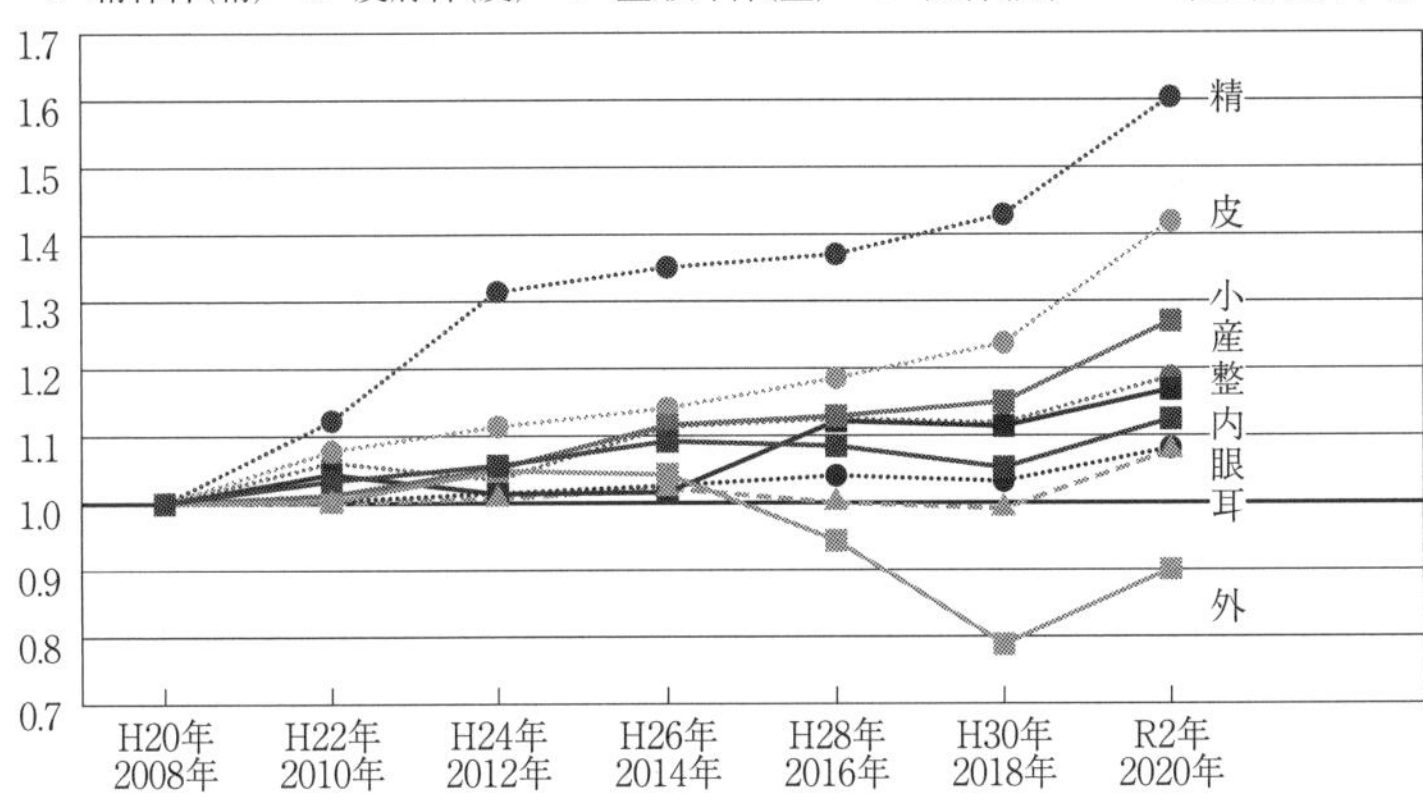

（出所）　東京都医師確保計画（2020）13ページをもとに筆者が2020年のデータを追記。
医師・歯科医師・薬剤師統計（2020）

すでに国際的にも際立って多いが、診療所で一番増えているのは精神科だ。外科が病院・診療所ともに激減している。その理由としては、全国的に外科医は減少傾向にあること、また年齢構成的に60歳以上の外科医が多いなどから、引退などの自然減と考えられる。なお、東京都の分析では、産科と産婦人科を合計していて、婦人科を入れていない。理由として、周産期では産科・産婦人科・小児科の連携が必須であるので、主要な診療科について記載する時は、分娩に関わる医師を産科・産婦人科に絞っているためだ。

メンタルヘルスの問題を持つ患者の診療は、このあと第3章と第6章で詳しく見るように、軽症や中等症の場合は、OECD諸国ではまず家庭医（地域医療の専門トレーニングを受けた専門医で、日本では総合診療専門医とも呼ばれている。第3章BOX 3－2も参照のこと）、臨床心理士など多職種で、プライマリ・ケアで対応するのが標準だ（Hewlett and Moran［2014］, OECD［2015］）。プライマリ・ケアが整備されていない日本では、軽症や中等程度の患者は適切にケアされていない可能性が高い。日本の医療制度は機能分化していないため、軽症でも最初から精神科医の診察を受けることも珍しくない。家族背景や日常生活を知らない精神科医にのみ診察を受けることはメリットよりもデメリットが大きい場合も少なくない。

メンタルヘルスケアに関しては、精神病院や精神科病床の多さが指摘されるが、病院数や病床数を減らしても地域の受け皿がないと根本的な解決にならない。地域の受け皿となるのは、精神科医と連携できる地域を基盤としたプライマリ・ケア専門職のチームである。

６　東京都民に聞いた必要な医療

「東京都地域構想」では、東京の将来の医療として、誰もが質の高い医療を受けられ、安心して暮らせる「東京」を目指すことになっている。そのためには、「切れ目のない医療連携システムの構築」が必要であり、課題として１．救急医療の充実、２．医療連携の強化、３．在宅移行支援の充実、４．災害時医療体制の強化を挙げている。

「地域包括ケアシステムを進めるためにはプライマリ・ケアの考え方を基本とし、日常的な診療、処方、服薬管理及び健康管理などを行い、必要な場合には専門的な医療につなぐ役割を担う、かかりつけ医・かかりつけ歯科医・かかりつけ薬剤師を持つことの重要性について都民への啓発を推進、患者が身近な地域で継続して受療できるよう、医療人材の資質を向上」「地域の医療ニーズに対応し、様々な疾患を総合的に診療する総合診療専門医等を育成」などと明記されている。

適切な受療行動を促すための患者への十分な情報提供の推進も、かかりつけ医[23]、かかりつけ歯科医、かかりつけ薬剤師の役割となっている。「十分な情報提供」とは、具体的に何だろうか。東京都の「２０２２年　保健医療に関する世論調査[24][25]」（東京都［2023］）によると、「あなたにとって必要だと思う保健医療についての情報は何か」の回答として、「病気の症状や予防・治療について」が61・８％と最も多く、次いで「どこにどのような医療機関があるかについて」が39・５％、「休日・

夜間の診療体制や救急医療機関について」は35・8％、「健康保険や医療費の制度について」は28・5％、「薬の効能、副作用や服用方法等について」は24・5％などの順となっている。

前回（２０１６年）の調査は対面で行われ、２０２２年からは郵送法となり、調査方法が異なるため単純に比較することはできないが、２０１６年の調査では、必要だと思う保健や医療に関する情報は、1位が「休日・夜間の診療体制や救急医療機関」（50％）、次に「病気の症状や予防・治療」（45％）、「どこにどのような医療機関があるかについて」（40％）であった。

日本医師会総合政策研究機構（日医総研）が２０２０年に全国を対象に行った「第7回日本の医療に関する意識調査」（江口、出口［2020］）では、今後重点を置くべき医療体制として、1位は「夜間休日の診療・救急医療体制の整備」（47・4％）で、続いて「感染症や災害に対応した医療提供体制の充実」（第7回調査で新規に追加した項目）（44・5％）、「高齢者などが長期入院するための施設の整備」（39・8％）であった。休日・夜間の診療や救急体制の整備への要望が多いのは東京都の調査と同様の結果だ。

本章4節で見たように、救急搬送件数と高齢者の割合は年々に増えており、半数以上が軽症だ。急な医療や健康問題が出た時に頼る場所が救急車と言う人が少なくない。必要な時に身近に頼れる場所や信頼できる情報が患者に提供されていないのではないか。こうした情報提供は、大きな病院の医師では対応が難しく、「かかりつけ医」ならではの役割だ。果たして現在の「かかりつけ医」がどの程度そうした役割を果たしているのか。

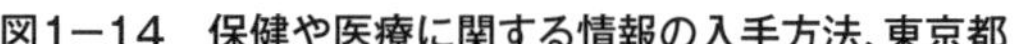
図1－14　保健や医療に関する情報の入手方法、東京都

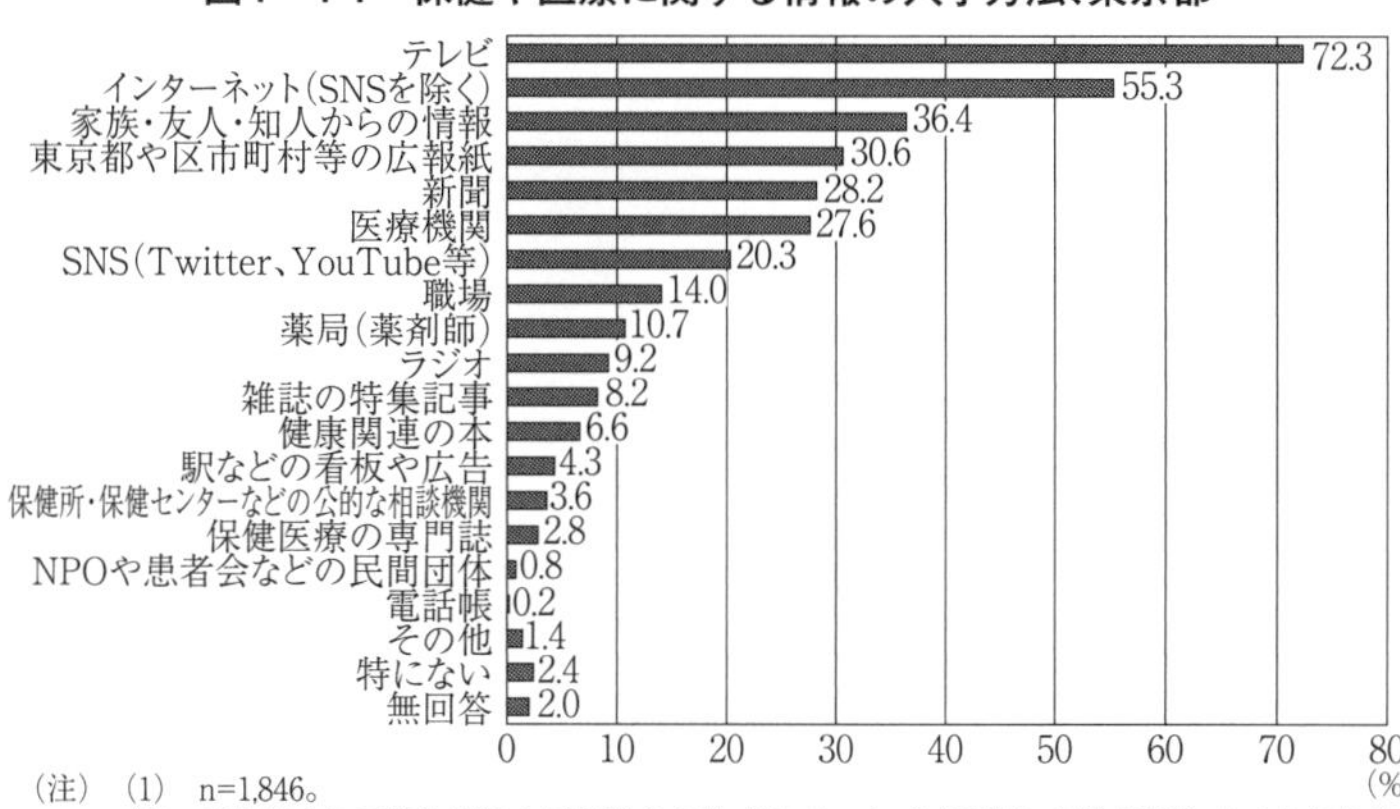

（注）（1）n=1,846。
（2）10年前からの変化は「テレビ」9ポイント増、「インターネット」27ポイント増、「家族・友人など」9ポイント増、「新聞」16ポイント減。
（出所）「保健医療に関する世論調査」（東京都[2023]）

「東京の特性を生かした切れ目のない医療連携システムの構築」の実現のためには、そうした能力を持つ医療提供者を計画的に育成・配置するなど、より具体的な政策が必要であるが、東京都の保健医療政策はそのあたりが曖昧だ。

次に情報提供のあり方である。

図1－14は東京都が行った「保健や医療に関する情報の入手方法」の調査だ。日ごろ保健や医療に関する情報は何から得ているか聞いたところ、「テレビ」が72％で最も多く、次いで「インターネット（SNSを除く）」が55％、「家族・友人・知人からの情報」が36％、「東京都や区市町村等の広報紙」が31％、「新聞」が28％などの順となっている。ネットSNS時代においてもテレビが圧倒的な存在感があること、医療機関の割合が低いことは他の国と比較した東京の特徴だ。表1－9は医療に関する情報源に関するヨーロッパの研究だ。

表1−9　保健や医療に関する情報の入手方法、ヨーロッパ

（%）

	ドイツ	フランス	オーストリア	オランダ	イタリア	英国	スペイン
家族･友人	65	60	61	50	62	53	47
家庭医	68	69	68	50	79	53	72
薬剤師	56	62	59	54	70	49	66
テレビ	45	57	43	51	38	35	32
雑誌	36	39	33	33	20	22	21
新聞	29	38	38	30	19	25	24
ラジオ	20	36	34	28	12	22	21
医療機関のチラシやパンフレット	41	36	23	30	13	14	17
健康に関する図書	20	23	23	27	15	25	15
健康保険会社	19	27	20	44	3	9	54
ホームページ（例：健康ポータルサイト）	17	21	17	42	11	26	16
消費者相談	3	8	4	20	4	3	9
患者カウンセリング	2	3	3	20	6	5	8
自助組織	3	5	2	8	2	4	6

（出所） Gigerenzer（2015）

図1－15　医療機関を受診する際の情報入手先や相談窓口、医療に関する情報を得るための公的な情報源として知っているもの（複数回答）

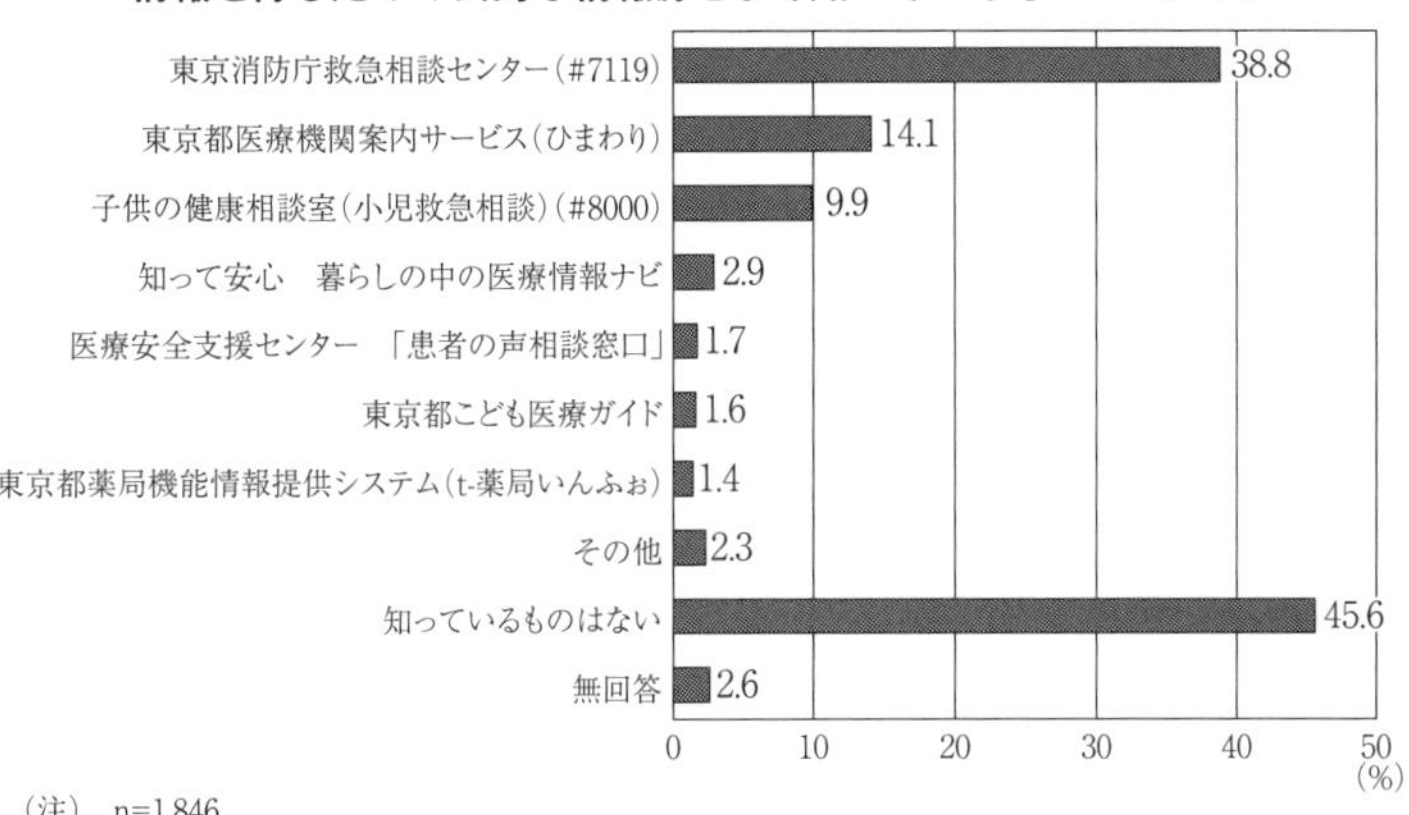

（注）　n=1,846
（出所）「保健医療に関する世論調査」（東京都［2023］）

家族、友人と並んで、家庭医が上位にきており、保健や医療に関する主要な情報源となっている。最近のドイツの研究（Oedekoven *et al.*［2019］）でも家庭医71％、他科専門医39％、インターネット33・7％がベスト3を占めていた。諸外国では家庭医がメジャーな情報源であることが日本との際立ったちがいである。自分や家族の健康について心配なことや疑問に思うことは、自分の家庭医に尋ねればよいということである。

東京都の調査では、医療情報サービスの認知度として、医療機関を受診する際の情報入手先や相談窓口、医療に関する情報を得るための公的な情報源として知っているものを聞いており、その結果が図1－15だ。どれもあまり認知度が高くないことがわかる。その上、東京都だけでなく市区町にもさまざまな窓口がある。縦割りで連携がない場合も多く、地域住民にとってせっかくのさまざまな事業をどのように活用したらよいのかよくわからない。

厚労省は、かかりつけ医機能が発揮される制度整備の進め方として、「医療機能情報提供制度」において、医療情報の公表の全国統一化などを検討している。東京都においても、保健医療に関するさまざまな公的な情報源をひとつにまとめることで、利用者の利便性も増すであろう。住民のためのわかりやすい情報提供は「かかりつけ医療機関」が担う重要な役割の一つだ。

医療情報に関しては、第5章のヘルスリテラシーの章でより詳しく議論する。

7　東京都で策定したさまざまな計画

東京都では、現行の保健医療計画を補うものとして、「医師確保計画」と「外来医療計画」を定めている。どちらも医療法上の医療計画における記載事項である。

(1)　東京都医師確保計画（2020）

国が全国ベースで統一的・客観的に比較・評価した「医師偏在指標」を用いて、医師多数区域・医師少数区域を設定し、地域における医師確保の方策を定める計画である。

東京都は大学病院など高度医療や先進的な医療機関が集積する一方で、高齢化が急速に進み、複数の疾患を抱えながら地域で生活する患者の増加に対応が必要となり、医療需要の変化が予想される。こうした東京の特徴も考慮し、２０２０年3月に東京都が公表した「医師確保計画」には、「全国で活躍する研修医・医師を育成する大学病院等の役割に加えて、総合診療機能、かかりつけ医機能といった地域包括ケアシステムの実現に向けて必要となる医師確保策」についても重点的に記載している。

具体的には次の四点を医師確保の方向性として示している。「1．高度医療や先進的な医療提供体制の将来にわたる進展」「2．東京の特性を生かした切れ目のない医療連携システムの構築」「3．地域包括ケアシステムにおける治し、支える医療の充実」「4．安心して暮らせる東京を築く人材の確保・育成」。

この四点は、東京都が、地域医療構想で定めたあるべき医療提供体制の実現に向けた四つの基本目標でもある（東京都地域医療構想［2016］１８３ページ）。「医師確保計画」では、この四つの基本目標に関して、東京独自の医師確保の方向性を記載している（東京都医師確保計画［2020］87ページ）。

ここで気になる点がいくつかある。「総合診療医の育成」に関する位置づけだ。基本目標の「1．高度医療や先進的な医療提供体制」のみに記載されている。総合診療医の育成は大学医学部の役割でもあるが、本来の働く場は地域である。２の「切れ目ない医療連携システムの構築」、３の「地域包括ケアシステム」そして４の「安心して暮らせる東京を築く人材の確保・育成」にも記載するべきであろう。

特に2では、救急医療、小児医療、周産期医療、へき地医療、災害医療の五つの領域において「切れ目のない医療連携システム」を担う医師の確保・養成を挙げている。切れ目ない医療連携を整備するためには、総合診療医の役割が不可欠だ。総合診療医は、プライマリ・ケアの専門医であるので、それぞれの分野のプライマリ・ケア部分を横断的に担うことができる。

日本医師会は、かかりつけ医は地域で実際に診療をしている人で、総合診療医は学術的な分類としている（鈴木［2023］）。しかし、総合診療は日本専門医機構の19ある基本専門領域の一つであり、最新の学術的知見も含んだ専門教育を大学が提供し、それを実際の臨床の場としての地域で実践することは専門医教育の両輪であるべきだ。地域での診療と大学による教育を切り離してしまっては、質の高いかかりつけ医を育成することは難しい。

具体的には、東京都では、以下のように総合診療医を育成するのが望ましいのではないだろうか。

1. 東京都で必要な総合診療医の数を具体的に決めて、それを目標に都内の医療機関（かかりつけ医療機関）と協力して研修計画を立てる。
2. 病院のみでは優秀な総合診療医を育てるのは限界があるため（大学などの縦割り、プライマリ・ケアの現場が経験できないなど）、地域を基盤とした研修計画とする。
3. 東京都で総合診療医を増やすために、この領域の指導者が集まって教育などをするプラットフォームなどがあれば理想的だ。たとえば総合診療専門のアカデミーなどだ。これは日本プライマリ・ケア連合学会（ＪＰＣＡ）の東京支部グループでも考えられるが、うまくいくかは今後の行政の支援にかかっている。

十分な数の総合診療医が育成されるまでの移行期は、既存の開業医がプライマリ・ケアの研修を受けることで、よりよいかかりつけ医機能を担うことを目指す。

(2) 東京都外来医療計画（2020）

この章で詳しく見たように、地域医療構想では外来医療の位置づけは不明確だ。２０２３年度に改定を予定している「東京都保健医療計画」は外来医療計画と一体化していくことになっている。東京都では、病院全体の約７割を占める２００床未満の病院と、診療所が地域の外来医療を主に支えている。しかし、現在に至るまで医療提供体制において、外来医療確保の方策を定める計画はなかった。外来医療を担う医師の専門領域も各医師の自主性に任されており、診療所でも診療科の専門分化が進んでいる。医師多数区域を多く抱える東京都では、新たに開業を希望する医師に「地域の外来医療機能の状況を理解し、必要に応じて地域医療へ協力していくこと」を求めることとしているが、実際には何も制約を課していないに等しい状態であり、地域偏在につながっている。

日本の医療制度の特徴として、受診回数の多さが指摘されるが、日本全体の特徴というよりも地域差が大きい。患者調査によると、入院の受療率ほどではないが、外来も西高東低で西日本が比較的高い。また藤森[26]によると、東京は外来の診療行為（性・年齢階級を調整したＮＤＢを用いて求めた診療報酬の一人あたり算定回数）は、日本で二番目（一番目は宮崎県）に多く、外来と入院を合わせた診療行為は日本で一番多い。

今後は診療所の開業に関して診療科別の分析が必要という意見が、地域医療構想調整会議でも出ており、不足する外来機能を具体的に明示することが必要だ。診療所は病床（上限19床まで）があれば入院治療にも対応できる。病院と異なり、診療所の病床は、一定の条件を満たす場合[27]は、許可に代わり届出によって設置できるため裁量が大きい。厚労省で検討が進んでいる「かかりつけ医機能報告制度」の創設や「医療機能情報提供制度」の整備により、入院医療の質だけでなく、診療所の外来医療の評価が進むことを期待したい。その際、第3章で紹介する標準化された国際比較可能な地域医療の評価指標を参考に、住民が理解しやすい質の評価指標を作成し、それらに住民が容易にアクセスできるように公表方法も工夫してほしい。

なお、「外来機能報告（紹介受診重点医療機関）」が２０２２年に創設され、医療機関が都道府県に対して外来医療の実施状況[28]や紹介受診重点医療機関となる意向の有無などを報告することになった。外来医療の情報開示が進むのはよいが、屋上屋を重ねて複雑にならないように注意してほしい。また、病院と有床診療所は義務だが、無床診療所は任意となっているのも問題だ。地域住民の適切な受療行動に資する情報公開となることが望まれる。

（参考）　外来医療に係る医療提供体制の確保に関するガイドライン（２０１９年３月）では、以下のように定めている。

○　都道府県は、外来医師多数区域において新規開業を希望する者に対しては、当該外来医師多数区域において不足する医療機能を担うよう求め、新規開業を希望する者が求めに応じない場合には協議の場への出席を求めるとともに、協議結果等を住民等に対して公表することとする。

さらに、新規開業者に求める事項である地域で不足する外来医療機能については、協議の場で検討する必要があるとし、項目としては、

①　夜間や休日等における地域の初期救急医療
②　在宅医療
③　産業医、学校医、予防接種等の公衆衛生
④　その他の地域医療として対策が必要と考えられる外来医療機能

を例示として挙げている。

(3)　その他のさまざまな計画

国は、5疾病・6事業として、五つの疾病（がん、脳卒中、心筋梗塞等の心血管疾患、糖尿病、精神疾患）と6つの事業（救急医療、災害時における医療、へき地の医療、周産期医療、小児医療、令

和6（2024）年度からは、「新興感染症等の感染拡大時における医療」に関して、それぞれ基本計画を策定し、いろいろな目標値を提言している。たとえば、「がん対策基本法」、「糖尿病重症化予防」などだ。国がさまざまな法律、計画を作成し、目標値を提案しても、各都道府県が個別にそれぞれ対応し、目標値を達成するのは現実的でないこともある。また目標値を設定しても、現場（個々の医療機関）がその目標に向かって努力をする仕組みにもなっていない。

がん、糖尿病、高血圧、認知症、うつ病など多疾患を持つ高齢者は少なくない。上記のように五疾病それぞれに関して目標値を掲げるのでなく、総合的に診ることができれば、患者にとっても利便性も高く、満足度の高い医療であろう。そう考えると、第3章で紹介する英国のQOF（Quality and Outcomes Framework）は医療者と患者がそれぞれの目標値を達成するために努力し、地域住民が健康になることで診療報酬が支払われる仕組みで、よく考えられた制度だ。医療者と患者のインセンティブを考慮した仕組みのつくり方は、日本の制度設計には欠けており参考になる。

また、「東京都外来医療計画」を、「東京都保健医療計画」に具体化していくように、他の計画も保健医療計画にうまく組み込むことが必要ではないだろうか。

たとえば、「東京都循環器病対策推進計画」（2021）は、東京都の保健医療計画には含まれていないレセプトデータを用いた医療費の分析や、急病の初診時傷病名別搬送人員など資料として貴重なものもあるが、他の計画で書かれている内容との重複が多い。「高度医療が集積するなど東京の強みを活かして、総合的・計画的に推進していく」「移行期医療センターを中心に、小児診療科と成人診療科の医療連携を進めるなど、移行期医療支援を充実」などだ。

主に高度な病院医療に関する記述（循環器病の急性期医療体制、循環器病の治療に関わる医師の状況、救急搬送など）が中心であることも気になる。循環器疾患は予防が重要なことを指摘しているが、特定健診の実施率向上、データに基づく保健事業の推進、発症・重症化予防、早期受診、後遺症などに関する知識の啓発の推進など言葉が並んでいるだけだ。たとえば「循環器病に対する切れ目のない医療の提供に努めます」のように「切れ目のない医療」は東京都のさまざまな報告書に使われる言葉だが、どのように提供するのか具体性に欠ける。

また「人材の確保・育成として、循環器病の知識や技術を有する」とあるが、循環器疾患の患者は、ほかにも疾患を持っている人が多い。特に高齢者には顕著な傾向だ。そうした多疾患併存状態への対応はほとんど議論されていない。巻末資料の指標の一覧[29]も参考になるが、できれば国際的に使われている指標（第３章医療の質を参照）を使うのが望ましい。エビデンスに基づいた指標であり、国際比較にも適している。

ほかにも、「東京都高齢者保健福祉計画」「東京都障害者・障害児政策推進計画」「東京都医療費適正化計画」「東京都健康推進プラン21」など、関連する計画が数多くある。５疾病６事業に関しては、国の指針を踏まえて策定しないとならない計画も多いであろう。それぞれの計画で、有識者会議（検討部会、協議会、審議会などさまざまな会議）を運営し、報告書を作成しても行政の負担を増すだけだ。東京都は他の地域と比べて予算や人材などの資源に恵まれている地域とはいえ、もう少し簡素化することを考えるべきだろう。

8　東京都の保健医療政策を考える

東京都の多くの医療機関に危機感がないのはなぜなのだろうか。一般病床の病床利用率はコロナ前でも75％前後、平均在日数は減少傾向にあり、中小病院の急性期病床が多すぎることがコロナ禍でも明らかになったにもかかわらず、病院が新設され急性期病床が増加している。データに基づいた議論は少しずつ進んでいるが、保健医療計画の策定においてもレセプトデータなどに基づく医療費分析はほとんど議論されていない。医療機関の財務諸表に基づく分析も進んでいない。診療所の病床設置は、一定の条件を満たせば届出により比較的容易に認められており、東京都医療審議会でもほとんど議論をされることなく許可されている。

老齢人口は２０１５年の高齢化率22・７％から２０５０年には31・０％へ増加し、都民の約３人に１人が65歳以上の高齢者という、高齢化が進んだ社会となる。今後80歳代後半や90歳代以上といった超高齢の患者が増え、東京ではいずれ80歳以上の患者が約半数を占めるようになる（高久［2023］）。

東京都では今後２０４０年ごろまで入院需要は伸び続けると予測しており、医療機能を集約する必要性を、東京都や都内の医療機関は感じていないのかもしれない。急性期病院での在院日数は東京都でも15日間とＯＥＣＤ諸国の2倍近いが、長めに入院できることはありがたいと本人や家族は思いがちだ。しかし高齢者が急性期病床に長く入院することはデメリットのほうが多い。認知機能の悪化、筋力低下、そして転倒などの危険を招く。高齢者の不必要な急性期病床での入院を減らすためには、高齢者の受け皿となる病床や在宅医療を整備し、そこで働く医療者の育成が重要となる。東京都民の医療ニーズを把握して病院や病床の機能分化と集約を進めていくことが、地域住民のためにも医療者の働き方改革にもつながる。

高齢化が進むと、高齢者が、自分たちで情報を集め医療機関を選んで適切に通院することはますます難しくなる。東京には高度医療を提供する施設が集積していて、住民が必要以上にそうした高度な医療機関を外来受診しているのも東京の医療の特徴だ。これは東京都だけでなく、たとえばコロナ禍の第4波では大学病院（19施設）で受け入れたコロナ患者のうち約半数が軽症であった（井伊・森山・渡辺［2022］１５０ページ）。

東京都の地域医療構想や保健医療計画では、かかりつけ医の役割の強化を強調している。かかりつけのケアには質と量がある。第3章でも詳しく見るように、各国では病院だけでなく地域の診療所の質の評価も行い、地域住民にわかりやすく公開している。東京は国に率先して取り組んでほしい。

そして、かかりつけ医がどのくらいの地域医療を担うのか、もう少し明確にする必要がある。他の多くの先進国と異なり、日本における「地域医療」の現場では、主に医療機関を利用する人たちだけを対象としている。この点については次章で詳しく説明をする。

【第1章　注】

（1）　地域密着型のサービス受給者は、当該市町村に在住している者に限定されている。

（2）　「流出している」＝「不足している」という議論になりがちだが、そもそも「必要がない」こともあるのではないか。一方で、「流入している」は、いつの間にか「不足している」になるので、注意が必要だ。

（3）　https://www.fukushihoken.metro.tokyo.lg.jp/iryo/iryo_hoken/iryoshingikai/R2-3singikai.files/4-1.pdf

（4）　https://www.fukushihoken.metro.tokyo.lg.jp/iryo/iryo_hoken/iryoshingikai/R2-3singikai.files/04-3.pdf#page=3

（5）　https://www.fukushihoken.metro.tokyo.lg.jp/iryo/iryo_hoken/iryoshingikai/R2-3singikai.files/kaigiroku.pdf#page=8

（6）　令和２年度　医療機関への病床配分（案）。https://www.hokeniryo.metro.tokyo.lg.jp/iryo/iryo_hoken/iryoshingikai/R2-3singikai.files/07-1.pdf

（7）　その理由は、実際に病床配分する際に、各地域の地域医療構想調整会議で「どういう機能や種別の病床がこの地域に必要か、どういう病床を公募するか」などの公募条件を別途協議しているためである。

（8）　東京都医療審議会（2020/3/3）における東京都精神科病院協会会長、平川委員の発言。https://www.fukushihoken.metro.tokyo.lg.jp/iryo/iryo_hoken/iryoshingikai/r102iryoushigikai.files/gijiroku.pdf

（9）　https://www.mhlw.go.jp/file/06-Seisakujouhou-10800000-Iseikyoku/0000196935.pdf#page=16

（10）　そのための医学教育、専門研修そして生涯教育を学会や国が責任を持って整備している。詳しくは第６章を参照。

（11）　長期間の継続的な健康管理とは、生まれる前の妊産婦のケア、出生後の小児保健、学校保健、感染症等公衆衛生に関わる保健所機能、容態急変時の初期診療、専門医療への接続、介護・看取りまでを含むライフコース全般にわたるサービスなど（令和臨調［2023］）。

（12）　https://www.hokeniryo.metro.tokyo.lg.jp/iryo/iryo_hoken/kanren/kyogikai/chiikiiryoukousou.files/04dai2shou.pdf#page=28

（13）　第８回地域医療構想に関するワーキンググループ（厚生労働省）資料。

（14）　https://www.mhlw.go.jp/toukei/list/79-1a.html

（15）　Occupancy rate = Total number of bed-days during the year /（Number of beds available * 365 days）* 100

（16）https://www.mhlw.go.jp/content/12400000/000984144.pdf

（17）令和４年３月29日の医療審議会での資料。https://www.hokeniryo.metro.tokyo.lg.jp/iryo/iryo_hoken/iryoshingikai/R3-5singikai.files/siryou6.pdf

（18）地域医療構想調整会議の役割は、以下のように医療法に定められている。「関係者との連携を図りつつ、医療計画において定める将来の病床数の必要量を達成するため、また地域医療構想の達成を推進するために必要な事項について協議を行う」。

（19）「東京都循環器病対策推進計画：令和３年７月」。https://www.fukushihoken.metro.tokyo.lg.jp/iryo/kyuukyuu/junkankibyo/keikaku/junkankibyokeikaku0307.files/2syou01.pdf#page=7

（20）「医療費適正化計画」は、「高齢者の医療の確保に関する法律」（旧老人保健法）に基づき２００８年から進められているが、「保健医療計画」は「医療法」に基づくもので40年の歴史がある。

（21）池上はすべての保険者を県単位で再編、田中は国保と後期高齢者医療のみを県単位で統合という点で異なっている。

（22）病院に救急搬送された患者のうちどのぐらいが、救急搬送の必要がなくて、診療所でいつも診てもらっているかかりつけ医や看護師に相談することで解決したのか。かかりつけ医機能がうまく働いていないので救急搬送件数が増えて、財政だけでなくて病院の現場を疲弊させているのではないか。そうした視点からの分析も必要であろう。消防庁の「令和４年版救急救助の現況」によると、東京都の搬送時間が都道府県別で最も長いこと（73ページ別表９の１）、軽症者の割合が比較的高いこと（70ページ別表７）がわかる。

（23）かかりつけ医の定義については、厚生労働省のウェブサイトでは、平成25年日本医師会提言の文言を引用して、以下のように定義している。「健康に関することをなんでも相談できる上、最新の医療情報を熟知して、必要な時には専門医、専門医療機関を紹介してくれる、身近で頼りになる地域医療、保健、福祉を担う総合的な能力を有する医師」。

（24）https://www.metro.tokyo.lg.jp/tosei/hodohappyo/press/2023/02/17/documents/01_full.pdf

（25）この調査は、令和５年度に予定している東京都保健医療計画の次期改定等、今後の保健医療施策の参考とするため実施した。

（26）東北大学教授の藤森研司がＮＤＢを用いて計測した性・年齢調整済みのスコア（ＳＣＲ、standardized claim-data ratio）による。https://public.tableau.com/app/profile/fujimori/viz/R02SCR/sheet0 「初再診、入院料」「初再診料」で照会。

（27）「地域包括ケアシステムの構築」、「産科医療の提供の推進」など。

（28）「救急医療の実施状況」「紹介・逆紹介の状況」「外来における人材の配置状況」「高額等の医療機器・設備の保有状況」。

（29）https://www.hokeniryo.metro.tokyo.lg.jp/iryo/kyuukyu/junkankibyo/keikaku/junkankibyokeikaku0307.files/kanmatsushiryou.pdf

第２章　現代日本の地域医療――現状と課題

1　地域医療の定義

第1章では東京都という、わが国の中でも突出して「いびつ」な「行政区画」を一つの強大な「地域」として見立て、そこがいかに特殊な性格を持ったエリアであるかを概観した。本章ではその他の一般的な行政区画で行われている医療は、東京のそれとはどのように異なったものであるかを中心に議論を進める。

第1章で見たように、日本で「地域医療」の定義をすることは難しい。

「わが病院は地域医療に貢献しています」「○○周辺の地域医療を担う病院です」という広告や病院理事長の言葉を目にするが、日本では「地域医療」というと、病院が中心だ。地域に病院があり、そこで高度先進医療（重粒子線治療やロボット手術など）を行うのが地域医療というイメージではないだろうか。もしくは、地域医療を学ぶ場は「へき地」であり、離島で働けばそれだけで地域医療を学べる、わかるようになると思う人もいる。そして、日本の「地域医療」の特徴は、主に医療機関を利用する人たちだけを対象としていることだが、これは世界的にみても、かなり特異だ。

国際的に地域医療というと、その主役は病院ではなく診療所であり、そこでのキープレーヤーは、診療所で働く医師、看護師をはじめとする多職種チームのことだ。「地域医療」は英語では、プライマリ・ケアやプライマリ・ヘルスケアと呼ぶのが適切だろう。地域医療の「地域」とは、単に地理的な意味だけでなく、住民にとって最も身近な医療や介護といったプライマリ・ケアが行われる場の意味がある。地域医療は特定の地域の特定の問題というよりは、地域住民の健康管理のための機能やシステムの意味を含む。そして、「地域」には、「個人」との対比という意味もある。国民や住民を集団として対象とし、その健康問題を包括的に扱うプライマリ・ヘルスケアの意味だ。病気でない人も含めて地域を面で診るということだ。プライマリ・ケアやプライマリ・ヘルスケアの意味するものは時代とともに進化しており、その定義に関連する事項はＢＯＸ ２－１に記載したので参照していただきたい。

ここで参考になるのが、図２－１の地域住民の受療行動を分析した米国での有名な研究結果だ。１カ月間の１０００人の住民に発生する健康問題とそれに対する住民の対処行動（「受療行動」と呼ぶ）を示している。７５０人が１カ月に１つ以上の医療や健康に関わる問題に遭遇する。そのうち２５０人は医療機関を１回以上受診し、９人がその月に入院する。５人は家庭医以外の他科専門医に紹介され、大学病院での治療が必要な人はたった１人だった（White *et al.*［1961］）。

最初に行われたのは１９６１年と大変古い研究だが、その後２００１年には米国と英国のデータ

図2−1　地域住民の受療行動

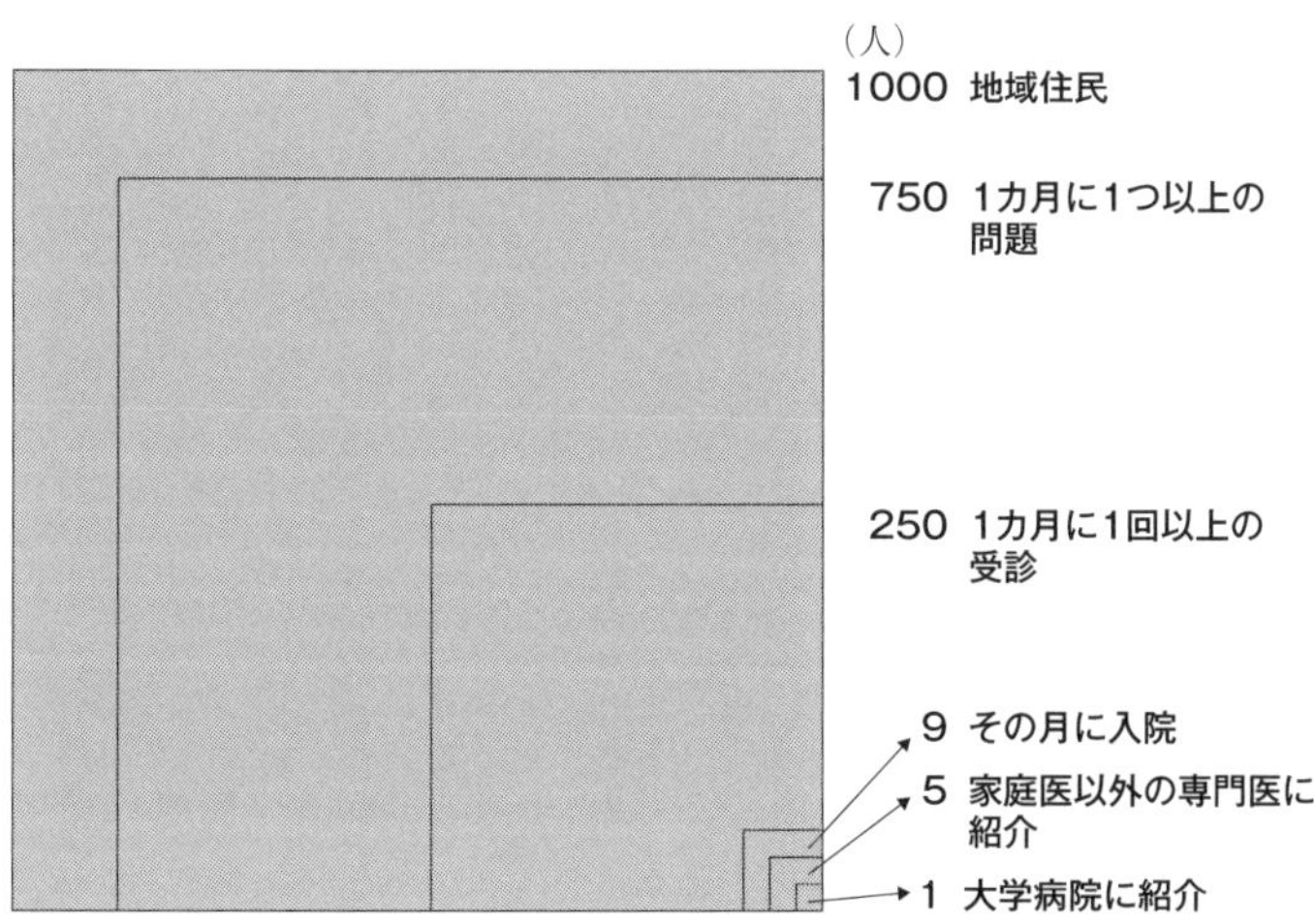

（出所）　White *et al.*（1961）を参考に筆者作成

を用いて同様の研究が行われた（Green *et al.*［2001］）。その間、医療や健康に関わる制度は大きな変化をしたが、基本的な地域住民の受療行動に大きな変化はなかった。

主に医療機関を利用する人たちだけを対象としている日本の医療制度の現状では、受診をした２５０人だけが地域医療の主な対象だ。しかしその２５０人に関しても、自院を受診しない場合は患者情報へのアクセスが難しい。医療機関を受診しない７５０人の地域住民に関しては情報すら存在しないことが少なくない。医療（医療機関）と公衆衛生（保健所）の連携機能が乏しいことが大きな理由だ。

日本医師会（2022）は、地域に根ざして診察している医師は、自院での診療以外に、地域の時間外・救急対応、行政・医師会等の公益活動、地域保健・公衆衛生などさまざまな活動を多職種で連携して行い、地域住民の健康を守るため、それぞれの地域を面として支えていると説明している[1]。

しかし、診療所や病院の外来は、基本的には出来高払いで、患者が受診した時だけ収入が入る仕組みである。母子保健（1歳6カ月児健診・3歳児健診）、学校健診（予防接種や学校医）、地域での予防接種、健診、検診などは、診療報酬とは別の支払いの仕組みになっている。地域に根ざした活動と医療機関での診療はほとんどつながりがなく、地域を面として支えるような制度にはなっていない。収入に結びつかない対応は、医療機関の良心に頼ることになる。

一方、多くの国々では、診療所は平時から診療に加えて、日本の保健所が持つ公衆衛生の機能も担っている。コロナ禍のようなパンデミックでも診療所は、PCR検査、自宅療養者のケア、退院後のケア、地域のリスク・コミュニケーション、感染サーベイランスなどの重要な役割を果たした。予防や公衆衛生が診療所の重要な役割になっており、支払い制度もそれに即した制度になっている。

日本の保健医療制度は、医療・介護・予防といった縦割りで提供されていて、予防や公衆衛生は保健所、自治体、企業が担い、医療（検査、治療）は病院や診療所が対応することになっている。医療制度改革というと後者の診療報酬の議論に目が行きがちだ。そのため、予算の面では医療（検査・治療）に偏り予防や公衆衛生の視点を含めて地域住民の健康に包括的・継続的な責任を持つ制度になっていない。むしろ専門性を謳う外来で高価な設備があるほど質が高いとみなすのは日本の地域医療の特徴の一つだ。

今後高齢化が進み、人口が減少する地方の医療などさまざまな問題が指摘される日本でも、こうした地域と一体となった予防・公衆衛生をも包括した医療介護制度を考える必要がある。

予防関連は自治体が担い手であるが、自治体間で格差が大きい。たとえば、妊婦健診は14回すべて地方交付税措置されているが、乳幼児健診は生後6年間で4回だけの地方交付税措置で、それ以外の健診は市町村が必要に応じて行っているため自治体間格差が生じている。こうした自治体間格差をなくすために、乳幼児健診も12回の地方交付税措置をするべきという声もある（日本小児科医会の提案など）。しかし本来は妊婦健診も乳幼児健診も地域医療の専門家である家庭医が継続的に担当し、該当する乳幼児だけでなく、その母親をはじめとするほかの家族の健康問題も含めてケアすることが望ましい。

日本の医療機関は地域住民に対する情報開示が乏しく、地域住民が、医療機関に関して情報を得ることも難しい。また、仮に医療機関が住民の健康管理に熱心に取り組もうと思っても、自院に通う患者の情報を適切に把握することすら困難である。

第1章では東京都の医療について病院中心の提供体制の問題を議論をしたが、これは東京都に限らず、日本の多くの地域に共通した課題である。次の節では地域医療の現状、3節では過疎化や高齢化が進む地域での現状と課題を整理してみよう。

BOX 2－1　プライマリ・ケアとは

日本では医療の提供体制が機能分化していないため、プライマリ・ケアはあまり馴染みのない概念であるかもしれない。日本では医療＝病院という発想だが、多くの国々では、ニーズに応じて医師の役割が機能分化している。

世界的には医療サービスの提供は基本的には図2－2のように三つのレベルに分かれており、まずプライマリ・ケア、急性虫垂炎など手術や入院を必要とする医療または専門性の高い専門外来が二次医療、そして急性心筋梗塞といった重大で緊急性の高い疾患や特殊な病態に対応する医療が三次医療となる。多くの国ではこのように、私たちの健康問題や疾患の種類によって受け皿となる医療機関の役割を区分するシステムが主流だ。健康問題に応じて医療機関が役割分担をすることで、医療サービスの効率性が向上し、医療の質が向上するからだ。一般的にプライマリ・ケアは診療所、二次医療は市中病院、そして三次医療は大規模な大学病院であるケースがほとんどである。

プライマリ・ケアとは、私たちの日々の生活を支える医療サービスのことだ。風邪、腹痛、軽度の切り傷やねんざなどのよくある急性の問題から、高血圧、糖尿病、うつ病などの慢性の問題まで、私たちの医療ニーズの大部分（8～9割）をカバーしている。乳幼児から高齢者までを対象としており、年齢によらない。生理痛や更年期障害、また妊娠、出産といった女性独特の問題も対処しており、性別も関係ない。うつ病などのメンタルヘルスから、皮膚のかゆみや発疹といった皮膚科の問題まで、ありとあらゆる科の

図2−2　医療提供体制の世界的な仕組み

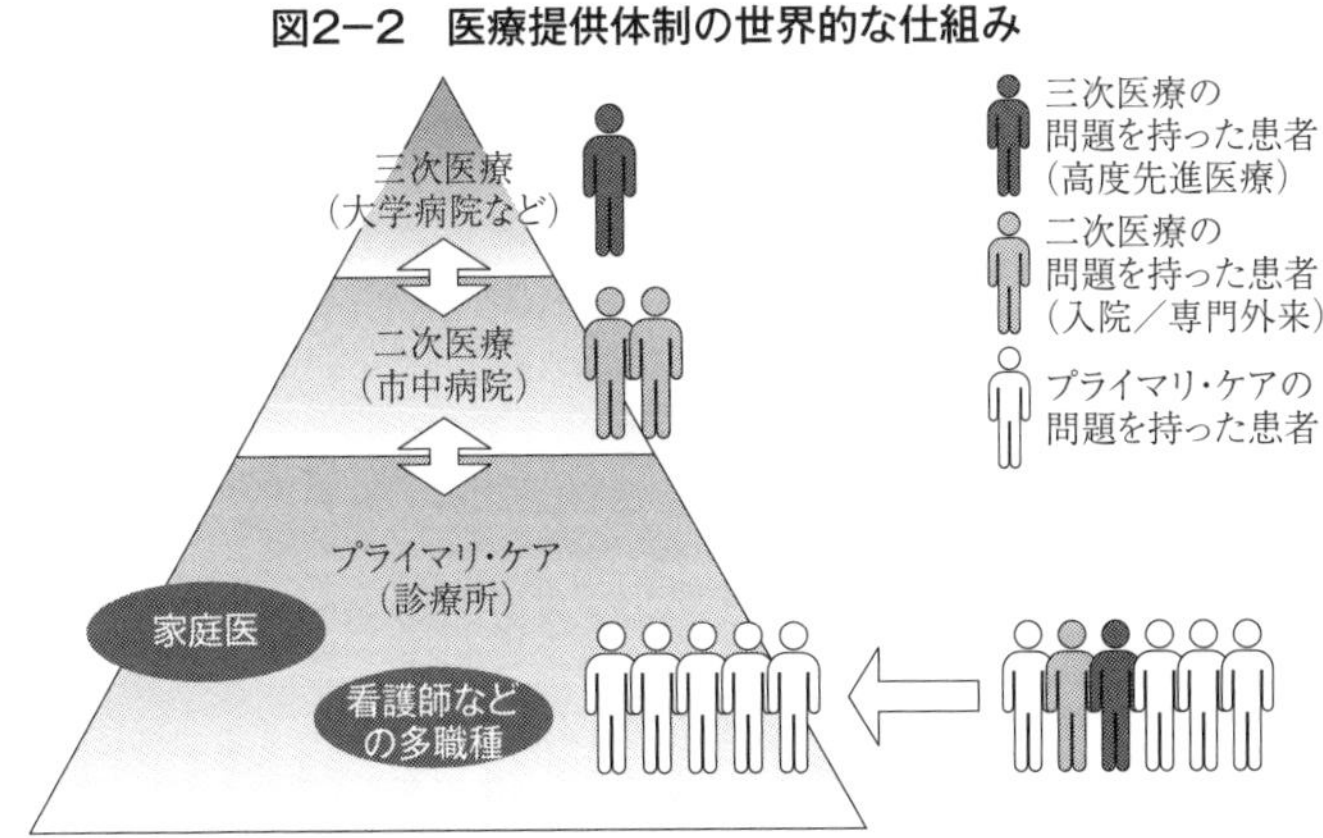

病気を扱い、インフルエンザ予防接種などの予防を通して、できるだけ病気にかからないように私たちを守ってくれる医療サービスの提供も大きな特徴の一つだ。在宅医療にも対応している。

プライマリ・ケアは、一次医療や初期医療と訳されることが多いが、primaryには「主要な」や「重要性がある」という意味もあり、primary careとは、私たちがより健康に生きていくために欠かせない「主要なケア」である。

プライマリ・ケアを専門とする医師はgeneral practitioner/family physician（家庭医）と呼ばれている。第3章BOX３−２で説明するように、国や地域により大きく二つの呼び方があるので注意が必要だ。

図２−２で対象としているのは医療に到達した人だけだ。プライマリ・ケアが対象としているのは図２−１の１０００人の地域住民全員である。つまり地域住民全体を予防、健康維持・増進も含むケアの対象とし

て考え、地域の行政とも連携しながら、その包括的な健康の改善に取り組むことがプライマリ・ケアの役割だ。

プライマリ・ケアの歴史は、政治的な背景に影響を受けてきたというのが筆者の理解だ。プライマリ・ケア先進国の医療政策の話に必ず出てくるキーワードがある。1978年9月、世界保健機関（World Health Organization：WHO）は当時のソ連・カザフ共和国の首都のアルマ・アタで、あるべき保健医療制度としてプライマリ・ヘルスケアを重視することを宣言した。"Health for All"と謳われたこの宣言をもとに、多くの国々はプライマリ・ヘルスケアのシステムをつくり上げた。

米ソの冷戦下という政治的な背景もあり、プライマリ・ヘルスケアは社会主義的な思想ととられることもあった。特に米国にはその傾向が強く、米国では現在に至るまで皆保険制度導入に対立意見が根強い。アルマ・アタ宣言が発表される4カ月前の1978年に、Institute of Medicine（IOM：2016年からThe National Academies of Sciences, Engineering, and Medicine の Health and Medicine Division：HMDへ改組）がプライマリ・ケアを定義した。そこでは、プライマリ・ケアは個人とその家族への個別に提供されるケアとしての意味合いが強く、地域住民全体の健康への取組みから離れていった（葛西［2018］）。

米国は世界銀行やWHOなど国際機関における最大出資（拠出）国であり、米国の独特のプライマリ・ケアの考え方は、国際保健にも大きな影響力があった。WHO事務局長を務めたマーガレット・チャンは、過去30年間の国際保健の問題として、包括的な医療サービス供給の基盤としてのプライマリ・ヘルスケア政策への取組みから離れ、縦割りかつ選択的な医療介入政策（特にHIV／エイズ、結核、マラリアのような死亡率の高い感染症に特化した介入）に焦点が向かったことを指摘している（Chan［2008］）。

２０１５年にノーベル経済学賞を受賞したアンガス・ディートンもプライマリ・ヘルスケアの提供には、国家に十分なガバナンス体制が整っている必要があり、その点で弱い国は往々にして医療政策は「単一疾患プログラム」や「特定疾患プログラム」に陥りがちであると指摘している（Deaton［2013］）。東京都の医療で見たように、日本の医療政策はたとえば「がん対策」「糖尿病重症化予防」などまさに単一疾患や特定疾患の対策に陥っている典型的な例である。

アルマ・アタ宣言40周年の２０１８年10月に、カザフスタンのアスタナで開催された国際会議で「アスタナ宣言」が採択された（ＷＨＯ［2018］）。アルマ・アタ宣言を再認識するもので、ユニバーサル・ヘルス・カバレッジ（ＵＨＣ）と持続可能な開発目標（ＳＤＧｓ）を達成するために必須のものとしてプライマリ・ヘルスケアを強調した。

ＷＨＯだけでなく、昨今はＯＥＣＤや世界銀行などでもプライマリ・ヘルスケアを核とした医療提供体制を提案している（第６章）。

プライマリ・ケアの意味するものは、時代とともに進化してきた。現在では多くの文脈で、プライマリ・ケアとプライマリ・ヘルスケアは同義語として使用されている。つまり従来のように「プライマリ・ケアは医師と患者・家族などのより個別的な関係、プライマリ・ヘルスケアは国民や地域住民の健康問題など集団を対象」と、区別するのでなく、どちらも患者や家族そして地域も対象としている。プライマリ・ケアが整備された国でプライマリ・ケアの支払い制度が「地域を診る」という視点から制度設計されていることもその証左である。

最後に、日本のこの分野の専門家によるプライマリ・ケアの定義を紹介する。

日常よく遭遇する健康問題の大部分を患者中心の方法で解決するだけでなく、医療・介護の適正利用と予防、健康維持・増進においても利用者との継続的なパートナーシップを築きながら、地域内外の各種サービスと連携する調整のハブ機能を持ち、家族と地域の実情と効率性（費用対効果）を考慮して提供されるサービスに加えて、地域住民全体の包括的な健康の改善にも多職種保健チームが分担して責任を持つシステムである（葛西［2021］）。

2　日本の地域医療の現状

日本の地域医療の役割は、熱を出した、お腹が痛いなどと外来へやってきた人に、とりあえず対応したら終わりというレベルである。たとえば高齢者の大腿骨骨折を予防するのは転ばないようにすることが大切だ。今の医療で大腿骨骨折は治せるが、入院中に筋肉が弱って寝たきりになり、褥瘡（じょくそう）（床ずれ）ができ、そのうち認知症も出てきたりする。介護負担も増え、金銭や時間の負担も大きく、家族も含めて生活の質が落ちる。そしていろいろな病院の療養型ベッドや介護施設が使われることになる。

それを防ぐためには、高齢者が外来に来れば、骨折するリスクを見積もるための質問をする。家ではどういう生活をしているのか、転ぶリスクはないだろうかを評価すべきだ。たとえばうつ状態があったりすると転びやすい、あるいは握力が弱いとバランスを崩した時に体重を支えきれずに転倒して骨折につながりやすいなど、いろいろな臨床研究のエビデンスに基づいて予防的介入をしていくことがプライマリ・ケアの視点だ。

日本では高齢者の医療制度改革の話をすると、もっぱら医療費の負担をどうするかという話だけに終始しがちであるが、こうしたデータに基づいて予防を進めていくための工夫は、残念ながらほとんど行われていない。予防といっても、骨折のリスクに関係なくすぐに骨密度検査をして高価な骨粗鬆症予防薬を漫然と処方し続けるような診療だ。

日本でも昨今、メンタルヘルスの問題を持つ人が増えている。日本ではまず精神科の受診ということになるが、実はその原因は以前から患っている疾病や、職場や家族の問題であることもあり、精神科の治療では解決しないことも多い。精神科を受診するのをためらい、結局症状が重くなってから医者にかかるというケースも多い。私たちが日常よく遭遇するメンタルヘルスの問題も約8割はプライマリ・ケアで対応できる。

たとえばOECDの調査によると、心のケアが必要な人の73%が家庭医（11%が精神科医、14%が臨床心理士など）に診察を受けている（第3章図3－1）。アイルランドや英国では家庭医を受診する人の割合は9割以上になっている。継続的に患者の気持ちや家族の事情、地域的な特性まで考慮して、エビデンスに基づいて治療をしてくれる家庭医の診療では、薬や検査に頼らないケアで症状がよくなることが多いという。職場の過剰労働でうつ病気味の患者には、患者の上司に仕事量を減らせないか相談する手紙を書く、子どもの教育のことで悩んでいる患者には、子どもの通う小学校のスクールナースに連絡をとる、夫婦関係が悪くなりアルコール摂取量が増えている女性には配偶者も一緒のカウンセリングを行う、などもプライマリ・ケアが整備された国では家庭医の診療の一部だ。

図2-1をみると、高度先進医療も大切であるが、大多数の人たちが必要としているのは、日常よく遭遇する医療や健康問題への対処である。プライマリ・ケア制度を整備すれば、医療費の上昇が抑制されるだけでなくて、不必要な投薬や検査を受けないで済む。これは、患者にとって重要な利点だ。

それでは、日本ではなぜ薬や検査が過剰になってしまうのだろう。まず、費用対効果に優れた検査や治療をすること、あるいは検査や治療をしない選択の価値については、日本の医学教育ではほとんど教えられていない。そして、何よりも診療報酬制度が主に出来高払いである上、医師が診療所を開業すると、資本の調達や回収は開設者の責任になるため、経営リスクを背負わなければならなくなる。

日本の医療機関はCTやMRIなど検査機器の保有率が高い。診療所も重装備だ。現在の日本の診療所は病院と非価格競争（検査機器など価格以外の要素での患者獲得をめぐる競争）をしており、地域の問題を診断して、その解決のために健康資源を有機的に調整して地域包括ケアを計画し実践するという、プライマリ・ケアの役割を担う仕組みになっていない。

予防もプライマリ・ケアの重要な役割であるが、現在の制度では、地域住民が健康になると医療機関の受診が減り、経営リスクとなってしまう。中小病院や診療所で働く医師にこのような強い経済的なインセンティブが課せられていることは問題であろう。現行の制度では、地域住民も「薬は使わなくてもいいのです。この検査はしなくてもいいのです」と医師に言われたときに、それが「安心できるよい医療」だということを経済的な効果も含めて理解することは難しい。

この問題を解決するにはプライマリ・ケアを担当する医師の収入を支える仕組みづくりに工夫が必要だ。医療の質を高くすることが、必ずしも薬や機器をたくさん使うことではないことを理解した上で、新しい診療報酬体系を創出することが必要である。地域医療の支払い制度で最もよく導入されているのは、人頭払いである。診療所が担当する地域住民数に応じて収入が入る仕組みだ。

成果払いも一部の国が導入している。第３章で紹介するが、英国は２００４年にQuality and Outcomes Framwork（ＱＯＦ）という成果払い制度を導入した。臨床研究のエビデンスに基づいて診療の質を高めることを金銭的に誘導した制度である。賛否両論あるが、驚くべきことに、質が上がっている。糖尿病の重症化を防ぎ、腎臓の合併症の早期発見をするためには、尿の中のわずかなタンパク質をチェックすることが大事だ。２００４年以前にこれを調べていたのは家庭医の中でも

7％ぐらいだったのが、QOFを導入した後は77％の人が測るようになった。ほかにも気管支喘息や高血圧などいろいろな指標が非常に改善したという研究報告が出ている。

一方、批判として、QOFで指標に掲げられた項目のみに注目する傾向や、臨床エビデンスの機械的適用によって患者の個別性が軽視されることへの懸念もあるが、そのような広域で行う公益性の高い取組みは日本ではかなり遅れており、医療制度改革というと自己負担の増額などに頼るばかりだ。各国が取り組んでいる支払い制度の改革に関しては、OECDの報告書（Srivastava, Mueller, and Hewlett［2016］）に詳しい。

3　過疎化・高齢化が進んだ地域での不可欠な診療科（家庭医療科）

地方の医師不足や医師の地域偏在が言われて久しい。大学医学部の地域枠・地元枠も長らく導入されている。しかし、地域で経験を積むだけで、地域医療の専門医になれるわけでない。ドクターヘリ、医療DX、遠隔診療・オンライン診療をはじめとする最新技術の活用などが提案されてきた。しかしこうした仕組みや技術の導入はツールの一つであって、根本的な解決にはならない。ツールを使いこなす人材を育て、責任と役割分担を明確にすることが重要だ。第6章で各国の取組みを紹介するが、まず必要なことは、地域医療に関する質の高い医学教育と継続的な生涯教育である。これは東京のような大都市や地方中核都市にも必要だが、特にへき地と言われる郡部には不可欠だ。

従来郡部における医師確保は、「一本釣り」スタイルで行われることが多い。地方自治体の首長が医療機関の維持を公約に掲げ、己の政治生命をかけて大学医局、その他多様な縁故を頼りに医師を見つけ出し、多額の年棒を条件になんとか入職につなげる姿は珍しくない（中川［2020］）。

他方、人口数千人の町の公立病院や診療所が、町唯一の医療機関であるにもかかわらず、住民の利用率が低く、外来、入院ともに町民が同機関を利用する割合は3割にすぎないという状況も少なくない。大学は専門医を地域に送り込めば解決とする一方で、送り込まれた医師たちは地域医療の専門研修を受けておらず、地域住民が望んでいる医師像との大きなギャップができる。単に医者を確保するだけでは地域住民が満足できないだけでなく、そこで働く職員全体が疲弊するばかりだ。

第6章9節で診療科別の医師数を比較しているが、日本にほぼ存在していないのが家庭医療科だ。慢性疾患の増加、特にメンタルヘルスの問題を持つ地域住民の急増、多疾患併存、ポリファーマシー（多剤併用）、高齢化は、世界の多くの国や地域にとって共通な問題で、それに対応した提供体制の改革の大きな柱の一つが、プライマリ・ケアを整備することだ。

各国の取組みを参考にすると、1人の家庭医（家庭医療専門医）が約2000人の住民を受け持つのが標準であるので、6000人から1万人くらいのコミュニティに1件の診療所があり、そこで4人から6人くらいの家庭医が常駐する状態があるとよい。休暇に加えて定期的な研究日や研修日、出産や育児休暇などをとる医師を考慮するとフルタイム換算で3人から5人程度の医師数になるからである。こうした診療所が有床診療所であれば、よくある入院医療についても家庭医がそこで継続してケアできる。そこで診られない患者は基幹病院の専門医に紹介する。

日本でもへき地と言われる地域でこのスキームに近いモデルを実現している例はある。たとえば、岡山家庭医療センター（3診療所と1病院）、北海道家庭医療学センター（7診療所）、福島県立医科大学地域・家庭医療学講座（4診療所と2病院）などである（医療科学研究所［2020］）。

共通するのは、「一本釣り」の医師確保でなく、可能な範囲で良質な教育と研修を提供することにより若手医師を確保するシステムへの転換を行い、地域での医療機関の運営維持に貢献していることだ。優れた研修と学習環境を提供できる施設に医師は集まる。これらの例に共通しているのは、郡部であるからこそ地域医療を実践する場であると同時に、教育を提供する場としても魅力的なフィールドになることを示せたことだ。

2018年に導入された新専門医制度（第6章で詳しく説明）だが、この制度が進んでいくと、郡部においては臓器別専門医の不足からの医療崩壊を懸念する声もある。しかし、資格更新の条件などからも、総合診療以外の専門医（臓器別専門医）は、人員も豊富で症例数も多い大学や基幹病院に集約化していくのは、むしろ質の高い臓器別専門医の育成には望ましい方向性ではないか。一方で中小病院や診療所では、総合診療専門医が中心になって連携の役割を果たすことが可能となる。大病院で働く医師の負担軽減にもつながる。

ここではすでに総合診療（家庭医療）専門医[2]が地域医療の担い手として活躍している北海道と福島の取組みを紹介する。

(1) 北海道寿都郡寿都町

まずは、北海道寿都郡寿都町の取組みである。過疎と高齢化の進む人口２６００人の寿都町の町立診療所で４人の（専門研修を受けた）家庭医が働く。赤字続きの道立病院を、２００５年に町立の診療所に転換し、北海道家庭医療学センターから派遣された家庭医療の専門医と多職種保健チームを招聘し、３６５日24時間の救急も含む診療体制を維持し、かつ教育機関として後期研修医（専攻医）も受け入れている。遠くの大病院を受診する前に診療所を受診する人が増え、無駄な検査や投薬を省くことができ、２、３年間で町民１人あたりの医療費は一割減り、町全体で見ると約１億６５００万円の医療費が削減できた。２００７年の北海道経済産業局の調査でも、町民の約７割が道立だった頃よりよくなったと評価している。

２０２３年末現在、４名の家庭医のほか、看護師13名、診療放射線技師１名、理学療法士１名、介護福祉士１名、看護助手４名、薬剤助手１名、事務４名、医療事務５名、で運営されている。２０２２（令和４）年度には保育士２名を雇用し医療機関併設型の病児・病後児保育を開設した。２０２２（令和４）年度の外来診療は１日平均91・１名、入院患者は平均９・１名、訪問診療は在宅40名および特別養護老人ホーム入所者50名となっている。

寿都町は高齢化が進んでいるにもかかわらず、救急車による搬入件数は年間94件と減少傾向にある。その理由としては、重症者に対しては訪問看護などが適切に対応できるシステムが完備されたこと、また、軽症で救急要請することに対して住民自身が抵抗感を持っていることもある。地域の住民が地域医療を守ろうとする意識が強い。

２０１８（平成30）年度に診療所は公設民営化し、２０２１（令和３）年度に町内の開業医が自院を閉院して診療所へ合流したことで国民健康保険直営診療施設（国保直診、第1種へき地診療所）となり、地方交付税や国保直診運営交付金も含めると町としての実質赤字がこのたび解消された。

(2) 北海道河西郡更別村

次に紹介するのは北海道河西郡更別村（人口３１５５人）の国民健康保険（以下、国保）診療所である。この診療所は、全国公募の医師1名で数十年来運営してきたが、２０００年に医師が退職し、無医村になった。２００1年より北海道家庭医療学センターとの業務提携で家庭医療研修医（当時）２名の派遣が決定し、家庭医による医療の提供が開始された。現在は家庭医４名（うち３名は家庭医を志す専攻医）、看護師９名、作業療法士1名、理学療法士1名、看護助手８名、事務５名の合計28名で構成され、３６５日24時間の救急を含む診療体制をはじめ、行政と連携して地域包括ケアシステムを構築している。

２０２２（令和４）年度の外来は1日平均66名、入院患者は1日平均５・８名、訪問診療は月平均37・４名、往診は月平均11・４回、そのほか、特別養護老人ホーム29名、認知症患者向けのグループホーム18名の入居者に、訪問看護師と家庭医が連携して医療的なケアを提供し、看取りも行っており、総数は18名で、施設看取りは８名であった。

診療所所長（家庭医療専門医）は、保健、福祉／介護、医療において村の総合アドバイザーとして地域のこの領域に関する方向性を調整する役割を持っている。地域の特性に合わせ、診療所、保健福祉課、社会福祉協議会（社協）、村営サービス付き高齢者住宅、が一つの建物に集約、この建物の周辺に高齢者向けの公営住宅や特別養護老人ホーム（以下、特養）などの施設が配置され（「福祉の里」構想）、機能的な村づくりにも長年取り組んでいる。在宅や施設での看取りを推進し（医療設備のほとんどない施設で看取りを行うようになり「老衰」での死亡が増加）、認知症外来の設置などに取り組み、プライマリ・ケアが最大限機能するような村づくりになっているため、地域住民の信頼も厚い。

救急搬送の件数は２０２２（令和４）年は１４１回、住民１人あたりの医療費は北海道内でも低い自治体の一つで、国保分（０歳～74歳、２０２１年）は28万８８１５円、後期高齢者分（75歳以上、２０２１年）は71万８９２５円であり、国保分に関しては北海道では5番目に低い医療費である。

２０１８年を期限として展開された国の在宅医療介護連携推進事業では、他町から通っていた訪問看護ステーションが村内にもステーションを設置し、歯科診療所は帯広市内の在宅歯科診療や摂食嚥下のケアにも明るい歯科医院と連携し医師が派遣されている。帯広市内の高次医療機関と地域との連携を強化するため、連携コーディネーターを配置した。医療と介護の連携をＩＣＴを使ってより促進する事業にも取り組み地域包括ケアシステムの充実を図った。

2021年には北海道家庭医療学センターのイニシアティブで隣接する中札内村の村立診療所を更別村国保診療所と一体的に運営する事業に取り組んでいる。効率的な運営を目指して中札内村立診療所は外来機能のみとし、入院と夜間・土日祝日の時間外の外来、訪問診療の機能は更別に集約。両村合わせて7000人の人口をカバーする体制とした。2023年にはリハビリテーション（以下、リハビリ）職を1名増員、両村での訪問リハビリや通所リハビリの展開を目指している。

(3) 福島県南会津郡只見町

最後に紹介するのは、福島県南会津郡只見町（3781人）の唯一の医療機関である国保朝日診療所の取組みである。1982年の開設以来北里大学からの医師派遣を受けていたが、2003年に医師がいなくなってしまうという医療危機を迎えた。その後は福島県（自治医科大学の卒業生）などの派遣に頼ってきた。

自治医科大学では、医学部卒業後、公立病院や診療所を中心に9年間の「地域医療」に従事することが義務づけられている。しかしその9年間は、プライマリ・ケアの専門研修を継続的に受ける制度が整備されておらず、義務年限を終えた後は臓器別の専門医になる者がほとんどである。そのため残念ながら多くの国々の専門研修を修了した家庭医のように、地域の問題を診断してその解決のために健康資源を有機的に調整して、すべての年齢の住民全体を対象とした地域包括ケアを系統的に学び実践する機会に恵まれなかった。2009年からは福島県立医科大学の地域・家庭医療学講座が町と協力して朝日診療所を教育研修協力機関として整備し、専門研修を受けた複数の家庭医が継続的に地域住民の健康に責任を持つ制度を構築してきた。

2023年末現在4名の家庭医（常勤の専門医1名、専攻医1名、非常勤の専門医2名）、看護師11名（常勤9名、非常勤2名）、看護助手4名、事務6名、放射線技師1名である。歯科もあり、歯科医師1名 歯科衛生士2名、歯科助手（事務）1名で運営されている。

介護老人保健施設（以下、老健）、特養、訪問看護ステーション、保健センター（町の介護・保健・福祉部門）が併設・隣設されており、保健・医療・福祉・生活を連携した、町の地域包括ケアの中心となっている。

2022（令和4）年度の外来診療は1日平均58名、入院患者は平均8・1名、訪問診療は月利用人数45・5名の診療を行った。特養は79床で常にほぼ満床である。

(4)　行政や地域住民の理解が鍵

前述のように日本の診療所の特徴は、地域住民が医療機関を受診しなければ、収入は減ってしまい、経営リスクとなってしまうことだ。診療所が町立診療所や国保診療所の場合は、同様の経営リスクを抱えているが、町の一般会計等の健全化に寄与するという利点もある。

(1)〜(3)項で紹介した診療所の共通点は、診療所の役割に事務長、首長、地域住民の理解があることだ。そうした理解は当初からあったのではなく、プライマリ・ケアの意義を啓発する取組みを町や村で行うなど年月をかけて構築してきた。特に、財政からの繰入れ（赤字）がどの程度までは容認されるのかは住民の納得が得られなければならない。住民とは具体的にはその代表たる議会、国保診療所の場合はさらに国保運営協議会となる。

医療者のほうも、財政からの繰入れを最小限にとどめるために、組織をマネジメントする役割も担っている。幅広い疾患を一括して管理するなど、一層住民の納得や信頼を得て、都市へ流れていた住民たちが、自分たちの村や町の診療所を利用するようになる。

地域住民は往々にして採算を度外視した要求を当然とし、総合病院がないと十分な医療を受けられないと考えることが多いが、病院をつくらなくても、質の高い家庭医と看護師などの多職種連携で地域住民の満足度を高め、財政的にも負担を軽減することができる。

多くの小規模自治体は、人口が減少し財政難であるにもかかわらず、多額のお金を注ぎ込み、医療機関を維持しようとして、人口減少社会の中で隣接する自治体とパイの取り合いになっているが、地域包括ケアシステムや地域医療構想の話を進める上で、隣接する小規模自治体が「おらが町（村）に立派な医療機関を」の意識を捨て、人口規模や住民の受療行動などを考慮して地域住民に真の意味で役に立つ医療圏づくりを自治体の境界を超えて協力していく必要がある。

ここでは医療機関と行政との関係がわかりやすい過疎地の例を取り上げた。地域住民の健康に包括的・継続的な責任を持つプライマリ・ケアの専門教育を受けた医師のグループ化を緩やかに進めることは、より大きな自治体や都市部など日本の他の地域でも必要なことは、第１章の東京の医療の現状分析からも明らかだ。

4　地域に医師を集めるために必要なのは質の高い研修制度

ではどうすればよいのか。日本のプライマリ・ケアの制度を実現するためには、このように地域を基盤とした家庭医の養成にすでに実績のある専門研修プログラムに委託して、質の高い家庭医を養成する政策の実現が望まれる。上記の三つの地域の共通点は、総合診療・家庭医療専門医の研修施設となっており、多くの専攻医（後期研修医）を受け入れてきたことだ。

過渡期においては開業医を活用する方法もある。開業する医師が診療しながら自らも学べる家庭医療の研修プログラムや、家庭医専門医取得後も継続してレベル向上を図れる質の高い生涯教育プログラムを整備した上で、それらの履修を義務づけることが必要となる。このように医療者（医師だけでなく看護師など他の職種も）の質を高める教育や研修のあり方の改革にも取り組んだ上で、主に医師の診療行為に支払われる現行の診療報酬を、多職種連携を促進する支払い方式へ移行することが望ましい。その際、患者が予防行動を取ることで、医療機関が評価され収入が増えるような診療報酬も考案したい。

世界の医療制度改革と比較して日本での議論の特徴は、医療が公的な稀少資源であるという意識が医療提供者にも行政にも欠如していることだ。医療を公共的なサービスというよりも、商業主義的に扱う傾向が強い。上記で取り上げた日本の卓越した例では、町村長、事務長、医療者が「医療は公共のものである」という意識を共有しており、そのため住民も軽症で救急要請することに対して抵抗感を持つなど、地域医療を守る意識が高い。必要な時にいつでも診てもらえるという安心感が住民にあることも大きい。

医療は消防や警察と同じく、町になくてはならないものである。消防や警察で利益を生み出そうと考える首長はいないが、医療機関は診療報酬が入るため赤字、黒字の議論が出てくる。行政が決めるべきことは、医療機関の規模と財政で補填する分がどの程度までなら受け入れられるのかということであろう。

「海外では公的な医療機関が主体なので改革をしやすい」という意見もある。しかし、たとえば英国、オランダ、デンマークやオーストラリアなどでは、診療所は、開業に規制はあるが、分類上は民間であり、診療所の医師（家庭医）は、資本の調達や回収のなどの経営責任を負っている。韓国や台湾の医療機関は日本よりも民間が占める割合が高い（第6章）。国によって政府の政策的な関与は異なるにしても、日本の医療保険制度も税金や保険料など公的に運営されており、公共的なサービスとしての意識を医療者も国民も持つべきだろう。

5　日本の地域医療の課題

日本の地域医療の議論では、病院に入院をすること、つまり病床が中心だ。高齢化が進む中で、できるだけ住み慣れた地域で、そして在宅で過ごせるようにすることが多くの人たちの望みだろう。「ピンピンコロリ」で死にたいと思っても、病院に送られてしまうことが少なくない。不必要な救急搬送や緊急入院を減らすためにも大事なことは、まず外来医療のあり方だ。

外来医療は主に診療所の役割である。第6章で詳しく見るように日本の医療提供体制の特徴は家庭医療科が独立した診療科として存在しないことである。そのため臓器別専門医が地域で開業する形態になっており、一人の患者が複数の診療科や複数の医療機関を受診することが珍しくない。患者が自分の判断で受診をするので（図２－３）、「うちの科ではない」と言われてたらい回しにされ、医療費の無駄、診断・治療の遅延につながる可能性がある。これは東京のような大都市では特に顕著だ。患者が自由に医療機関や診療科を受診できるフリーアクセスという制度は、医療機関側にとっては患者の取り合いを意味する。高齢化や人口減少社会では医療機関の経営も徐々に成り立たなくなるであろう。

弊害は、ほかにもいろいろある。診療所で働く医師の重要な役割は、外来医療に加えて、在宅医療だが、現在は、在宅専門の診療所が行っている医療提供の内容や質についてはデータも少なく把

図2－3　日本の医療提供体制

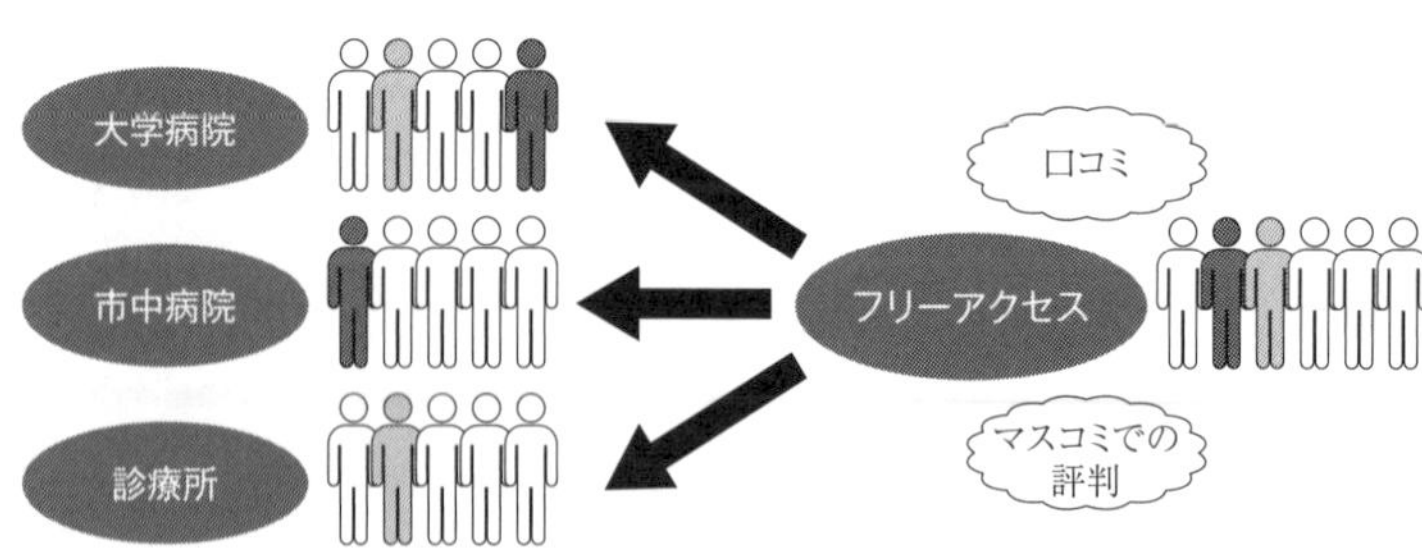

握が不十分である。

高齢者施設においても、在宅専門診療所が、定期訪問をしている場合が多く、降圧剤などの定期処方は行うものの、急変時の対応はかなり脆弱だ。地元の状況を知らない場合も多く、すぐに病院受診を勧めたり、救急車を呼ぶ医師が少なくない。結果として入院を増やすことになる。

このようなケースを少しでも解消するため、地域のかかりつけ医療機関が日常的に患者と患者の家族を支える体制が課題となる。適切な外来医療（在宅を含む）によって不必要な救急搬送をどのくらい減らすことができるかなどの個別の医療の質と、医療制度としてのアウトカムとを連動させた評価が必要だ。標準的な評価指標は第3章に詳しい。外来医療を担う医師の役割は、「ゲートキーパー」と言われるが、これは病院に行く必要のない患者をできるだけ病院に送らないようにすることで、患者と家族、そして病院を守る役割だ。

次に、高齢者の緊急入院を受け入れる体制である。東京都の医療でみたように、救急搬送される高齢者は、誤嚥性肺炎や脱水症で入院することが多く、そのほとんどが急性期病床に入院するが、そうした高齢者に必要な入院先は「在宅患者の受け皿となる病床」である。入院の目的が、医療的ケアなのか、介護環境を整えるためのものなのか、そのあたりを明確にして、高齢者救急を担える機関としてある程度の期間入院した後、リハビリや在宅調整（自宅などの環境整備）を行える病院の役割が重要だ。具体的には地域包括ケア病棟や先進的な慢性期病院などであろう。第1章でも議論したように、現在過剰である急性期病床を地域包括ケア病棟の病床等に転換していくことも一案だ。

高齢者救急を急性期以外でも担うことができれば、急性期病床を削減しても、適切な高齢者ケアの提供ができる。多くの中核病院で問題になっている医師の働き方改革にも貢献でき、医療費の適正化も図れる。

6　まずは政府の役割が重要

民間事業者を活用したデータヘルスの取組みの推進なども重要な政策だが、まずは政府が、適切なエビデンスとガイドラインに基づき医療情報を無料で提供し、医療の質を担保する仕組みづくりをすることが必要だ。日本では、医師は質の担保された専門医研修を受けなくても診療でき、自由に専門分野を標榜し、自由に開業できる。医師国家試験に合格し、初期研修を修了すれば、その後の継続的な研修などを受けることなく、診療を続けることも可能だ。

日本は医療現場で何が提供されるかに関しては行政の政策的介入が少ない、世界でも類を見ない自由放任主義的な体制である。そのため患者が受ける診断・治療の質にばらつきがあり、その是正を促す制度的な枠組みも乏しい。そうした状況を改めずに、医療の産業化を進めても、国民のための医療制度改革にはならない。

ＷＨＯ（2008）では、保健医療制度が陥りがちな問題点として、病院中心主義、商業主義、縦割りで細分化された医療介入政策の三点を指摘している。縦割りで細分化した医療介入政策とは、医療供給体制が機能分化していないためにプライマリ・ケア、二次医療、三次医療の連携が弱いこと、多職種連携のような水平方向での連携が弱いこと、そうしたシステムを動かす行政機構も縦割りで連携と継続性に乏しいことを指す。残念なことに日本の現状はこの三つのどれにも当てはまる。地域包括ケアの推進や地域医療構想など、病院中心主義は改める方向性が出てきたが、商業主義の横行は、問題が深刻な割には指摘されることが少ない。「在宅診療」や「オンライン診療」のみをスポットで行う医療者の急増の問題は第1章で指摘した通りだ。地域医療とは一過性でなく、継続性が備わっていることがまず必要条件だ。

また、第5章で詳しく議論をするが、がん検診や健康診断・診査（以下、健診）をはじめとする多すぎる検査の弊害を知らせることも政府の大切な役割だ。医学知識のない一般人が各種情報に振り回され、有益性が害を上回るというエビデンスもないのに新薬、診断テスト、画像検査法などを過剰に利用する傾向が日本は特に強い。

7　地域医療における看護師、保健師、薬剤師などの役割(タスクシフト、タスクシェア)

日本の診療所は1人医師の診療所が多い。あたかも1人の医師がその地域を診ているかのような言い方だが、その地域を診ているのは医師以外にも診療所のスタッフ、看護師、役場の保健師などがある。ここでは、地域医療における看護師、保健師、薬剤師の役割に注目する。

日本では主に医師が行う医療行為にしか診療報酬はつかない。しかし、慢性疾患管理や看取りには看護師の役割も大きく、そのために支払い制度改革も検討すべきであろう。もちろん、支払い制度の改革だけでなく、看護師の質の担保も必要となる。

保健師の役割も同様に重要となる。現在の日本の医療制度のようにフリーアクセスで、出来高制の診療報酬、住民1人あたりの受診頻度も高く1人あたりの診療時間も短い中で、保健師の果たす役割はすでに大きい。在宅医療などでは、統計データを集め、解析し、地域課題を把握し、現場の専門医のところに足を運び意見を聞き、施策に反映させていくといった仕事をこなしている保健師も少なくない。

保健師は、健診や予防接種のほかにも、母子保健では母親学級、栄養教室、新生児訪問を行っており、高齢者に対しては介護リスクや健康リスクの高い高齢者を拾い上げ、介護予防事業などの適切なサービスを提供している。このように地域をより広い視点で見つめアプローチする仕事は医師だけで行えるものでは到底ない。日本の保健医療体制では、医療（検査、治療）は病院・診療所の仕事、予防や公衆衛生は自治体、保健所、企業の仕事となり、診療報酬の対象外になっている。診療所が連携のハブとなって、多職種保健チームで予防や公衆衛生業務に取り組むことができる支払い制度の考案も必要となる。

地域における薬剤師の役割も重要だ。日本では、診療所で薬剤師が働くことは珍しいが、多くの国では薬剤師の役割も日本よりも範囲が広く、診療所で服薬指導を行ったり、英国では薬剤師が家庭医の処方内容の外部監査をしている（第3章）。

8　誰が地域医療のグランドデザインを描くのか

医療は広域で行う公益性の高い取組みである。しかし医療政策の議論に関わっていて、誰が地域医療のグランドデザインを描くのかがわからないことがほとんどだ。医療政策において病床数が議論の中心になっていることは、第1章でも指摘した通りだ。基準病床数は、医療法に基づいた算定式で決められており、都道府県はそれに従わなければならないとされている。しかし、基準病床数は、急性期と慢性期の区別もなく、単なる病床数の数合わせの議論になる恐れがある。

二次医療圏をもとにした基準病床数の考え方は東京都や神奈川県には馴染むだろうか。第１章の表１－２のように、東京都の場合は、区中央部（千代田、中央、港、文京、台東）は８０００床近くの過剰病床、区西部（新宿、中野、杉並）は１６００床の過剰病床を抱える一方で、南多摩（八王子、町田、日野、多摩、稲城）では７００床の過少病床となっている。都民は二次医療圏を越えて移動しているだけでなく、神奈川県、千葉県、埼玉県からも患者は流入している。二次医療圏ごとに基準病床数を計測し、それに基づいて東京都が病床を配分するというやり方は現場のニーズに合わない(3)場合が多い。

東京都や神奈川県など首都圏でも病床の稼働率は高くない。神奈川県でも一般病床の利用率は70%、地域によっては63%のところもある。第１章の図１－１のように、病床利用率が低いと、基準病床数が増える仕組みになっている。なお一般病床の病床利用率は76%の下限値が定められている。

東京都の民間病院の３分の２は赤字であるというデータがある。その理由の一つは病床の利用率が低いことだ。今後高齢者の人口が急速に増えるが、前節で見たように、在宅や施設での対応も進めば、急性期病床の利用率は減少する傾向になる。利用率が低くなると基準病床数が増えてしまう。そうすると、新規参入が増え、地域での競合状態となる。基準病床数は、病院経営者にとっては重要な数字である。このように日本の現行の医療制度では、民間病院だけでなく公的病院でも、自分の病院の経営のことで精一杯だ。地域医療のグランドデザインを議論するというモチベーションはあまり高くないようだ。

今後の議論として新たなポイントは「医師の働き方改革」がある。高齢者が入院医療に占める割合は今後ますます増加する。今後高齢者の救急のトリアージ（治療優先度）を進めることで、在宅医療や回復期や慢性期へのウエートが高くなり、急性期の患者は減少するであろう。病院急性期の集約化は、今後経営的にも迫られるであろう。一方、回復期や療養病床には介護職員が必要だが、介護職員の人材の確保が難しくなっている。こうした問題を考えずに、病床の議論をしても無理が出てくる。

都道府県の財政状況も考える必要がある。たとえば、過去5年病床整備にどれだけのお金を使って、県の予算はいくらで、一床にいくらかかるのか。行政は数字が一人歩きをするのを嫌がるが、そうした数字を参考値として出すことは、住民の税金を適切に使っているという意味で、本来は行政の責任である。

もっとも第1章でも指摘したように、問題の根本は、日本の公的医療保険の運用に３０００以上の保険者が関わり、複雑な財政調整によって制度を維持していることだ。その上、たとえば神奈川県であれば、横浜市や川崎市も独自の予算を持っており、その按分をどう考えるかも難しい。田中（2023）などが提言しているように、国保と高齢者医療を統合し、都道府県単位で保険者を再編し、都道府県間の所得と年齢を調整して、保険料負担と給付する医療サービスの関係を明確にすることで、都道府県も現状よりは、主体的に対応することができるようになる。

9　地域医療を評価するためのデータ

地域医療のデータをビッグデータとして整備する重要性が日本でも注目を浴びている。疾病の早期に対応することも多い地域医療の現場では、確定診断をつけられないことも多い。患者も病気の初期段階では、漠然とした不安だけで受診することは珍しくはない。たとえばデンマークの診療所では受診後の診断の第一位は「未確定」で、全体の24％を占めている。医療者側にとっても、病気の初期段階では、疾病は常に不安定で、未分化の状態であり、このような時期での診断は困難である。

日本におけるレセプトデータは貴重な情報源であるが、確定診断の病名とは異なり、医療機関における検査や治療などの診療行為を保険請求するためにつけられたものであることや、治癒している傷病名も残っていることもあるため、急性疾患・重症疾患による入院医療や希少疾患を扱う専門医療を提供している病院における分析の利用により適しているといえる。診療所などの外来で日常的に遭遇する健康問題においては、確定診断に至っていないこともあり、レセプトデータが示すものと実際との間に乖離が大きくなっている可能性がある。そのため、レセプトデータを地域医療の分析のために利用するのは、理想的とはいえない。

また、プライマリ・ケアの段階で日本のように各科専門医が診療を行うと過剰な診療に傾きやすい（山田［2015］）。出来高払いは、その傾向を助長し、特に高齢者は老化に影響される健康問題が多いため、軽症で治療が特に期待されない患者に対して、必要以上に病名をつけて（一般成人の基準値から外れるという理由で）、それに伴う検査、投薬がなされる傾向がある。オランダでは医学的に説明できない症状（medically unexplained symptoms：ＭＵＳ）に家庭医がどう対処するかの診療ガイドラインも存在する（Olde Hartman［2013］）。こうした診療ガイドラインの存在は過剰医療（過少医療も）を防ぐ役割も担う。

日本でも、プライマリ・ケアの専門医の育成を契機に、プライマリ・ケアのデータベースと、そのデータベースに基づいた研究が蓄積され、そうした研究が医療政策に活かされることが期待される（たとえば高柳［2019］）。前述したようにレセプトデータでは、地域医療の正確な分析は難しい。そこでＷＯＮＣＡ（世界家庭医療機構）はＷＨＯと共同で、ＩＣＰＣ（プライマリ・ケア国際分類）（Lamberts and Wood［1987］、Soler *et al.*［2008］）と呼ばれるプライマリ・ケアの現場でのデータ収集に有効で利便性の高い分類を開発してきた。症状、愁訴を含む「受診理由（reason for encounter：ＲＦＥ）」から始まり、それぞれのＲＦＥに対して診断行為、治療行為、そして、症候診断を含めた診断が展開していくその記録を数日から数年にわたる最終的な転機まで含めた一連の「ケアのエピソード（episode of care）」として分析できるように開発されている。そのため「胃が痛い」という症状で医療機関を受診した人で、内視鏡検査が必要な人は何人だったか、「胃がん」の診断になったのは何人か、最終的に「胃がん」と診断された人のうち「胃が痛い」という症状で受診した人は何人だったか、「内視鏡検査」を受けた人のうち「胃が痛い」という症状で受診した人は何人か、「胃がん」と診断された人は何人だったか、などがICPCを搭載してデータを集積しているオランダの電子カルテでは、クリック一つで容易に出力できる。

レセプトデータ分析が、医療の出口に関する分析とすると、ICPCを用いたデータ分析は、いわば医療の入り口とそこから出口へ向けて患者がたどる旅路の過程についての分析だ。地域住民が抱える医療や健康問題の全体像を把握できる。適切な資源配分（医療者や検査機器など）に関する分析も可能だ。

デンマークやオランダなどプライマリ・ケアが整備された国では、ICPC分類を用いて地域医療の分析を行っている。デンマークやオランダをはじめ、診療所での受診の自己負担が無料の国は少なくないが、過剰医療が問題にならないのは、このように医師が行う診療内容が透明化されていることも理由の一つだ。

地域医療の整備のためには、デジタル化等は必要なツールだが、単にツールにすぎない。日本の地域医療に欠けている質の評価、そして地域医療の質を高めるために不可欠な教育や研修のあり方などは、第3章、第6章などで詳しく議論する。

【第2章　注】

（1）　日医on-line：地域に根差した医師の役割についての説明　https://www.med.or.jp/nichiionline/article/010847.html

（2）　国際標準では第3章表3－5のように家庭医（または家庭医療専門医）が適切であるが、日本では2018年に導入された新専門医制度で総合診療医（または総合診療専門医）と呼ぶことになった。

（3）　複数の都道府県が、第7次医療計画に比べて第8次医療計画では、基準病床数が大幅に増加してしまうという状況を踏まえ、各医療圏の実態を勘案するという国からの事務連絡が2023（令和5）年10月4日にあった。

第3章 日本の医療の質——国・地域の概要と国際比較からみた評価

1 「医療の質」とは

「日本の医療の質をどのように評価していますか？ 優れていると思いますか？」

大学の講義、医療者・行政官などを聴衆とする講演、一般向けの講演で聞いてみると、多くの人が、「日本の医療の質は高い」と答えている。その理由として「日本の出生時平均余命が長い」「フリーアクセスで自由にどの医療機関も受診できる」「すぐに救急車が来てくれる（それも無料で）」「待たされることなくMRIやCTなどで検査を受けられる」などがよく挙げられる。「医療行為のアウトカム」「治療前後の健康の改善」といった診療の質よりも、「アクセス」「コスト（のわりに薬がたくさんもらえて、検査もたくさん受けられる）」が「質」だと考えられていることがわかる。その背景には、「診療の質」の情報が示されておらず比較しにくいという情報のバイアスがあるようだ。

日本の国民皆保険制度の四つの特徴の一つとして、厚生労働省（以下、厚労省）のウェブサイトでは、「安い医療費で高度な医療」と紹介している。(1)

第1章でも見たように、東京都の地域医療構想の基本目標の第一項目は、「高度医療・先進的な医療提供体制の将来にわたる進展」であり、高度医療や先進医療の提供が最初に掲げられている。

そして、東京都の保健医療計画や地域医療構想では、「誰もが質の高い医療を受けられ、安心して暮らせる『東京』」とあるが、「質の高い医療」の具体的な定義は書かれていない。「質」が定義されない中で、施設の規模など見える情報を頼りに、診療所よりも病院、それも大病院での診療のほうが質が高いと思いがちだ。そのため病院で最先端の医療機器で検査を受けられることをもって「質の高い医療」と解釈していることが多いのではないだろうか。

メディアでも政府の会議でも、〝最先端〟の医療を受けることが、質が高く患者の満足度も高いと評価する傾向にある。患者の負担を小さくする手術ロボットなど〝最先端〟の医療が普及することで、医療費・介護費を抑制し、健康寿命も伸ばすことができるという主張もよく聞く。

たとえば政府の審議会でも[2]、質の高い医療や満足度の高い医療として、先制医療、個別化医療、再生医療、などが挙げられることが多い。先制医療とは、病気になる以前に、個人のバイオマーカーを調べ、一人ひとりに最も合った革新的医薬品を提供し、将来起こりやすい病気を疾患の発症前に診断・予測し、治療や予防をするという考えだ。早期に病気を発見し、初期段階で治療をすることも先制医療だ。個別化医療とは、患者一人ひとりの体質や病態にあった有効かつ副作用の少ない治療法で、個人に最も合った革新的医薬品を提供することだ。

早期発見・早期治療という考えは、注意をしないと過剰診断や過剰治療という深刻な問題を引き起こしてしまうことは第5章のヘルスリテラシーで詳しく説明する通りだ。必要度と関係なく高度医療機器での検査を、公的保険で迅速に対応してもらえるのが日本の医療の特徴であり、それを質が高い医療と思っている人が多い。アクセスには、このように高度な検査機器を利用できる、という意味でのアクセスと、すぐ診てもらえるという意味での物理的なアクセスがあり、どちらのアクセスの良さも質の評価の一つであるが、ほかにも評価するべき質の指標は多い。

医療制度を議論する審議会[3]でも、標準的な指標を用いて「医療の質」を議論することはほとんどない。たしかに日本の医療では医療技術の精度には優れている点もある。しかし日本の全般的な医療の質の評価は国際的に見て、本当に高いのだろうか。一般には知られていないが、各国のデータを見ていると手放しに日本が秀でているとは言えないことが、残念ながら多い。

そもそも、日本の医療・介護制度には、質の評価をする仕組みがほとんどない[4]。医師をはじめ、多くの医療者は国家試験による免許制度だが、たとえば医師の場合、一度免許を取得した後は、専門医資格を取得することも、それを維持することも、まだ努力目標で義務づけられてはいない。

また、日本では標準化された方法で作成されたガイドラインはまだ少なく、プライマリ・ケアの現場で使用するためのものはさらに限られている。行政も医療機関の質の評価では、質評価の枠組みであるストラクチャー（構造）・プロセス（過程）・アウトカム（結果）でいうところのストラクチャーは評価していても、プロセスやアウトカムは評価していない。そのため患者が受ける診断や治療の品質がばらついている可能性がある。日本の医療制度には、医療機関やそこで働く医師の診療内容を評価する信頼のおける仕組みがほとんどない。これは先進国の医療制度としてはかなり異例のことであり、そのことをほとんどの国民が知らないことも驚くべきことだ。

医療の質の評価はなぜ必要なのだろうか。医療の質を高めることはそれ自体価値がある。そして、医療の質を正確に測定することで、費用対効果をより正確に測定することが可能になる。どの国でも予算は限られており、一方で技術は日々進歩する。そうした中で医療の質を高めつつ限られた予算や医療資源を有効に使うことは、ますます重要になる。

自国のデータだけを見ても、よいのか悪いのか判断が難しい場合もある。国際比較を行うことで、改善の余地のある項目は何かが明確になり、医療体制に改善の努力を促す動機となる。

この章では、これまであまり注視されてこなかった日本の医療の質（地域医療の質も包含する）に焦点を当てて議論する。まず次の2節では、国際比較で使われることの多いＯＥＣＤによる質の評価指標を紹介する。そして、３節では、ＯＥＣＤが２００１年に質の評価プロジェクトを始めるときに参考にした米国のシンクタンクであるコモンウェルス財団（Commonwealth Fund）の研究を紹介する。地域医療の指標として、プライマリ・ケアの評価に特化した指標である。4節では、地域医療の質に応じた支払い制度を２００４年から行っている英国の実例を紹介する。そして5節では、韓国をはじめ海外の行政機関が医療機関情報をどのように開示しているか具体例を説明する。6節で述べるＯＥＣＤによる日本の医療の質の評価に関する報告書を参考にしながら、本章の最後では、日本の医療の質の向上のために必要な政策を提案する。

２　ＯＥＣＤ保健医療の質とアウトカム指標

昨今、ＯＥＣＤ諸国のような先進国は、医療の質について、大きな関心を持っている。経済の発展段階では、乳児死亡率や平均寿命のようなその国の公衆衛生を表す指標が役立つ。そうした公衆衛生を表す指標は、国際比較も容易で広く使われている。一方で、国際比較可能な医療の質の指標の作成は難しい。元国立保健医療科学院の岡本悦司が、ＯＥＣＤ（2006）の訳者あとがきで指摘するように、たとえば心筋梗塞発症者の致命率を計測するには、分子の死亡数に加えて分母の発病者数も把握しないとならないが、後者についての正確な統計は日本では整備されていない。

ＯＥＣＤは２００１年に保健医療の質に関して、国際比較可能な指標を作成するプロジェクトを始めた。現在もＯＥＣＤ保健医療の質とアウトカム（ＨＣＱＯ：Healthcare Quality and Outcomes）(5)として継続している。

ＯＥＣＤでは、先行研究の結果も踏まえ、良質な医療として、「有効性（effectiveness）」、「安全性（safety）」、「対応力・患者中心性（responsiveness/patient centeredness）」の三つの特性を提唱している。つまり良質の医療とは、必要としている人々に根拠に基づいた医療サービスを提供し（有効性）、医療を提供しようとしている人々に対する害を避け（安全性）、個々の好み、必要性（need）、価値観（values）に応じて提供する（対応力・患者中心性）医療である。

医療制度全体のパフォーマンスの評価は、「質」に加えて「アクセス」「費用・支出」から構成されている。具体的には、受診の容易さ（access）、効率性（efficiency）、公平性（equity）だ。ＯＥＣＤの医療の質指標プロジェクトの影響を強く受けたEuropean CommissionとＷＨＯも同様に質の評価を定義している（日本医療機能評価機構［2022］）。

ＯＥＣＤは加盟国の医療データを収集したOECD Health Statisticsを１９９１年より刊行しており、さまざまな医療関連の指標を国際比較する際に、信頼性の高いデータソースとしてよく引用されている。

OECD Health Statisticsの内容は年々新しい指標が加わり充実していて、インターネットで自由に入手できる。しかし巨大なスプレッドシートに並んだ数字を比較検討するのは意外に難しい。２００１年よりHealth Statisticsを図解したHealth at a Glanceが隔年ごとに刊行されるようになった。こちらもインターネットで自由に閲覧できる。日本語訳も出版されている（OECD［2021］など）。

ＯＥＣＤでは、「保健医療の質とアウトカム評価指標（Healthcare Quality and Outcomes Indicators）」として、２０２３年6月現在、次の七つの項目に分けて報告している。

(1) 急性期医療[6]

(2) がん医療

(3) メンタルヘルスケア

(4)　患者経験
(5)　患者安全
(6)　プライマリ・ケア
(7)　プライマリ・ケアにおける処方

OECDに提出する医療の質の指標[7]は、ほとんどの国は、医療機関の業務データを使用して算出しているが、日本では主に患者調査[8]や受療行動調査などの無作為抽出による質問紙調査データを用いている。

BOX 3－1　非連結データ／連結データについて

同一患者が、最初は地域の病院で治療を受けて、その後高度医療機関に転送され死亡する場合がある。患者情報を入手できない国では、患者個人を区別できないため、上記の場合は2件の入院となり、1件は生存退院、もう1件は死亡退院となる。これが非連結データである。日本の患者調査は、患者の個人情報は調査していないので、非連結データとして患者個人を区別しないで入院件数による評価を行っている。非連結データでは、1人あたり平均の「1人」が実人数でないため、ひとりの個人に対して投入した医療サービスが実測できないという問題もある。

一方で、韓国のように患者情報を名寄せした上で、統計を作成している国もある。これが連結データである。連結データを用いることで、上記の非連結データのような問題は起きず、統計的な質の精度を保つことができる（岡本［2018］）。韓国が政府として行っている医療機関の質の評価の開示や、個人の診療情報のアクセスに関しては、本章5節⑴項で詳しく説明をする。

次に、各医療の質の指標に関して、具体的な指標を参照しながら吟味してみよう。

⑴ 急性期医療

対象は①～③は45歳以上、④～⑥は65歳以上（年齢・性調整、患者百人あたり）である。

① 急性心筋梗塞入院後30日死亡率　非連結データ・連結データ
② 出血性脳卒中入院後30日死亡率　非連結データ・連結データ
③ 虚血性脳卒中入院後30日死亡率　非連結データ・連結データ
④ 股関節骨折[9]入院後2日以内の手術
⑤ 股関節骨折入院後翌日の手術
⑥ 股関節骨折入院後当日の手術

Health Statistics によると、日本の「急性心筋梗塞入院後30日死亡率」は高い。６節で紹介する２０１５年に公表された日本の医療の質に関するＯＥＣＤの報告書（OECD［2015］）でも、以下のように、脳卒中の治療は優れているが、急性心筋梗塞に関しては先進国中極めて不良であることを指摘している。

「日本の病院部門における顕著な特徴は、急性心筋梗塞による高い院内致死率である。日本人は、他の加盟国の患者と比較して、心疾患で死亡する可能性は低いが、急性心筋梗塞で入院すると、他の加盟国の患者よりも死亡する可能性が高い。２０１１年の急性心筋梗塞による院内致死率は、ＯＥＣＤ加盟国の平均が入院１００件当たり７・９件であったのに対し、日本では入院１００件当たり12・２件であった。しかし、対照的に、２０１１年の虚血性脳卒中による入院後30日以内の院内致死率は、ＯＥＣＤ加盟国の中で日本が最も低く、年齢・性別調整致死率は、ＯＥＣＤ加盟国全体では患者１００人当たり８・５人であったのに対し、日本では患者１００人当たり３人であった。特に複雑又は悪化した心血管疾患を有する患者の入院、救急搬送による患者受入困難事例、臨床プロセスの非効率性や欠如など、いくつかの要因によって急性心筋梗塞による院内致死率に関して日本の病院が成績不振に見えることが説明できると考えられる。」

（訳は２０１４年の executive summary の日本語訳より（OECD［2015］）。

一方で、「急性心筋梗塞入院後30日死亡率」の指標に関しては、次のような指摘もある。

「日本の致死率が高い理由としては、心肺停止状態で病院に搬送され病院で死亡確認を行った患者も院内致死率にカウントされている影響等があると推察される」（島崎［2020］１３７ページ）。心肺停止状態で搬送されてそのまま亡くなった患者に、確定診断はできていない場合でも、「心筋梗塞」と死亡診断書を書く医師が多い可能性があるという。つまり、計測の仕方が問題であり、この指標で日本の急性期医療の質とするのは適切でないという指摘だ。

一方で、救急病院のＤＰＣ[10]データを分析している研究者によると、看取り救急（終末期の患者の搬送）では、「心停止」または「心不全」となり、従前の診断等がない限り「急性心筋梗塞」と書かれることはないのではという指摘もある[11]。

ほかにも、日本の医療が標準化されていないことが、この指標が低くなる要因だという指摘もある。①の指標は、日本では患者調査の退院データを用いて算出している。岡本（2018）によると、日本の病床の半数を占めるＤＰＣ病院のみを対象に分析をするとＯＥＣＤ加盟国の平均的な数値（急性心筋梗塞の30日以内死亡率は７・２％で、ＯＥＣＤ加盟国平均７・９％）よりもむしろ良好であるという。つまり、医療の質の良い病院がＤＰＣによる支払い方式（ＤＰＣ／ＰＤＰＳ）を採用し、そうでない病院が出来高払いに残る傾向がデータ分析から示唆される。

ほかにも、この指標が日本で低い理由として、年齢補正をしても、他国の急性心筋梗塞はわが国よりも若年症例が多いこと、日本では高齢者が多いために糖尿病などの合併症管理が悪くなる可能性などの理由も考えられる。

一つの指標についてこのようにいろいろな論点があり、データに基づいて、このような多方面からの議論を積み重ねることが医療の質の改善のためには不可欠だ。しかし、「急性心筋梗塞入院後30日死亡率」に関するこうした議論は例外で、質の評価指標の結果がこのように吟味されることはほとんどない。アウトカム評価に基づいて改善する仕組みがないことが要因の一つと考えられる。

④〜⑥の手術前の入院日数分析は、不要な入院で質を低下させていないかどうかの評価だが、日本は一度も報告していない。股関節骨折の手術は高齢者に多い入院理由で、迅速な手術、リハビリにより寝たきりを防ぐことができるため、急性期医療の重要な指標だ。

日本の急性期医療の質の指標は患者調査を用いて作成している。患者調査は３年ごとなので、日本のデータは３年ごとに更新されていて、２０２３年６月現在入手可能な最新のデータは２０１７年であった（２０２３年７月公表のHealth Statisticsには２０２０年の患者調査結果がようやく反映された）。日本より後にＯＥＣＤの質の評価プロジェクトに加わった韓国は、２００８年から２０２１年まで、患者情報を名寄せした連結データを毎年提出している。

日本の医療機関もレセプトデータを国に提出している。レセプトデータはほぼすべて電子化されているので[12]、指標を作成して提出することは可能だ。しかし、死亡が院外である場合、院内業務データ（レセプトデータ）では遡及できないため（人口動態統計の死亡表が必要）、そもそも計測ができない。

また、ＮＤＢ（匿名医療保険等関連情報データベース：ＤＰＣデータ・医療レセプト・特定健診などの情報データベース）と介護レセプトが連結し、解析が可能になったのは、2022年4月からだ。2020（令和2）年10月に改正された「高齢者の医療の確保に関する法律」の施行が始まったためだ。2024年度からはNDBに2023年度分の死亡情報の収載が開始される予定だ。この数年で法改正も進み、今後はこうした連結されたデータを用いて質の評価が進むことを期待したい。

なお2023年7月に公表されたOECD Health Statisticsでは、OECDは⑤と⑥の指標をすべての国に関して報告していない。

(2) がん医療

がん医療では、年齢調整済5年生存率［肺がん、胃がん、乳がん、子宮頸がん、大腸がん、直腸がん（対象は15歳以上）、小児急性リンパ芽球性白血病（対象は0～14歳）］が質の評価指標となっている。OECDは2014年まで報告している。

ここでは、肺がん、胃がん、乳がんと子宮頸がんの指標を取り上げる。

① 肺がん

表3－1からわかるように、日本のがん年齢調整済み5年生存率は性別（男女合計、男性、女性）および年代別（2000～2004年、2005～2009年、2010～2014年）でみると、

表３－１　肺がん５年生存率　年齢調整済み

(%)

国名＼年	合計 2000–2004	合計 2005–2009	合計 2010–2014	男性 2000–2004	男性 2005–2009	男性 2010–2014	女性 2000–2004	女性 2005–2009	女性 2010–2014
オーストラリア	14.8	17.1	19.4	13.4	15.5	17.4	17.1	19.5	22.0
フランス	14.1	16.2	17.3	13.3	15.1	16.0	17.2	19.2	21.3
ドイツ	14.9	16.9	18.3	13.7	15.5	16.6	17.9	20.6	22.3
日本	29.3	29.3	32.9	25.0	24.7	27.6	40.5	40.5	45.2
韓国	15.3	19.9	25.1	13.9	17.6	21.9	19.2	26.0	33.1
スウェーデン	13.9	16.6	19.5	12.3	13.9	16.8	15.9	19.2	22.1
英国	8.3	10.1	13.3	7.5	9.0	11.5	9.4	11.4	15.4
米国	17.0	19.4	21.2	14.7	16.5	17.9	19.9	22.9	25.0

（出所） OECD Health Statistics（2023）

すべての区分で他の国より高い。特に女性のがん年齢調整済み５年生存率は２０００～２００４年時点で40・５％と他国に比べて圧倒的に高い。また、日本の肺がん年齢調整済み５年生存率（男女合計）は、２０００年から２０１４年にかけて３・６ポイント、男性２・６ポイント、女性は４・７ポイント増加した。他国と比較しても極めて良好である。

日本が諸外国に比べて肺がん生存率が高い理由として、ＣＴの普及による早期診断が寄与しているとの指摘がある（服部ほか［2021］）。日本では肺がん患者の発見動機として、検診よりも他疾患観察中が多く、他疾患観察中に別の理由で撮ったＣＴで肺がんが早期で見つかることが多い。つまりＣＴが普及しているため、生命予後の良い腺がんを早期発見し、肺がんの生存率の高さに貢献しているという指摘だ。日本のＣＴ配置数は他国に比べて明らかに多く（第６章の表６－１）、必要以上にＣＴ検査を受けて被曝している問題点と検査にかかる費用については別途考慮す

表3－2　胃がん5年生存率　年齢調整済み

（%）

国名＼年	合計 2000–2004	合計 2005–2009	合計 2010–2014	男性 2000–2004	男性 2005–2009	男性 2010–2014	女性 2000–2004	女性 2005–2009	女性 2010–2014
オーストラリア	27.7	29.8	31.8	27.0	29.1	30.0	29.4	31.7	35.8
フランス	26.3	27.1	26.7	24.2	24.8	24.0	30.5	32.1	32.8
ドイツ	31.8	31.4	33.5	33.1	30.4	32.4	30.0	33.2	35.3
日本	50.5	57.6	60.3	51.1	57.9	60.6	50.0	57.4	60.0
韓国	48.6	61.1	68.9	48.7	61.1	69.2	49.1	62.1	69.5
スウェーデン	21.2	23.6	24.8	19.7	21.5	23.5	23.3	26.6	26.6
英国	16.2	19.2	20.7	15.4	18.6	20.0	18.0	20.7	22.3
米国	26.2	30.1	33.1	23.9	27.5	30.0	30.3	34.5	38.4

（出所）　OECD Health Statistics（2023）

るべきであろう。

②　胃がん

表3－2の胃がんの5年生存率も韓国と並んで高水準の数値が並んでいる。井上（2005）は、日本における胃がんの罹患率の高さはその食生活に由来するとしつつも、日本では限局（病変の範囲が狭い）胃がんの割合が多いことが、生存率の高さの要因になっていると指摘している。

これらの研究から、日本の肺がん・胃がんの生存率の高さについて、早期発見の技術によるというより、日本の独特の診療形態や日本人特有の発症形態にその要因を求めることができるといえそうだ。

③　乳がん・子宮頸がん

表3－3および表3－4によると、乳がん・子宮頸がんのどちらにおいても、比較対象の8カ国の間で数値に大きな開きは見て取れない。韓国と日本の子宮頸がんの生存率

表3－3　乳がん5年生存率　年齢調整済み

（%）

国名＼年	2000−2004	2005−2009	2010−2014
オーストラリア	87.0	88.5	89.5
フランス	86.8	87.2	86.7
ドイツ	83.9	85.6	86.0
日本	85.9	88.9	89.4
韓国	79.5	84.0	86.6
スウェーデン	85.6	87.9	88.8
英国	79.8	83.8	85.6
米国	88.9	89.8	90.2

（出所） OECD Health Statistics（2023）

表3－4　子宮頸がん5年生存率　年齢調整済み

（%）

国名＼年	2000−2004	2005−2009	2010−2014
オーストラリア	67.9	67.5	66.4
フランス	61.7	62.1	65.0
ドイツ	64.9	65.7	65.2
日本	67.5	69.2	71.4
韓国	76.0	77.0	77.3
スウェーデン	66.9	67.7	68.3
英国	58.9	61.9	63.8
米国	64.0	63.1	62.4

（出所） OECD Health Statistics（2023）

が他国と比べてやや高いといった程度の差である。

これら二つのがんについて、日本では長年検診率の低さが問題視されてきた（OECD［2021］[13]）。日本の検診受診率が低い理由として２０１７年に内閣府大臣官房政府広報室が発表した調査によると、「受ける時間がない」（30・６%）、「健康状態に自信があり、必要性を感じない」（29・２%）、「心配な時はいつでも医療機関を受診できる」（23・７%）などの順になっている。

乳がん罹患率は40代後半

から急増し、子宮頸がん罹患は30代後半から40代がピークとなる。この年代の女性は家事・仕事と忙しい世代であるのは日本人だけではないのに、他の国々ではこれらの世代の検診率が日本よりも高い理由は何なのだろうか。プライマリ・ケアの整備が進んだ国では、どのような問題でプライマリ・ケア診療所を受診したとしても、それぞれの患者に必要な検診のスケジュールが提示され、受診勧奨と共同意思決定のための相談の時間をとることができる。検診率を上げている大きな理由の一つだ。

がんの治療は5年生存率だけで評価できるわけではないが、生存率はがん治療の質を評価する重要な指標であり、日本が全期間・すべての指標をOECDに報告していることはよいことだ。

ここで注意が必要なのは、OECDが採用しているがんの5年生存率は、ロンドン大学衛生学熱帯医学大学院が実施しているCONCORD研究のものだ。現段階での最新値は2017年における48カ国を対象とする第3次調査（2017）のもので、この時点で、日本において「全国がん登録」での生存率は利用できていないため、がん診療連携拠点病院の症例（地域がん登録）の集計を用いている。日本の病院をすべて網羅していないため、日本のがん治療の平均的な評価とはいえない可能性がある。

たとえば、2023年3月に国立がん研究センターは、がんの5年生存率を公表したが、この統計は、合計447施設の約94万人分を集計したものだ。OECDに提出している5年生存率の統計も、地域がん登録だ[14]。この４４７施設がどのくらい代表性があるのかは、容易にはわからない。

２０１６年から全国がん登録が始まり、国（国立がん研究センター）が個人単位のデータを一元管理できるようになった。今後は、全国がん登録で分析した5年生存率の統計が公開されることが期待されるが、今のところは拠点病院を対象とした「地域がん登録」のほうが精度が高く信頼できると判断されている。

「がん登録」（全国がん登録・地域がん登録）の優れたところは、人口動態統計とも紐づけられている点である。そのため死亡の確認や、他の地域に転出した人の追跡も行え、重複もない。被保険者番号が変わると履歴が追えないレセプト情報と異なり、画期的である。その上、病院などでがん診断を受けた全数の情報であり、登録にあたり、患者個人の同意は不要なので、よい結果や悪い結果への報告の偏りもない（伊藤・井伊［2023］）。

(3)　メンタルヘルスケア

ＯＥＣＤのメンタルヘルスケアに関する質の指標は次の通りだ。日本では、高い自殺率、精神病床の多さ、平均入院期間の長さなどが顕著であるが、次の①～⑥のどれもまったく報告していない。対象は15歳以上である。④～⑥の超過死亡率の対象は15～74歳である。

①　精神障害を有する患者の院内自殺

② 精神障害を有する患者の退院後1年以内の自殺
③ 精神障害を有する患者の退院後30日以内の自殺
④ 統合失調症を有する患者の超過死亡率
⑤ 双極性障害を有する患者の超過死亡率
⑥ 重度精神障害を有する患者の超過死亡率

日本の医療の質に関するOECDの報告書（OECD［2015］）でも、「精神医療（筆者注：メンタルヘルスケアのこと）の質に関して、国で収集されている指標はほとんどなく、日本は精神医療に関するOECD医療の質指標で収集しているいずれの指標（入院患者の自殺、退院後の自殺、統合失調症又は双極性障害による再入院、統合失調症または双極性障害を有する患者の超過死亡率）について報告できていない。日本の精神医療の質の改善を促進するために、ケアの質のより良い理解は不可欠な基盤である」と指摘している。日本のメンタルヘルスケアに関しては、入手可能なデータが不足しており、現状を評価するのが難しい。OECDが、メンタルヘルスケアの質指標としている前述の①～⑥の指標を収集することが日本のメンタルヘルスケアの質の改善の出発点である。

この報告書から7年以上が経つが、日本からOECDへの質指標の提出は依然として行われておらず、空欄のままである。一方、日本と同様に自殺率の高い韓国では⑥以外はすべて報告している。メンタルヘルスケアの問題に真摯に取り組もうとしている韓国の保健医療政策の姿勢が伝わる。

図3−1　メンタルヘルスの問題を持つ患者は誰から診察を受けているのか、ヨーロッパ

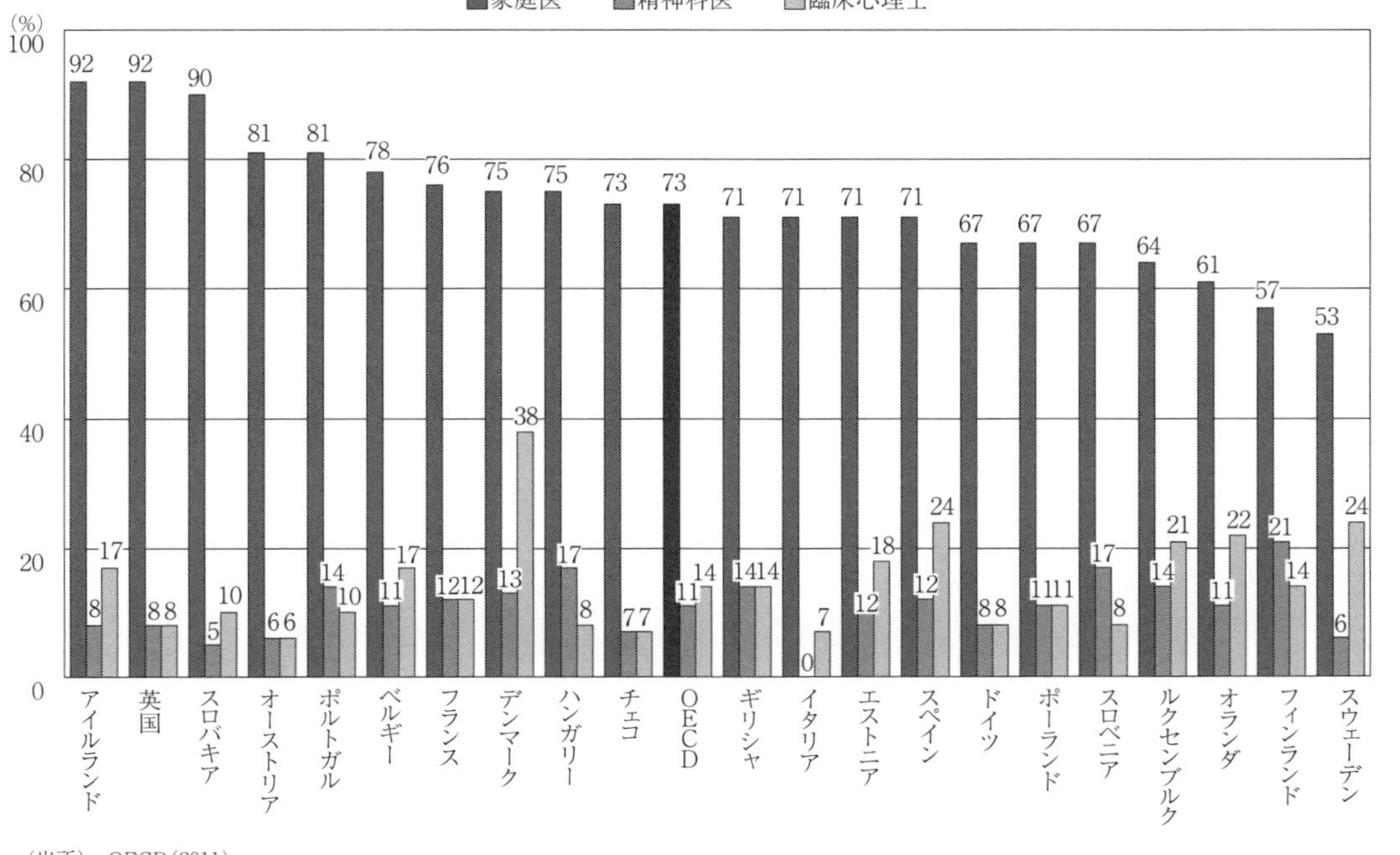

（出所）　OECD（2011）

なお、本節⑹項のプライマリ・ケアの質とも関係するが、ＯＥＣＤ諸国の多くの国では、プライマリ・ケアの専門医が、（軽症から中等症の）メンタルヘルスの問題を持つ患者の平均7～8割のケアに関わっている（図３－１）。②③の退院後の自殺に関する統計は、入院していた病院と地域の診療所などとの連携や継続的なケアが行われていないと入手は困難だ。４節では英国がすべての診療所でメンタルヘルスケアの質の評価を行い、その評価に基づいた支払い制度が導入されていること、５節では、韓国の医療機関の評価では、メンタルヘルスケアの質の評価も対象になっていることを紹介する。日本のメンタルヘルスケアの問題点に関しては、第６章（医療提供体制の国際比較）でも議論する。

なお⑥の指標については、基準改訂により２０２３年７月から報告されていない。

⑷ 患者経験

ＯＥＣＤでは次の11の評価指標を用いている。対象は16歳以上。

この節の最初で紹介したように、良質の医療の三つの特性に含まれる「患者中心性」とは「患者中心の医療」のことである。それを適切に計測するための指標の一つが「患者経験」である。指標作成の過程や背景に関しては、Fujisawa and Klazinga（2017）に詳しい。患者中心の医療の計測は、近年研究が進んでいるが、日本ではほとんど知られていない上、誤解もある。この節の最後でも考察する。

①　医療費負担を理由とする未受診
②　医療費負担を理由とする検査、治療、フォローアップの未受診
③　医療費負担による処方薬の未内服
④　医師が患者の診察に十分な時間をとっている
⑤　通常受診する医師（原文ではregular doctor、以下、通常の医師）が、患者の診察に十分な時間をとっている
⑥　医師が患者にわかりやすい説明を行っている
⑦　通常の医師がわかりやすい説明を行っている
⑧　医師は患者に質問や相談の機会をもうけている
⑨　通常の医師は患者に質問や相談の機会をもうけている
⑩　医師はケアや治療方針を決定するときに患者の意見を聞いている
⑪　通常の医師はケアや治療方針を決定するときに患者の意見を聞いている

日本は④、⑥、⑧を3年に一度「受療行動調査」（厚生労働省）を用いて報告しており、最新のデータは２０２０年となっている。「受療行動調査」は、１９９６年から開始した15－20万人を対象にした大規模な調査であり、回答率も例年80％前後と高いが、調査は3年ごとのため、ＯＥＣＤへの

指標の提出も3年に1度となっている。

韓国は①、②、③、④、⑥、⑧、⑩と毎年報告していて、最新のデータは2022年だ。

OECDでは、近年、医師（doctor）と通常の医師（regular doctor）の両方に分けるようになった。OECDは「通常の医師」の定義はしていないが、主にプライマリ・ケアの専門医（家庭医）を指すと思われる。なぜならば、⑤、⑦、⑨など「通常の医師」について回答している国は、オーストラリア、カナダ、フランス、ドイツ、イスラエル、オランダ、英国など家庭医制度が確立しているためだ。プライマリ・ケアの専門医に関する用語に関してはBOX３－２を参照のこと。

韓国も日本も「通常の医師」に関する指標には回答がないという点で共通している。しかし、第6章の医療提供体制で紹介するように、近年韓国は家庭医を専門医として育成しており、その数をOECDに報告している（表６－６）。

BOX３－２　プライマリ・ケアの専門医に関する用語

海外（特にヨーロッパ、オーストラリア、ニュージーランドなど）の地域医療に関する文献を読んでいると、私たちにはなじみのない用語があり、誤解をしないように注意が必要だ。

たとえば、GP（general practitioner）やgeneral practiceだ。表３－５にあるように、それぞれfamily physicianやfamily practiceと同義語である。

表3−5　GP／プライマリ・ケア医に関する用語

<table>
<tr><td rowspan="2"></td><td rowspan="2">英国、オランダ
オーストラリア
ニュージーランドなど</td><td rowspan="2">カナダ、米国
香港、韓国、台湾
シンガポール
マレーシアなど</td><td colspan="2">日本</td></tr>
<tr><td>推奨（日本語訳）</td><td>現状</td></tr>
<tr><td rowspan="2">医師</td><td>General practitioner (GP)</td><td>Family physician</td><td rowspan="2">家庭医</td><td rowspan="2">かかりつけ医
総合医
総合診療医</td></tr>
<tr><td colspan="2">Family doctor*</td></tr>
<tr><td>診療</td><td>General practice</td><td>Family practice
Family medicine</td><td>家庭医療科</td><td>総合診療科</td></tr>
<tr><td>学問</td><td>Family medicine</td><td>Family medicine</td><td>家庭医療学</td><td>?</td></tr>
</table>

（注）　＊OECDやWONCA（世界家庭医機構）が使用

OECDやWONCA（世界家庭医機構）は、GPとfamily physicianの総称としてfamily doctorを用いている。GP、family physician, family doctorのいずれも日本語訳は家庭医である。

日本では、GPを「一般医」と訳す場合があるが、一般医は専門のトレーニングを受けていない医師のことである。専門研修を受けずにプライマリ・ケアが必要な現場で診療している医師が日本には多く、彼らを「一般医」と呼ぶことはできるかもしれない。しかし、世界の多くの国ではGPになるには2年〜5年の専門医研修が必修のため、そうした医師のことを「一般医」と訳すのは適切ではない。

The Oxford Advanced Learner's Dictionaryによると、general practiceとは主にBritish Englishで、北米の英語では通常family practiceを用いると記載がある。第6章で見るように米国ではfamily medicineを診療科名として用いることもある。日本語訳は家庭医療科となる。

また、日本ではgeneral practiceを、general internal

medicine や general medicine と混同して使う場合があるが、general practice は家庭医療科、general（internal）medicine は内科であり、明確に区別する必要がある。

「プライマリ・ケア診療所」の意味で general practice を使う時もあるので、論文を読む時には前後の関係から推測するなど注意が必要である。なお英国で surgery とは診療所のことである。

また、北米では physician はすべての臨床医を表す一般名として使っているが、英国では physician は内科医または内科系医師（surgeon：外科医または外科系医師と対比される）のことを意味する。オーストラリアとニュージーランドでも同様で、physician と general practitioner を厳格に区別する傾向がある（たとえば第6章表6－15）。

(5) 患者安全

医療事故や医療過誤を防ぎ安全な医療サービスを提供することは、医療者にとってまず取り組むべき重要な役割だ。ＯＥＣＤでは次の七つの患者安全の指標を公表している。

① 手術材料の体内遺残もしくは機器部品の未回収
② 術後の創部裂開
③ 術後肺塞栓症　股関節と膝関節置換術で退院

④　術後深部静脈血栓症　股関節と膝関節置換術で退院
⑤　術後敗血症　腹部手術で退院
⑥　産科外傷　器具を使用した経膣分娩
⑦　産科外傷　器具を使用しない経膣分娩

日本は、すべての指標に関して提出していない（２０２３年９月現在）。ＯＥＣＤ非加盟国のシンガポールは⑤以外の指標を提出している。

ＯＥＣＤは、２０２３年７月からは②を報告していない。

(6)　プライマリ・ケア

日本では医療の提供体制が機能分化していないため、プライマリ・ケアはあまり馴染みのない概念であるかもしれない。医療＝病院という発想だ。多くの国々では、ニーズに応じて医師の役割が機能分化している。そのため本書第６章の医療提供体制の国際比較でも、臓器別専門医の数（二次医療や三次医療を担う専門家）と家庭医の数を分けて報告している。

先進国のみならず、世界の多くの国々では、プライマリ・ケアを整備することで、健康、患者満足度、公平性、効率性、費用対効果（かかった費用に対してどれだけ効果が得られたか）など医療制度における重要な要素を向上できると認知されている（本章のＢＯＸ３－３、OECD [2020], WHO

図3−2　気管支喘息とCOPD(慢性閉塞性肺疾患)による入院率
(2014年または直近年)

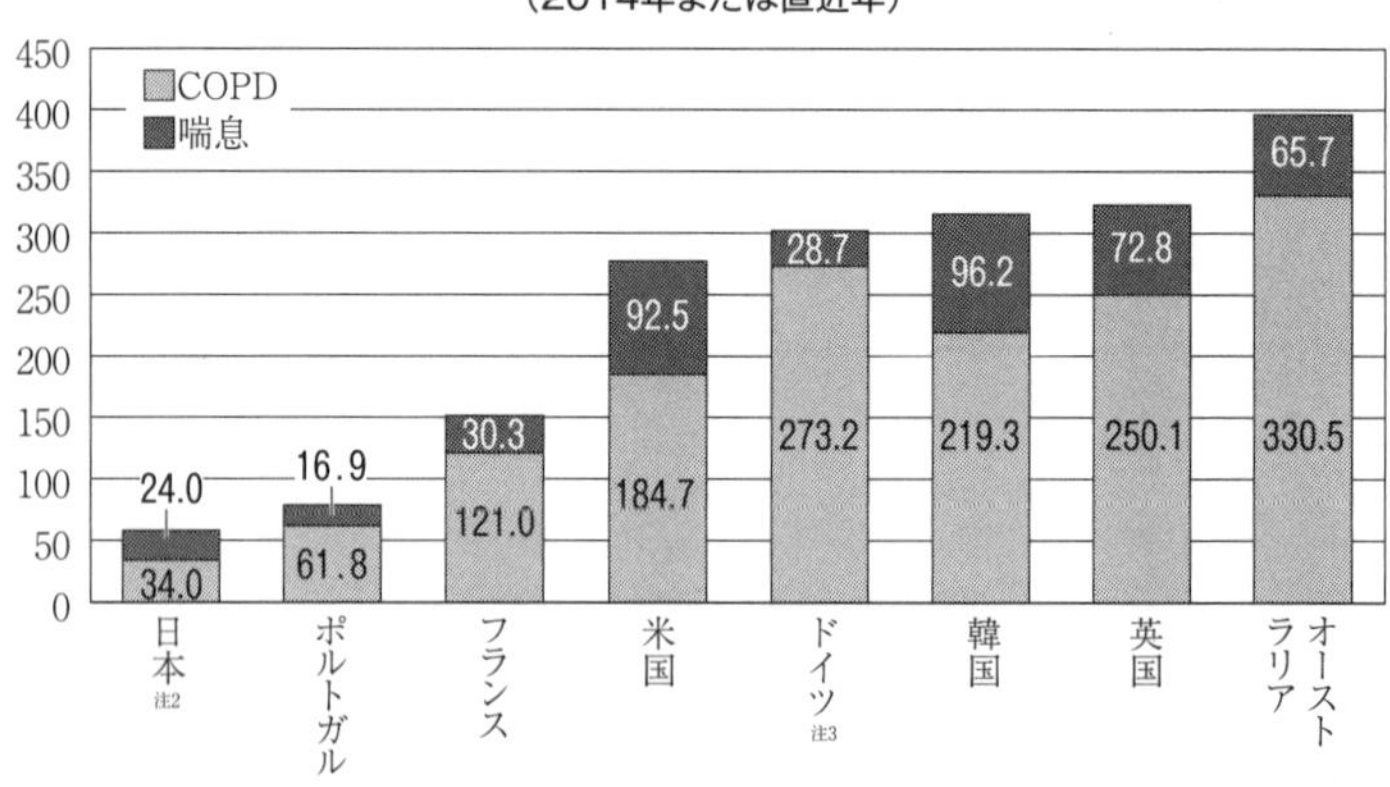

（注）　1. 人口十万人あたりの割合(年齢性別標準化)。
2. 日本はOECD(2017b)を用いた。OECD Health Statistics(2023)によると、2014年の日本の「喘息」は2.5で、図の24.0の十分の一である。理由は不明。
3. ドイツの値は2015年。
（出所）　OECD Health Statistics(2023)

[2018])。しかし残念なことに日本の医学教育は病院・急性期中心で（第6章11節）、家庭医の育成も遅れている。

ＯＥＣＤは、プライマリ・ケアの質指標として、(1)気管支喘息、(2)ＣＯＰＤ（慢性閉塞性肺疾患）、(3)うっ血性心不全、(4)高血圧、(5)糖尿病　を原因とする入院数（15歳以上、年齢・性調整、人口10万人あたり）を用いている。プライマリ・ケアの質が高いことで、こうした疾患の入院を回避することができるからだ。そのほかに(6)糖尿病下肢切断（非連結データと連結データ）もプライマリ・ケアの質を測る指標となっている。

日本は、(1)、(2)、(5)を報告しているが、特に解釈に注意が必要なのは(2)のＣＯＰＤを原因とする入院数だ。

ＯＥＣＤ（2017b, 2019a）の報告書では、(2)の

ＣＯＰＤによる入院率が低い（図３－２）ことを理由に、日本のプライマリ・ケアの質は高いと評価している[15]。

ＯＥＣＤのＣＯＰＤに関する日本の指標は、患者調査がもとになっている。しかし、患者調査に基づくＣＯＰＤの有病率は、以前から過小評価であると指摘されてきた。たとえばFukuchi *et al.*（2004）は、日本人の40歳以上のＣＯＰＤ有病率は８・６％、患者数は５３０万人と推定した。一方、患者調査（２０１１年）によると、ＣＯＰＤと診断された患者数は約22万人となっている。つまり、ＣＯＰＤの症状があるのに受診していない（気づいていない）人または受診しても適切に診断されていない患者が５００万人以上いると考えられる。

日本ではＣＯＰＤの早期発見の重要性があまり認知されておらず、大病院のＣＯＰＤを専門としない診療科はもとより、プライマリ・ケアの現場である診療所や中小病院では系統的な検査法が普及していない[16]。そのため日本で報告されているＣＯＰＤの患者数は、主に病院のＣＯＰＤを専門とする呼吸器内科で診療されている患者であることがFukuchiらの研究などから示唆される。プライマリ・ケアを担う医師の訓練が十分でないので、患者を適切に診断できていないいため、患者数が少なく、「ＣＯＰＤによる入院率が低い」というほうが正しいかもしれない。

一方で、OECD（2015）は「糖尿病による入院率の高さ」を日本のプライマリ・ケアの質の問題点として指摘しているが、日本では「教育入院」が多い。患者調査では「糖尿病が悪化しての入院」とは区別されていないので、ここでも解釈には注意が必要だ。もちろん完璧な指標はないが、このように、国際比較を行う時には丁寧にデータを吟味することが不可欠だ。日本は患者調査に合わせて3年に1度、ＯＥＣＤに⑴、⑵、⑸の三つの指標を報告してきたが、「ＣＯＰＤを原因とする入院率」は、２０２３年7月からは日本は報告していない。

⑺　プライマリ・ケアにおける処方

① 糖尿病の患者にコレステロール値を下げる薬を（少なくとも1つ）処方
② 糖尿病患者に対する第一選択（筆者注：通常推奨する順位が1位）の降圧薬を処方
③ 高齢者（65歳以上）にベンゾジアゼピン系または関連薬剤を長期処方
④ 高齢者（65歳以上）に長時間作用のベンゾジアゼピン系または関連薬剤を処方
⑤ 経口非ステロイド系抗炎症薬と組み合わせて抗凝固薬を長期処方している患者
⑥ 全身投与された抗菌薬の総用量
⑦ 第一選択でない（推奨されている薬ではない）抗菌薬の使用量が全体に占める割合
⑧ 75歳以上における5剤以上の薬を併用している人の割合
⑨ オピオイドの総処方量（18歳以上）
⑩ オピオイドを慢性的に使用している人口の割合（18歳以上）
⑪ 65歳以上で抗精神病薬を使用している割合

これらの指標は、それぞれ研究に基づいたエビデンスで裏づけされている。たとえば、①糖尿病の患者にコレステロール値を下げる薬を処方するのは、糖尿病の患者では心血管疾患のリスクが高くなるため、脂質異常症でなくても、コレステロールを下げるスタチン系薬剤の処方を推奨することが諸外国のガイドラインには書かれている。[17]②の糖尿病の患者には、アンジオテンシン変換酵素阻害薬（ＡＣＥＩ）やアンジオテンシンⅡ受容体拮抗薬（ＡＲＢ）をジェネリックで処方することがガイドラインで推奨されている。③は、明確な適用がないのに漫然と、高齢者へ安定剤や睡眠薬が処方され続けている傾向にあるため、それを防ぐための質の指標だ。④の長時間作用の睡眠薬を服用すると、翌日もぼんやりして、転倒の危険が増えるので、必要以上の服用を抑える必要がある。

韓国は⑤以外はすべてのデータを提出しているが、日本は２０２２年までどれも提出していなかった。２０２３年7月に公表されたOECD Health Statisticsでは、⑥全身投与された抗菌薬の総用量と⑦第一選択でない抗菌薬の使用量が全体に占める割合の二つの指標を２０１３年から２０１９年までＮＤＢデータの入院外（外来）の医科レセプトを用いて報告している。

ここで三つ問題点が指摘できる。一点目は、日本では外来＝プライマリ・ケアになっていないことだ。二点目は、⑦の「第一選択でない抗菌薬の使用量が全体に占める割合」が全期間を通して２００％を超えるなど疑問のある数字となっている。割合なので本来は１００％以下であるべきである。なお、オランダは８～９％前後、スウェーデンと英国は４％前後と低い数字だ。三点目は、第２章の地域医療のデータで指摘したように、疾病の初期に対応することの多い地域医療の現場では、受診後の診断が「未確定」なことも多い。そのため確定診断できることを前提としているレセプトデータはプライマリ・ケアの分析には適切ではないことも少なくない。第2章9節で詳しく議論した通りである。

こうした問題点はあるにしても、日本が長年未提出のままであった項目を、NDBデータを用いて提出を始めたことは大いに評価できることだ。統計を公開することで統計整備につながる。毎年改訂を重ねてOECDに報告することを期待したい。

この節では、医療の質の国際比較では最も使用頻度が高い指標であり、日本も当初から参加しているOECDによる質の評価指標を吟味した。日本では、日本の医療の質は高いと言われることが多いが、国際的に比較可能な医療の質に関するデータをほとんど提出していないため、質が高いのか低いのか、実はわからない状況だ。特に地域医療（プライマリ・ケア、プライマリ・ケアにおける処方）の質の指標は空欄が多く、報告していても問題点が散見される。

なぜ日本では報告していない質の評価指標が多いのだろうか。

そもそもデータが存在しない場合もある。メンタルヘルスケアの「患者退院後1年以内の自殺」などのように、病院内のデータだけでなく地域の医療機関との連携がないと作成できない指標も多い。データが存在しても提出していない指標もある。多くの国はOECDに提出する医療の質の指標の作成において、医療機関の業務データを使用しているため通年の全数調査を用いている。日本では主に患者調査の退院データをはじめ、３年に1度実施される調査を用いて算出しているため、ＯＥＣＤへも3年に1度のみの指標の提出となってしまう。

日本は、基本的にどの医療機関も自由に受診できるフリーアクセスで、個人の健康を管理する人が明確でなく、データ管理が難しい。その上、レセプト病名は診療報酬を請求するためのものであり、正しい疾患名の入手が難しい。ＤＰＣデータを用いれば、より正確な疾患名を入手できるが、ＤＰＣは全病院の半分をカバーしているだけだ。その上、プライマリ・ケアの現場となる診療所の質に関するデータが日本ではほとんど得られていない。

日本で指標作成が他国と比べて遅れる理由として、デジタル化が進んでいない点も、よく指摘される。しかし、デジタル化が進む前から各国は質の評価を進めてきた。英国では、本章４節で紹介するＱＯＦ（Quality and Outcomes Framework）というプライマリ・ケアにおける質の評価を２００４年から始めることで、診療所でのデジタル化が急速に進んだという。オランダは１９７１年から始まったContinuous Morbidity Registration（ＣＭＲ）というデータベースで、診療所の診療内容を継続して蓄積してきた。コンピューターが普及する以前から紙の分類カードで始められたというこのプロジェクトのおかげで、現在ではオランダ全国各地での疾患の発生率・有病率やそのトレンドなどを診療所の医師のパソコンからオンラインで簡単に参照することができ、そこから家庭医による臨床研究へと発展させている[18]。

そもそも日本の医療制度は評価に価値を置いていないのではないか。評価は何のために行うのだろうか。改善のためだ。しかし日本人はランキングにこだわるために、改善のために評価を行うという発想に欠けている。もっと継続的に診療の質を高める仕組みやアウトカム評価に基づいて改善する仕組みがあれば、多くの医療者は改善に向けて努力することが期待できるし、評価に応じて報酬が変わるなどのインセンティブがあれば、評価を行うことが重要な業務の一つとなるだろう。

紹介した七つの項目のうち(4)患者経験、(6)プライマリ・ケア、(7)プライマリ・ケアにおける処方、は近年研究が進んでいる分野である。ここで注意が必要なのは(6)のプライマリ・ケアの質の評価は、一面（主に臨床面）でしかないことだ。高血圧での血圧の値や気管支喘息での呼吸機能検査の測定値などの疾患特異的指標でプライマリ・ケアの専門医（家庭医）と臓器別専門医の診療を比較すると、家庭医の診療で改善が劣るという臨床研究があり、「プライマリ・ケアのパラドックス」（Stange and Ferrer［2009］）と呼ばれている。

一方で、プライマリ・ケアが個人にとって同程度の機能的な健康状態を低い費用で実現することと、地域住民全体での健康と公平性の向上に寄与することは示されている。プライマリ・ケアの質は疾患特異的指標だけでは正しく評価できないのだ。高齢者のみならず全患者の4割が2～3種類の慢性疾患を抱えていると言われているが、このよう多疾患に罹患している状態の人たちは、複雑な因子が影響するため、プライマリ・ケアの診療の場で、継続的にいつでも相談できるという安心感や、高血圧以外の健康問題を相談できる利便性が得られ、患者だけでなくて家族の日常生活の指導も行うことで、長期的には大きな予防効果があるかもしれない。全人的および全住民のレベルでの健康まで含んだ評価が必要になる。すなわちプライマリ・ケアの付加価値を評価することが不可欠となる。

そこで、他の側面である継続したケア、統合的・包括的ケア、医療者と利用者とのパートナーシップ、家族と地域のコンテクストを考慮したケアなどを含めた患者中心の医療の計測について近年研究が進んでいる。患者中心の医療について、「定義もなく情緒的なもの」などと理解している人が少なくないが、誤解である。実際には１９８０年代にカナダの家庭医療学専門家らによって「患者中心の医療の方法」として考案・開発され、理論だけでなく家庭医の臨床とその専門教育の現場に導入されている。

その後も改善と発展を続け、専門教育と患者アウトカムへのポジティブな効果だけでなく、医療費の減少と関連していることも数多くの研究で検証されている。専門書としてはStewart *et al.*（2014）のものがスタンダードであり、本邦では葛西ほか（2021）による翻訳『患者中心の医療の方法　原著第３版』がある。ＢＯＸ３－３で紹介するように、プライマリ・ケアの評価に関しては、Starfieldの研究を嚆矢として、その後ヨーロッパのプライマリ・ケアモニターなど優れた研究が続いている。

BOX 3－3　プライマリ・ケアに関する研究

多くの国や地域では、プライマリ・ケアの整備をすることで、国全体としての総合的な健康アウトカム、患者満足度、公平性、効率性、費用対効果など医療制度における重要な要素を向上させると認知されている。こうしたエビデンスはStarfieldの一連の研究に詳しい（Starfield［1998］, Macinko, Starfield and Shi［2003］, Starfield, Shi and Macinko［2005］、Winer and Starfiled［1983］など）。Starfieldの一連の研究では、主に1980年代の12カ国の西欧諸国のデータを用いて、プライマリ・ケアの診療の特徴（近接性、協調性、家族志向、地域志向など）を明確にして、プライマリ・ケアが費用対効果に優れ、健康水準の向上や健康格差の解消に貢献することを示した。具体的には、プライマリ・ケアの整備を進めると、総死亡率、総若年死亡率、循環器や呼吸器などの特定若年死亡率などの総合的な健康アウトカムが大きく改善し、医療費が減少する一方で、患者の満足度は上昇し、地域住民の健康の不公平も軽減することが示された。

ほかにも、継続的で包括的な医療サービスを提供することができ、より少ない入院、二次・三次医療への負担減少、そして不適切な医療介入の可能性が減少するため、費用対効果に優れるという研究結果もある（Parchman and Culler［1994］, Rosano *et al.*［2011］, Caminal, Starfield *et al.*［2004］など）。

プライマリ・ケアの質の評価において、全人的レベルの診療の価値、健康水準、医療制度の公平さや費用、そして地域の全住民レベルでのケアの有用性を分析する試みが2000年代以降ヨーロッパを中心に進んでいる。

プライマリ・ケア制度の有用性を詳細に分析して特に注目を浴びた論文として、Kringos *et al.*（2013）がある。２００９年から10年のＥＵが出資するプロジェクト"Primary Health Care Activity Monitor for Europe"で収集された31カ国のデータをもとに77の指標を作成し、五つの主要なプライマリ・ケアの特徴を測定した。分析結果として強力なプライマリ・ケア制度が国民の健康水準の高さと関連することを示した。しかしタイトルに「ヨーロッパの強力なプライマリ・ケア制度は地域住民全体のよりよい健康だけでなく、高い保健医療支出にも関連している」とあるため、研究者や医療政策者を巻き込んで大きな議論となった。

ＢＭＪの論説で、「強力なプライマリ・ケアシステムを作るためには、最初の投資期間には費用がかかるが、長い目で見れば保健医療支出の伸びは抑えられる」（Haggerty, Levesaue, Hogg and Wong［2013］）とあるように、Kringosらの論文を注意深く読めば、「プライマリ・ケアの推進により保健医療支出が高くなるため、プライマリ・ケアは費用対効果が低い」という結論にはなっていないことは明確だ。この研究の注目すべき点は、プライマリ・ケアの特徴を独自の詳細な国際的サーベイに基づき、指標化したことである。具体的には、プライマリ・ケアの特徴を、構造、アクセス、継続性、協調性、包括性の５つに分けて、それぞれに関する指標を１００項目にわたる評価項目から作成した。各質問に関してその論理的根拠が参考文献とともに掲載されている。その指標を吟味することで、プライマリ・ケアの全体像がわかる。

3　コモンウェルス財団の研究

ここではＯＥＣＤの医療の質指標のプロジェクトが当初から参考にしてきたコモンウェルス財団（Commonwealth Fund）の研究を紹介する。ヨーロッパ、北米やオーストラリア、ニュージーランドなど11カ国を対象国として、プライマリ・ケアの評価の国際比較を行っている。

前節のＯＥＣＤによるプライマリ・ケア（特に処方に関する）の質の評価は、臨床に関する専門的な知識を必要とする指標も多い。一方で、コモンウェルス財団による評価指標は、地域住民の視点を重視した評価指標だ。

２０１４年、２０１７年、２０２１年[19]とで大枠は変わらないが、時代の変化や研究の蓄積などで、少しずつ変更が加えられている。ここでは２０２１年の報告書（表３－８）の詳細を紹介する。

前節で説明したように、医療制度全体の評価として受診の容易さ、効率性、公平性の三つの視点、そして良質な医療として有効性、安全性、対応力・患者中心性の三つの特性が考慮されている。

具体的には、次の五つの分野に関して合計71指標を比較している。この71の指標の日本語訳は、巻末資料の通りだ[20]。

(1)　受診の容易さ（①経済的負担、②適時性）

表3－6　保健医療制度の達成ランキング（2014年）

	オーストラリア	カナダ	フランス	ドイツ	オランダ	NZ	ノルウェー	スウェーデン	スイス	英国	米国
総合ランキング	**4**	**10**	**9**	**5**	**5**	**7**	**7**	**3**	**2**	**1**	**11**
(1)ケアの質	2	9	8	7	5	4	11	10	3	1	5
①ケアの有効性	4	7	9	6	5	2	11	10	8	1	3
②ケアの安全性	3	10	2	6	7	9	11	5	4	1	7
③連携の取れたケア	4	8	9	10	5	2	7	11	3	1	6
④患者中心の医療	5	8	10	7	3	6	11	9	2	1	4
(2)受診の容易さ	8	9	11	2	4	7	6	4	2	1	9
①費用関連の問題	9	5	10	4	8	6	3	1	7	1	11
②ケアの適時性	6	11	10	4	2	7	8	9	1	3	5
(3)効率性	4	10	8	9	7	3	4	2	6	1	11
(4)公平性	5	9	7	4	8	10	6	1	2	2	11
(5)健康な生活	4	8	1	7	5	9	6	2	3	10	11
(6)1人あたり保健医療支出，2011	$3,800	$4,522	$4,118	$4,495	$5,099	$3,182	$5,669	$3,925	$5,643	$3,405	$8,508

（出所）　Commonwealth Fund（2014）

表3－7　保健医療制度の達成ランキング（2017年）

	オーストラリア	カナダ	フランス	ドイツ	オランダ	NZ	ノルウェー	スウェーデン	スイス	英国	米国
総合ランキング	**2**	**9**	**10**	**8**	**3**	**4**	**4**	**6**	**6**	**1**	**11**
(1)ケアの過程	2	6	9	8	4	3	10	11	7	1	5
①予防ケア	6	1	10	11	3	5	9	8	7	2	4
②ケアの安全性	2	7	8	6	5	3	11	10	9	1	3
③連携の取れたケア	7	10	9	3	5	1	7	11	2	4	6
④参画と患者の意向	1	6	9	7	2	5	10	11	7	3	4
(2)受診の容易さ	4	10	9	2	1	7	5	6	8	3	11
①経済的負担	7	8	10	3	5	6	4	2	9	1	11
②適時性	3	11	4	2	1	6	7	10	4	8	9
(3)管理運営の効率性	1	6	11	6	9	2	4	5	8	3	10
(4)公平性	7	9	10	6	2	8	5	3	4	1	11
(5)健康アウトカム	1	9	5	8	6	7	3	2	4	10	11

（出所）　Commonwealth Fund（2017）

表3－8　保健医療制度の達成ランキング（2021年）

	オーストラリア	カナダ	フランス	ドイツ	オランダ	NZ	ノルウェー	スウェーデン	スイス	英国	米国
総合ランキング	**3**	**10**	**8**	**5**	**2**	**6**	**1**	**7**	**9**	**4**	**11**
(1)受診の容易さ	8	9	7	3	1	5	2	6	10	4	11
①経済的負担	9	8	6	4	2	7	3	5	10	1	11
②適時性	5	11	8	2	1	4	3	10	6	7	9
(2)ケアの過程	6	4	10	9	3	1	8	11	7	5	2
①予防ケア	6	4	10	11	7	5	8	1	9	1	3
②ケアの安全性	7	5	8	9	3	1	11	10	6	4	2
③連携の取れたケア	8	7	9	10	3	1	4	11	2	6	5
④参画と患者の意向	4	6	8	1	5	3	9	11	7	10	2
(3)管理運営の効率性	2	7	6	9	8	3	1	5	10	4	11
(4)公平性	1	10	7	2	5	9	8	6	3	4	11
(5)健康アウトカム	1	10	6	7	4	8	2	5	3	9	11

（出所） Commonwealth Fund（2021）

(2) ケアの過程（①予防ケア、②ケアの安全性、③連携の取れたケア、④参画と患者の意向）
(3) 管理運営の効率性
(4) 公平性
(5) 健康アウトカム

71の指標は、三つの調査と前節で紹介したOECD Health Statisticsから作成されている。

三つの調査とは[1]2017 Commonwealth Fund（CMWF）Surveyは65歳以上の成人[21]を対象とした調査、[2]2019 CMWF Surveyはプライマリ・ケアの医師[22]を対象とした調査、[3]2020 CMWF Surveyは成人（18歳以上）を対象とした調査である。

日本では、医療の質の評価というと病院評価が主である。71の指標を吟味することで、各国がどのような視点で地域医療を評価しようとしているのか参考になる。いくつかの指標を取り上げて考察してみよう。

次に示す％の数字は注（20）の原資料を参照されたい。

(1) 受診の容易さ

① 経済的負担

指標4「医療費の支払いで深刻な問題を抱えた、または支払うことができなかったことがある」…米国（22％）を除いて、費用の面で深刻な問題を抱えた人の割合は低い。ほとんどの対象国ではプライマリ・ケア（診療所）だけでなく病院での自己負担が無料または低額であるためだろう。

② 適時性

指標6「通常受診する医師（原文ではregular doctor、以下、通常の医師）や場所がある」…スウェーデン（87％）、米国（89％）からオランダ（99％）、ノルウェー（100％）と多少の幅はあるが、11カ国中6カ国が95％を超えている。通常の医師とはほとんどの場合、プライマリ・ケアの専門のトレーニングを受けている医師（家庭医）である。

指標7「何か疑問があり連絡をした時、常に、またはたいてい通常の医師が同日に答えてくれる」…ドイツ（83％）、オランダ（82％）が高く、オーストラリア（61％）、フランス（63％）、カナダ（65％）、英国（65％）が低めになっている。

指標10「時間外でも救急外来に行くことなく、医師や看護師の診療を受けられるようにプライマリ・ケア診療所が調整している」…ドイツ（96％）、ニュージーランド（92％）、オランダ（90％）が高く、米国（45％）、カナダ（48％）は低い。

指標11「医療者とメンタルヘルスについて話したいと思った回答者の中で、実際に12カ月以内にメンタルヘルスのカウンセリングや治療を受けた人の割合」…２０２０年の調査から新しく加わった。オランダ（56％）が高く、フランス（32％）や英国（33％）は低くなっている。低いといっても3割以上が、地域医療の現場で、メンタルヘルスのカウンセリングや治療を受けていることは、日本のように主に精神科、心療内科を専門とする医療機関でないとケアを受けられない医療制度との大きなちがいだ。

また、より重要なことは、「カウンセリングや治療を受けた人の割合」の高低だけでなく、そうした治療の成果の評価も各国は行っていることである。日本の調査では「カウンセリングの有無」を調べても、アウトカム評価と結びつけることはほとんどしていないのではないか。

(2) ケアの過程

① 予防ケア

指標12「過去1年間に、健康な食事、運動、身体活動について医療者と話し合ったことがある」

指標13「喫煙者に対して、過去1年間に、喫煙の健康リスク、禁煙方法について医療者と話し合ったことがある」

指標12、13のように医師以外の医療者と生活面の話し合いをしているか、という視点は多職種の連携によって地域の健康を守っている姿勢がみられる。指標13の場合、日本だと禁煙外来での対応となることも多い。細分化し、専門外来であるほど質が高いとみなすのは日本の医療制度の特徴の一つだ。禁煙外来ではメンタルな問題、妊娠前カウンセリング、高血圧や糖尿病など併存する健康問題のマネジメントまでは通常対応しないだろう。

② ケアの安全性

指標21「過去2年間に、医療や薬剤における過誤を経験したことがある」では、医療過誤に関して率直に聞いている。

指標23「二つ以上の処方薬を使用している人の中で、過去1年間に薬がヘルスケア専門職によって再検討されなかった人の割合」プライマリ・ケアの整備が進んでいるオランダの41%をはじめ、各国とも比較的高い割合だ。印象的なのは質問が「ヘルスケアの専門家によって薬を再検討」となっていて、服薬指導は医師以外の専門職も行っている点だ。一方で、日本では診療所で薬剤師が働くことが珍しい。

③ 連携の取れたケア

指標27 「プライマリ・ケア医は、患者が専門医の受診後1週間以内に、いつもまたはたいてい患者の投薬またはケアプランの変更に関する情報を受け取っている」…プライマリ・ケアと二次・三次医療の連携を示す指標である。ニュージーランド、フランス、英国のように、ほぼ100%近い国から、ドイツ73%、スウェーデンの76%と差はあるが、共通しているのは、患者は専門医を受診した後は、日常受診しているプライマリ・ケア医（が働く診療所）に戻るということだ。その診療所は自分の健康医療情報が集約されているベースでもある。一方、ほとんどの日本人はそうしたベースを持たない。

日本の診療所でも、紹介した病院の専門医から患者が受診したとの返書はを受け取るだろう。しかし大きなちがいは、日本では一度病院の専門医に紹介すると、その疾患の治療は病院へ分離され、診療所で扱わなくなることが多いことだ。

指標30 「プライマリ・ケア医は、患者が救急外来を受診したときはいつも連絡を受けている」…ニュージーランド（85%）、オランダ（84%）からスウェーデン（14%）と幅があるが、おおよそ半数近くが連絡を受けている。

指標32 「診療所はソーシャルサービスをはじめ地域の多職種と連携してケアを行っている」…指標12、指標13などと同様に、多職種の連携によって地域の健康を守っていることが評価指標となっている。ドイツ（74%）や英国（65%）は高いが、50%前後の国が多い。スウェーデンが12%と低い理由は不明。

④　参画と患者の意向

この項目は２０１４年の調査までは「患者中心の医療」であった（表３－６）。しかし、患者中心の医療の評価は、多くの指標を用いてトレーニングを受けた評価者が実施しなければその実相に迫れない（Stewart *et al.* [2014]）。そのため２０１７年以降は事実として確認しやすい指標を用いていると思われる。

指標33「通常の医師は、患者の病歴についての重要な情報を、常にまたはたいてい知っている」…スウェーデンの52％を除いて70％～90％近くが知っていると回答している。

指標38「慢性疾患を持つ患者が、過去1年間にケアの主要なゴールと優先度について、ヘルスケア専門職と話し合った」

指標40「慢性疾患を持つ患者が、健康問題を管理するために必要な支援をヘルスケア専門職から受けてきたと明確に感じている」…こうした指標が満たされているとしたら、患者は自分が医療者に守られている気持ちになるであろう。ほとんどの国で60％以上が、上記の質問に「はい」と答えている。

指標41「65歳以上の高齢者で、終末期に自分が望む治療について記載した計画書がある」

指標42「65歳以上の高齢者で、自分がそれをできなくなった時に、自分の代わりに治療の意思決定をしてくれる人を指名した計画書がある」

指標43「過去2年間、医療に関する質問や気がかりを通常受診する診療所に連絡（メールを含む）するために、安全なウェブサイト／ポータルサイトや携帯アプリを使用した」

指標41と指標42の終末期に関する計画や、指標43のオンライン診療やデジタルの活用は、国によってさまざまだ。終末期の計画を6割以上作成しているドイツ、1割から2割程度のフランス、オランダ、1割以下のノルウェーとスウェーデンなどである。デジタルの活用は1割以下の国が多い一方で、ノルウェー、スウェーデン、米国のように2割から3割を超える国もある。

(3) 管理運営の効率性

指標47「プライマリ・ケア医の中で、保険の適用範囲の制約下で患者が必要な薬剤や治療を施すために、費やされる時間を大きな問題と考えている割合」

指標49「過去2年間に、通常の医師がいれば治療できたはずの疾患で救急外来を受診した患者」

指標46－50は、働き方改革につながる評価指標である。

(4) 公　平　性

(1)受診の容易さ（①経済的負担、②適時性）と(2)ケアの過程（①予防ケア、②ケアの安全性、④参画と患者の意向）の一部の指標に関して、所得が平均以下の人と平均以上の人に分けて結果を示している。

アクセスに関しては所得が平均以下の人に、費用の問題を挙げた割合が多かったが、通常の医師の有無、予防ケアやケアの安全性、参画と患者の意向などに関して、所得でそれほど大きなちがいはない。所得によって受診の容易さやケアの過程に大きなちがいがないことは、Universal Health Coverage（ＵＨＣ）のあるべき姿であろう。ＵＨＣとは国民全体が医療保険（もしくは税による医療保障）に加入できるようにすることで、過度な医療費の負担による家計破綻を防ぎ、同時に必要な医療の受診機会を保障する政策である。

(5) 健康アウトカム

２０１０年と２０１４年の報告書では、次の三つの指標が用いられていた。(a)ヘルスケアによって避けられる死亡率、(b)乳幼児死亡率、(c)60歳時点での平均余命、である。

２０１７年は9指標に、２０２１年は10指標に増えた。日本では、こうした各指標をどの程度計測することができるだろうか。乳幼児死亡率（指標62）、60歳時の平均余命（指標64）、急性心筋梗塞と虚血性脳卒中後30日の院内死亡率（指標68、69）、妊産婦死亡率（指標70）、自殺による死亡者数（指標71）は日本でも入手できる。一方、プライマリ・ケアに関する指標（少なくとも二つ以上の慢性疾患を有している成人数［指標63］）やプライマリ・ケアと二次医療の連携を計測する指標（ヘルスケアによって避けられる死亡率）（指標65－67）の指標は日本では入手が難しい。日本では医療機能が分化していないので、医療機関同士の連携が弱い。逆説的だが、機能が分化すれば、医療機関の連携が促進され、医療情報の一元化も進む。

(6) 医療の質の評価は何のために行うのか

日本の「かかりつけ医」「かかりつけ医機能」の議論では、フリーアクセスを制限するかどうか、医療費を抑制するかどうか、などの議論が中心だ。しかし、まずはこの節で紹介したような、すでに多くの国々で実施されている多面的な評価指標を作成し公開することで、かかりつけ医機能を持つ医療機関の質の向上につながり、地域住民に利便性をもたらすはずだ。

最後に、コモンウェルス財団の研究で特筆するべきこととして、日本が、表3－6～3－8のようなランキングを付けられたら、よくも悪くも大騒ぎになるであろう。しかし重要なのは、ここに掲載された国々は、もちろん一喜一憂するとしても、ランキングが目的でなく、他の国や地域と比較することで、自国の問題点を知り、医療の質を向上させることが目指すべき大きな目的であることを、担当者が理解していることだ。

本章2節で述べた、OECD医療の質指標プロジェクトが始まった時に、全体の方針として、ランクづけは行わない（医療の質ランキングのような総合的指標は作らない）ということで合意されたようである。2000年のWHOの報告書で「ランキングが一部で誤って利用される傾向がみられたため」が理由だという。名指しではないが、おそらくは日本のことを指していたのではないかジェクトを始めたことも興味深い。

と筆者は推測している。コモンウェルス財団が対象としている11カ国はランクの上下に固執することなく、自国の医療の質を向上させるための指針として使っている。毎回最下位の米国がこのプロジェクトを始めたことも興味深い。

4　英国の診療所における成果払い制度ＱＯＦ[23]（Quality and Outcomes Framework）

英国のプライマリ・ケア制度は、患者の希望に応じてどの診療所にも自由に登録可能で、受診ごとにその診療所に所属する家庭医の中から担当医を選ぶことが可能であるが[24]、実際は特定の家庭医に継続的にかかる傾向がある。一般的には外来は予約制で、予約枠がいっぱいの場合は当番医がフレキシブルに対応している。２０２２年度の診療所に対する報酬は人頭払い38％、出来高払い19％、２００４年から導入されたＱＯＦと呼ばれるプライマリ・ケアにおける成果払いが18％、そのほかとなっている[25]（National Health Service［2023］）。家庭医の総収入に対するＱＯＦの割合は一時30％くらいまで増えたが、昨今は減少傾向にある。

英国では、一人の家庭医が約２３００人程度の地域の住民を担当し（Office for National Statistics［2022］）、地域全体の疾病管理の質をいかに高めたか（たとえば糖尿病では死亡、四肢の壊死による切断、失明、透析の減少につながる診療目標の達成）も加味して報酬が決められる仕組みだ。地域住民の医療データが家庭医の診療所に一元化されるため、地域医療の重要なデータベースとして医療政策に活用できるという強みもある。

ＱＯＦは英国のプライマリ・ケアの現場（通常入院は含まれない）に導入された世界最大の質の評価を医療費の支払いに対応させる制度（成果払い、Pay for Performance：Ｐ４Ｐ）である。診療所に登録している住民が健康になるほど診療所の収入が増える仕組みだ。医師の評価ではなく診療所の評価であり、診療所への支払いである。具体的には、現在（２０２２−23年）は、①表３−９のように三つの分野（臨床、公衆衛生、質改善）に分かれて、合計72の評価指標がある。各評価指標の達成水準に応じた点数を設定し、②外部監査付きの自己申告方式により、③診療所が提供するサービスによって登録している住民の電子カルテ上の健康データが改善すると、診療所の実績として評価し、報酬が加算される。

表３−10は糖尿病に関する九つの指標である。血圧コントロールに成功した（１４０／80ｍｍＨｇ以下）糖尿病患者が、登録患者に占める割合に応じて10点まで付加される[26]（指標４）。糖尿病患者の数値上の改善だけでなく、適切な検査、助言、治療を提供しているかなども評価の対象となり報酬に反映される。たとえば新規糖尿病患者に対して９カ月以内に教育プログラムを紹介された人の割合が40〜90％の受講達成で11点付加される（指標３）。

ＱＯＦのメリットとデメリットは、olde Hartman *et al.*（2021）、伊藤・葛西（2022）が比較検討している。まず、メリットとして四点挙げられる。①電子カルテ化がほぼ１００％進み、国民にとっての生涯にわたる医療記録となった、②多職種保健チームによる慢性疾患の系統的なマネジメン

表3－9　英国のプライマリ・ケア（診療所）における成果払い制度（QOF：Quality and Outcomes Framework）の概要

臨床分野　401pt

	指標数	点数の合計
心房細動	3	29
冠動脈疾患の二次予防	4	28
心不全	5	29
高血圧	3	25
閉塞動脈硬化症	1	2
脳卒中と一過性脳虚血発作	4	11
糖尿病	9	67
喘息	4	45
慢性閉塞性肺疾患	3	19
認知症	2	44
うつ病	1	10
メンタルヘルス	7	38
がん	3	13
慢性腎臓病	1	6
てんかん	1	1
学習障害	1	4
骨粗鬆症	1	3
慢性関節リウマチ	2	6
緩和医療	1	3
非糖尿病性高血糖	1	18

公衆衛生分野　160pt

血圧	1	15
肥満	1	8
喫煙	3	62
予防接種	4	64
子宮がん検診	2	11

質改善分野　74pt

処方薬依存	2	37
家庭医療診療所へのアクセス最適化	2	37

全体	72	635pt

（注）糖尿病のかこみは筆者による。
（出所）Quality and Outcomes Framework Guidance for 2022-23

表3－10　英国のプライマリ・ケア（診療所）における成果払い制度（QOF: Quality and Outcomes Framework）の指標（例：糖尿病）

		点数	達成率
記録	17歳以上の全ての糖尿病患者について、診断された糖尿病の種類を明記して登録簿を作成･維持する。	6	N/A[注1)]
指標1	糖尿病患者のうち、腎症（臨床的蛋白尿または微量アルブミン尿）と診断され、現在ACE-I（またはARB）による治療を受けている患者の割合	3	57−97%
指標2	登録されている糖尿病患者のうち、直近12ヵ月で足の診察とリスク分類の記録がある患者の割合	4	50−90%
指標3	直近の4月1日から3月31日までに新たに糖尿病と診断された患者のうち、糖尿病登録後9ヵ月以内に講座化した教育プログラムに紹介された患者の割合	11	40−90%
指標4[注2,3)]	登録されている糖尿病患者で、中等度または重度の虚弱のない患者のうち、直近12ヵ月間の血圧測定値が140/80mmHg以下である患者の割合	10	38−78%
指標5	登録されている糖尿病患者で、中等度または重度の虚弱のない患者のうち、直近12ヵ月間のHbA1cが58mmol/mol(日本で使用する単位では7.5%)以下である患者の割合	17	35−75%
指標6	登録されている中等度または重度の虚弱を有する糖尿病患者のうち、直近12ヵ月間のHbA1cが75mmol/mol（日本で使用する単位では9.1%）以下である患者の割合	10	52−92%
指標7	40歳以上の糖尿病患者で、心血管疾患の既往がなく、中等度または重度の虚弱のない患者のうち、現在スタチン治療を受けている患者の割合（2型糖尿病で過去3年間の心血管リスクが10％未満を除く）	4	50−90%
指標8	糖尿病と心血管疾患（出血性脳卒中を除く）の既往があり、現在スタチンによる治療を受けている患者の割合	2	50−90%

（注）1. 記録は指標ではなく達成率は計算されない。
2. 指標4と指標5のかこみは、筆者による。図3−3で可視化されている。
3. 指標4では、診療所に登録している糖尿病患者のうち38-78%が血圧を140/80mmHgの数値内にコントロールしていれば、10点付加される。1点=£207.56で算定。

トが促進された、③主要な慢性疾患のケアの提供において不平等が減少した（社会経済的に恵まれない地域でのケアの提供が、裕福な地域での提供レベルに追いついた）、④ＱＯＦでインセンティブをつけられている疾患の緊急入院が減少した。

デメリットとしては、①毎年の指標見直しのため家庭医だけでなく診療所全体の事務負担が大きい、②政府見込みより達成率が高く家庭医がこの指標に固執しすぎている可能性がある、③単一の疾患ごとにその診療ガイドラインと指標でインセンティブが設定されているため、高齢者の過剰診療、多疾患併存への不適切な対応、インセンティブの設定のない疾患の軽視につながった可能性も指摘されている。

日本では、成果払い制度が質を向上させるエビデンスは弱いと指摘されることがある。しかし、こうした指摘をもとに、「成果払いで医療の質は向上しない」など議論を単純化することには注意が必要である。英国のＱＯＦ導入の効果に限っても、Mendelson *et al.*（2017）や Ahmed *et al.*（2021）のシステマティックレビューをはじめとして、すでに何十もの研究が発表されている。そこで生み出されたエビデンスとその背景は多様であり、注意深く読み解かなければならない（伊藤・葛西［2022］）。

ＱＯＦの本質は、表３－９、表３－10のようなプライマリ・ケアの評価指標を研究のエビデンスに基づいて作成し、支払いに結びつけていること、そしてその評価指標の更新を続けていることである。

対象となる疾患には、認知症、うつ病、メンタルヘルス、学習障害など、何をやったらきっちり治るという疾患でないものも対象として、指標を作っている。具体的な指標は、ＱＯＦのウェブサイト（注23）にすべて掲載されている。こうした指標を英国のすべての診療所が計測して提出して、評価を受けている。

そして、登録・集積された医療データはさまざまに活用されている。まずＱＯＦの指標は各診療所ごとに（図３−３は、表３−10の指標４と指標５を可視化）のように地域住民向けにわかりやすく可視化されている。

家庭医や看護師は予防や健康増進を通して地域全体の健康を支える役割を担っているが、登録データから、たとえば65歳以上の住民または65歳未満でも糖尿病や喘息を抱える人や妊婦などからインフルエンザ・ワクチンの未接種者を割り出して、該当者一人ひとりに手紙を出すといったことが日常的な仕事になっている（川越・澤［2015］）。

こうしたデータは地域の診療所の運営やそこで働く家庭医の診療や薬の処方の内容を外部から監査するためにも使われている。

全国各地でのよくある慢性疾患などがすべての診療所でコード化されて、患者の重症化リスクを可視化できたため、コロナの流行時には、国や自治体はデータに基づいて、ワクチンの種類や接種時期を決めることができ、家庭医の全面協力によって短期間に膨大なワクチン接種業務を遂行できた。

図3−3　診療所のケアのデータ化と可視化

<u>○○診療所</u>　　　　例:糖尿病

指標4　血圧140/80mmHg以下の患者の割合

登録患者の割合(%)

達成率

介入を受けている患者の割合

患者の個人的な理由で除外されている割合

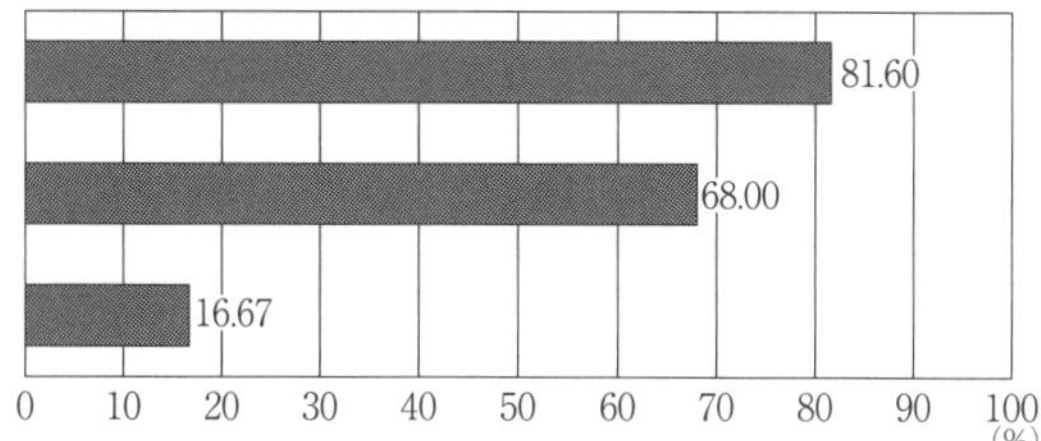

指標5　HbA1c7.5%以下の患者の割合

登録患者の割合(%)

達成率

介入を受けている患者の割合

患者の個人的な理由で除外されている割合

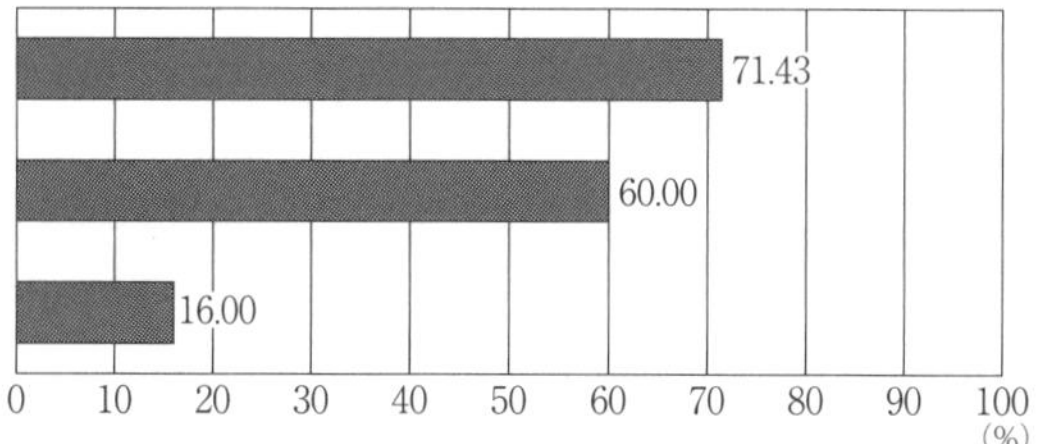

(出所)　NHS Digital Quality and Outcomes Framework(筆者訳)。
https://qof.digital.nhs.uk/search/

診療所が一括して集めているこのデータに基づいて新たな研究も可能となる。コロナのワクチン接種の効果など多くの臨床研究が英国で実施され英国から世界へ発信された理由の一つは、ほとんどすべての地域住民の診療データが診療の評価も含めて入手できることといえよう。

5　海外の行政機関などによる医療機関情報開示

医療の質の評価は、医療サービスの提供に公費を投入しているすべての国・地域において必須の課題であり、多くの国では行政機関が責任をもって医療機関別の質の評価を行い、情報を開示している。医療サービスを提供する責任者を直接評価していることも特徴だ。

伊藤・葛西（2022）では、各国が行っている医療機関の質の情報開示の具体例として、米国の行政機関であるＡＨＲＱ（Agency for Healthcare Research and Quality）と公的医療保険（メディケア、メディケイド）の行政機関であるCenters for Medicare and Medicaid Services（ＣＭＳ）、英国の行政機関Care Quality Commission（ＣＱＣ）、オーストラリアの行政機関Australian Institute of Health and Welfare（ＡＩＨＷ）、フランスの行政機関Haute Autorité de Santé（ＨＡＳ）、そして、韓国の健康保険審査評価院（ＨＩＲＡ）を紹介している。この節では、伊藤・葛西（2022）を参考に韓国と英国の行政機関による医療評価の内容と、日本国内の医療機関データによる医療の質の可視化の取組みを紹介する。韓国は日本と医療保険制度が似ている点、英国は地域住民向けにわかりやすい情報発信をしているなどの点から、日本への示唆が特に大きい。

にとっては、受診歴・処方履歴などは個人ベースまで名寄せできているため、ウェブサイトを見れば自分がどのような薬を処方されているのか、また服用方法などもここを見ればわかる。救急搬送時には患者情報を取得できるため社会的にも有用だ。

また保険診療／自由診療の金額検索ができ、医療費の金額計算（薬局、入院）が可能なので、支払いに関する不安が低減される。特に、日本では不透明な自由診療における金額も公開されており、わかりやすい。

韓国では七つの手術（白内障手術、扁桃摘出術とアデノイド切除術、虫垂切除術、そけいヘルニア手術、肛門手術、子宮および卵巣や卵管などの手術、帝王切開分娩）で一入院包括払い（ＤＲＧ／ＰＰＳ：Diagnosis Related Group/Prospective Payment System）が導入されているが、金額の詳細がわかりやすく公開されている。包括払いでは、疾患ごとの支払額が決まっているため、過少医療が危惧されるが、そうした過少医療による質の低下を防ぐことにも役立つ。

２０１１年からは一般病院を対象に評価結果を報酬に反映するValue Incentive Programというｐ４Ｐの仕組みを導入している。

BOX 3-4　韓国の医療保険制度

韓国は1989年に皆保険を達成した。当時は多数の保険組合が分立していたが、2000年に大改革が実施され、医療保険の一元化、HIRA創設による審査制度が導入された。1996年10月にオンライン請求を始めた。翌97年に発生したIMF危機は韓国経済にダメージを与えたが、オンライン化普及にはプラスになったと言われる（岡本［2009］）。オンライン請求が普及したことに加え、そのデータで診療報酬支払いだけでなく医療の質の評価や向上のために活用している。国民健康保険法第56条により、医療費の支払い内容の適否や医療の質の評価を医療機関ごとに行う権限がHIRAに付与されている。

複数保険者の日本にとっても、医療保険制度の運営において参考となることが多い。たとえば、自営業者の所得把握のために活用している手法、クレジットカード決済や現金領収書の発給の促進、コンピューターを活用した診療報酬請求手続きの効率化、迅速化などである。

特に参考になるのは、韓国の医療の質の優れた評価制度だ。医療の質を評価し、わかりやすく公表し、地域住民が医療機関を選択する時の重要な情報源になっている。HIRAが医療の質を評価し、その結果を等級別に公表することで、各医療機関の質が全体の中でどの程度に位置するか明らかになる。こうした評価方法は医療機関の序列化を招くと批判されることがあるようだが、相対的な評価方法があることで、医療の質を向上させる動機づけになり、その結果、地域住民の利益に還元される（健康保険組合連合会［2017］）。

図3−4　英国の行政機関による医療機関の質の情報開示

英国では、診療所、病院、介護施設、歯科医院、コミュニティ・サービス、メンタルヘルス等
それぞれの分野に関して、個別に評価を行い、ネット公開

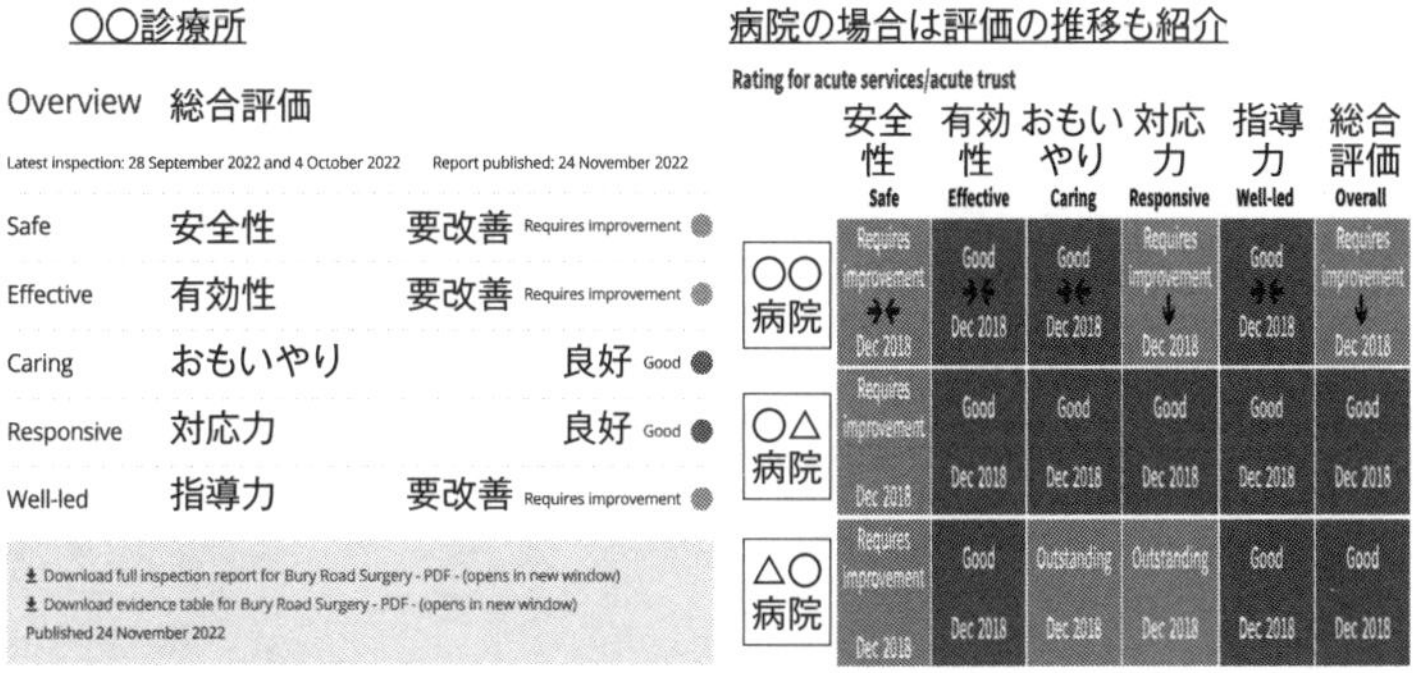

○○診療所

Overview　総合評価

Latest inspection: 28 September 2022 and 4 October 2022　Report published: 24 November 2022

Safe	安全性	要改善 Requires improvement
Effective	有効性	要改善 Requires improvement
Caring	おもいやり	良好 Good
Responsive	対応力	良好 Good
Well-led	指導力	要改善 Requires improvement

Download full inspection report for Bury Road Surgery - PDF - (opens in new window)
Download evidence table for Bury Road Surgery - PDF - (opens in new window)
Published 24 November 2022

病院の場合は評価の推移も紹介

Rating for acute services/acute trust

	安全性 Safe	有効性 Effective	おもいやり Caring	対応力 Responsive	指導力 Well-led	総合評価 Overall
○○病院	Requires improvement Dec 2018	Good Dec 2018	Good Dec 2018	Requires improvement ↓ Dec 2018	Good Dec 2018	Requires improvement ↓ Dec 2018
○△病院	Requires improvement Dec 2018	Good Dec 2018	Good Dec 2018	Good Dec 2018	Good Dec 2018	Good Dec 2018
△○病院	Requires improvement Dec 2018	Good Dec 2018	Outstanding Dec 2018	Outstanding Dec 2018	Good Dec 2018	Good Dec 2018

（出所）　Care Quality Commission, UK　https://www.cqc.org.uk

(2)　英国のCare Quality Commission（CQC）

英国ではＣＱＣのサイトで施設ごとの評価が確認できる（図３－４）。英国のＣＱＣでは、ＮＨＳが定める医療の質評価のうち、五つの主要な観点を示している。それらは安全性（safe）、有効性（effective）のほか、おもいやり（caring：患者に対して共感や敬意を持って接しているか）、対応力（responsive：患者のニーズに合わせた責任ある治療を行っているか）、指導力（well-led：経営努力やガバナンスによって質の高い医療を提供するとともに改善を志向し透明かつ公平な環境か）といった観点を重視しているのも、英国の地域医療の特徴だ。

評価指標は、疾患分類ごとの死亡率、再入院率、院内での衛生環境（院内感染ほか）、治療に

関わる時間、費用に関する項目、その他医療記録など、細分類では2000近い項目を対象としている。これらを集計し、四段階（卓越、良好、要改善、不十分）で評価した、医療機関ごとの査定をウェブサイトに随時公開している。

ほとんどの国では病院の情報開示が多いが、英国では、病院だけでなく診療所、介護施設、歯科医院、コミュニティ・サービス、メンタルヘルスなどさまざまな分野に関して評価を行っている。対象施設数は、総数8万6866施設で、その内訳は、病院2392、GP診療所8871、介護施設1万4796、歯科医院1万1472、コミュニティ・サービス1723、メンタルヘルス910などだ（2023年9月現在）。図3－4のように患者目線でわかりやすく表示されているのも特徴だ。たとえば、それぞれの診療所について、総合評価のほかに、安全性、有効性など五項目に関して要改善や良好など四段階評価がされる。より詳細の評価を知りたい場合には、すべての報告書をダウンロードできる。病院に関しては評価の推移も紹介している。

質の評価が低い医療機関や施設が一定数ある（GP診療所8871のうち、要改善は328施設、不十分は52施設。病院2492のうち、要改善は259施設、不十分は25施設）ことは問題のようにも見えるが、こうした質の評価指標がウェブサイトを通じて世界中に公表されることで、医療機関の質を高めたり、質の評価指標を高度化することに寄与していると考えられる（伊藤・葛西［2022］）。なお、評価を受けていないGP診療所は1660施設、病院は1100施設とかなりの数があり、名前と場所は公表されている。

(3) 日本

日本では、医療機能評価機構が「中立的・科学的な第三者機関として医療の質の向上と信頼できる医療の確保に関する事業を行う」とされているが、情報開示の仕方も地域住民の立場に立ったものとは言えず、韓国や英国をはじめ他国と比べても見劣りするのは残念である。

日本でも、「ＤＰＣデータ」、「病床機能報告」、「院内がん登録（地域がん登録）」において、情報開示が進んでおり、医療機関の比較が可能となり、実績の透明性を高め、医療政策の立案や進捗の評価という点で一定の成果をもたらしている。

「ＤＰＣデータ」は、ＤＰＣ支払い制度に参加する医療機関別の集計結果である。「病床機能報告」は第１章でも説明したが、一般病床・療養病床を有する病院・診療所が、現在担っている医療機能を都道府県に報告する制度だ。「院内がん登録」は、がん診療連携拠点病院の症例のデータである（２節(2)項がん医療を参照）。

伊藤・葛西（2022）は、こうした公表データを用いて治療アウトカムの比較を示している。現時点で懸念される問題点として、少数事例（10件未満）のマスキングを指摘している。日本では病院数が多く小規模の医療機関も多いため、情報の多くが秘匿化されている。

また、アウトカム評価（５年生存率など）を行う時には、初回治療時の重症度の情報を用いて補正することが不可欠だが、情報がマスキングされていると、補正はできない。少数事例のマスキングは、国内における希少疾患や難病の診療実績や高度な手術実績などの情報を秘匿するだけでなく、小規模の医療機関の機能の再編や統合に向けた議論の足かせにもなっているという。

死亡率や再入院率など、各国で最も重視されているアウトカム指標は、日本国内のデータベースではほとんど開示されていない。難易度の高い医療サービスを提供する場合、患者の入院時のリスク補正（医療機関が患者を受け入れた時点での患者の重症度）が必須となる。そうでないと医療機関の治療の質を過小評価することになるからだ。しかしリスク補正の指標に欠損が多く、公開に資するアウトカム指標の作成ができない状況だ。

この点は本書執筆中に少し進展があり、規制改革推進本部から2023年度中の改善計画が2023年6月16日に閣議決定されたことを付け加えておく。日本の医療機関の質の評価を適切に進めるためには、マスキングの撤廃とリスク補正とアウトカム項目の入力の必須化が必要で、この数年で法改正が進むことを期待したい。

がん医療に関しては、「がん登録法」の改正により、2016年から「全国がん登録」が始まり、がんと診断された人のデータは都道府県を通じて、国（国立がん研究センター）が一元管理できるようになった。人口動態統計とも紐づけられているため、死亡の確認や、他の地域に転出した人の追跡も行え、重複もない。被保険者番号が変わると履歴が追えないレセプト（診療報酬の請求情報）と異なり、画期的だ。がんと診断を受けた全数の情報であり、罹患率や生存率などについてより正確に把握できる（伊藤・井伊［2023］）。国により一元管理された全国の症例分析や検証は、患者にとっても今後の治療に役立つ。このように入院医療に関しては少しずつだが評価が進んでいる。一方で、地域医療の要である診療所や中小病院の信頼のおける質の評価は現状ほとんどない。

6　OECDによる質のレビュー

OECDは、2014年11月に日本の医療の質に関する評価報告書を公表した（OECD［2015］）。そこでは、日本の医療は量は満たされているが、医療の質の管理と提供を全般的に強化する必要があると特に以下の三点に関して指摘された。まず、プライマリ・ケアの明確な専門分野を確立すること。日本では高齢化が急速に進んでいることから、複数の慢性疾患を抱える高齢者への対応としてプライマリ・ケアの充実が不可欠であること、病院機能の再編を進める一方で、患者が家庭医を指名して登録する制度を導入し家庭医を普及させることが診療の質の向上につながると報告している。さらに、（当時）導入を予定していた「総合診療専門医」を現在の開業医のあり方とは区別し、地域社会に根づかせるよう促した。大学医学部にプライマリ・ケア専門学科を創設することも提案している。

二つ目の指摘は、病院部門における質の監視と改善である。日本はOECD加盟国の中でも、急性期病床数が最も多く、入院期間が最も長いが、多くの病床が急性期以外の患者に利用されていて、支払い制度も病院が質を改善するための努力を損なっている。病床機能の専門化と分化を促進し、質の指標の収集と報告を行うこと、特にアウトカム指標を用いて病院のパフォーマンスの状況を把握することを提案している。

三つ目は、日本のメンタルヘルスケアには、緊急の行動を要する課題があり、質の高い医療の確保が喫緊の問題であるという指摘だ。日本のメンタルヘルスケアは、精神病床数の多さ（ＯＥＣＤ平均の人口10万人あたり64・3床に対して258床）、平均入院期間の長さ（ＯＥＣＤ平均の28・8日に対して275日）が際立っている。人口10万人あたり入院患者199人、外来患者206人（平成29年度患者調査）は、1000人のうち4・1人が精神疾患を患っていることになる。医療機関を受診していない人はこの数には含まれない。

自殺率も高く、職場での精神疾患は大きな問題だが、日本は適切に対応できていない。理由の一つとして考えられるのは、ＯＥＣＤ加盟国では、軽症および中等症のメンタルヘルスの問題をもつ患者は、プライマリ・ケアの専門医がケアをし、標準的な薬剤の処方も行っているが、日本では、標準的なトレーニングを受けたプライマリ・ケアの専門医がいないために、適切に対応されていないことを指摘している。そして重症な精神疾患に対する治療は、主に入院治療で行われていること、全入院病床の90％が民間病院が提供していて、精神病床の多くが、長期入院の慢性患者に利用されているなど多くの問題を抱えている。2節で見たように、日本は、メンタルヘルスケアの質に関して、いまだにＯＥＣＤに報告を行っていない。

このＯＥＣＤの日本の医療の質に関する報告書は、2015年には書籍として出版もされている

（ＯＥＣＤ［2015］）。インターネットのサイトから入手できる30ページにわたる詳細な概要(27)には、日本語翻訳もついているが、残念ながらあまり知られていない。

韓国は２０１２年にＯＥＣＤの質のレビューを受けており、ＯＥＣＤの指摘を受けて、改革を着々と進めているのとは対照的だ。日本でもこの報告書がより広く読まれることが望まれる。

２節でも指摘したが、日本でも、適切な質の指標を示したり、評価に応じて報酬が変わるなどのインセンティブを導入することで、多くの医療者は改善に向けて努力することが期待できる。

7　日本の医療の質の向上のために必要なこと

日本の医療の質は世界でもトップレベルと言われてきた。日本では高額医療機器をはじめ高度医療へのアクセスや、乳幼児死亡率や平均余命などで「質」を評価する傾向がある。それは質の評価の一つではあるが、ごく一部にすぎない。この章で見たようにＯＥＣＤやコモンウェルス財団が報告している医療の質指標は、有効性、安全性、対応力・患者中心性、受診の容易さ、効率性、公平性、アウトカムなど地域医療を多方面にわたり測定している。

医療サービスの提供には公費を投入している国や地域がほとんどだ。そこでは医療の質の評価は必須で、行政機関が責任を持ってデータをもとに医療機関の質の評価を行っているが、日本ではそうした取組みがとても遅れている。そうした背景もあり、日本の医療機関の評価は口コミサイトが中心となっている。

この章では主に韓国と英国の例を紹介したが、両国とも地域医療を面として支えるために、医療機関が医療機能を報告するだけでなく、地域住民が適切な医療機関を自ら選択できるようなわかりやすい評価指標の作成、その評価指標を反映した医療機関の検索などの仕組みを、行政機関が責任を持って構築している。評価指標やその詳細がインターネットで容易にアクセスできることも特徴だ。韓国のＨＩＲＡは翻訳機能を使うことで、日本語で読むことができる。住民本位のわかりやすいサイトであることがわかる。英国と同様に、病院だけでなく、診療所、歯科、メンタルヘルスケアの評価も行っていることも印象的だ。

英国が２００４年から導入したＱＯＦは、臨床研究のエビデンスに基づいて診療の質を高めることを金銭的に誘導した制度である。ＱＯＦに関して特に画期的なことは、家庭医の処方内容を外部監査する際に、主に薬剤師がその監査や助言を担っていることだ。日本では、薬剤師が処方に関与することは「疑義照会」という限られた場合ぐらいであり、診療の質改善に連携したり、評価に関わることは今後の課題である。この章で見たように、医療の質評価において、薬の処方に関する指標は少なくない。薬剤師は質評価において重要な役割を担っている。

日本の医療の質の評価の取組みにはほかにも多くの問題点がある。日本では小規模の病院が多く、ＤＰＣデータなど公表データにおいて、10床未満でマスキングされている病院が少なくない。個人情報の視点から少数事例がマスキングされるのは仕方がないかもしれないが、病院が集約化すれば多くの病院はマスキングの必要がなくなるであろう。特に二次医療圏内に同様の医療機関が複数存在する場合は、集約化をしていくことは医療の質の評価を適切に行うためにも必要となろう。

そして、多くの国々が行っているように政府が責任を持って医療機関の評価を一般向けに公開するべきだ。病院に関しては医療機能評価機構が一般住民向けにもう少しわかりやすい情報提供することが可能かもしれない。たとえば、評価指標の一つに患者中心の医療があるが、ＯＥＣＤなどの定義と異なり標準化されていないため、国際比較ができないのが残念である。日本の医療の質向上のためには、ＯＥＣＤに質の評価指標を提出することも必要だ。

政府がすでに実施している「医療機能情報提供制度」は公開情報が乏しく、患者目線のわかりやすいサイトになっていないが、今後、医療の質の評価指標を加えていくなど、地域住民にとって利便性の高い情報サイトとなることが期待される。その際、一部の規模の大きな病院だけでなく、地域住民により身近である中小病院と診療所の評価も進めることが不可欠だ。

カルテの電子化・標準化を先ず進めないと、そもそも臨床データを収集できないためＱＯＦのような制度は成り立たないという指摘もありそうだが、英国ではＱＯＦを導入することで、電子化も標準化も格段に進んだ。日本でもまず手上げ方式で、やる気のある医療機関や施設から評価指標を公開すること、そうした医療機関や施設に金銭的なインセンティブを与えるなどして電子化や標準化も徐々に進んでいくのであろう。

BOX 3-5　かかりつけ医療機関の評価

日本はフリーアクセスで自由にどの医療機関でも自由に受診ができるが、ヨーロッパの多くの国々のように国民の多くが一箇所の医療機関に登録すれば、診療所の評価を容易に進めることができる。日本では、登録制を国民に強制することは難しいが、たとえば手上げ方式で以下のような取組みを始めることは可能ではないだろうか。

(1)住民が自らの判断で、医療機関を登録するかしないかを決める。(2)プロジェクトチーム（行政が難しい場合は民間のシンクタンクなど）が、日本版ＱＯＦをつくる。まずは慢性疾患（高血圧、糖尿病など）から一つずつ程度、たとえば「高血圧と記録された45歳以上の登録患者」「過去12カ月の血圧が１４０／90ｍｍＨｇ以下の糖尿病患者数」など比較的作成が容易な指標を選ぶ。(3)医療機関は、翌年までにその指標を提出しないと、翌年はかかりつけ医療機関と認可されない。そして指標は毎年見直し、徐々に数を増やしていく。

質の高いケアをすることをかかりつけ医療機関の資格継続の条件として義務づける仕組みを導入することで、国民の健康がどのくらい改善したか分析することも可能になる。一定期間後（翌年、３年後、５年後など）の患者健康アウトカムを評価して、医療機関への報酬の加算額を決定する。

こうした手続きを継続的に行うことが本来の「かかりつけ医療機関」としてのあるべき姿だろう。世界の多くの診療所がこうした役割を果たすことで、診療報酬を得ている。

ここで強調しておきたいことは、日本国内でも上記のようなスタンダードをすでに満たしている診療所が数多くあるということだ。そしてそうした診療所では、医師（総合診療医）の育成の機能も併せ持っている。これは、第１章７節の医師確保計画でも提案したように、「かかりつけ医療機関」の担うべき重要な役割である。

【第３章　注】

（１）厚生労働省のウェブサイト https://www.mhlw.go.jp/stf/seisakunitsuite/bunya/kenkou_iryou/iryouhoken/iryouhoken01/index.html（２０２３年９月17日アクセス）

（２）第10回 産業構造審議会 新産業構造部会の資料の２ページ（平成28年11月２日）。https://www.meti.go.jp/shingikai/sankoshin/shinsangyo_kozo/pdf/010_07_00.pdf

（３）以下のような審議会（第８次医療計画等に関する検討会）でも「医療の質」を議論していない。https://www.mhlw.go.jp/stf/shingi/other-isei_127276_00005.html

（４）リハビリテーション（以下、リハビリ）には評価に基づいた支払いが導入されている。たとえば、回復期リハビリ病棟入院料では、「実績指数」（リハビリ介入によって改善を示す数値）が施設基準に含まれる。入院時と退院時を比較し改善できていないと上位入院料算定ができない。同様に、地域包括ケア病棟と回復期リハビリ病棟の「在宅復帰率」も評価の一つとなっている。しかし、実績指数は導入された直後から入院時に低く評価し、退院時に高く評価するというクリームスキミングが課題となっている。https://gemmed.ghc-j.com/?p=41217

（５）https://www.oecd.org/els/health-systems/health-care-quality-and-outcomes.htm

（６）英語ではacute care、cancer careだが、ここでは〝急性期医療〟〝がん医療〟と訳した。一方でmental healthcareはメンタルヘルスケアとした。

（７）評価指標の詳細は、ＯＥＣＤのサイトに詳しい。https://www.oecd.org/health/health-systems/health-care-quality-out

comes-indicators.htm　２０２３年７月に、終末期ケア、統合ケア、メンタルヘルスケアの患者経験の三つの項目が追加された。

（８）　患者調査は厚生労働省が統計法に基づいて実施する基幹統計である。１９８４年以降３年ごとに実施されている。対象はすべての病院と診療所で、薬局や老人保健施設などは含まれない。入院および外来患者については、10月中旬の３日間のうち医療施設ごとに定める１日が対象、退院患者については、９月１日〜30日までの１カ月を対象としている。医療施設調査のように全数調査でなく、抽出調査であり、抽出された標本データより厚生労働省が全国値を推計した結果が公表されている。抽出調査による推計値のため、値は千人単位など精度に限界がある。

（９）　Hip-fracture の訳。大腿骨頸部骨折を含む。

（10）　ＤＰＣとは、正確にはＤＰＣ／ＰＤＰＳ（Diagnosis Procedure Combination/Per-Diam Payment System）という診断群分類に基づいて在院日数に応じた１日あたり定額報酬を算定する制度のことで、それに参加する医療機関をＤＰＣ病院と呼ぶ。

（11）　津田塾大学教授の伊藤由希子による指摘。

（12）　レセプトの電子化は95・７％とほぼ１００％近い。https://www.ssk.or.jp/tokeijoho/tokeijoho_rezept/tokeijoho_rezept_r03.files/seikyu_0403.pdf

（13）　日本語の資料は、https://www.oecd.org/health/health-systems/Health-at-a-Glance-2021-How-does-Japan-compare.pdf#page=43

（14）　https://ganjoho.jp/reg_stat/statistics/stat/summary.html　最初の概要説明は「全国がん登録情報」を用いているが、生存率では「地域がん登録情報」が使われている。

（15）　しかし、この評価には注意が必要だ。６節で見るように、ＯＥＣＤの日本の医療の質の報告書（2015）では、日本の医療制度の四つの改善点の一つとして、プライマリ・ケアの質の低さを指摘している。同じＯＥＣＤから相反する評価が行われていることになる。

（16）　日本では専門研修を受けずにプライマリ・ケアの現場で診療している医師が多い。「（義務的な研修はなく）地域社会で一般医として提供している」（OECD［2015］）。プライマリ・ケアの現場における個々の医師の診療能力にはばらつきがある可能性が高い（井伊・関本［2015］）。

（17）　たとえば、米国糖尿病学会（2023）S166-S170　https://ada.silverchair-cdn.com/ada/content_public/journal/care/issue/46/supplement_1/13/standards-of-care-2023-copyright-stamped-updated-120622.pdf#page=175

（18）　オランダの診療所ではレントゲンなどの検査はほとんど行わない。そしてオランダのプライマリ・ケアは医療ニーズの95％をカバーし、病院（二次医療と三次医療）に紹介するのは５％だ（Dutch GP Association）。一方で、オランダの国家予算によると、プライマリ・ケアにかかる費用はオランダの総医療費のわずか４・５％である（State Budget）。こうした費用対効果の高い医療を実現できる大きな理由は、前述したようなデータベースをもとにした「家庭医による家庭医のための診療ガイドライン」が世界で最も整備されていることが挙げられる。上記のような優れたデータベースをもとに家庭医による地域住民を対象とした質の高い臨床研究は一流学術誌に掲載されるものも少なくない。それらの研究で示されたエビデンスに基づいて、オランダの家庭医は診療ガイドラインを作成し発表しており、質の高い診療の背景となっている。

（19）通例3年に1度報告書が出る（２０１１、２０１４、２０１７、２０２１年）。通常、２０２０年に報告書が出る予定だが、１年延期されて２０２１年に報告書が出た。おそらくコロナ禍の影響だろう。

（20）巻末資料は以下の Appendix 4-8の訳である。https://www.commonwealthfund.org/sites/default/files/2021-08/Schneider_Mirror_Mirror_2021.pdf

（21）https://www.commonwealthfund.org/publications/surveys/2017/nov/2017-commonwealth-fund-international-health-policy-survey-older

（22）https://www.commonwealthfund.org/publications/surveys/2019/dec/2019-commonwealth-fund-international-health-policy-survey-primary

（23）https://www.england.nhs.uk/wp-content/uploads/2022/03/PRN00027-qof-guidance-for-22-23-v2.pdf

（24）選択は自由だが、必ずしも希望通り登録できるわけではない。Out of area registration を断る診療所も一部ある。https://www.nhs.uk/nhs-services/gps/registering-with-a-gp-outside-your-area/

（25）https://digital.nhs.uk/data-and-information/publications/statistical/nhs-payments-to-general-practice/england-2021-22

（26）1点＝£２０７・56（参考までに２０１５－16年は1点 £１６０・15）。

（27）https://www.oecd.org/els/health-systems/ReviewofHealthCareQualityJAPAN_ExecutiveSummary.pdf

第４章　地域医療と医療費

1　日本の医療費の相場

筆者はこれまで、いろいろな国の地域医療の現場を見る機会があった。先進国から低所得国まで、地域もアジア（東南アジア、東アジア、中央アジア）、欧米、中米や南米、そうしたさまざまな国の都市部だけでなく、地方やへき地と言われる地域の医療現場を見てきた。

他国と比べて、日本は医療機関や高額な医療機器へのアクセスがたいへんよい。その中で、診断や診療（薬剤と検査）、病院建設など、モノへは多額の投資をする一方で、ヒトへの投資は少ないと感じてきた。患者の権利を守るためのインフラづくり、医療提供者への教育、エビデンスに基づくガイドライン作成に資するデータベースづくりなどは、費用対効果に優れた医療を遂行するには必須であるが、経済水準が日本より低い国と比べても日本では十分な労力と費用をかけていないのではないか。そうした危惧を検討し、問題解決へと進めるためにはモノやヒトへの資源配分を的確に把握できる統計が必要だが、統計整備が日本は遅れており、正確な状況がわからないのである。

わが国の医療政策の議論では、「国民医療費」が使われ、もっぱらその総額に関心が向けられる。「国民医療費」は主に公的医療保険の対象となる治療に要した費用の推計だ。そのため介護や予防などに使われた費用は含まれていない。

ＯＥＣＤに提出している保健医療支出は、サービスの内容（治療、介護、予防など）、ヒトとモノへの支出（情報、教育、カウセンリグなどへの支出、医療機器や薬剤への支出）、提供サービスの主体別（国、地方自治体、保険者や企業、個人）など、多面な切り口で分析できる優れた統計だ。資源配分を適切に行うために不可欠な統計だが、残念ながら日本がＯＥＣＤに提出している推計値には本章でも詳しく議論するように、多くの問題が指摘できる。

薬剤に関しては、多剤投与や重複受診による無駄が指摘される一方で、日本の創薬力の低下も危惧されているが（医薬品の迅速・安定供給実現に向けた総合対策に関する有識者検討会［2023］）、現状では日本の総薬剤費は公的統計として推計されておらず、医薬品産業の実態も把握できない。ＯＥＣＤ基準で推計された保健医療支出は、最適な資源配分の基礎として唯一の情報である。政府が責任を持って推計を行うことが、地域医療の議論をデータに基づいて行うためにも不可欠だ。

2　医療にかかる費用を知るための政府統計

日本では「医療費」と呼ぶことが多いが、対象となる項目は医療だけでなく、介護、予防、公衆衛生、医療機関への補助金、行政費用など包括的な統計として「保健医療支出」と呼ぶのが適切だ。この節では図４－１および表４－１を参照しながら、四つの「医療費」の定義を概観する。より詳細な説明に関心のある読者は、３節以降も読んでほしい。

(1) 理想的な医療費の定義はＯＥＣＤの保健医療支出(1)

医療費の定義は、一国の医療に関する費用統計体系の国際基準であるＳＨＡ（A System of Health Accounts）の方法による「保健医療支出」が理想的だ（OECD, Eurostat and World Health Organization [2017]）。わが国の推計はＯＥＣＤ委託事業として医療経済研究機構（ＩＨＥＰ）が実施し、その推計結果をＯＥＣＤに提出している（図４－１(1)）。

日本だけでなくどの国でも、国全体で費やされている医療費は、概念の定義や制度が多かれ少なかれ他国と異なり、時間を通じて変化もしていく。そのため医療に関する支出の国際比較を行う場合は統一された定義で比較する必要がある。

ＳＨＡは国民経済計算（The System of National Accounts：ＳＮＡ）に準拠しており、国際的に確立している推計方法である。その推計方法に基づいて作成された統計が「保健医療支出」である。毎年ＯＥＣＤから公表され、国際比較にも使われる重要な統計だ。経済統計として極めて有効的な体系として設計されている。機能別、財源別、提供主体別に統計が整備されており、公的資金の拠出の流れもしっかり把握できる。傷病の治療に要する医療費だけでなく、介護、予防、医療機関へ

図4－1　政府統計資料における"医療費"のさまざまな定義

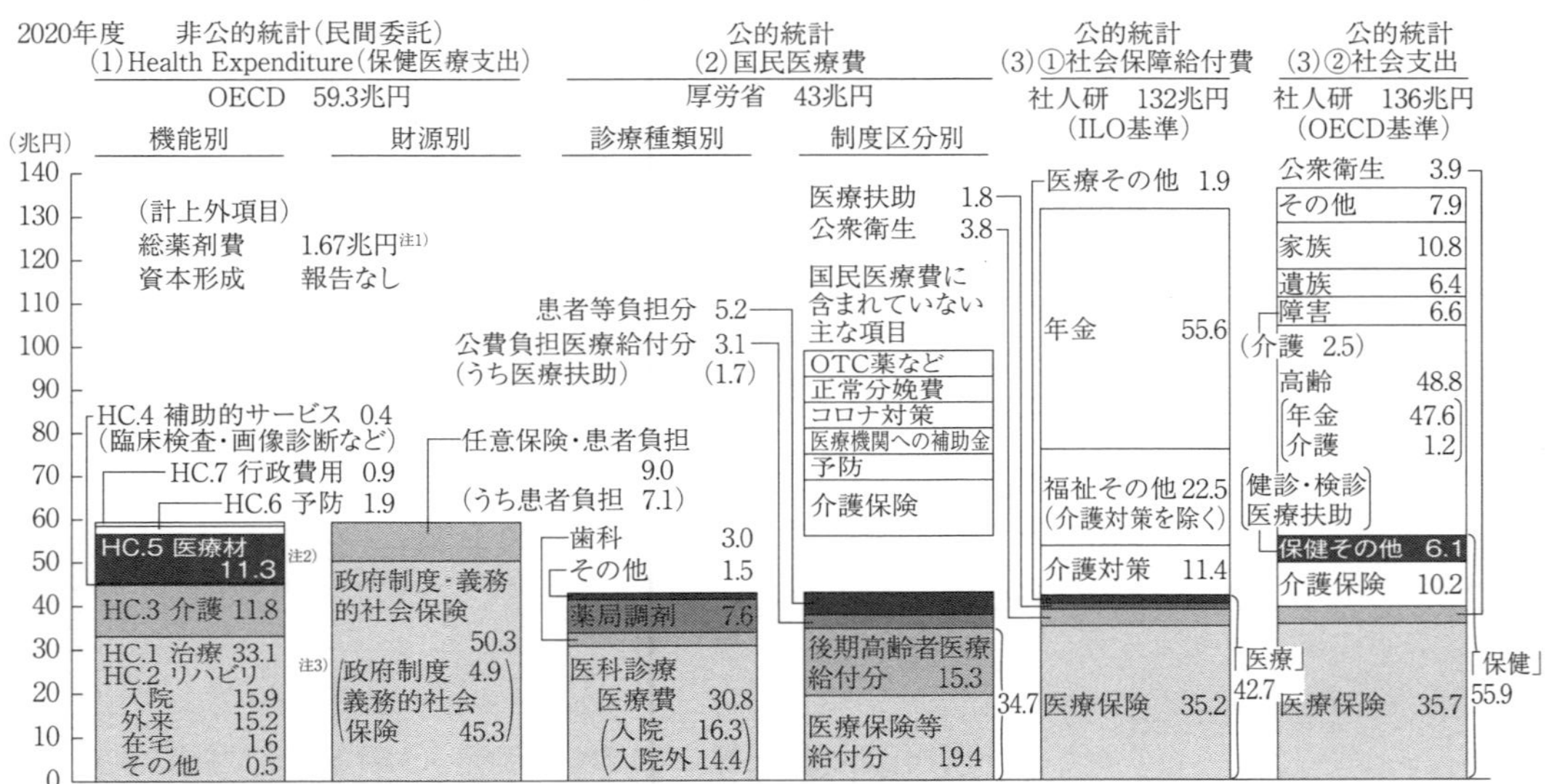

（注）1. 総薬剤費は処方薬、OTC薬、中間財としての薬剤の合計なので、明らかに異常値。
2. HC.5 医療材は処方薬 9、OTC薬 1.6、その他 0.7。
3. 政府制度は主に一般財源で実施する制度、義務的社会保険は社会保険制度または強制加入の私的保険制度を含む。任意保険は加入が任意の保険である。なお、SHA基準において、政府制度・義務的社会保険からの支出については「公的保健医療支出」、任意保険・患者負担からの支出については「民間（私的）保健医療支出」と定義されている。

（出所）医療経済研究機構「Health Expenditure」、厚労省「国民医療費」、社人研「社会保障費用統計」より筆者作成

表4－1　日本の保健医療支出（機能別）

（兆円）

機能		2019	2020
HC.1 治療とHC.2 リハビリテーション		32.9	33.1
HC.3 介護		11.3	11.8
HC.4 補助的サービス（臨床検査･画像診断など）		0.4	0.4
HC.5 医療材（処方薬、OTC薬、補聴器など）		13.7	11.3
HC.6 予防		1.8	1.9
	情報、教育、相談	0.0	0.0
	予防接種	0.0	0.0
	疾病の早期発見（検診）	0.0	0.0
	健診	1.4	1.5
	疫学的サーベイランス、リスクと疾病のコントロール	..	..
	災害への備えと緊急対応	0.3	0.4
HC.7 管理（行政費用）		1.1	0.9
合計		**61.2**	**59.3**
	（計上外項目）総薬剤費[注1)]	－	1.67
COVID-19 関連支出項目[注2)]			..
	治療費用		..
	検査と接触経路調査の費用		..
	予防接種費用		..
	医療材		..
	保健医療支出に含まれるその他支出		..
	資本形成		..

（注）1. 図4−1の注1.に同じ。
2. 各国のCOVID-19関連支出項目は、機能別分類及び計上外（memorandum）項目の一部として計上されているとみられるが、日本については本書執筆時点において同項目のデータがOECDサイトに未掲載であり、機能別にも計上されていないとみられる。

（出所）OECD Health Statistics 2023　2023年8月19日取得

の補助金、ＯＴＣ薬(2)、保健所運営費なども重要な項目だ。公的部門だけでなく、民間部門もカバーしているので医療産業と政策のパフォーマンスの実態を国際的に比較するためにも大変有用である。しかし、残念なことに、日本の推計値には問題点が多い。まず、２０２０年の日本の「保健医療支出」の確報値の公表が２０２３年以降であるなど、速報性がない。より深刻なのは、推計方法に精密性と透明性が欠ける点だ。たとえば新型コロナウイルス感染症（以下、コロナ）対策費、予防関係費などが適切に計上されていない。４節でみるように薬剤費統計にも不明な点が多い。

ＯＥＣＤの公表値によると日本の２０２０年度の「保健医療支出」は59・３兆円で、その内訳は「治療とリハビリ（33・１兆円）」、「介護（11・８兆円）」、「補助的サービス（臨床検査・画像診断など［０・４兆円］）」、「医療材（11・３兆円）、うち処方薬（９兆円）、ＯＴＣ薬（１・６兆円）」、「予防（１・９兆円）」、「行政費用（０・９兆円）」である。

(2) メディアや政府の資料などでよく使われる「国民医療費」

厚生労働省（以下、厚労省）が例年9月ごろに公表する「国民医療費」は、主に公的医療保険の対象となる傷病の治療に要した費用を推計したものである（図４-１(2)）。２０２０年度は43兆円である。コロナの蔓延で受診控えがあり、２０１９年度より国民医療費は１・４兆円減少した。「医療保険等と後期高齢者医療による給付分（34・７兆円）」と「患者等負担分（５・２兆円）」の合計が「国民医療費」の９割以上を占める。
「公費負担医療給付分（３・１兆円）」は、生活保護法などに基づく医療給付であり、生活保護対象者が医療機関等にかかる費用（医療扶助、１・７兆円）などだ。コロナ禍以前と同様３・１～３・２兆円で推移している。コロナ対策に使われた医療機関への交付金、物資の配布などは、国民医療費には含まれない。

そのほかにも介護保険、予防（予防接種、地方自治体が行う妊産婦健診、乳幼児健診、特定健診やがん検診、学校や企業による健康診断やがん検診など）、医療機関への補助金、正常分娩費、ＯＴＣ薬などは「国民医療費」に含まれていない。

図４－１⑴の「保健医療支出」の「治療とリハビリ（33・１兆円）」は、「国民医療費」の「医科診療医療費（30・８兆円）」を用いている。その問題点は６節で説明する。

⑶　「社会保障費用統計」は「国民医療費」よりも公費の把握に適している

国立社会保障・人口問題研究所（以下、社人研）が作成し、毎年8月に公表している「社会保障費用統計」（以下、費用統計）は、「社会保障給付費」（ＩＬＯ基準）と「社会支出」（ＯＥＣＤ基準）の総称である。

① **「社会保障給付費」（図４－１⑶①）**

「社会保障給付費」は、「医療（42・７兆円）」「介護対策（11・４兆円）」「福祉その他（介護対策を除く）（22・４兆円）」「年金（55・６兆円）」に分かれている。「医療」は「医療保険（35・２兆円）」「公衆衛生（３・８兆円）」「医療扶助（１・８兆円）」「医療その他（１・９兆円）」に分かれている。

「医療保険（35・２兆円）」は、「国民医療費」の「医療保険等と後期高齢者医療による給付分（34・７兆円）」とほぼ同額である。「公衆衛生」は、公費負担医療と公費を財源とするものだ。具体的には、医療提供体制確保のための医療機関に対する補助金、ワクチン購入の代金[3]などだ。「医療その他（１・９兆円）」には「乳幼児健康診査事務費」「妊産婦健康診査（地方単独事業分）に要する経費」「予防接種に要する経費」など法令により実施が義務づけられている予防事業のみが含まれている。「福祉その他（介護対策を除く）（22・４兆円）」は児童手当や生活保護などである。

② **「社会支出」（図４－１⑶②）**

２０２０年度の社会支出は、政策別で最も大きいのは「保健（55・９兆円）」、次に「高齢（48・８兆円）」「家族（10・８兆円）」、そして「障害、業務災害、傷病（６・６兆円）」の順だ。「保健（55・９兆円）」は、「社会保障給付費」の「医療（42・７兆円）」と「介護対策（11・４兆円）」の合計54・１兆円とほぼ同額だ。

「保健（55・9兆円）」は「医療保険（35・7兆円）」「公衆衛生（3・9兆円）」「介護保険（10・2兆円）」「保健その他（6・1兆円）」に分かれている。

「公衆衛生」は、社会保障給付費「公衆衛生」と定義も額もほぼ同じだ。

「保健その他（6・1兆円）」が、「社会保障給付費の医療その他（1・9兆円）」と大きく異なる点が二つある。まず「保健その他」は医療扶助を含む。そして「がん検診」「成人健康診査」など法令により実施が義務づけられない事業も含まれている。

「保健の介護保険（10・2兆円）」は、「社会保障給付費の介護対策（11・4兆円）」とほぼ同額だが、「社会支出」では、「保健の介護保険（10・2兆円）」に加えて「高齢（1・2兆円）」「障害、業務災害、傷病（2・5兆円）」にも介護費用が含まれている。

3　より詳細な説明

この節では、2節で概観した四つの統計に関して、より詳細に説明をする。

⑴　「保健医療支出」

①　二つの「公的保健医療支出」

2節で説明したように医療政策を評価するためには、国際基準であるSHAに準拠した「保健医療支出」が理想的な統計だ。しかし、日本がＯＥＣＤに提出している「保健医療支出」には問題が多い。

医療経済研究機構（ＩＨＥＰ）が推計し、その推計結果をＯＥＣＤに提出している。ＩＨＥＰでは推計方法に関して詳細を公表していないため透明性が低い。

「保健医療支出」は、公的保健医療支出と民間保健医療支出の二つに大きく分類できる。そのうち、公的保健医療支出は社会支出の「保健」として引用されてきた。しかし、２０１６年度を推計対象とした２０１８年度公表分からは社人研が（ＯＥＣＤが定める基準［ＳＨＡ基準］に基づき）推計を行いＯＥＣＤに提出している（国立社会保障・人口問題研究所［2018］）。

２０２０年度の社会支出「保健」は、前述のように55・９兆円である（図４－１の⑶②）。一方「公的保健医療支出」（政府制度と義務的社会保険の合計）は50・３兆円と報告されており（図４－１の⑴と㊟３）、その差額は約５・６兆円で、ＧＤＰ比で約１％も少ない。

ここで問題になるのは、現在ＯＥＣＤに報告している日本の「公的保健医療支出」に関する統計が二種類あることだ。

一つは、社人研が推計している社会支出の「保健」である。これはＯＥＣＤの社会支出データベース（Social Expenditure Database）に掲載されている（２０２０年度は55・９兆円）。

もう一つは、ＩＨＥＰが「公的保健医療支出」として公表しており、ＯＥＣＤの保健医療データベース（Health Statistics）に掲載されている（２０２０年度は50・３兆円）。

社会支出の「保健」は、「公的保健医療支出」と一致している必要があるが、二つの異なる数値が掲載されている。

②　乖離の主要因は「予防」「コロナ対策」「薬剤費」

数値が異なる理由の一つとして、ＩＨＥＰの推計（図４－１⑴）では、「ＨＣ．６予防」の項目（図４－１⑴、表４－１）で過少推計が指摘されている。

「ＨＣ．６予防」には、地方自治体が担っている保健所の運営費や乳幼児健診をはじめとした多くの保健事業が含まれていない。たとえば現行のＩＨＥＰ推計では予防支出のうち政府分は５７００億円だが、西沢（2022）が、地方自治体が行っている予防支出を、総務省「社会保障施策に要する経費に関する調査」を用いて推計したところ、１兆４００億円と倍近い規模であった。そのほかにも地方単独事業費や医療機関への補助金が、社会支出の「保健」には含まれるが、ＩＨＥＰの推計では過少推計となっている。

２０２０年度は、社会支出「保健」が主なコロナ関係費（３・２兆円）を計上している一方で、ＩＨＥＰは推計をしていないため（表４－１の日本のＣＯＶＩＤ－19関連支出項目はすべて空欄）、二つの統計の数値の乖離が一層大きくなっている。２０２０年度の「公的保健医療支出」（50・３兆円）は、２０１９年度（51・４兆円）と比較して１・１兆円減少している。各国においてコロナ対策費が計上されており、データが掲載されているすべての国において対前年比で増加しているが、日本だけ減少した。

一方、社会支出「保健」は、2019年度の53・1兆円から55・9兆円と2・8兆円増えている。「社会支出」に計上されている主なコロナ関係費（3・2兆円）とは、「新型コロナウイルス感染症緊急包括支援交付金（医療分）　2兆4677億円」「新型コロナウイルス感染症　緊急包括支援交付金（介護分）　4153億円」「医療機関への医療用物資の確保・配布事業　3570億円」などである。

2009年度に新型インフルエンザの大流行に備えて、ワクチンを確保するために一般会計から2000億円支出された時も、2009年度の「保健医療支出」に計上されなかった（西沢［2022］）。その後も感染症対策は過少推計であり、臨時的な費用を含めることが必要である。

保健医療支出の推計において、地方自治体が担っている支出の把握が難しい制度的な理由として、保健所や予防接種、健診などが地方単独事業であることも指摘できる。地方単独事業では、保健医療支出の推計に必要なレベルの詳細さで全地方自治体の集計値が得にくい。国庫補助事業であれば、国における把握が比較的容易となる。

日本の統計機構が分散されていることも理由の一つだ。医療関係の統計に関しては、総務省統計局がすべてを把握しているわけではなく、厚労省や地方自治体が主に把握している統計もあり、全体像がつかみにくい。

次節で見るように、医療や介護には地方自治体、企業、保険者の役割も大きい。予防や公衆衛生は、その重要さにもかかわらず診療報酬の対象外であり、地方自治体、企業、保険者がそれぞれ行っており、実態も費用も一元的に把握できていない。こうした制度上の問題が日本の保健医療支出を不備の多い統計としてしまう大きな要因ともいえる。

ほかにも制度上の問題として、保健医療支出統計の基礎資料は、行政機関が自らの業務を遂行するために作成した業務統計であるため時期や作成基準の統一も困難である。デジタル化も遅れており、会計制度も統一されていない。決算ベースのため、国の決算書をはじめ各制度の決算が出揃ってから集計するために、費用統計の公表も2年後になってしまう。

日本の医療保険制度は、医療（検査や治療）に偏り、予防や公衆衛生の視点を含めて地域住民を包括的、継続的に見る制度になっていない。治療を目的とした「国民医療費」が広く使われる理由でもある。また医療保険でカバーする範囲は診療報酬の対象として中央社会保険医療協議会（以下、中医協）をはじめ国の審議会で議論され、議事録も公表される。

一方で、地方自治体が行う公衆衛生政策がどのように決定されるのか、そのプロセスはかなり不透明だ。ヘルスリテラシーをあつかう第5章で議論をするようにエビデンスに基づかない検診・健診が多く行われている要因でもある。次節で見るように、地方自治体における医療、介護、予防に関係する費用を地域住民が理解することは難しい。だからこそ、ＯＥＣＤ基準により精密でかつ透明性のある推計を行うことが大変重要となる。

薬剤費に関する推計も改良すべき点が多く指摘されている（成瀬［2023］）。こちらは5節で詳しく議論する。

③　韓国と台湾の「保健医療支出」

他国の状況を見ると、たとえば韓国は２０２１年の「保健医療支出」を項目ごとに報告している（表４－２、２０２３年８月19日データ取得）。２０１９年１５７・３兆ウォン、２０２０年１６２・０兆ウォン、２０２１年１９３・３兆ウォン、２０２２年２０９兆ウォンと新型コロナ対応で大幅に上昇している。また、２０１９年、２０２０年、２０２１年、２０２２年と比較することで、予防接種、疫学的サーベイランスが増えているなどコロナ対応が描写されていることがよくわかる。ＣＯＶＩＤ－19関連支出の６項目もすべて報告している。まったく報告をしていない日本と対照的だ（２０２３年８月現在）。

台湾は衛生福利部（Ministry of Health and Welfare）が２０２３年２月に２０２１年の「国民保健支出」（National Health Expenditure 2021）を公表した。それによると、２０１９年１兆２３５８億元（台湾ドル）、２０２０年１兆３２５１億元、２０２１年１兆４２６５億元と新型コロナ対応で大幅に上昇している（Taiwan Ministry of Health and Welfare [2023]）。コロナ禍で「保健医療支出」の総額が減少した日本とは大きなちがいがある。

表4－2　韓国の保健医療支出

（兆ウォン）

機能	2019	2020	2021	(P)2022
HC.1 治療とHC.2 リハビリテーション	89.7	89.4	106.1	117.6
HC.3 介護	20.7	22.3	23.4	24.6
HC.4 補助的サービス（臨床検査･画像診断など）	2	2	2.7	3.3
HC.5 医療材（処方薬、OTC薬、補聴器など）	33.8	34.8	37.2	40
HC.6 予防	5.7	7.1	17.4	16.6
情報、教育、相談	0.3	0.3	0.3	0.3
予防接種	0.7	0.8	6.9	4.1
疾病の早期発見（検診）	1.2	1.4	2.3	3.7
健診	2.1	2.2	2.8	3.2
疫学的サーベイランス、リスクと疾病のコントロール	1.4	2.4	5.1	5.4
災害への備えと緊急対応	0	0	0	0
HC.7 管理（行政費用）	5.5	6.4	6.5	7
合計	**157.3**	**162**	**193.3**	**209**
（計上外項目）総薬剤費	33.0	33.8	36.3	39.1
COVID-19 関連支出項目				
治療費用		0.4	1.7	4.1
検査と接触経路調査の費用		0.3	1.8	3.6
予防接種費用		..	6.2	3.3
医療材		1.2	0.8	1.2
保健医療支出に含まれるその他支出		1.1	3.1	4.6
資本形成		0.1	0.1	0.2

（注）　韓国のCOVID-19関連支出項目は、機能別分類及び計上外（memorandum）項目の一部として計上されている。
（出所）　OECD Health Statistics 2023　2023年8月19日取得

④ ますます重要性を増す「保健医療支出」

前述したように、「保健医療支出」は「公的支出」と「民間支出」の総額だ（図４－１㊟３）。公的部門と民間部門の両方をカバーしている統計はＯＥＣＤの「保健医療支出」だけであり、日本の医療産業や政策のパフォーマンスの実態を分析したり、国際比較をしたりするためには不可欠な統計である。医療や介護は今後の日本において最も重要な産業の一つである。しかし「保健医療支出」にはこの節で議論したようにさまざまな問題があり、正確な産業規模すら不明で日本の医療産業の実態を把握できない状況だ。

最後に資本形成の推計について言及しておきたい。ＯＥＣＤは、２０１５年までは経常支出と資本形成を合計した「総保健医療支出（total health expenditure）」として定義していたが、２０１６年からは経常支出のみを「保健医療支出」として定義し、資本形成は計上外項目（memorandum item）の一つと位置づけられるようになった。日本は資本形成を報告していないため、医療機関の毎年の設備投資（資本形成）額についても適当な統計が入手できない。

西沢（2020）によると、日本の資本形成の多くが経常支出に混入していて、その分「保健医療支出」が過大推計になっているという。後で詳しく説明するように、診療報酬を原資として資本形成を賄っているためだ。第６章で見るように人口あたりの病床数や病院数、ＭＲＩやＣＴなどの高額な医療機器の保有台数は、ＯＥＣＤ諸国の中でも突出している。こうした設備投資関連の費用が、日本の場合は経常支出として「保健医療支出」に計上されていることになる。

この章の最初で説明したように、ＯＥＣＤの基準とはＳＨＡと呼ばれ、国民経済計算に準拠している。日本の国民経済計算（正確には産業連関表）では、産業ごとに資本形成を推計しており、医療・保健、介護部門も例外ではないはずである。よって保健医療支出においても資本形成推計は可能なはずだ。

今後、医療や介護は産業としても雇用を支えると期待されている。資本と労働への資源配分を適切に行うためにも資本形成の推計は不可欠であり、医療機関にもメリットが大きい。各国がＯＥＣＤの基準に基づいて推計方法を改善している。たとえば、韓国・台湾は資本形成を報告している。表４－２でも韓国はＣＯＶＩＤ－19関連支出項目の「資本形成」を報告している。日本が今後ＣＯＶＩＤ－19関連支出項目を報告する時に、資本形成をどのように報告するのか注目される。

(2)　国民医療費

メディアや政府の資料などでよく使われるのは「国民医療費」だ。２０２２年11月30日に厚労省が公表した２０２０年度の「国民医療費の概況」によると、国全体の医療費は42兆９６６５億円だった。コロナ禍で受診控えがあり、２０１９年度より国民医療費は１兆４２３０億円減少した。国民医療費の内訳は、主に「医療保険等」「後期高齢者医療」「公費負担医療」による給付分と「患者等自己負担分」となっている（図４－１(2)）。

「公費負担医療（給付分）」とは、「国や地方自治体が負担をする医療」という意味だ。つまり私たち住民の税金で負担する医療のことだ。「国民医療費」の「公費負担医療（給付分）」は、生活保護法や障害者総合支援法に基づく医療給付、地方公共団体単独実施（障害者医療費助成、乳幼児医療費助成など）（西沢［2023］）などであり、コロナ禍以前と同様3・1〜3・2兆円で推移している。コロナ対策に使われた医療機関への交付金、物資の配布などは、国民医療費には含まれない。

介護費も国民医療費には含まれていない。2000年から介護保険が始まり、介護給付費はこの22年間で3倍以上に増えている（図4－2）。高齢化の影響を考えると、「国民医療費」と「介護費」（介護給付費とは異なり、自己負担を含む）は一緒に公表をするほうが、政策議論にも有用だ。すでにみたように社会支出の「保健」では、「医療保険」と「介護保険」の両方を計上している。ほかにも、国民医療費に含まれていない主要な項目は、図4－1の⑵の通りだ。

⑶　国の基幹統計である社会保障費用統計

社会保障費用統計（以下、「費用統計」と略記）は、「国民医療費」よりも公費（税金による支払い）の把握には有用だ。国の基幹統計であり、社人研が作成し、毎年公表している。2020年度分は、2022年8月に公表された。「費用統計」は、①「社会保障給付費」（ＩＬＯ［国際労働機関］基準）と②「社会支出」（ＯＥＣＤ基準）の総称である。どちらも公的な給付と支出であり、患者負担（窓口負担）は含まない。

図4−2　介護保険にかかる給付費・事業費と保険料の推移

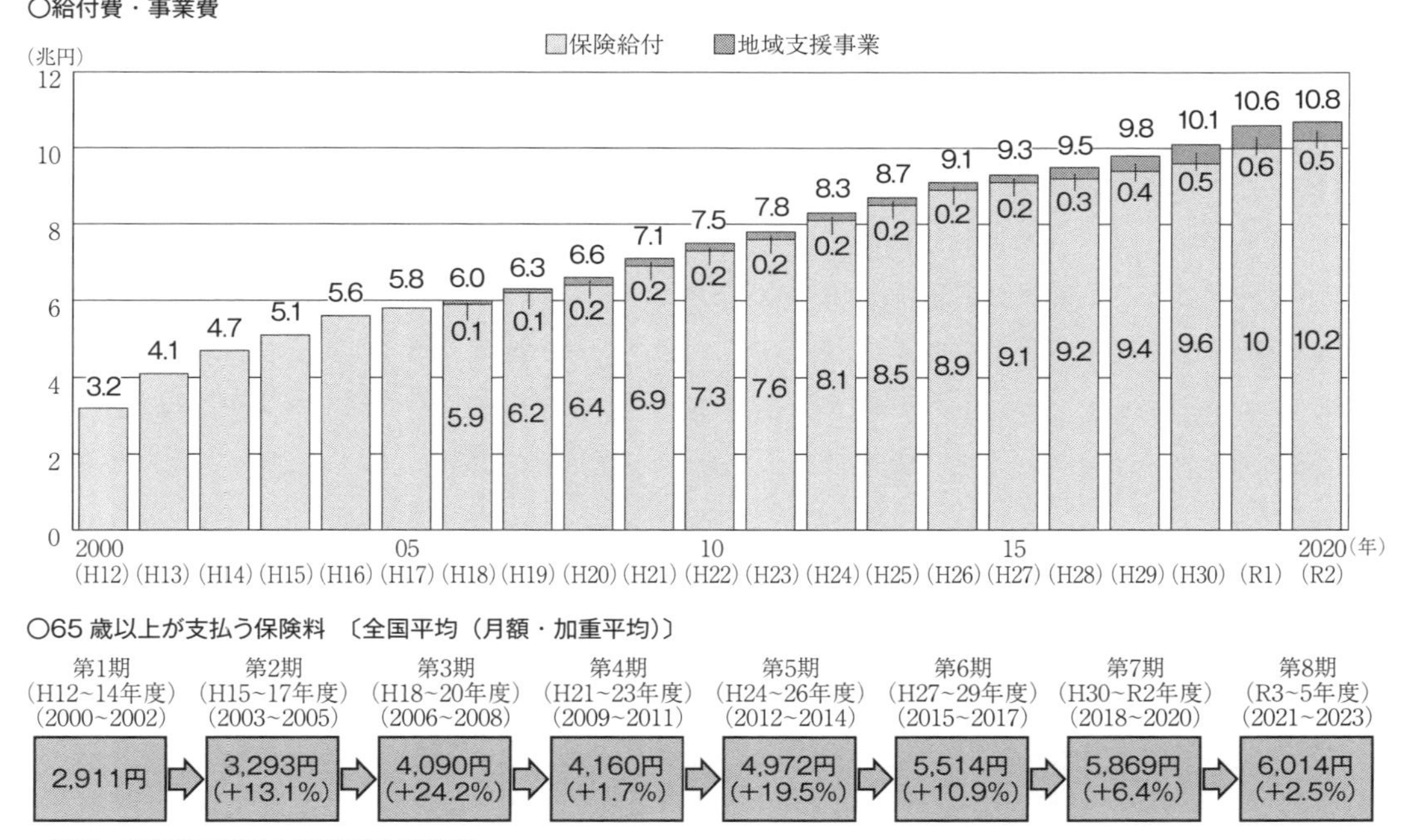

（出所）　社会保障審議会介護保険部会（2022年）

① 社会保障給付費（図4－1⑶①）

「社会保障給付費（132兆円）」は「医療（42・7兆円）」「福祉その他（33・9兆円）」「年金（55・6兆円）」に分かれている。図4－1では、介護費を把握しやすいように、「福祉その他（介護対策を含む）」を「介護対策（11・4兆円）」と「福祉その他（介護対策を除く）（22・4兆円）」に分けて記載している。

2020年度の「社会保障給付費」の「医療（42・7兆円）」は、2019年度より2兆円増えた。2020年度の「国民医療費」が1兆4230億円減少したのとは対照的だ。

「医療（42・7兆円）」は、「医療保険（35・2兆円）」、「公衆衛生（3・8兆円）」、「生活保護のうち医療扶助（1・8兆円）」「医療その他（1・9兆円）」に分かれている。「公衆衛生（3・8兆円）」は、公費負担医療と公費を財源とするものを含んでいる。公費負担医療とは全額公費または一部負担金の公費負担を指す[4]。公費を財源とするものとは、医療提供体制確保のための医療機関に対する補助金、ワクチン購入の代金[5]などだ。公衆衛生（3・8兆円）に計上されている項目は「新型コロナウイルスワクチン接種体制確保事業費臨時補助金」「特定感染症検査等事業費」「新たなステージに入ったがん検診の総合支援事業」などである。

2020年度は「医療保険（35・2兆円）」の給付費が減り、「公衆衛生（3・8兆円）」の給付費が増えたために、「社会保障給付費」の「医療（42・7兆円）」は前年度より2兆円増えた。

「社会保障給付費」には、「医療」のほか、「年金（55・6兆円）」と「福祉その他（介護対策を含む）（33・９兆円）」の部門がある。「福祉その他（33・９兆円）」には、介護対策（11・４兆円）、子ども子育て（約10兆円）、失業・雇用対策（５・０兆円）、生活保護（医療扶助以外）（１・８兆円）などが含まれる。

「福祉その他（33・９兆円）」は、２０１９年度より６兆円増えた。その大きな理由は、雇用調整助成金が増加したことだ。

「公衆衛生」に関しては以下の二点の注意が必要だ。

1　ここでの「公衆衛生」は、４節で紹介する「地方財政の状況（地方財政白書）」（総務省）の「公衆衛生費」に含まれる項目と大きく異なる。地方が単独で行っている予防関係費は、「公衆衛生」ではなく、「医療その他」に含まれている。

2　「医療その他」に、含まれている予防関係費は、次の四つだけである。「乳幼児健康診査事務費」「妊産婦健康診査（地方単独事業分）に要する経費」「予防接種に要する経費」「結核対策に要する経費」である。

地方自治体が行っている予防関係の地方単独事業は、「がん検診」「成人健康診査」をはじめ多項目にわたるが、上記の四項目のみ計上されている理由は、法令で事業の実施が義務づけられていない事業は、社会保障給付費には含まれないためだ。(6)

一方で、「医療保険（35・２兆円）」は、健康保険と共済組合による予防関係費（特定健康診査・保健指導事業費、疾病予防費、保健事業費など）を含む。

社会保障給付費は、ＩＬＯ基準に基づいて集計されている。ＩＬＯの社会保障費用調査は1997年に終了し、ＩＬＯ基準で統一された定義による国際比較が不可能になった。しかし、ＩＬＯ基準による「社会保障給付費」は、国内の政策立案の基礎として幅広く利用されており、個人に帰着する給付やその財源の全体を把握することは、今後も重要性が増すということで、「費用統計」では引き続き集計を行っている（国立社会保障・人口問題研究所［2022］）。

② 社会支出（図4－1の⑶②）

「社会支出」は、次の九つの政策分野に分かれている。「保健（55・9兆円）」「高齢（48・8兆円）」「障害、業務災害、傷病（6・6兆円）」「遺族（6・4兆円）」「家族（10・8兆円）」「積極的労働市場政策（4兆円）」「失業（1・3兆円）」「住宅（0・6兆円）」「他の政策分野（2兆円）」だ。図4－1では最後の四分野はその他（7・9兆円）として掲載している。

「保健」は55・9兆円が計上されており、「社会保障給付費」の「医療（42・7兆円）」と「介護対策（11・4兆円）」の合計54・1兆円（図4－1の⑶①）とほぼ同額になる。「社会支出」は、社会保障給付費と異なり直接個人に帰着しない支出（施設整備費など[7]）、がん検診や保健所の人件費なども含む。

「社会支出」は、国際比較を可能とする観点から、ＯＥＣＤ基準により作成している。九つの政策分野別に、諸外国のデータが定期的に更新され、比較的新しい年次まで公表されている。社会保障費用を国際的に比較する観点からも重要な視点を提供している。

「費用統計」は、２０１２年に基幹統計と指定されたことを契機として、国際連合の基準に基づくＳＮＡ（国民経済計算）と「費用統計」との比較も行っている。前述の「保健」も、ＯＥＣＤのＳＨＡ基準により作成しており、国際比較が可能だ。本節(1)項「保健医療支出」で説明した通りだ。「保健（55・9兆円）」は、「医療保険（35・7兆円）」「公衆衛生（3・9兆円）」「介護保険（10・2兆円）」「保健その他（6・1兆円）」に分かれている。「公衆衛生（3・9兆円）」は図４－１(3)①の社会保障給付費と同様に、公費負担医療、医療機関への補助金、ワクチン購入の代金などを含む。ここでの「公衆衛生」も、次の４節で紹介する「地方財政の状況（地方財政白書）」（総務省）の「公衆衛生費」に含まれる項目と大きく異なることに注意が必要だ。

社会支出「保健」が社会保障給付費「医療」と異なる点は、「がん検診」「成人健康診査」など法令に基づき事業の実施が義務づけられない事業も計上されることだ。その際、「保健」の「公衆衛生」ではなく、「保健その他」に含まれる。

留意点として「保健」の介護の定義に触れておく。ＳＨＡの２０１１年基準改定に伴うＯＥＣＤ社会支出基準の改定により、「高齢」に含まれる介護費用のうち医療・看護系サービスと入浴・食事・排泄等の日常生活動作に関する支援サービスは「保健」に計上区分を変更し、２０１１年度分まで遡及改定した。[8] なお、現在「高齢」に含まれる介護費用「現物支給される介護、ホームヘルプサービス等（1・2兆円）」は、買い物や掃除などであり、保健には含めないのが適切だ。

一方、障害者（若年障害者を含む）を対象とする介護サービスは、ＯＥＣＤ社会支出基準の「保健」にも含めるべきである。しかし、日本の制度決算においては、同サービスについて種別ごとの費用を区分して計上していないというデータの制約により、「保健」に計上することができていない。この点は今後の課題である（国立社会保障・人口問題研究所［2021］）。

「保健」は、医療・介護・予防などの費用を包括的に把握できるため、日本の保健医療政策を議論する上で、重要な統計であるが、定義の仕方で数兆円の規模で総額が増減することになる。社会支出は、これまでも２０１８年に公表した２０１６年度の出産育児一時金が「家庭」から「保健」に分類が変更されたが、他の政策分野とのボーダーラインをどこに引くかは重要な論点だ。日本では総額費用の高低に関心が行きがちだが、どのような政策に適切に支出されているか検証することが必要だ。

4　医療や介護には国だけでなく地方負担の額も多い

……平均寿命が伸長し、「人生１００年時代」を迎える中、社会保障が果たす役割はますます大きくなっています。それに伴い、高齢化等の影響もあり、一般歳出に占める社会保障関係費が急増しており、令和4年度予算においては、国の一般歳出の約54％が社会保障関係費となっています。（厚労省　ウェブサイト　政府一般歳出と社会保障関係費の関係）

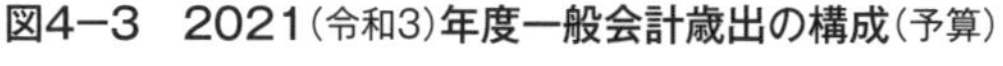

図4−3　2021（令和3）年度一般会計歳出の構成（予算）

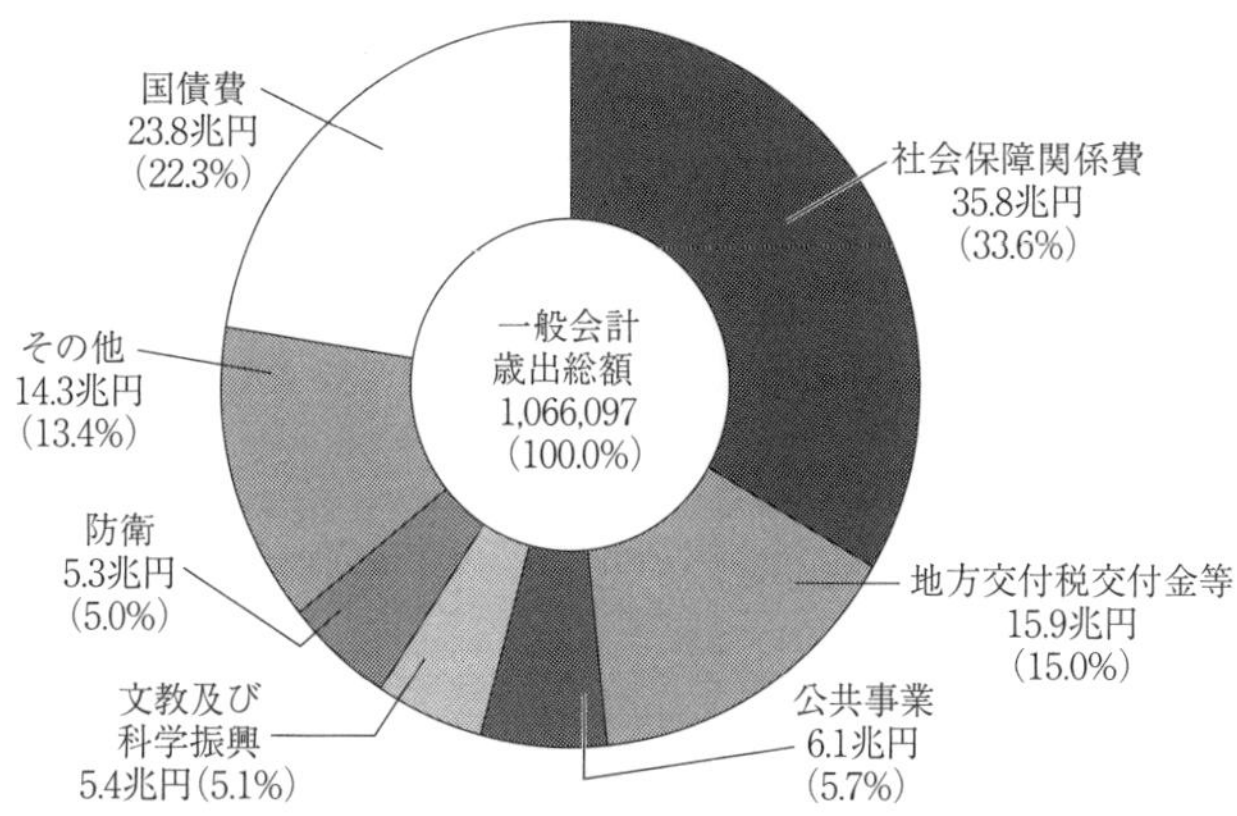

（注）「その他」には、新型コロナウイルス感染症対策予備費（4.7%［5.0兆円］）が含まれる。
（出所）財務省

「一般歳出」は、国の歳出総額から国債費と地方交付税交付金等を除いた経費のことだ。図4−3によると、2021年度の歳出総額は106・6兆円であるが、そのうち、国債費は過去の借金の返済と利息、地方交付税交付金等は地方に配るお金なので、国は自由に使うことができない。自由に使うことができる国の予算は「一般歳出」の67兆円で、その半分以上（53・8%）が社会保障関係費となっている。社会保障関係費は、主に年金、医療、介護、予防、子ども・子育てなどに使われている。

国の予算は注目を浴びることが多いが、医療、介護、予防などは、地方（都道府県や市町村）による負担も多い。地方の負担の割合が多いのは、主に民生費、衛生費、学校教育費などの日常生活に関係の深い分野だ（表4−3）。たとえば、妊産婦

表4－3　国と地方の主な目的別歳出の割合（最終支出ベース、2020［令和２］年度）

（%）

項目	地方の割合（56.0）	国の割合（44.0）
民生費（18.9%）：児童福祉、社会福祉、老人福祉、生活保護	69	31
民生費のうち年金関係	0	100
衛生費（5.4%）：公衆衛生（妊産婦健診、乳幼児健診、がん検診など）、ごみ処理、保健所	76	24
住宅費等	25	75

（出所）『地方財政白書』

表4－4　2021（令和3）年度国・地方の目的別歳出の状況（決算）

項目	歳出合計		国から地方に対する支出	国・地方を通じる歳出 純計額		総額中に占める地方の割合
	国	地方		国	地方	
社会保障関係費	55.8兆円	43.9兆円	18.6兆円	37.3兆円	43.9兆円	54.1%
民生費	42.1兆円	31.6兆円	13.2兆円	28.9兆円	31.6兆円	52.2%
衛生費	10.5兆円	11.4兆円	5.2兆円	5.4兆円	11.4兆円	68.0%
住宅費	0.1兆円	0.9兆円	0.1兆円	0.017兆円	0.9兆円	98.3%
その他	3.1兆円	0.08兆円	0.1兆円	3.0兆円	0.08兆円	0.3%

2006（平成18）年度

項目	歳出合計		国から地方に対する支出	国・地方を通じる歳出 純計額		総額中に占める地方の割合
	国	地方		国	地方	
社会保障関係費	21.7兆円	23.3兆円	4.5兆円	17.2兆円	23.3兆円	57.5%
民生費	19.9兆円	16.5兆円	3.9兆円	16.0兆円	16.5兆円	50.8%
衛生費	0.7兆円	5.5兆円	0.4兆円	0.3兆円	5.5兆円	94.4%
住宅費	0.7兆円	1.2兆円	0.2兆円	0.5兆円	1.2兆円	71.0%
その他	0.4兆円	0.03兆円	0.01兆円	0.39兆円	0.03兆円	6.9%

（出所）『地方財政白書』

健診、乳幼児健診、がん検診、学校医、医療機関への補助金などに地方自治体は多額の支出をしている。２節で見たように、こうした支出は公的保険外なので、図４－１の「国民医療費」（２０２０年度は43兆円）に含まれていない。

表４－４は、国・地方の目的別歳出の規模を２００６年度と２０２１年度で比較したものだ。日本全国で１７００以上の地方自治体がある。その地方自治体をすべて合計した「地方」である。社会保障関係費の半分以上は地方を通じて支出されている。

図４－３、表４－４ともに社会保障関係費という言葉が出てくるが、図４－３は予算、表４－４は決算のため、両者の金額は一致しない。

表４－４の社会保障関係費の国の歳出は、２００６年度から２０２１年度にかけて、17・２兆円から37・３兆円に、地方の歳出が23・３兆円から43・９兆円と急増している。国から地方へ補助金等で移転したものは、地方の歳出となる。移転分が国にも地方にも二重計上されないよう、「純計額」として重複分を取り除いている。本節でも「歳出純計額」で比較を行っている。

同様に、表には明記していないが、地方においても、都道府県から市区町村への補助金などの移転があり、それを元手に市区町村が支出した分は、市区町村の歳出となるため、そうした重複を取り除くために「純計額」として報告するという複雑な構造になっている。

社会保障関係費で、特に増加した項目は民生費と衛生費だ（表４－４）。

民生費（児童福祉費、社会福祉費、老人福祉費、生活保護費）は、２００６年度と２０２１年度

表4－5　民生費の地方分の目的別歳出の内訳（2019～2021年度）

	合計	児童福祉費	社会福祉費	老人福祉費	生活保護費
2019年度	26.5兆円 （100%）	9.2兆円 （34.7%）	6.8兆円 （25.8%）	6.4兆円 （24.1%）	3.9兆円 （14.8%）
2020年度	28.7兆円 （100%）	9.8兆円 （34.1%）	8.0兆円 （27.9%）	6.9兆円 （24.2%）	3.9兆円 （13.5%）
2021年度	31.3兆円 （100%）	11.5兆円 （36.6%）	9.1兆円 （29.1%）	6.8兆円 （21.8%）	3.9兆円 （12.4%）

（出所）『地方財政白書』

を比較すると、国の歳出は16兆円から28・９兆円、地方自治体の歳出は16・５兆円から31・６兆円[9]と急増している。

民生費は、地方自治体が行っている児童、障害者等、高齢者のための福祉施設の整備と運営、生活保護の実施等の施策に要する経費である。目的別の内訳は表４－５の通りであり、児童福祉費が最も大きな割合を占め、以下、社会福祉費、老人福祉費、生活保護費の順となっている。社会福祉費は、障害児等の福祉対策だけでなく他の福祉に分類できない総合的な福祉対策も含む。

表４－５では、民生費の２０１９年度から２０２１年度の変化を地方分（地方自治体）の目的別内訳で見てみた。２０２０（令和２）年度民生費の決算額は28・７兆円で、２０１９年度（26・５兆円）と比べると２・２兆円（８％）増となっている。生活福祉資金の貸付事業、ひとり親世帯臨時特別給付金給付事業等の新型コロナウイルス感染症対策に係る事業の増加や幼児教育・保育の無償化に伴う児童福祉費の増加等により、各費目の決算額を２０１９年度と比べると、児童福祉費が０・６兆円（６・５％）増、社会福祉費が１・２兆円（17％）増、老人福祉費が０・５兆円

（8・7％）増、生活保護費が700億円（1・8％）減となっている（『地方財政白書』令和4年版）。

2019年度と2021年度と比べると、民生費の合計は4・8兆円（18％）増、児童福祉費は2・3兆円（25％）増、社会福祉費は2・3兆円（34％）増、老人福祉費は0・4兆円（6・2％）増、一方で生活保護は466億円（マイナス1・2％）減少した。

市町村の決算額は都道府県の約2・31倍となっている。児童福祉に関する事務および社会福祉施設の整備・運営事務が主として市町村によって行われていることや、生活保護に関する事務が市町村（町村については、福祉事務所を設置している町村に限る。）によって行われていること等による。都道府県については、後期高齢者医療事業会計、介護保険事業会計への負担金を拠出していることから、老人福祉費の構成比が最も大きく、以下、社会福祉費、児童福祉費の順となっている。市町村については、前述の通り、児童福祉に関する事務および社会福祉施設の整備・運営事務を主として行っていることから、児童福祉費の構成比が最も大きく、以下、社会福祉費、老人福祉費、生活保護費の順となっている。

衛生費（公衆衛生費、清掃費、保健所費）も、表4－4によると2006年度と2021年度を比較すると、国の歳出0・3兆円から5・4兆円、地方自治体の歳出は5・5兆円から11・4兆円と急増した。

衛生費の2019年度から2021年度の変化を地方自治体の目的別内訳で見たものが表4－6

表4－6　衛生費の地方分の目的別歳出の内訳（2019～2021年度）

	合計	公衆衛生費	清掃費	保健所費
2019年度	6.3兆円（100%）	3.7兆円（58.3%）	2.4兆円（38%）	0.21兆円（3.3%）
2020年度	9.1兆円（100%）	6.2兆円（68.2%）	2.5兆円（27.3%）	0.23兆円（2.6%）
2021年度	11.3兆円（100%）	8.6兆円（76%）	2.4兆円（21.4%）	0.26兆円（2.3%）

（出所）『地方財政白書』

だ[10]。衛生費は、民生費よりコロナ禍の影響を受けている。特に影響が大きいのが、公衆衛生費（保健衛生、精神衛生および母子衛生等に要する経費）で、２０１９年度から２０２０年度に２・５兆円増えた（67・９％増）。主な増加理由は、「新型コロナウイルス感染症対策に係る病床確保支援事業や医療従事者への慰労金交付事業、宿泊療養施設の運営費、医療機関の設備整備などの増加」である。２０２０年度から２０２１年度も２・４兆円も増えており、主な増加理由は、「新型コロナウイルスワクチン接種事業、病床確保支援事業等の新型コロナウイルス感染症対策に係る事業費の増加」となっている（『地方財政白書』）。今後コロナ禍で急増した公衆衛生費が、コロナの正常化とともに、元に戻るのか注視する必要がある。

「公衆衛生費」は、コロナ禍前の２０１９年度でも58・３％と衛生費の６割近くを占めていた（表４－６）。「公衆衛生費」には、地方自治体が単独で行っている妊産婦検診、乳幼児健診、がん検診、特定健診なども含まれているが、実施費用に関する金額の情報は「地方財政白書」など公開されている資料からは容易に入手できない。

「保健所費」は２０１９年度から２０２１年度にかけて大きな変化はない。コロナ禍における保健所への補助金等は、別項目でコロナ経費として計上されていることが理由だ。

住宅費はもともと少額であるがこの15年間で大きく減少している（表４－４）。

社会保障制度の財源のあり方はとても複雑だ。図４－４は全体像のイメージ図で、厚労省が作成した資料だが、注意するべき点がいくつかある。

たとえば、「基礎年金」は保険料が１／２、国が１／２となっている。しかし「基礎年金」という独立した年金制度は存在しない。社会保障給付費の統計には「基礎年金」という分類はなく、「基礎年金」とは財政調整の仕組みである。

医療保険・介護保険に関しても、たとえば国民健康保険の財源は、保険料１／２、国41／１００、都道府県９／１００となっている。正確には、こうした保険料と国および都道府県の財源のほかに、前期高齢者を対象とした他制度（組合健保など）からの移転がある。同様に、後期高齢者医療制度（75歳以上が対象）は、保険料１／２、市町村１／12、都道府県１／12、国１／３となっているが、保険料のうち８割近くが他制度からの移転である。

介護保険も制度上は、保険料１／２、市町村１／８、都道府県１／８、国１／４の負担となっているが、保険料の半分以上は実は他の制度からの移転だ。

一方、組合健保（大企業等で働く人とその家族）の財政はほぼ保険料のみで成り立っているが、こ

図4−4　社会保障財源の全体像(イメージ)

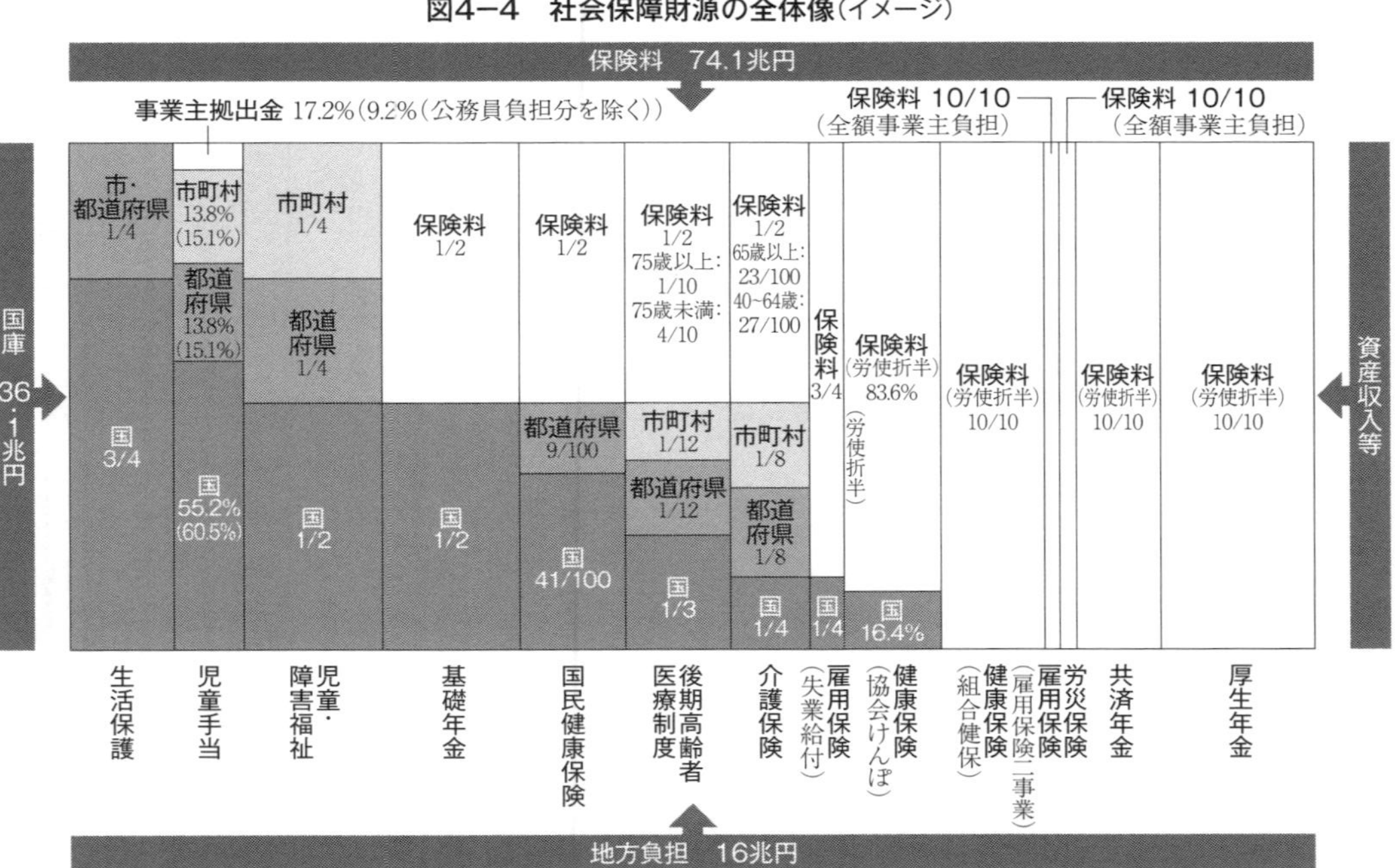

(注)　基礎年金、国民健康保険、後期高齢者、介護保険の保険料の多くは他制度からの移転。保険料、国庫、地方負担の額は2022年度当初予算ベース。
(出所)　厚生労働省

の保険料は組合健保に加入している人たち（被保険者）のためだけに使われているのではなく、国民健康保険、後期高齢者医療制度などの保険料としても使われている。その仕組みは複雑怪奇だ（西沢［2020］）。

制度も複雑だが、そもそも言葉の定義がわかりにくい。

「社会保障費」はよく聞く言葉だが、実は正確性を欠く言葉である。政府の資料では「社会保障関係費」がよく使われる（図4－3、表4－4）。「社会保障費用統計」では「社会保障給付費」、「社会支出」が使われるが、2節で説明したように、定義がそれぞれ異なる。

「一般財源」「公費負担」「国庫負担」「地方負担」「地方向け補助金」など、定義を曖昧に理解している人も少なくないのではないか。

「一般財源」は国と地方の負担の合計、「公費負担」とは税金のことだ。図4－4の「国庫（36・1兆円）」は「国庫負担」とも呼ばれる。図中の国（濃いグレー）の合計だ。国が負担をしているような名称だが、財源は国税収入（現在世代の負担）と借金（将来世代の負担）のことだ。

「国庫」の内訳は、「地方向け補助金」と「地方を経由しない国庫負担」である。「地方向け補助金（21・3兆円）」は、国から地方への社会保障への支出である。内訳は図4－5の通りだ。「地方を経由しない国庫負担14・8兆円（＝36・1兆円－21・3兆円）」は、基礎年金、健康保険（協会けんぽ）、雇用保険（失業給付）の国費に該当する。[11]

「地方負担（16兆円）」は、地方税と地方交付税のことだ。地方交付税の原資は国の一般会計で、国

図4－5　地方向け補助金等の全体像（令和4年度予算）

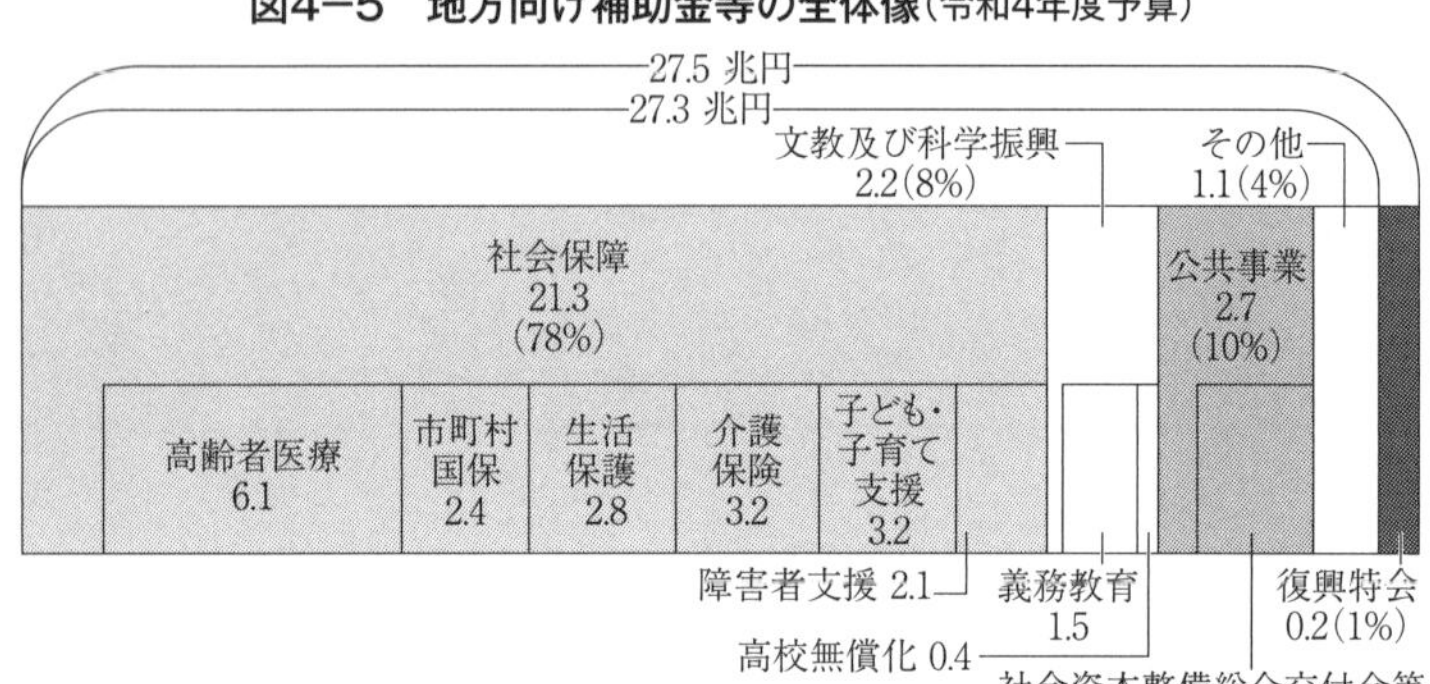

（出所）財務省

から地方への支出である（図4－3）。

地方自治体が単独事業として行う予防事業などの公衆衛生関係の施策は、表4－6の衛生費「公衆衛生費」に分類される。しかしその費用は、西沢（2022）が行ったように、行政情報開示請求によって「社会保障施策に要する経費に関する調査」を入手しない限り、容易に把握することはできない。

複雑なのは、医療保険の保険者から特定健診などが提供される場合、その経費の一部は国の予算として計上されている。国民健康保険、協会けんぽ、組合健保などの費用の一部（図4－4）に該当する。

地方自治体の会計も、国と同様に、一般会計と特別会計に区分整理されている。一般行政部門の会計のほかに、公営事業会計として、「国民健康保険事業会計」「後期高齢者医療事業会計」「介護保険事業会計」などもあり、より住民に身近な地方においても受益と負担の関係がわかりにくい。

医療、介護、予防に関しては、企業と保険者の役割も大きい。企業は、産業医や健診、保険者は特定健診やインフルエンザ予防接種の費用などを負担している。しかし、企業や保険者が支出している予防、公衆衛生にかかる費用も集計値がない。政府の報告書では、「医療費の対GDP比は、世界一の高齢化水準に鑑みれば決して高い水準ではない。世界に高く評価されるコスト・パフォーマンスを達成してきた」（社会保障制度改革国民会議の報告書）といった指摘がよくされるが、地方自治体を含めてどの政策にどれだけ保健医療支出が行われているのか、不明な点が多い。国と地方の支出を合計すると巨額であることはたしかだ。

BOX 4－1　税か保険料か

国民の負担という視点からは、税と保険料の負担を総合的に理解することが重要だ。日本の医療制度は公的保険制度をとっている。公的保険制度による保険料は、税金と同様に「公的なお金」である。たとえば前節のOECD「保健医療支出」では、財源は、政府制度（一般財源）・義務的社会保険（社会保険料または強制加入の民間保険料）と任意保険・患者負担の二つに分かれている（図4－1(1)）。

日本では、政治的に増税は選挙で不人気につながることから、代わりに保険料を増やす政策を進める傾向がある。住民の立場からは税も社会保険料も強制的な負担であることに変わりがない。消費税は1989年に導入し（3％）、1997年に5％（国4％＋地方1％）、2014年に8％（国6・3％＋地方1・7％）、そして2019年に10％（標準税率10％（国7・8％＋地方2・2％）、軽減税率8％（国6・

24％＋地方1・76％））と、30年かけて10％になった。消費税は引上げのたびに、政権を揺るがすほどの大騒ぎなるが、社会保険料は私たちが気づかない間に少しずつ上がってきている。

一般政府収入の内訳をみると（対GDP比）、1990年（所得税7・7％、法人税6・2％、社会保険料7・3％、資産税2・6％、財サービス税3・8％）から2020年（所得税6・2％、法人税3・9％，社会保険料13・4％、資産税2・7％、財サービス税6・9％）に変化しており、社会保険料の負担が倍近くになっていることがわかる。

増税は、保険料引上げより難しいと指摘されるが、負担には変わりない。保険料は逆進的であることも問題である。一方で保険制度の最大の利点は財政規律が働く点だ。しかし、日本では一般財源の大幅な投入と財政調整により財政規律も働かなくなっている。

田中（2023）では、国保と後期高齢者医療を統合し、都道府県が本来の保険者になることを提案している。そして、公的保険制度のあるべき姿として、住民が能力に応じて負担し必要な医療を保障するために、医療目的の所得税を提案している。しかし、日本の公的医療保険制度において、税金か保険料かといった財源論の問題だけでなく、費用対効果の高い医療サービスを提供する仕組みやインセンティブに欠けることも大きな問題だと田中（2023）は指摘している。今の地域医療には専門家も乏しく、ガバナンスが働いていない。一方で前述のような改革を行うことで、組合健保は他制度への移転がなくなり、収支が均衡するよう保険原理で運営を行うことができるようになる。

図4−6　保健医療支出に占める処方薬支出の割合

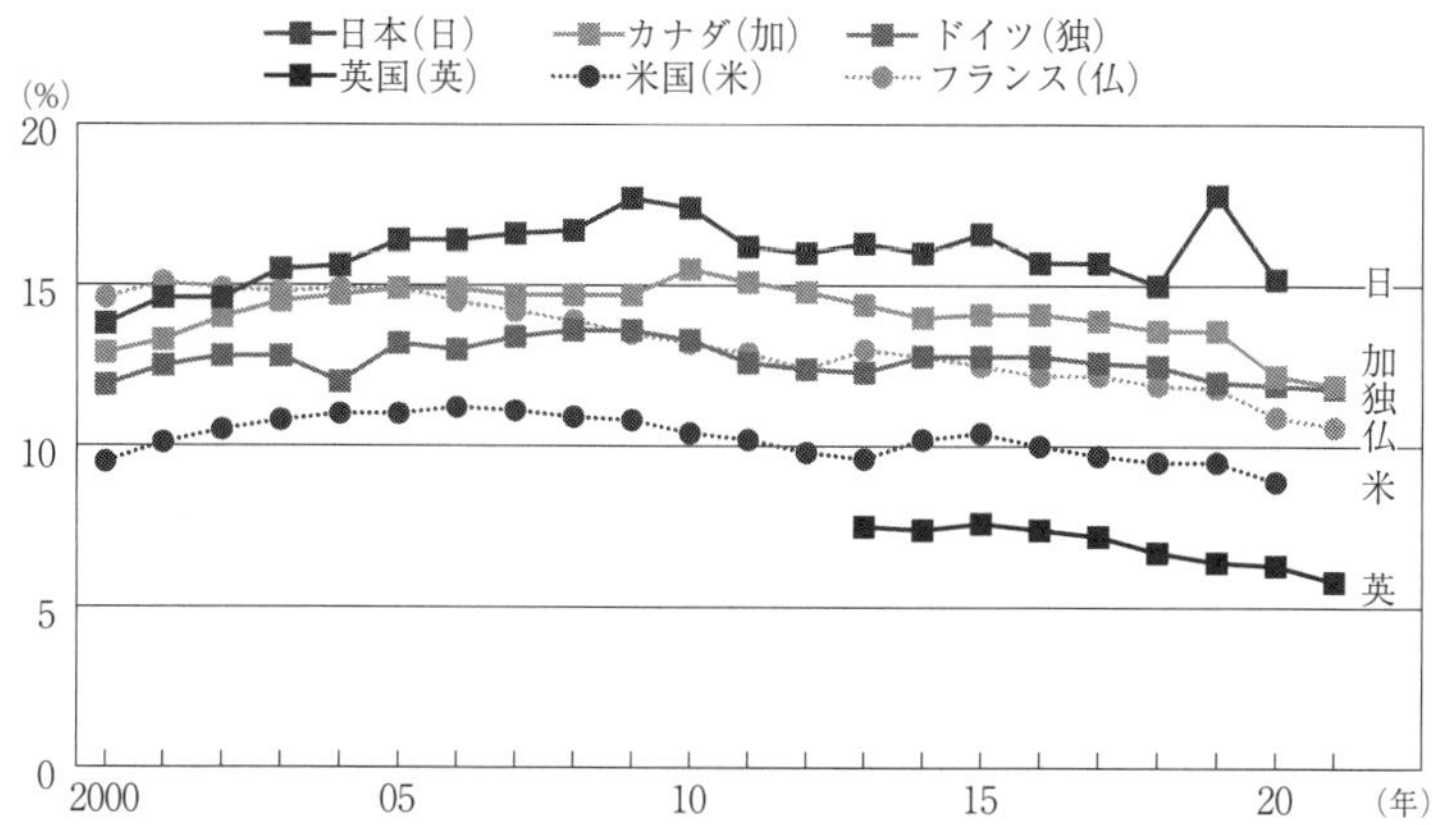

（注）　2019年度の日本の処方薬支出は、成瀬(2023)が指摘しているように、1.7兆円程度過大推計と思われる。その理由は不明である。
（出所）　OECD Health Statistics (2023)

5　薬剤費を把握することの重要性

日本の医薬品市場は10兆円以上の売上規模で、保険財政に占める規模も大きい。図4−6で示されているように、処方薬支出が保健医療支出に占める割合が高いのは日本の医療制度の特徴だ。

表4−7と表4−8は国内市場の薬効別売上金額の推移である。高額な抗がん剤が保険適用されたこともあり、ここ数年の売上金額のトップは抗腫瘍剤となっているが、2011年時は降圧剤（レニン−アンジオテンシン系作用薬）が売上金額トップだった。2020年度はコロナの影響もあり、前年比で大きく減少した薬剤も多く、総売上金額は減少したが、1位の抗腫瘍剤は前年比で5・1％の伸び、2位の糖尿病

表4－7　薬効別売上金額の推移（2011年度－2020年度）

	2011FY（百万円）		2020FY（百万円）	2019年比（%）
1. レニン-アンジオテンシン系作用薬	657,754	1. 抗腫瘍剤	1,518,683	5.1
2. 抗腫瘍剤	631,510	2. 糖尿病治療剤	610,563	4.4
3. 脂質調整剤及び動脈硬化用剤	447,558	3. 免疫抑制剤	478,616	3.4
4. 制酸剤、鼓腸及び潰瘍治療剤	437,158	4. 抗血栓症薬	419,930	−5.1
5. 糖尿病治療剤	392,479	5. 眼科用剤	359,590	1.3
6. 全身性抗菌剤	390,202	6. 制酸剤、鼓腸及び潰瘍治療剤	347,155	−1.4
7. 抗血栓症薬	365,982	7. レニン-アンジオテンシン系作用薬	293,419	−6.0
8. 向精神薬	308,548	8. その他の中枢神経用剤	289,765	−6.1
9. 喘息及びCOPD治療剤	303,241	9. 脂質調整剤及び動脈硬化用剤	272,177	−11.0
10. その他の中枢神経系用剤	275,767	10. 喘息及びCOPD治療剤	263,793	−12.5
総売上金額	9,481,578	総売上金額	10,347,565	−2.7

（出所）IQVIA医薬品市場統計（IQVIA［2021］，井伊［2015］）

表4－8　薬効別売上金額の推移（2021年度－2022年度）

	2021FY（百万円）	前年比（%）		2022FY（百万円）	前年比（%）
1. 抗腫瘍剤	1,679,178	10.6	1. 抗腫瘍剤	1,783,912	6.2
2. 糖尿病治療剤	643,992	5.5	2. 糖尿病治療剤	675,874	5.0
3. 免疫抑制剤	533,616	11.2	3. 免疫抑制剤	572,435	6.9
4. 抗血栓症薬	430,661	2.6	4. 診断用検査試薬	450,831	45.8
5. 眼科用剤	353,398	−1.7	5. 抗血栓症薬	429,908	−0.2
6. 制酸剤、鼓腸及び潰瘍治療剤	351,104	1.1	6. 全身性抗ウィルス剤	357,199	77.6
7. 診断用検査試薬	309,255	42.2	7. 眼科用剤	352,115	−0.4
8. その他の中枢神経系用剤	305,323	5.4	8. 制酸剤、鼓腸及び潰瘍治療剤	316,252	−9.9
9. レニン-アンジオテンシン系作用薬	283,385	−3.4	9. レニン-アンジオテンシン系作用薬	270,564	−4.5
10. 喘息及びCOPD治療剤	263,493	−0.1	10. その他の治療を目的とする薬剤	268,214	2.3
総売上金額	10,688,710	3.3	総売上金額	10,968,849	2.6

（出所）IQVIA医薬品市場統計（IQVIA［2022］）

治療剤は４・４％の伸び、３位の免疫抑制剤は３・４％の伸びであった（表４－７）。２０２１年度は７位の診断用検査試薬（ＰＣＲ検査）が前年比で42・２％と大幅に伸びている上、コロナ禍においても２０２０年度比で抗腫瘍剤は10・６％、糖尿病治療剤は５・５％、免疫抑制剤は11・２％と伸び続けており、２０２０年度減少した抗血栓症薬（＋２・６％）、その他の中枢神経系用剤（＋５・４％）は２０２１年度は増加した。売上総額は３・３％増えている（表４－８）。

高価な抗がん剤が近年増えているが、それだけでなく糖尿病や高血圧など日常よく使われる薬剤費が割高で、重複受診による重複投薬なども、薬剤への支出が高くなる要因だ。後発品（ジェネリック）の使用割合が低いことが指摘されるが、同じ製剤で先発品から後発品への転換がもっと起これば、ある程度の医療費削減は見込める。

たとえば、厚労省の令和４年度医薬品価格調査によると、後発品による医療費削減効果は実績値で１兆７０８１億円だった。しかし、日本の特徴は、新薬が出ると売上がその新薬にシフトする傾向があることだ。そのため特許切れの先発品や後発品への転換ではなく、特許切れの先発品から後発品のない別の新薬への転換が起こる。つまり優越性が必ずしも明確でない新薬の売上が増加してしまう。こうした価格設定は産業政策としても問題があり、日本では売れても海外ではほとんど使用されないような薬品を開発するインセンティブを与えているのである。そのため後発品の推進だけでは医療費削減効果は限界があり、各国が進めている費用対効果分析に基づく評価が不可欠となる。

大きな問題は、こうした議論に不可欠な薬剤費に関する統計は不十分で「国民医療費」に含まれていないものもあり、適当な統計を探しても見つからないことだ。西沢（2020）が詳細に分析しているように、現在厚労省が公表している薬剤費は、包括払いに含まれる薬剤費、介護保険と予防接種に含まれる薬剤費などを正確に把握しておらず、過少推計になっている。そのため、薬剤費への資源配分が小さく見える。

ここでも「保健医療支出」をＯＥＣＤの定義（ＳＨＡ）で推計すると薬剤費をより的確に把握でき、国際比較にも適している。しかし成瀬（2023）によると、現行のＩＨＥＰによる「保健医療支出」の推計値にはいくつもの大きな問題点がある。

まず、一点目として中間財の扱いである。中間財とは、入院中に投与される薬剤、外来での検査・注射、介護施設で投与された薬剤、予防接種のワクチンなどだ。中間財は、「ＨＣ．１治療とＨＣ．２リハビリ」「ＨＣ．３介護」「ＨＣ．６予防」の項目に含まれていて費用の把握が困難なため、ＯＥＣＤでは総薬剤費（処方薬、ＯＴＣ薬、中間財としての薬剤の合計）として報告することで中間財を把握している。しかし日本の総薬剤費は１・67兆円（図４－１と表４－１）と明らかな異常値となっていて、中間財を把握することができない。

成瀬（2023）の試算では、２０１９年度の数字だが、日本の中間財は合計で３～４兆円規模にのぼるとみられる。近年、抗がん剤の分野では超高額なバイオ医薬品が増えており、抗がん剤の増加は中間財としての薬剤費を押し上げることになるが、処方薬支出にはほとんど影響がない。今後急増すると予想される中間財の推計の整備は不可欠だ。

二点目は、薬局の技術料（２兆円）がＳＨＡの定義通りＨＣ．５医療財に計上されているか確認する術がないことである。

三点目はＯＴＣ薬の日本の推計値は、３０００億円程度の経常的な過大推計の可能性がある。日本がＯＥＣＤに提出している公表値はその推計方法が開示されていないため、成瀬はＯＥＣＤ基準で推計をしたところ、ＯＴＣ薬は約１・３兆円である。

包括払いに含まれる薬剤費、ＯＴＣ薬、ワクチンなども含め、わが国の総額の薬剤費が公的統計として把握される必要がある。現状の統計では、日本の医薬品産業の実態を把握できず、政策の検討や評価を適切に行うこともできない。

OECD Health Statisticsには、Pharmaceutical Marketの項目に50以上の指標がある。国際的な医薬品の分類（ＡＴＣ：Anatomical Therapeutic Chemical Classification）別に販売量と売上高を示した指標である。日本はほとんど提出していない（Antibacterials for systemic use：全身性抗菌剤のみ提出、２０２３年8月9日現在）。

ＮＤＢに収載されている薬剤については、品目ごとに販売量と売上高が把握できるので、国際的な医薬品の分類（ＡＴＣ）と使用量の単位（ＤＤＤ）に変換して集計すれば提出することができる。その際、問題になるのはＤＰＣのような包括払いに含まれた薬剤費の把握だ。ＤＰＣの薬剤費データはＮＤＢにすべて収載されているが、厚労省はＮＤＢの薬剤費データを公開していない。

また、誰でも閲覧できる「ＮＤＢオープンデータ」では、出来高払いとＤＰＣの薬剤費の概要は把握できるが、各分野の算定回数上位１００品目に限られている。使用量が少ないと個人が特定できるわけではなく、すべての品目に関して公開するべきだろう（最近多少改善された。厚生労働省[2023a]）。

わが国は多剤投与をはじめ、薬を使いすぎているという指摘がある。その対応策として、ジェネリックの使用率を高めるなどの政策も重要であるが、上記のようなＯＥＣＤ基準で薬剤の販売量と売上高を報告することで、使いすぎが著しい分野を特定できるなどメリットは大きい。最初から完璧なものを目指すのでなく、多少足りないところがあっても現状のようにまったく提出しないよりはよいだろう。統計を公開することで統計整備につながるという発想がここでも重要だ。

6　結局日本の〝医療費〟は高いのか安いのか

医療、介護、保健などのトータルの費用を、国と地方の両方の支出を合わせると、かなりの額になることがわかる。

厚労省のウェブサイトでは、日本の国民皆保険制度の四つの特徴の一つとして、「安い医療費で高度な医療」と説明している[12]。「安い医療費」とは何を指しているのか、定義が曖昧だ。患者が支払う自己負担が安いのか、政府が支出している公的医療費総額が安いのか。政府とは中央政府（国）

なのか、地方自治体（地方公共団体）なのか。公的だけでなく民間部門を含めた医療費総額が安いのか。そもそもここでの「医療費」の定義は何なのだろう。介護費は含むのか。予防接種や特定健診、がん検診は医療費だろうか。医療機関への補助金も医療費に含まれるのか。

医療経済研究機構（ＩＨＥＰ）が推計し、その結果をＯＥＣＤに提出している「保健医療支出」、厚労省が公表する「国民医療費」、社人研が公表する「社会保障給付費」と「社会支出」、西沢（2022）、成瀬（2023）を参考に、筆者が積み上げたところ、２０２０年度の日本の「保健医療支出」はおおよそ66～68兆円くらいと推測される（図４－７①）。

特に注意する点として四点ある。まず一点目として、「保健医療支出」の推計値には、本来は経常支出のみを計上すべきだが、日本の推計値には資本形成の多くが混入しており、その分過大推計になっている点だ。ＩＨＥＰがＯＥＣＤの定義に基づいて「保健医療支出」を推計せず、「国民医療費」をそのまま用いているために起きている問題である。国民経済計算（産業連関表）では産業ごとに資本形成を推計している。医療・保健、介護部門も例外でないはずである。国際比較の精度を向上させるためにも、ＳＨＡの推計者が責任を持って行うべきであろう。

二点目の注意点として、薬剤に関しては特に不明な点が多いことだ。中間財としての薬剤は３～４兆円規模に達するとみられる。金額的には、「ＨＣ．１治療とＨＣ．２リハビリ」がほとんどであり、「ＨＣ．３介護」、「ＨＣ．６予防」は些少のようだが、２０２１～２０２２年度にかけては新型コロナワクチンの特需があり、「ＨＣ．６予防」に含まれる中間財としてのワクチンの費用が無視で

図4−7 保健医療支出(2020年度)

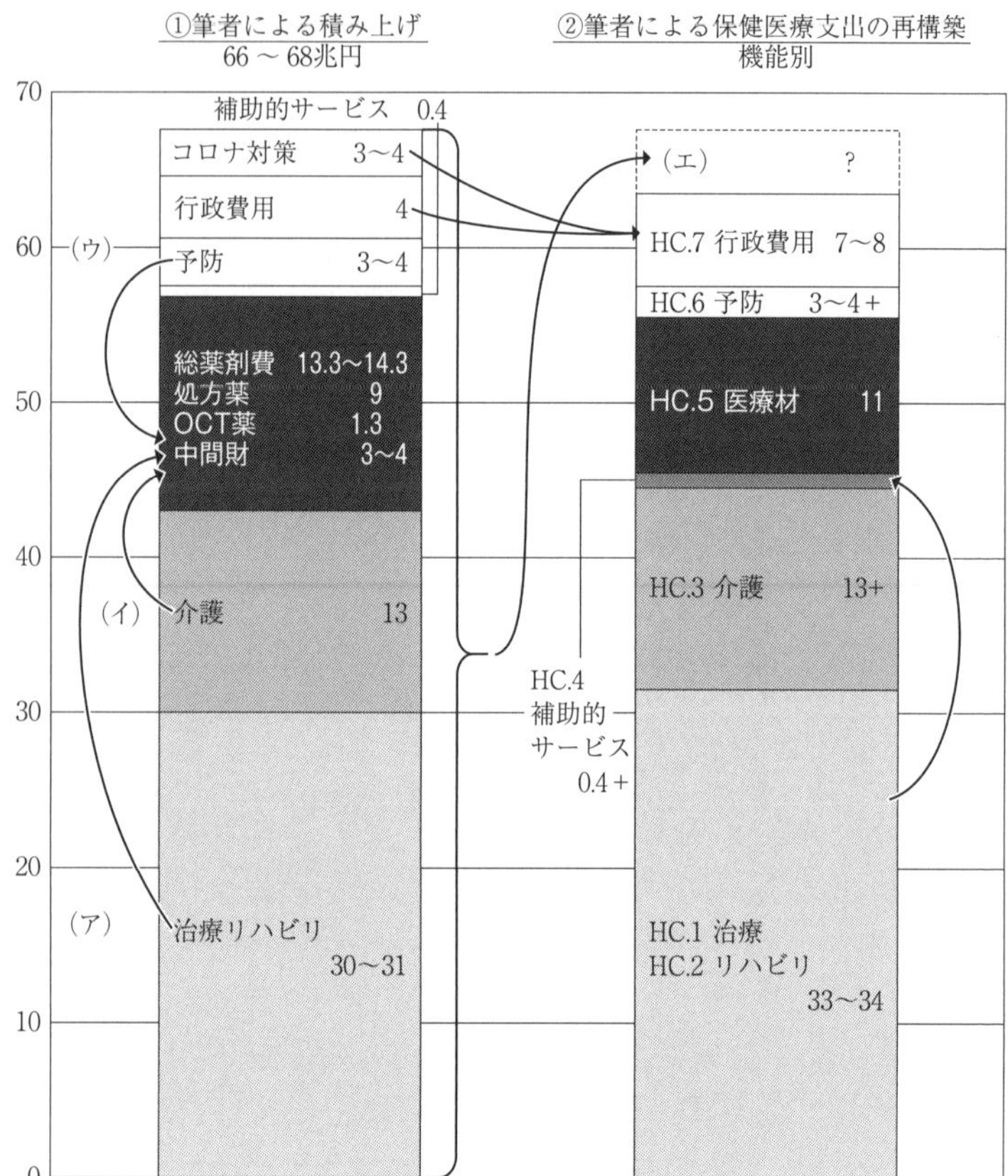

(計上外項目)
総薬剤費 13.3 ～ 14.3兆円
資本形成 不明

(ア) 入院中に投与される薬剤、外来時の投薬・注射の費用
(イ) 介護施設で投薬される薬剤費
(ウ) 予防接種のワクチン費用
(エ) 資本形成

(注) 1.「HC.3介護」と「HC.6予防」の＋は、SHA基準ではHC.3とHC.6に計上されるべき中間財としての薬剤費。
2.「HC.4補助的サービス」の＋は、SHA基準ではHC.4に計上されるべき臨床検査・画像診断などの費用。現在は「HC.1治療」に含まれている。

きない規模に達すると考えられる。２０２０年度の総薬剤費（処方薬、ＯＴＣ薬、中間財の合計）は13・３〜14・３兆円と推測されている。

三点目は、「ＨＣ．４補助的サービス」の推計範囲が過少である点だ。補助的サービスとは、臨床検査や画像診断などの費用だが、ほとんどが「ＨＣ．１治療」に含まれており、０・４兆円は過小評価と思われる（図４－１⑴）。日本は検査や画像診断が多く、重複検査など指摘されることが多いが、現状では正確な費用を把握できていない。

四点目として、「ＨＣ．７行政費用」は、Governance, and Health system and financing administration のことで、国、地方自治体、社会保障基金の三つの費用を入れるべきだが、現在は０・９兆円となっている（図４－１⑴）。実際には、国と地方で４兆円程度が費やされているのではないだろうか。

筆者が積み上げた数値をＯＥＣＤの定義する「保健医療支出」に組み替えると、おおよそ図４－７②のような姿ではないかと推測する。これは厳密な作業を行ったわけではなく、おおよその日本の医療、介護、保健への支出のイメージだ。資本形成の額は不明である。また２０２０年度はコロナ対策費が３〜４兆円含まれている一方、受診控えによって治療費や薬剤費は減少していることも注意が必要だ。

医療や介護制度は、一般の人たちの関心が高い分野にもかかわらず、政府の議論を理解するのはたいへん難しい。個人の経験からいろいろ問題意識はあっても、政策として何が論点なのか、実態の全体像を把握しにくい。その大きな原因の一つとして、負担の仕組みがとても複雑で、誰がどのくらい負担をしているのかすぐにはわからないことにある。この章では「費用」に関して論点を整理してみた。

国も地方自治体も財政が逼迫しているにもかかわらず、そして日本は病院や病床数が多すぎると指摘されながら、新しい病院や診療所が建設されたり、病床が増床されたりしている。公共サービスを受けるには負担が伴う。しかし、受益も負担もわかりにくいところで、国民に理解を求めるのは困難だ。この章で詳しく見たように、日本の保健医療費の負担の構造は複雑怪奇だ。

限られた資源をいかに効率的に配分するか。これが経済学の根本的な問いであり、日本の医療が直面している課題でもある。政府の資料やメディアでよく使われる「国民医療費」は、公的医療保険で行われる治療にかかる費用であり、介護保険、そしてがん検診、健診、予防接種、母子保健など、特に地方自治体が行う事業の費用が含まれていない。地域医療のあり方に関心を持ち、その効果を計測したくても、治療費にすぎない「国民医療費」ではその真価を測ることができないのである。

総額を正確に把握することは、「医療費のマクロスライド（定率削減）」の議論の前提としても重要だ。

もっとも、医療や介護など社会保障の改革を検討する時に、重要なことは単純に費用を削減すればよいわけでない。社会保障給付によって保障される国民生活の質を維持し向上させつつも、過剰に費用がかかっている部分を効率化し、真に有用でない支出を削減することが必要だ。

　薬剤に関しては、多剤投与や重複受診による無駄が指摘される一方で、日本の創薬力の低下も危惧されているが、総薬剤費が公的統計として推計されていないのが現状だ。

　超高額薬が登場し医療機器が高度化する中、資本や労働への適切な配分を考えることも医療政策において重要な論点である。ＯＥＣＤ基準で推計された「保健医療支出」の優れたところは、最適な資源配分の基礎として唯一の情報であるということだ。機能的にも優れており、利用者が最終的に消費する、医療・介護・保健の財やサービスとしても分類している。

「保健医療支出」を見れば、項目別の経年推移や負担の割合などが一目でわかるようになる。日本の保健医療制度の何が過少で何が過剰かなども容易に国際比較できるはずだ。しかし現状では、そうした視点は軽視され、「国民医療費」を主に用いているため、コロナ対策費も把握できず、昨今重要視されている予防政策である健診やがん検診なども過少に推計されている。

　社会保障は国と地方を合わせた予算規模も大きく、これからますます重要度が増す政策分野だ。医療・介護・保健などの線引きが難しいため、社会保障全体を俯瞰できる組織が、責任を持って透明性を持って推計するべきであろう。

　本章では詳しく触れなかったが、保険医療機関の経営実態把握に不可欠な事業報告書（財務諸表）の開示も遅れている。公的病院は「地方公営企業年鑑」として総務省のウェブサイトから入手できる。しかし民間の医療法人は法人単位の財務諸表は都道府県に報告され情報公開しているが、病院や診療所という施設単位の財務諸表は都道府県への報告は順次なされることとなったものの、公開はされていない。その上、既存の公開されている法人単位の財務諸表においては、補助金は事業外収益に含まれていて、補助金を取り出して分析することができない。

特に問題なのは、法人登録をしていない小規模病院や診療所は、財務諸表の都道府県への報告（非公開）さえなされていないことだ。令和臨調（2023）でも指摘しているように、「健康保険制度上の指定を受けたすべての保険医療機関」は、経営情報報告制度の下で毎年の財務報告の適切な開示を義務化すべきである。そして個別医療機関データを共通ＩＤで統合することにより、病床機能報告等の他の情報と接続し、補助金の見える化をはじめ、さまざまな効果検証を行うことができるようになる。

多くの人たちが保健医療政策の費用と効果に関して議論し、医療・介護制度の設計をするために不可欠な統計だ。

【第4章　注】

（1）保健の財源と支出の統計の総称としてNational Health Accounts（国民保健計算）と呼ぶ例もあるが（満武［2014］）、ここでは「国民医療費」との対比で保健を加えた概念として支出を中心に議論をしているので、従来から使われているHealth Expenditure（保健医療支出）の名称を用いる。Health Expenditureの定訳はないが、本書では「保健医療支出」を用いる。支出は、大きく経常支出と資本形成に分けられ、本文でも説明するように、ＯＥＣＤの現行の定義では「保健医療支出」は経常支出のみを対象としている。かつての定義では、経常支出と資本形成を合計し、「総保健医療支出」と呼ばれていた。

（２）ＯＴＣ（Over The Counter）薬とは、薬局・薬店・ドラッグストアなどで処方箋なしで購入できる医薬品のことである。市販薬とも呼ばれる。

（３）新型コロナのワクチン購入・流通費用（２０２０年度接種済み相当分）は「公衆衛生」ではなく「他の社会保障制度」の「保健」に計上されている。

（４）具体的な項目は以下の通り。東京都医師会による令和５年度版「公費負担医療の手引」https://www.tokyo.med.or.jp/medical_insurance/guide_of_publicly_funded_health_care

（５）注（３）と同様。

（６）https://www.ipss.go.jp/ss-cost/j/sankou/sankou_2017.pdf　社会保障・税一体改革大綱（平成24年２月17日閣議決定）において、「社会保障給付費」は、「原則として国の法令に基づき事業の実施が義務づけられることが明らかな事業のみを計上」と整理された。

（７）社会支出は資本形成を原則含むが、「保健」には、資本形成は含まれていない。「保健」では、Health Expenditure の数値を使うこととなっており、Health Expenditureは、経常支出のみを計上しているため。

（８）計上区分の変更による修正額は、国立社会保障・人口問題研究所（2021）の表12に掲載されている。

（９）表４－５は単位が兆円、地方財政白書は億円のため、丸め誤差がある。表４－５は31・３兆円となっており、表４－４とは０・３兆円の差がある。その理由は、地方の決算統計における目的別歳出の内訳（表４－５）は、地方自治法施行規則に定める歳出予算上の区分に準じている。一方で、国・地方の目的別歳出の状況（表４－４）は、国の歳出区分と平仄が合うよう地方の歳出を計上している。国の歳出区分には「労働費」がないため、表４－５の民生費の額に、「労働費その他事業」（約２７５２億円）を加算して計上している。

（10）注（９）と同様の理由で、表４－４は11・４兆円、表４－６が11・３兆円と数値が異なっている。

（11）14・８兆円の内訳は、基礎年金の国庫負担（12・２兆円）、協会けんぽの国庫負担（１・２兆円）、雇用保険（失業給付）の国庫負担（２００億円）などである。

（参考）財務省　令和４年度社会保障関係費資料、６ページ　https://www.mof.go.jp/policy/budget/budger_workflow/budget/fy2022/seifuan2022/13.pdf

（参考）厚生労働省　保険局国民健康保険課資料、26ページ　https://www.mhlw.go.jp/content/12401000/000904214.pdf

（参考）厚生労働省　職業安定分科会雇用保険部会資料、３ページ　https://www.mhlw.go.jp/content/11601000/000994215.pdf

図４－４では、雇用保険（失業給付）の国の負担割合は１／４となっているが、正確には、「失業給付の国庫負担割合は、①雇用情勢や雇用保険の財政状況が悪化している場合には１／４、②それ以外の場合には１／40」とされており、令和４年度当初予算では②の低い割合が適用された。

（12） https://www.mhlw.go.jp/stf/seisakunitsuite/bunya/kenkou_iryou/iryouhoken/iryouhoken01/index.html（２０２３年８月10日アクセス）。

第5章　日本の医療体制とヘルスリテラシー

1　ヘルスリテラシーとは何か

人生100年時代、誰にとっても健康管理は大きな関心事だ。身近な血液検査や画像検査から、最近では遺伝子検査まで、私たちの周りには検査が溢れている。健康でいるためにどのような検査をどのタイミングで受けたらよいのだろうか。実はエビデンス（臨床研究で示された科学的根拠）が確立しているものは意外に少ない。

政府は、がん検診や健康診断あるいは健康診査（以下、健診）の受診率を上げることを政策目標(1)にしている。検査をして早期に病気を発見して治療などの医療的な介入をすることが、質の高い医療であり、患者の負担を減らし、医療費も抑えられると期待されているからだ。企業の中には、がん検診の受診率を上げることが社員のためと、社員を対象にがん検診費用を一部補助しているところもある。

その上、国や自治体、職場で奨励していなくても、自らの判断でまったく症状もないのに血液検査や人間ドックなどを必要以上に受ける人も少なくない。もちろん適切に検診や健診を受けることは重要だ。「適切に」とはどのようなことか、この章で考えてみたい。

OECDから指摘されているように（OECD［2019b］）、日本には、地方自治体や職場のがん検診や健診、個人が自発的に受けるがん検診など、多くの検査があるが、対象範囲や頻度など質を保証する仕組みはほとんどない。雑誌メディアなどでも、予防や早期発見のメリットばかりを強調した広告で、高額で多様な検査を受けないと重篤な疾患を見逃してしまうと読者の不安を煽る。「重篤な疾患を見逃してしまう」ことよりも、「念のために」検査を受けることはそれほど問題がないと思いがちだ。過剰診断[2]がもたらす害について、日本ではほとんど知られていない。検査には利益（benefit）だけでなく不利益（harm）[3]もある。医療分野は日々技術進歩が起きている。それに伴いエビデンスも変化している。医師をはじめ医療者でもケアに必要な最新最良のエビデンスを参照できるように絶えず準備していることは容易ではない。ましてや医療や健康問題に関して素人が判断するのは難しい。

そこで重要となるのが「ヘルスリテラシー」だ。ヘルスリテラシーとは、「健康情報を入手し、理解し、評価し、活用するための知識、意欲、能力であり、それによって、日常生活におけるヘルスケア、疾病予防、健康維持・増進について判断したり意思決定をしたりして、生涯を通じて生活の質を維持・向上させることができるもの」と定義されている（Sorensen K. *et al.*［2012］、中山［2022］）。要するに、ヘルスリテラシーとは、医学知識とは異なるので、医学を知っている医師でもヘルスリテラシーが低い場合がある。そして、ヘルスリテラシーは異なる環境（好みや家庭環境のちがいなど）にいる人たちにとっても、等しく意思決定に役立つ知識である。

医療や健康に関する情報が溢れる中、どのように情報を入手し理解したらよいのだろうか。国民への正しい情報の発信は日本だけでなく、どの国にとっても重要な課題だ。この章では、まず日本人のヘルスリテラシーに関して、次に日本人が必要としている医療・健康情報について解説する。そしてがん検診[4]、新型コロナウイルス感染症（以下、コロナ）のＰＣＲ検査、健診、出生前スクリーニングを例に、なぜ検診や健診が日本では過剰に行われる傾向にあるのか考察し、住民向けの医療や健康関係に関する情報発信の海外での具体例を紹介する。最後に、ヘルスリテラシーを高めることで、より少ない費用でよりよい医療を受けられる制度に転換できれば、住民にとって利点が多いことを提言する。

２　日本人とヘルスリテラシー

日本人のヘルスリテラシーは国際的にも低いと指摘されている。ヨーロッパヘルスリテラシー調査質問紙（European Health Literacy Survey Questionnaire, ＨＬＳ－ＥＵ－Ｑ47）を用いてヘルスリテラシーを包括的に測定した研究の結果がある。調査の実施方法や設問の解釈など国・調査の基準によって異なるため単純な国際比較は難しいが、日本人のヘルスリテラシー向上の余地は大きいと指摘されている。特にヘルスケア全般と疾病予防や健康維持・増進におけるヘルスリテラシーが国際的にも低いという結果だった（Nakayama *et al.*［2015］）。

アジアの国・地域でも同様な調査を行ったところ、台湾が最も高く、カザフスタン、インドネシア、ミャンマー、ベトナムと続き、日本は調査対象国では一番低い結果であった（Duong *et al.*［2017］、中山［2022］）。こうした一連の研究によると、日本のヘルスリテラシーは、アジア諸国との比較でも低いほうのようである。

この比較で注意すべき点として、日本の調査と、他の国・地域の調査で異なる点がある。まず、台湾以外のアジアの国では主要な都市や地域が選ばれているが、日本では全国を対象としている。次に、他の国・地域は、質問紙を用いた対面面接による調査だが、日本ではウェブ調査のモニター登録者を対象としてウェブ上の自記式の質問紙を用いている。しかし中山（2022）によると、そうしたちがいだけですべての差を説明できることはなく、日本のヘルスリテラシーが低いと考えられる背景として、日本のプライマリ・ケアの不十分さ、特に他の国・地域と比べて、プライマリ・ケア医あるいは家庭医の訓練を十分に受けた医師が不足していることを指摘している。

一方で、第6章で紹介する台湾もプライマリ・ケアを整備し、家庭医育成を進めている。家庭医制度が普及しているヨーロッパでは、家庭医が予防のための健康教育を行う役割も担うため、地域住民のヘルスリテラシーの向上に寄与していると推察している。

実は日本人の金融リテラシーも諸外国と比較をすると低いほうだ。ＯＥＣＤが実施した調査によると対象30カ国・地域中22位という順位である（OECD/INFE［2016］）。また、金融広報中央委員会の「金融リテラシー調査（２０２２年）」の結果[5]によると、金融リテラシー正誤問題の正答率は、年齢層が高いほど高くなる傾向にあり、30歳未満は正答率が最も低い。同年齢層の社会人は金融知識の自己評価が客観的評価を大幅に上回り、自信過剰傾向が強く、投資経験者のうち約３割が商品の内容を理解せずに金融商品を購入しているという結果だ。

医療と金融の共通点は、どちらにも情報の非対称性[6]が存在することである。そのため医療では医師と患者の間で、金融では企業と投資家の間で、大きな情報格差があり、患者や投資家に正確な情報を伝える仕組みや、情報を正しく理解する教育が必要となる。医療や金融において情報を正しく理解し、不確実性におけるよき意思決定に必要な能力が、ヘルスリテラシーであり金融リテラシーというわけだ。

しかし、ヘルスリテラシーと金融リテラシーには大きなちがいがある。金融リテラシーは客観的な評価[7]が可能だが、ヘルスリテラシーは「難しい」と本人が判断するかどうかという主観的な評価が中心[8]となっている。ヘルスリテラシーを正確に測ることの限界も理解しながら、過去の研究も参考に日本人のヘルスリテラシーの向上のためには何が必要か考えてみたい。

ところで、２０２２年のＯＥＣＤ調査国24カ国の中では、日本は金融に関する知識・行動の合計が８位という結果になった[9]（金融広報中央委員会［2022］）。日本銀行や金融庁が金融リテラシー向上に力を入れてきた効果もあると思われる。一方で、日本の医療制度では、誰がヘルスリテラシー向上の役割を担っているのだろうか。本章8節で紹介するように、厚生労働省（以下、厚労省）によるe－ヘルスネットなどの取組みもある。日本医師会など医療職能団体にも期待される役割だ。

疾病予防など保健事業は主に地方自治体や職場が担い手となっているが、健康・医療情報の内容や提供の仕方は標準化されていない。そのため、日常生活で、ヘルスケアや疾病予防や健康維持・増進などに関して、信頼できる情報源を見つけるのが難しく、テレビや口コミ、雑誌やネットなどが情報源となることが多い。東京都の「保健医療に関する世論調査」（東京都［2023］）でも、テレビやインターネットを情報源とする人が多い。筆者らが日本全国20歳以上の男女6322人を対象に行った「健康・医療情報入手に関する調査（井伊［2023］）」でも同様の結果で、テレビ、インターネット、家族・友人などが上位だ。テレビは受動的な視聴者に向けてセンセーショナルに制作する傾向にあり、健康・医療情報の入手方法として適切でない場合も多い。インターネットでの医療機関の広告では、利益ばかりで健康被害や薬の副作用などの不利益についての説明が乏しい場合が多く、適切な情報を提供していないことが少なくない。特に、日本では、製薬会社など商業的なものが検索エンジンで優先されている場合が多い。

3　地域住民はどのような医療・健康情報を必要としているのか

いくつかの調査結果によると、医療や健康情報を適切に入手できていると考えている日本人は結構多いようだ。第1章で紹介した東京都の「保健医療に関する世論調査」（東京都［2023］）でも、回答者の８割ぐらいは「たくさんある健康に関する情報の中から、自分の求める情報を入手できていると思う」と答えている。

国立がん研究センターが２０２０年に行った健康情報についての全国調査[10]（20歳以上の日本人１万人を対象とした郵送でのアンケート調査）も同様の結果だ。回答者３２２３人のうち、60％が「たくさんある情報の中から、自分の求める情報を選び出せる」と回答し、50％が「情報を理解し、人に伝えることができる」と回答している。「情報がどの程度信頼できるかを判断できる」となると少し下がり49・８％になるが、それでも国民の約半数が情報取得にはそれほど困っていないようだ。

情報源として、医師や政府関連の保健機関（厚労省、国立がん研究センター）や公益財団法人（日本対がん協会、がん研究振興財団など）への信頼が高く、特に医師への信頼は95％と飛び抜けて高い。医師以外の医療従事者（68％）、家族または友人（41％）、新聞や雑誌（43％）、インターネット（46・８％）、テレビ（45・７％）なども国民の半数近くは信頼しているが、医師や公的な機関のほうが信頼が高い。個人的な見解だが、国立がん研究センターが行っている調査であることの影響もあるかもしれない。

筆者らが行った「健康・医療情報入手に関する調査（井伊［2023］）」においても、国立がん研究センターの調査と同様に、「たくさんある健康・医療に関する情報の中から、自分の求める情報を入手できていると思うか」という質問に、「そう思う」（８・７％）または「どちらかというとそう思

表5－1　医療情報取得に関するアンケート

もし必要になったら、病気や健康に関連した情報を、あなたやご家族などのために、探したり利用したりすることができると思いますか？

	難しい／どちらかというと難しい
1. 気になる病気の症状に関する情報を見つけるのは	36%
2. 気になる病気の治療に関する情報を見つけるのは	55%
3. 病気になったとき、専門家（医師、看護師、薬剤師、心理士など）に相談できるところを見つけるのは	53%
4. どの予防接種が必要かを判断するのは	50%
5. 必要な検診、健診（がん検診、血糖検査、血圧など）の種類を判断するのは	49%
6. いろいろな情報源の情報を理解し、人に伝えるのは	58%
7. 情報がどの程度信頼できるか判断するのは	63%
8. 情報をもとに健康改善のための計画を立てるのは	60%

（出所）　井伊（2023）

う」（53・8％）と、60％が情報入手ができていると答えていた。一方で、「そう思わない」は5・4％、「どちらかというとそう思わない」と答えた人は32・1％と、40％近くの人が情報入手に困っている点も見逃せない。

表5－1は筆者らが行った調査のうち8つの項目に関して「必要になったら、病気や健康に関連した情報を、あなたやご家族などのために、探したり利用したりすることができると思うか」を聞いた結果だ。国立がん研究センターの調査と同様に、アンケートに答えた人の半分くらいは、必要な場合は医療や健康に関して情報を探すのに、それほど苦労していない。しかし、その情報が信頼できるかどうか判断するとなると、難しいと感じている人が増える傾向にある。

筆者らの調査によると、自分が必要とする健康・医療情報を入手できていると考える人は、年齢が高くなるほど増えて、70代以上の高齢者が情報収集に関して一番自信を持っている。高齢者はすでに多くの医療機関を受診していることも影響していると言えそうだ。

こうした調査結果によると、日本人の半数くらいは健康・医療情報の収集に困っていないこと、情報の信頼性などもある程度判断できると思っているようだ。一方で、ＯＥＣＤの報告書でも指摘されているように、日本人はほかの国と比べて、がん検診や健診をはじめ、非常に多くの検査や投薬を受けている。金銭的な負担だけでなく、身体の負担にもなっている。

なぜこのようなことが起きるのだろうか。日本の医療の支払い制度は一部の入院医療などを除いて出来高払いなので、医療機関が必要以上に検査をするインセンティブを持つ。しかし、それだけが理由なのだろうか。健康や医療情報に関心を持つ人は多いが、ヘルスリテラシーを向上させる仕組みが保健・医療制度に組み込まれていないことも大きな理由ではないだろうか。

たとえば、がん検診は、特に不利益よりも利益が強調される検査である。無症状の人を対象とするがん検診や健診では、治療の必要のない〝異常〟を見つけすぎることの弊害が大きいため、多くの国や地域ではリスク（罹患している可能性）に応じて検診や検査を行うことが推奨されている。ここでは具体的な例を使いながら、日本人のヘルスリテラシーを高めるためにはどうしたよいのかを考えてみたい。リテラシーを高めることで、より少ない費用で、よりよい医療を利用することが可能となる。

4　がん検診

表5－2は、がん検診で推奨されている年齢の国際比較である（厚生労働省「第24回がん検診のあり方に関する検討会」［2018年5月］）。主要国と比べた日本のがん検診の特徴は、1 乳がん、子宮頸がん、大腸がんのほかに、胃がんや肺がんの検診を行っていること、2 年齢の上限がないことだ。韓国は日本と似た傾向があり、年齢の上限がない。

多くの国では日本ほどがん検診を頻繁に行わないが、乳がん、子宮頸がん、大腸がん検診は推奨されている。この節では、検診が推奨されている乳がん、検診の推奨の有無が国によって異なる肺がん、害のほうが多いため検診が推奨されていない前立腺がん検診の三つを例に取り上げ、日本のがん検診が主要国と異なる点を見てみる。

(1)　乳がん検診

表5－3は日本・米国・英国の乳がん検診のガイドライン[11]を示している。国によって多様であることがわかる。皆保険制度を持たない米国では、米国予防医療専門委員会（USPSTF）、米国内科学会（ACP）、全米総合がんセンターネットワーク（NCCN）、米国がん協会（ACS）、米国産婦人科学会（ACOG）、米国放射線学会（ACR／SBI）などそれぞれの学会でガイドライン

表5－2　がん検診で推奨されている年齢の国際比較

	乳がん検診（マンモグラフィ）	子宮頸がん検診（子宮頚部細胞診）	大腸がん検診（便潜血検査）	胃がん検診（胃部エックス線検査・胃内視鏡検査）	肺がん検診（肺部エックス線検査・喀痰細胞診）
オーストラリア	50−74歳[1]	18−69歳[2]（2017年まで）	2018年は、50･54･58･60･62･64･66･68･70･72･74歳の者[3]（2020年からは、50−74歳）	−	−
フランス[4]	50−74歳	25−64歳	50−74歳	−	−
ドイツ[4]	50−69歳	20歳以上上限なし	50−74歳	−	−
日本	40歳以上上限なし	20歳以上上限なし	40歳以上上限なし	50歳以上上限なし	40歳以上上限なし
韓国[5]	40歳以上上限なし	20歳以上上限なし	50歳以上上限なし	40歳以上上限なし	−
ニュージーランド[6]	45−69歳	20−70歳	60−74歳	−	−
英国[7]	50−70歳	25−64歳（50歳以降に受診歴のない者、最近の検査で異常のあった者、過去に一度も受診歴のない者のみ、65歳以上も受診）	60−74歳	−	−
米国	50−74歳[8]	21−65歳[8]	50−75歳[8]	−	−

（注）1. Breast Screen Australia.（URL: http://www.cancerscreening.gov.au/internet/screening/publishing.nsf/Content/policy ）
2. National Cervical Screening Program.（URL: http://www.cancerscreening.gov.au/internet/screening/publishing.nsf/Content/national-cervical-screening-program-policies ）
3. National Bowel Cancer Screening Program.（URL: http://www.cancerscreening.gov.au/internet/screening/publishing.nsf/Content/about-the-program-1 ）
4. International Agency for Research on Cancer. Cancer Screening in the European Union（2017）
5. National Cancer Screening Program.（URL: https://ncc.re.kr/main.ncc?uri=english/sub04_ControlPrograms03 ）
6. National Screening Unit.（URL: https://www.nsu.govt.nz/ ）
7. National Health Service.（URL: https://www.nhs.uk/pages/home.aspx ）
8. US. Preventive Services Task Force.（URL: https://www.uspreventiveservicestaskforce.org/）

（出所）「第24回がん検診のあり方に関する検討会」（厚生労働省［2018b］）

表5－3　乳がん検診のガイドライン

〈日本〉	〈米国〉	〈英国〉
●対象者：40歳以上 ●受診間隔：2年に1回 ●主な検診内容：問診、乳房X線検査（マンモグラフィー）	●リスク評価（Breast Cancer Risk Assessment Tool） ＊以下は平均的なリスクの場合 ●40～49歳：推奨せず、共同意思決定[USPSTF]、個別に評価して2年ごとを推奨[ACP]、1年ごと[NCCN、ACS（45歳～）、ACOG、ACR/SBI] ●50～74歳：2年ごと[USPSTF、ACP]、1年ごと[NCCN、ACS、ACOG、ACR/SBI] ●75歳以上：推奨せず[USPSTF、ACR/SBI、ACP]、1年ごと[ACS、ACOG]	[NICE] ●対象者：50~70歳 ●受診間隔：3年に1回 ●リスクが高い人（乳がん、卵巣がん、または関連するがん（前立腺、膵臓）の家族歴のある人は、リスクに応じて受診間隔や検診内容が異なる

を作成しており、同じエビデンスに基づいていても、その評価や解釈には幅があり、学会に都合のよい解釈がなされる場合があることに注意が必要である。

一方、英国は国民全員をカバーする国民保健サービス（National Health Service：ＮＨＳ）があり、がん検診に関しても国が統一したガイドラインを示している。医療行為のガイドラインはＮＩＣＥ（National Institute for Health and Care Excellence）が作成している。ＮＩＣＥは費用対効果分析に基づき、公的医療において使用が許される医薬品・医療機器について保健省に推奨する役割を担っている。保健省は実質的にＮＩＣＥの推奨に拘束される。

日本と比べた他国の乳がん検診の大きな特徴は、リスクに応じて対象年齢や検診内容が異なることだ。表５－３の米国は「平均的なリスクの場合」である。「平均的よりリスクが高い場合」は、異なるガイドラインを用いている。

英国でも、検診内容はリスクや年齢により異なる。家族歴などからリスクが高い人は、ハイリスクの集団に関するガイドライン（英国ではガイダンスと呼ばれる）に基づき、遺伝子検査を行い、その結果に応じてマンモグラフィー検査の頻度も異なる。リスクが高いかどうか、遺伝子検査を行うかどうか、がん検診を受けるべきかなどの判断は、日常診てもらっている家庭医に相談をして決めることができる。英国の乳がん検診率が日本より高い理由の一つだ。

一方で「とにかく受けさせてほしい」といって医師にごねるような患者がいない大きな理由として、家庭医は現時点で得られる最新最良のエビデンスに基づいていること、そしてそのエビデンスを誰もが入手できること、その上で家庭医と共同意思決定（ＳＤＭ：shared decision making）を行っていることが大きい。

日本では、厚労省が指針[12]を出しているが、米国や英国と比べて医師や住民向けにわかりやすく提示しているとは言い難い。そうした背景もあり、国が推奨していないにもかかわらず、自治体や職場などが独自により頻繁にがん検診を行っている場合も多い。たとえば、日本の厚労省はエビデンスに基づき、乳がん（子宮頸がんも同様）のスクリーニングを2年に1回実施することを推奨しているが、２０１８年度時点において30～40％の市町村で毎年提供されている[13]。

がん検診の対象年齢が40歳以上と低いのも日本の特徴だ。多くの国では50歳以上が対象だ。上限も70～74歳に決められている。乳がんは有名人の罹患のニュースなどが大きく取り上げられることも多く、国民的な関心も高い。そこで早期発見のために、年齢に達していなくても、リスクが低くても検診を受けるように勧められる。

表5−4　検査結果と病気の関係

	病気あり	病気なし
検査結果　陽性	a	b（偽陽性）
検査結果　陰性	c（偽陰性）	d

（注）　感度＝a/(a+c)、特異度＝d/(b+d)
陽性適中率＝a/(a+b)、陰性適中率＝d/(c+d)

表5−5　事前確率と事後確率

（%）

検査前の確率（事前確率）	0.15	2.5	10	20	50
実際に病気にかかっている確率（事後確率）	1.19	17.02	47.1	66.7	88.9

（注）　1. リスクの低い人（検査前の確率が小さい人）に検査をすると誤差が大きくなる。
2. 検査前の確率が0.15%の場合、検査結果が陽性で実際に罹患している確率は1.19%。
検査前の確率が10%の場合、検査結果が陽性で実際に罹患している確率は47.1%。

検査は、リスクの高い人に絞って行わないと、偽陽性が多く出てしまう。偽陽性とは、病気に罹患していないのに、検査結果が陽性に出ることだ（表5－4）。

数値例を使って説明してみよう（図5－1）。乳がんの罹患率は年齢によって大きく異なる。国立がん研究センターによると、日本人女性の乳がん罹患者は10万対で150例である。[14] そこで罹患率を0・15%とする。

マンモグラフィー検査の正確性は、例として感度（乳がんに罹患している時に正しく乳がんと診断）は80%、特異度（乳がんに罹患していない時に正しく乳がんでないと診断）は90%を用いる。特に何も症状のない女性がマンモグラフィー検査を受けて、検査結果が陽性だったとする。この女性が実際に乳がんにかかっている確率はどのくらいだろうか。驚くことにたった

図5−1　マンモグラフィー検査による偽陽性の発生確率

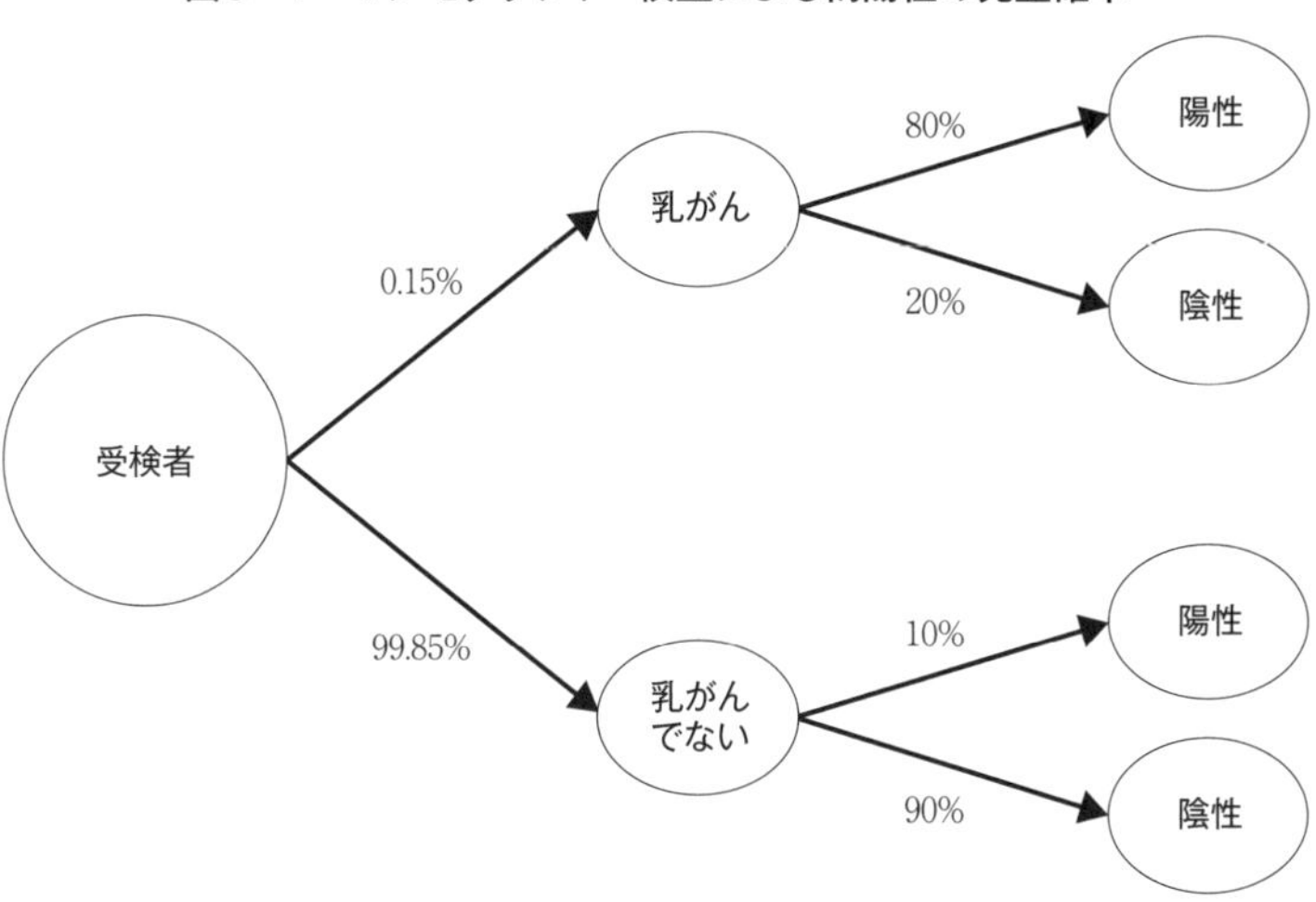

1・19%である[15]。

このように、無症状の女性がマンモグラフィー検査を受けることにはデメリットが大きい。特に若い女性の場合は、症状やリスクファクターから乳がんが強く疑われる場合のみに検査を受けないと、大量の偽陽性（上記の例では、98.81%=100%－1.19%）が出てしまう（図5－1）。マンモグラフィーで乳がんの疑いと出ると、金銭的なコストだけでなく、心理的ストレスやさらなる検査による身体的負担、放射線による被曝などデメリットが多い。

一方で、しこりや痛みなど自覚症状がある女性が検査を受けるとする。身体所見、自覚症状などから医師が経験的に割り出した検査前の確率（事前確率）を10%とする。この場合は検査が陽性だと、実際に乳がんに罹患している確率は47・1%と50%近くになる（表5－5）。

図5−2　女性の乳がん検診の利益と不利益

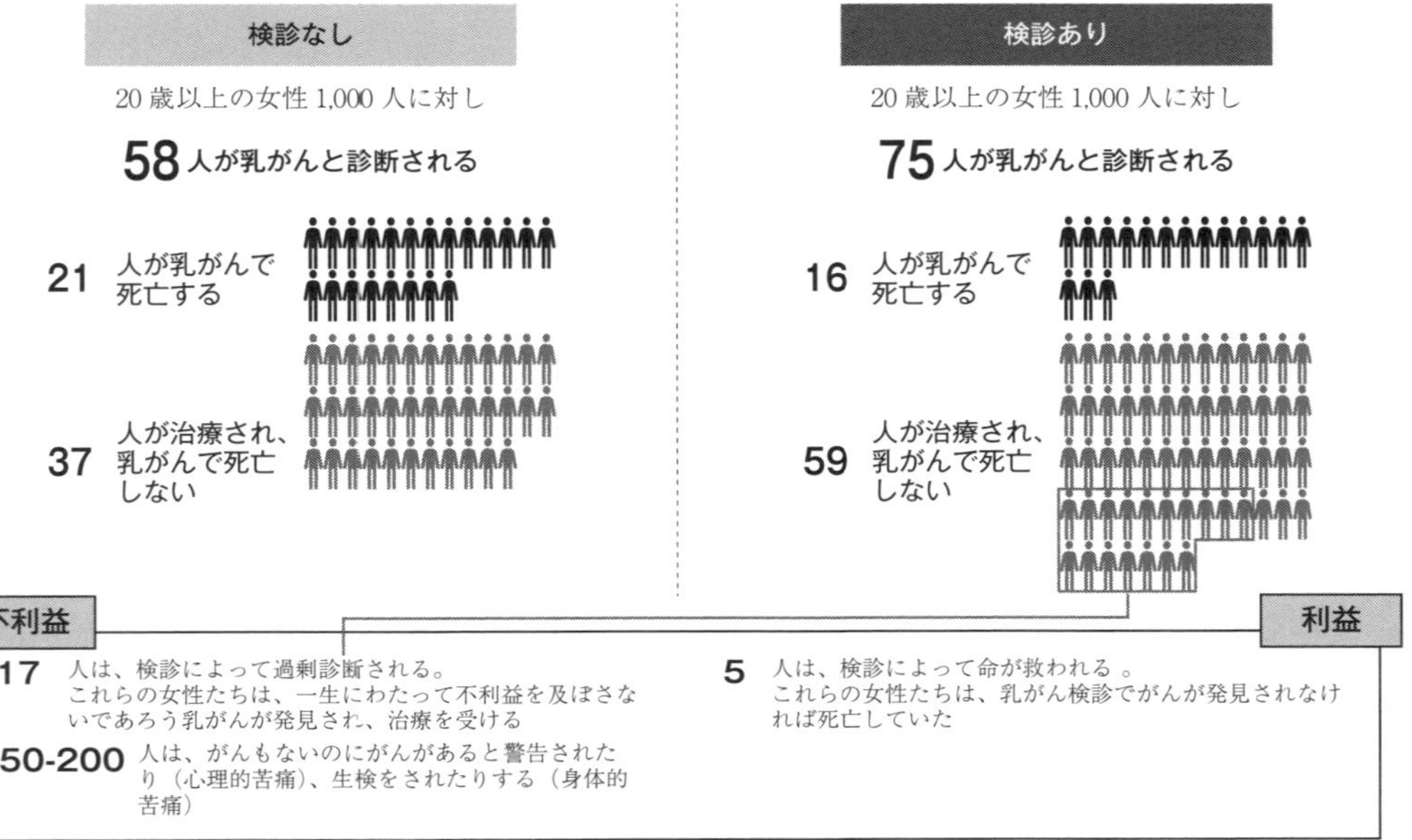

（原著注）　検診のおかげで5人の命は助かりますが、17人の女性は乳がんと診断され、生涯不利益を及ぼさないであろう乳がんの治療を受けています。
（筆者注）　ここでの乳がん検診とはマンモグラフィー検査。
（出所）　Cancer Research UK（WHO[2020]の斎藤監訳[2022]をもとに筆者が加筆・改編）

日本では、自分の判断で検診を受けることが多い。職場や自治体からの検診の知らせがきっかけとなることも多い。自己負担は無料だったり、有料でも安価な場合が多く、費用の負担がないことで気軽に受診をできる場合が多い。

不安な時に気軽に受診できるのはよいが、がん検診には偽陽性が必ずあり、その偽陽性に伴う不利益を事前に医療者から説明されることはほとんどないことが問題だ。検診で陽性結果が出たところで、慌てて専門医を（多くの場合自分で探して）受診し、その医療機関で再度のマンモグラフィーなどの検査が行われることも多いが、再度のマンモグラフィーは陽性結果が出た後の精密検査としては不適切だ。金銭的にも無駄が生じる。

症状がない住民が検診を受けると、死亡につながらない異常を医師が見つけてがんと診断するなど見つけすぎることの弊害、そして〝見つけすぎる〟こと（過剰診断）で必要がなかったかもしれない治療を行ってしまう問題は、乳がん検診だけでなく、どのがん検診や検査にも言えることだ。そのため、検査には必ずしも利益だけでなく、不利益もあることを、市民に情報提供するための工夫に多くの国々が取り組んでいる。

図５－２は乳がん検診（マンモグラフィー検査）における過剰診断を説明するインフォグラフィックの活用例だ。過少医療はもちろんのこと過剰な検査による過剰診断、過剰治療から国民を守るのは国の役割だ。英国は国が責任を持って社会に向けて医療や健康の情報を提供していて、図５－２も英国のサイトだ(Cancer Research UK)。乳がん検診の利益／不利益をわかりやすく表示している。

この表の読み方は、以下の通り。

利　益：（1000人中5人）検診を受けると死亡数は少し減る

不利益：（1000人中17人）本来治療の必要のない女性に不必要な治療が行われる

（1000人中50－200人）がんがないのにがんがあると警告されたり（心理的苦痛）、生検をされたり（身体的苦痛）する[16]

検診を受けることで、自分が、検診により助かる5人の1人になるのか（利益）、過剰診断で不必要な治療を受ける17人の1人になるのか、がんでないのに心理的苦痛や身体的苦痛を受ける50～200人の1人になるのか（不利益）、事前にはわからないところが、がん検診を受けるべきかどうかの意思決定の難しいところだ。今より精度のよい（今より小さながんを検出できる）検査法が開発されれば、乳がんと診断される人が75人より増え、過剰診断される人は17人より増えるであろう。つまり、一生にわたって不利益を及ぼさないであろう乳がんを発見して治療を受ける人が増えてしまう。

一方で、個別患者の遺伝子検査を行うことで、抗がん剤が不要な人の特定などは実際に進んでおり、過剰診断される17人の負担を少しでも減らせるかもしれない。治療技術の進歩で、治療され死亡しない人が59人より増える可能性もある（検診で命が助かる人が現状の5人より増える）。将来的に進行性のがんと非進行性のがんを区別できる可能性はあるかもしれないが、残念ながら現代の医学ではいまのところ不可能である。つまり、検診で過剰診断されるのか、検診のおかげで命が助かるのか、事前にはわからないということである。

日本と欧米では乳がん検診の利益と不利益は異なるので、日本でも日本人を対象とした同様な研究が必要だ。利益と不利益を医療者が住民（患者）にわかりやすく説明をした上で、本人が検診を受けるかどうか、自分のリスクを知るために遺伝子検査が必要なのか、など共同意思決定を行うことも欧米では標準的な診療の一部となっている。個々人の思いや家族背景などは異なるので、画一的な検診を受けるだけでは十分でないからだ。

上記の数値例で見たように、がん検診の過剰診断は、皮肉なことに、診断技術が進むほど精度のよい（今より小さながんを検出できる）検査法が開発されるため深刻になる。一方で、そのがんが将来進行がんになっていくポテンシャルがあるかどうかの質的診断技術の進歩も期待できる。いずれにしても、過剰診断に関しては、啓蒙活動に取り組む国や地域も増えている。日本はまだ「医者にお任せします」という人が多いが、図５－２のようなわかりやすい図表や統計を参考にして、医療者と一緒に検診を受けるかどうかの共同意思決定を行うことが今後ますます必要になる。

ここでは過剰診断の問題点を指摘したが、日本のように自分で判断して、がん検診や遺伝子検査を受けなければならない医療制度では、過剰だけなく、過少医療も深刻だ。リスクが高いのにがん検診を受けない人、相談できる医師が身近にいないなどの理由で、症状があるのにタイムリーに相談や受診ができず、がんが進行してしまう人は少なくない。

BOX 5-1　新型コロナウイルス感染症におけるPCR検査

新型コロナウイルス感染症（以下、コロナ）でよく知られるようになったPCR検査とがん検診にはちがいがあり、感染症のPCR検査の偽陽性の解釈には注意が必要だ。がんは消えたり出てきたりと日々大きく変化することはほとんどない。

一方で、感染症は日々状況が変化するので、判明した時点での検査結果はその時点での患者の状態を正確に反映していない可能性がある。感染症における検査結果の解釈は、がん検診の解釈とは異なる難しさがある。特に、コロナの流行の初期は、PCR検査の価格が高額であり、症状がない人など広い対象に検査をすることは費用対効果が低かった。

また、乳がんの罹患率やマンモグラフィー検査の感度や特異度は臨床研究の蓄積がある。一方で、コロナに関しては未知なことが多く、十分な情報や知見の蓄積も乏しい。単に不確実性があるだけでなく、その確率分布が統計的に知られていない場合、特に「リスク」と比較して「ナイト的不確実性」があるという。乳がんの罹患率は「リスク」、コロナは、臨床研究の蓄積も途上で、確率計算がそもそも不可能な「ナイト的不確実性」である。確率分布すらわからない状況で、どのように意思決定の基準を設けたらよいのだろうか。

井伊・原（2021）では、ギルボア＝シュマイドラーのMaximin型の期待効用関数を用いた。これは、複数の感染の確率を考慮して、そのうち最低の期待値を与える確率分布を用いて事象を評価することを意味する。何が起こるか確率的にも評価できない状況では、最悪の予想に基づいて行動する状況を想定するのである。

偽陽性と偽陰性は本人にとっても社会にとっても負担が大きい。なぜなら、偽陽性は感染していない人を隔離してしまい、偽陰性は感染している人が自由に外出して感染を広げてしまう。この論文では、コロナのように曖昧な状況（統計もなく学理も確定しない）で、首尾一貫した意思決定を行うためには、想定すべき偽陽性と偽陰性の確率の範囲を広げる必要があることを示した。特に、偽陽性の確率の範囲については、上限値が1％弱から6・6％と6倍超大きくしなければならないことがわかった。

(2) 肺がん検診[17]

表5－6は、海外の肺がん検診に関する主要なガイドラインと国立がん研究センター（日本）のがん情報サービスのサイトを比較したものだ。

英国では、2015年にNICEが新しいガイドライン「がんが疑われる場合：発見と紹介」（別名Cancer Pathway）を発表して肺がん検診を中止しているため、ここでは日本、米国、カナダの3カ国の比較となっている。

表5－6からわかるように、肺がん検診に関しても、海外の取組みは、日本と異なる点が多くある。①表5－2でも指摘したように、対象年齢の上限がある、②喫煙歴からリスク者を絞り込んで

表5−6　肺がん検診の主要ガイドライン

	対象	検査	間隔
国立がん研究センター（日本）	40歳以上。喀痰細胞診は50歳以上で喫煙指数600以上	質問、胸部X線 喀痰細胞診	年1回
全米総合がんセンターネットワーク	50歳以上、20pack-year以上の高リスク者	リスク評価、共同意思決定、 低線量CT 50歳未満、20pack-year未満：推奨しない	標準的低線量CTレポートで提案された間隔
米国予防医療専門委員会（USPSTF）	50〜80歳、20pack-year以上で喫煙中または禁煙15年未満	低線量CT	年1回 標準的低線量CTレポートで提案された間隔
米国胸部疾患学会（ACCP）	55〜77歳、30pack-year以上で喫煙中または禁煙15年未満	カウンセリング、共同意思決定 症状があれば診断検査へ 低線量CT 胸部X線･喀痰細胞診：推奨しない 喫煙者への禁煙指導･治療	年1回 標準的低線量CTレポートで提案された間隔
アメリカがん協会（ACS）	無症状、55〜74歳、30pack-year以上で喫煙中または禁煙15年未満	低線量CT 喫煙者に禁煙プログラム 胸部X線：推奨しない	年1回
米国胸部外科学会（AATS）	55〜79歳、30pack-year以上 79歳までの長期肺がん生存者 50〜54歳、20pack-year以上の5年肺がん発生リスク5%以上	低線量 CT	年1回
カナダ予防医療専門委員会（CTFPHC）	無症状、55〜74歳、30pack-year以上の喫煙中または禁煙15年未満	低線量CT 胸部X線･喀痰細胞診：推奨しない	年1回、連続3回まで

（出所）　葛西･井伊（2022）

図5−3　肺がんが疑われる場合のケアの進め方（英国NICEのCancer Pathway）

別の理由で胸部X線を撮って肺がんが疑われる または40歳以上で説明できない血痰	→	二次医療（病院）へ紹介 （2週間以内）
40歳以上で説明できない次の症状* 2つ以上 （喫煙経験者は症状1つ以上）	→	胸部X線 （2週間以内）
40歳以上で次の症状** どれかがあれば	→	胸部X線 （2週間以内）

*咳、疲労、息切れ、胸痛、体重減少、食欲低下

**胸部感染症の持続または再発、ばち指
鎖骨上窩リンパ節腫または持続する頸部リンパ節腫大
肺がんに矛盾しない胸部所見、血小板増多症

（注）　NICEのCancer Pathwayは、検診ではなく、症状のある人への個別の診療ガイドラインである。
（出所）　葛西・井伊（2022）

いる、3禁煙しても15年未満はリスクとして考慮していると、4胸部X線や喀痰細胞診は推奨しないと明記している、5年1回の低線量CTと標準的なフォローアップが推奨されている。6喫煙者には禁煙指導を推奨している、7無症状であることが対象者の条件の一つである、8共同意思決定を実施している、など大きなちがいに驚く。

「英国では肺がん検診を中止した」と聞くと、患者は放っておかれるのではと思う人もいるかもしれない。英国では、がん検診（＝無症状者からがん患者を発見する取組み）をやめて、症状から肺がんを早期発見する仕組みを導入したのである。その仕組みとは、家庭医によるゲートキーピングの活用である。家庭医ががんを疑う人を見つけ出し、症状に応じてその後の診療を選択する「ケアの進め方」を定めたのである。

肺がん検診を中止した大きな理由は、子供から青年期、成人にわたって、肺がんだけでなく、さまざまながんに罹患する可能性があり、そうしたがんによって引き起こ

される可能性のある症状を持つ患者を見つけることが重要であるからだ。そうした患者を見つけ、適切な対応をするのは家庭医をはじめとするプライマリ・ケアの役割である、と英国のＮＩＣＥガイドラインにも明記されている（https://www.nice.org.uk/guidance/ng12）。

具体的には肺がんが疑われる場合は、図５－３のようなケアの進め方が推奨されている。身体の部位にはさまざまながんによって引き起こされる症状が現れる。たとえば、40歳以上で説明できない血痰、咳、疲労、息切れなどだ。ＮＩＣＥのガイドラインではある閾値[18]を設定し、上記のような症状のリスクがその閾値を超える場合に、診断のための検査や二次医療へ紹介することを推奨している。

このガイドラインでは、陽性適中率（positive predictive value：ＰＰＶ）が閾値として用いられている。陽性適中率とは、「ある症状が陽性の人（疾患疑いあり）のうち真に疾患を有している人の割合」である（表５－４）。たとえば、血痰がある人のうちで肺がんに罹患している人の割合が、血痰のＰＰＶである。現在は３％に設定されている[19]。３％より低く設定すればがんの見逃しは減少するが、偽陽性が増える。そしてより多くの患者が検査と二次医療（病院）へ紹介され、病院の負担が増えてしまう。医療費も高くなる。一方でＰＰＶを３％より高く設定すれば、検査と病院への紹介は減り、医療費も減少するが、がんに罹患している人が必要な検査を受けたり病院へ紹介されることなく、がんの見逃しが増加することになる。どこで線引きをするかは難しいが、ガイドラインの作成グループは、財政的な費用[20]と臨床的な費用を検討した結果、ＰＰＶを３％に設定した。

全国の診療所でこうしたレベルの高い診断・ケアが行われている。これにはいくつか理由がある。一つはデータの存在だ。英国ではすべての国民が家庭医診療所（GP surgery）に登録しており、緊急な場合を除き、まず最初に家庭医に相談する。そのためがんの可能性のある症状を持つ人が、その後の診療経過から診断された疾患を結びつける膨大なデータ（診療所と紹介先の病院での連結されたデータ）がプライマリ・ケアの現場で蓄積されており、ＰＰＶを計算できる。

もう一つは、家庭医の診療の質である。ＰＰＶ３％の症状を問診と診察で見つけ出し、ＰＰＶ３％の症状であれば、２週間以内に専門医（二次医療、病院）に紹介する。こうした家庭医の機能（ゲートキーピング）が標準化できている大きな理由は、家庭医を対象とした継続した情報共有と質の高い教育である。家庭医は、どのがんでもどの年齢でもＰＰＶ３％の症状の患者を選別できる教育を受けている。

二次医療（病院）をどう使うかの意思決定は、患者・家族との相談に基づいて家庭医に委ねられている。これがゲートキーピングの意味するところである。患者、患者の家族、そして二次医療（病院）を守るための仕組みなのだ。単なる割り振りをしているだけでない。

一方で、日本では、対象者（40歳以上）全員に胸部Ｘ線検査を行っている。その上、最近の肺がん検診では、２人の医師が別々にチェックする二重読影が国の指針で定められている。[21] 検査にかかる費用は膨大だ。それだけの効果があるのかエビデンスも不明だ。正確な費用のデータを入手しようとしても、第４章で見たように、がん検診は各地方自治体が行っているため費用の把握が難しい。

第3章のがん治療の質評価でも議論をしたが、日本では肺がんの生存率は国際的にも高いが、肺がん検診が寄与しているとは残念ながら言えない（服部ほか［2021］）。日本にはCTが普及しているため、別の理由で撮ったCTで偶然肺がんが早期にみつかることが多いためだ。早期に見つかることはよいことだが、こうした利益だけでなく、CT検査が過剰に行われることで必要以上に被曝をしていること、検査にかかる費用が国民の負担になっていることなどの不利益も考慮する必要がある。

コロナ禍において、日本でもコロナが疑われる患者はまず「かかりつけ医」を受診するように言われた。しかし、診療所の「かかりつけ医」を受診しても、そこから病院へ紹介される際の症状の閾値は日本では標準化されていない。紹介の閾値が低ければ、軽症・中等症の患者で病院が溢れ真に集中治療が必要な重症患者のケアに支障が出てしまう。日本で感染者が少し増えるとすぐに病院が疲弊してしまった理由の一つだ。

(3) 前立腺がん検診

前立腺がん検診は国の推奨するがん検診（厚労省指針）に含まれていないが、2020年度時点において約80%の市町村において提供されている（国立がん研究センターがん情報サービス「全国がん検診実施状況データブック〈2021〉」[22]）。

前立腺がん検診は、不利益のほうが利益よりも大きいため、国際的にも推奨されていない。無症状者に実施する場合には医学的な必要性や有効性に疑問がある検査で、国が推奨していないにもかかわらず、なぜ自治体の8割で行われているのだろうか。

要因の一つとして、その地域でのローカルポリティクスが働いていると指摘されている（印南［2022］）。地域住民が検診に過度の安心を求めていることは今まで紹介した通りだが、医療機関に経済的インセンティブが働いていることも大きな理由だ。

印南（2022）によると、検診の価格は、地元の医療団体と自治体との間の交渉で決められており、その価格の自治体間のばらつきは非常に大きい。自治体の担当者は数年単位で変わることも多く、医療のプロではないため、そうした交渉において、エビデンスに基づいて必要性の低い検診を廃止したり、頻度を減らすのは難しい。「全国がん検診実施状況データブック」を広くそして一般住民がわかりやすいように公開するなど、各自治体がエビデンスに基づいた検診を実施するように促す仕組みづくりが必要だ。またがん検診にかかる費用を、自治体がわかりやすく公開することも、過剰な検診を減らすことに貢献するのではないだろうか。

BOX 5-2　「発見率」と「生存率」は、がん検診の評価には適していない

がん検診の評価方法としてよく用いられるものとして「発見率」と「生存率」がある。しかし検診の価値を評価するには適した指標ではない[23]。なぜなら、発見率や生存率が著しく向上しても、がんによる死亡数

図5−4　早期に診断されれば生存率は必ず高くなる（リードタイム・バイアス）

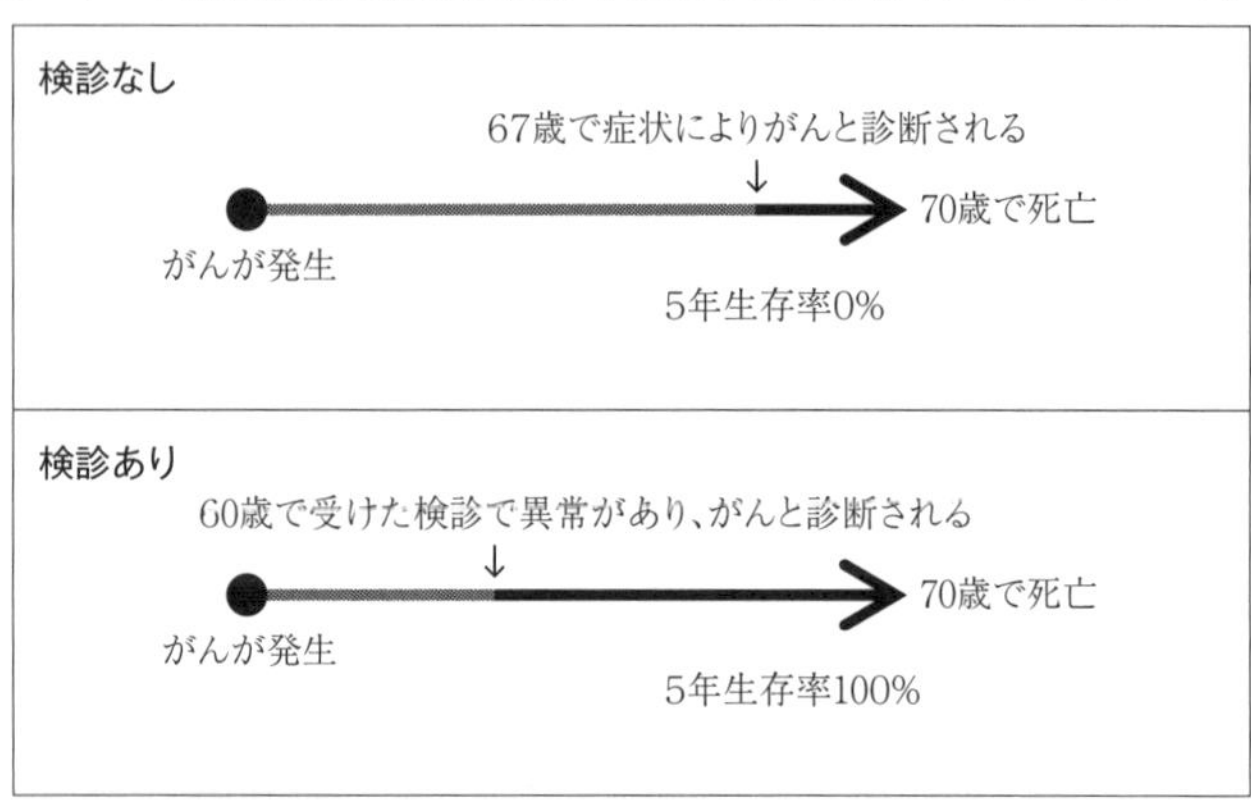

（出所）　Gigerenzer, Gaissmaier, Kurz-Millcke, Schwartz, and Woloshin（2007）

は変わらないことも多いからだ。

特に「検診による生存率」には、がん検診特有のバイアスが紛れ込む可能性がある。バイアスとは偏りのことで、真の状況からはかけ離れた状態を示すものだ。特に二つのバイアスが紛れ込みやすい。図5－4のリードタイム・バイアスと、図5－5の過剰診断バイアスだ。

リードタイム・バイアスは、検診によって発見された患者は有症状のために外来を受診した患者に比べがん発見が早いことから、見かけ上生存率が増加することで生じる。つまり早期に診断すれば、死亡数が変わらなくても、必ず生存率が高くなる。図5－4の上の図は、67歳の時に症状によって前立腺がんと診断され、70歳で死亡した男性群を表している。この群の5年生存率は0％だ。

一方で図中の〈検診あり〉のように、同じ男性群が症状が出る前の60歳でがん検診を受けたとする。この

図5−5　がん検診で前立腺がんの5年生存率が高まる理由（過剰診断バイアス）

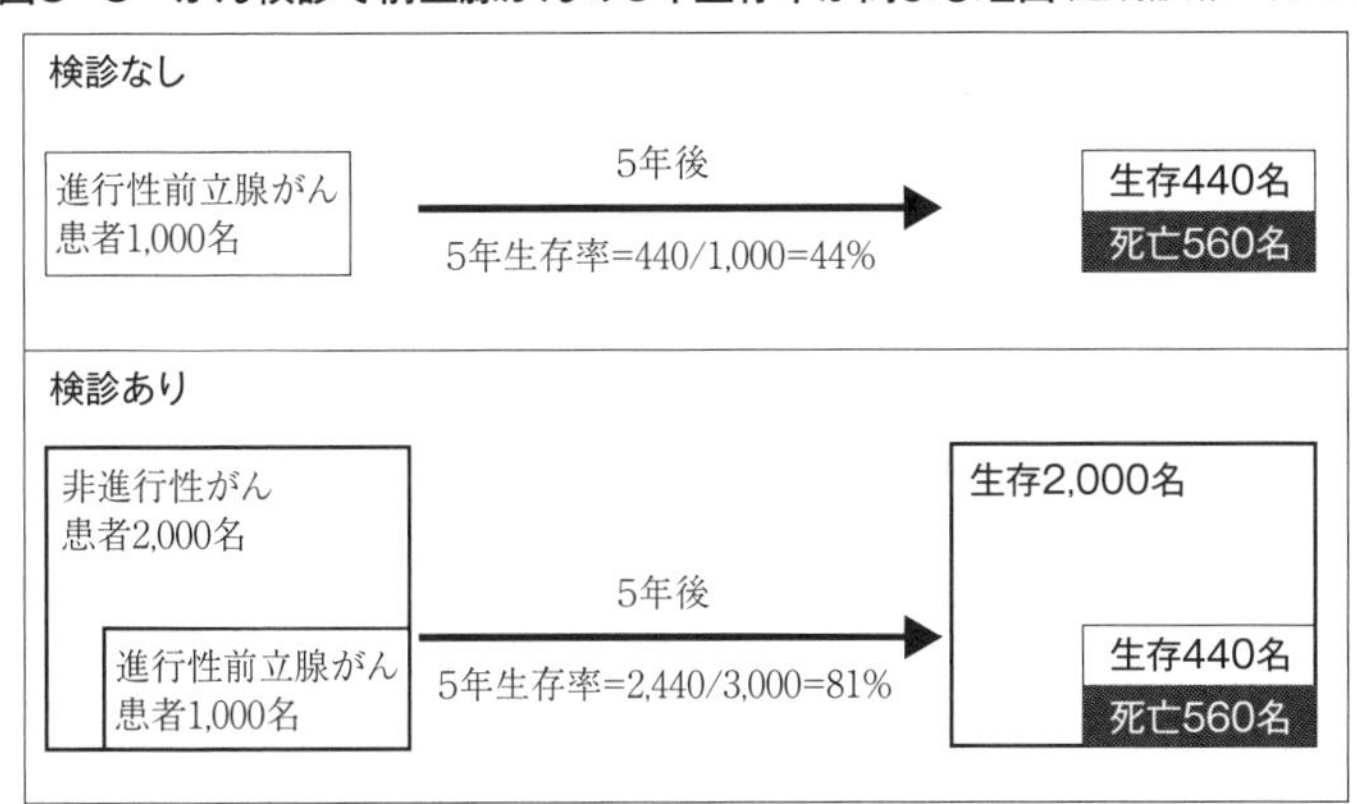

（出所）　Gigerenzer, Gaissmaier, Kurz-Millcke, Schwartz, and Woloshin（2007）

群の５年生存率は１００％になる。臨床経過や予後がまったく改善しなくても、単により早期に診断するだけで、生存率は「改善」してしまうことになる。

無症状の人を対象とするがん検診では、早期死亡にはつながらない（生命予後に影響を及ぼさない）異常を医師が見つけて、がんだと診断することがある。がんの進行は遅く、症状も出ないし、余命に影響することもない（検診を受けない限り、患者は自分ががんであることに気づかず、別の要因で亡くなることになる）。このようながんを「非進行性のがん＝過剰診断がん」と呼ぶ。現代の医学では、がん検診で進行性と非進行性のどちらかを区別することはできない。

がん検診などで早期に診断することで、不必要な医療介入が行われる可能性が高まること（過剰診断バイアス）が図５－５で示される。図５－５の上図は進行性前立腺がんにかかっている男性１０００人。５年後には４４０人が生存しているので生存率は44％だ。下図は前立腺がん検診（ＰＳＡ検診）を受ける男性３０００人だ。この検診では検診の結果、非進行性前立腺がんにかかっている（つまり前立腺がんでは死なない）と診断された男性２０００人も含まれる。発見率も向上し、生存率は81％と上の場合と比べて倍になるが、死亡する男性の数は変わらない。

生存率は治療による利益を判断したり、ある一人の患者の予後を評価するには役立つ指標であるが、検診に関しては常に誤解を招いてきた（たとえば、ウォロシン［2011］）。この例では、進行性であるか否かにかかわらず、一律に「がん」があると診断され、苦痛と副作用のある検査や治療を受ける可能性のある男性が２０００人いることになる。早期治療のメリット（図５－５の例では生存が４４０名よりも少し増える可能性）ばかりに焦点が当てられ、不要な治療のデメリットを受ける２０００人に関しては、ほとんど注目されないことが検診の問題点だ。「発見率」や「生存率」を根拠に、新しい検診方法の導入を検討してはいけないということである。

(4) がん検診はどうあるべきか――地域医療との関連

がん検診の受診率の向上を政策目標にしている自治体も多いが、実は日本では受診率の正確な把握はできていない。

厚生労働省（2023a）の「がん検診事業のあり方について」の報告書によると、日本におけるがん検診には住民検診、職域検診および人間ドックで行われる検診等があるが、このうち実測値の受診率が把握されているのは住民検診のみである。住民検診の受診率は「地域保健・健康増進事業報告」により、都道府県/市区町村別に毎年把握できる。しかし住民検診の対象者は、2015（平成27）年から「全住民」に統一されるまでは、市町村が独自に定義していたため、住民検診における受診率を自治体（市区町村）間で比較するには注意が必要である。

すべてのがん検診（住民検診、職域検診、人間ドックなどを含む）に関しては「国民生活基礎調査」で推計受診率を把握できる。この調査は3年に一度行われる国の基幹統計である。しかし、この受診率はアンケートにより算出されるため、回答者の解釈により、がん検診以外で受けた検査が受診率に混在する可能性や、指針で推奨されていない検診が受診率に算定される可能性がある。そのため過大評価されやすく、ここでも比較する場合は注意が必要となる。

職域検診ではエビデンスのないがん検診が行われている場合が多いので、まずは地域（厚労省指針に沿って実施している）と同じがん検診を職域でも実施するなど、職域検診を法的な枠組みに組み込み、システムや指標を揃えた上で地域のデータと集約することが重要だ。

また、職域検診を受けた人は住民検診を受けないことが多い。住民検診は対象者を全住民と定義しているため、職域検診の受診者が多い地域では、住民検診の受診率が低くなる可能性がある。

都道府県の保健医療計画では「がん検診の受診率60%」のような目標値を設定することがあるが、上記のように職域検診を受けたり、個人で人間ドックを受ける人は、住民検診を受けないことがほとんどなので、検診の受診率を目標にするのは適切でない。国のがん対策推進基本計画などで検診の受診率を60%としていると、整合性をとるために都道府県の保健医療計画でも60%と目標を設定することになるようだ。そもそもこの章で議論したように、リスクに関係なくがん検診を受診すること自体、適切といえない。

がん検診に関しては、そのほかにも多くの課題があり、「がん検診事業のあり方について」の報告書では以下のような点が指摘されている[24]。

● 「地域保健・健康増進事業報告」は、内容が複雑化しており、利活用がしにくい上、市町村によりシステム管理や報告内容にばらづきがあるため、都道府県レベルでシステムを統一することを検討するべきだ。

● 住民検診における個別検診（医療機関等での利用券方式等、個人単位でいつでも受けられる検診方式）は集団検診と比較して、医療機関数が多く契約形態も多岐にわたるため、体制統一が難しく、精度管理の水準が低くなっている。

● がん検診の精度管理は、従来の要精検率（検診において、精密検査の対象者が適切に絞られているか）と発見率ではなく、検診プログラムの感度・特異度により行うべきである。将来的には検診結果とがん登録、検診結果とレセプトデータを照合するなどの手法や運営ルールの検討も必要である。

● マイナンバーによる受診者追跡システムを構築することで、データ管理や集約を進める。

- パーソナル・ヘルス・レコード（PHR）の利活用などにより職場と地域のデータの集約を視野に入れるべき。
- 検診を担当する医師の精度管理の理解に差がある。体系的な医師・医学教育が必要（筆者注：医師だけでなく医療者全般に必要）。
- 国が推奨しない検診が行われていることについて、国は指定外の検診を行わないよう効果的な取組みをする。

この報告書で明らかになったことの一つは、地方自治が進んでしまった弊害である。その上、印南（2022）の指摘のように地元の医療団体との関係も難しい。そもそもこの報告書は、がん検診を見直すための研究に基づいた優れた報告書であるが、がん医療の現場に反映する仕組みがない。またエビデンスは新しくなるが、情報がアップデートされるプロセスが組み込まれていない。こうした状況の中で、地域住民はどのようにがん検診を受ければよいのだろうか。

まず、国立がん研究センターなど信頼のおける公的な機関が、患者と医師の共同意思決定に必要なわかりやすい情報提供を行うことが不可欠だ。地域住民はそうした信頼のおけるサイトから情報を入手する。

検診を受けるかどうかの相談は、プライマリ・ケアの専門医と行うことが望ましいが、日本のようにそうした医師が少ない現状では身近なかかりつけ医、自治体の保健師、職場の産業医などと相談をするのが次善の選択肢となる。そして、検診結果のフォローアップはかかりつけ医と専門医の連携のもとで行うようにする。こうした制度を整備し、アウトカム評価に反映されることが望ましい。第3章でみたように、すでに多くの国では、標準的な評価指標を導入し、地域住民にわかりやすく公表している。

日本でも、第4期がん対策推進基本計画評価指標などがある。指標は数が多ければ多いほど役立つわけではない。こうした指標を地域住民のがん治療や医療機関の選択の参考になるように、厳選してわかりやすく公表することが不可欠だ。

5　健康診断・診査

前節で見たように、日本では医学的なエビデンスが弱いにもかかわらず行われているがん検診が少なくないが、健診も同様だ。日本の健診の特徴は、大きく以下の三点を指摘できる。1多くの健診が提供されている（健診項目が多い、頻度が高い）、2それにもかかわらずハイリスクの人が適切に医療につながっていない、3がん検診と同様に、海外の健診のガイドラインとの大きなちがいがある。

(1) 多くの健診が提供されている

日本の健診は、地方自治体、学校、職場において幅広く毎年実施されている。特定業務従事者として危険な状況で働く労働者については、6カ月ごととさらに頻繁に健診を提供することが義務づけられている。また50人以上の労働者を抱える企業には、労働者の健康状態を管理するために１人以上の産業医がいる。

健診の項目と対象者の範囲はさらに拡大しており、特に生活習慣病の予防を目的とした40～74歳の人々への法的に定められた健診、そして法的に定められていないが自治体、健康保険組合、共済組合などの保険者や医療提供者によっても多くの健診が提供されている。そうした健診の質はさまざまで、利益と不利益も不明である。ＯＥＣＤの報告書（OECD［2019b］）では「人口高齢化により医療制度の財源がかつてないほど逼迫しているにもかかわらず、日本では国民の健康促進と疾病の早期発見を目的とした健康診断を幅広く取り入れていますが、異常なほど多くの健康診断を頻繁に行っても効果はなく、費用対効果も低く、有害にすらなりかねません」と指摘している。

(2) ハイリスクの人が適切に医療へつながっていない

次に2だが、日本では多項目にわたる健診が頻繁に行われているが、特定の疾患にかかるリスクの高い人への重点的な受診奨励も、健診結果から特定の疾患を持つ可能性が高いとわかった人を確実に医療へつなげる方策も、よく機能しているものがない。

その理由として、予防と医療が制度として連携していないことがある。そもそもOECD諸国では、一般的に健診は行われていない[25]。その代わり、プライマリ・ケアの専門医が、日常の診療において、健診を提供し、治療も行っている。第6章の表6-6にあるように、OECD諸国では全医師の平均20%、多い国では半数近くが専門トレーニングを受けたプライマリ・ケアの専門医師（家庭医）だ。そのプライマリ・ケアの専門医が、地域住民に対して継続的なケアを行っており、日常診療において必要に応じて健診を行うなど、健康管理の責任の多くを担っている。

こうした対応が可能になっている大きな理由の一つは、住民が1カ所の診療所（ほとんどがグループ診療所）を登録するなど、継続的に同じ医療機関を利用する仕組みになっているからだ。

日本では専門のトレーニングを受けたプライマリ・ケアの専門医師がほとんどいない。その上、職場・自治体での健診、がん検診、予防接種などは、地域の開業医、他診療科の専門医、産業医、看護師や保健師によって連携なく提供されている（OECD [2019b]）。毎年同じ人が健診を受けていても、リスクの高い人が医療につながっていない状況が日本では常態化している。たとえば、健診の結果、検査や治療の必要性を指摘されても、1／3以上が治療につながっていないこと、特に20歳から29歳では約半分が再検査や治療を受けていなかったことが、２０１２年の労働者健康状況調査でも明らかになった（厚生労働省 [2012]）。

「労働者健康状況調査」は、平成25（２０１３）年からは「労働安全衛生調査」に改名され、年齢

図5－6　ほぼすべての年齢層で、日常的に利用可能な日本の健康診断

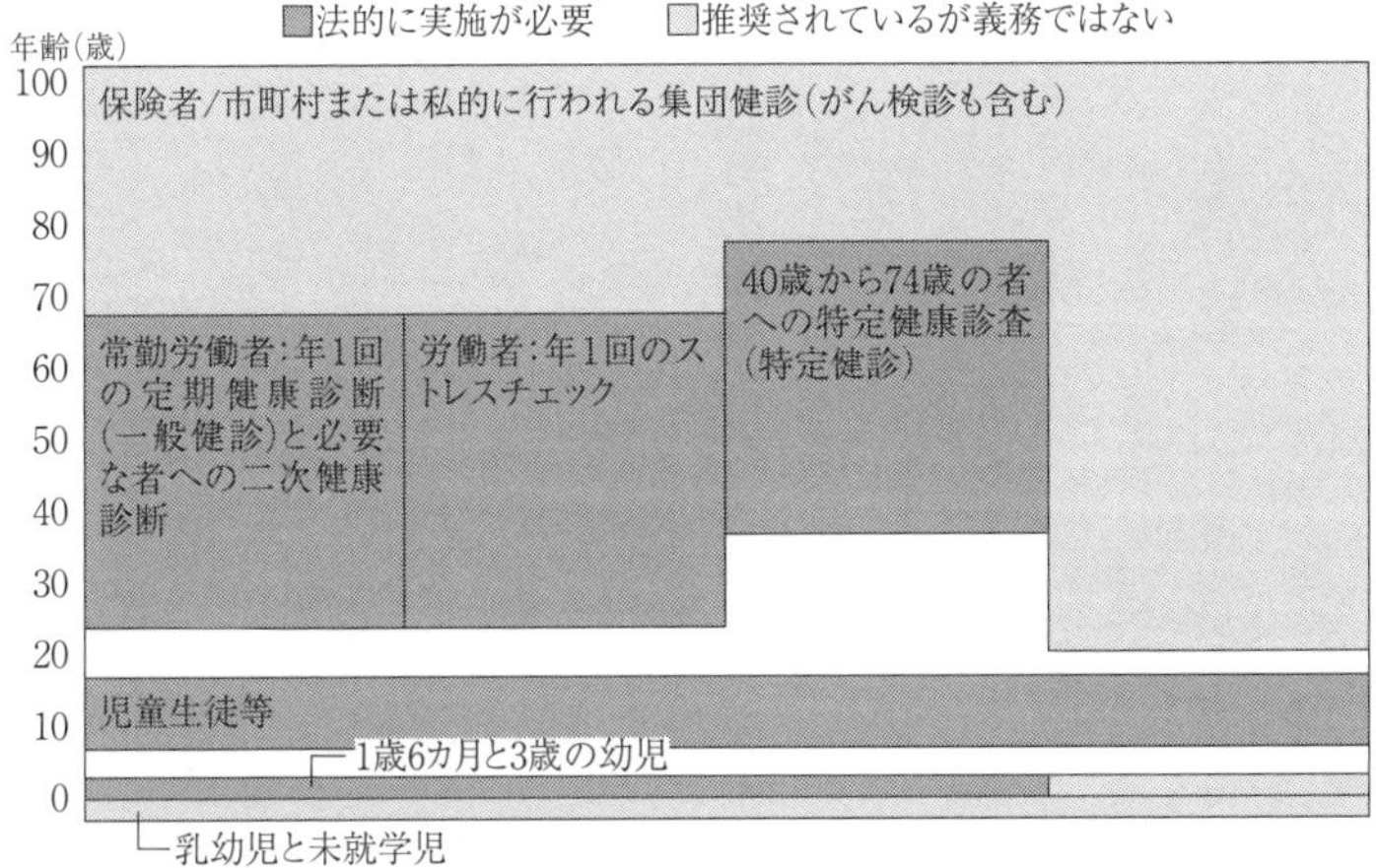

（出所）　OECD(2019b)

別の状況に関しての最近の記載はない。企業別の統計になるが、所見のあった労働者に講じた措置内容（複数回答）として「再検査・精密検査の指示等の保健指導を行った」が74・9％となっている（令和3年「労働安全衛生調査」の第9表）。事業規模が１０００人以上では93・8％だが、99人以下では80・8％、29人以下では71・4％と事業者規模が小さくなるに従って、企業レベルで保健指導を行っていない割合が増える。従業員が１０００人以上の大企業では保健指導が手厚い、従業員は休暇をとりやすいなどの福利厚生に恵まれているなども割合の高い理由と考えられる。

図５－６にあるように、日本では、ほぼすべての年齢層で、健診が利用可能である。しかし、公衆衛生制度は分権化しており、地方自治体や職場の裁量に任されていることが多い。重複し

ている内容も多い一方で、利用可能であっても利用されていない健診も少なくない。大企業と比べて、中小企業で働く労働者の健診の受診率は低い。日本の職場では、常勤労働者など限られた人を対象にしており、非常勤労働者、失業者や退職者などリスクの高いグループを的確に把握する方法がほとんどない。

日本では労働市場の二極化が進んでいるため、皆保険制度の谷間に落ちてしまう人は今後も増えるであろう。かかりつけ医が効果的な介入を提供しているのか、患者アウトカムを含めて質の評価が必要だ。今後は、在宅勤務が増えたり、副業が推奨されるといった働き方の変化のもと、産業医の仕組みも考え直す必要がある。

(3) 海外の健診のガイドラインとの大きなちがい

たとえば糖尿病のスクリーニングを海外の主要なガイドライン（表5－7）と比較すると、日本の特定健康診査（特定健診）との大きなちがいに気づく。日本では(a)健診の対象者は、年齢制限のみで、糖尿病に罹患するリスクを評価していない。(b)リスクや血糖値に関係なく健診を年1回実施している。(c)最新最良の臨床研究のエビデンスを考慮して更新していない。海外と比較して健診受診対象者の条件が緩く、受診者の数が増え費用もかかるが、その費用を上回る有益性があるのかは示されていない。そもそも健診にどのくらい費用がかかっているのか、費用の把握も難しい。

糖尿病を罹患するリスク因子には、糖尿病の家族歴、人種、体重（出生時、小児期を含め）、脂肪

表5－7　糖尿病スクリーニングの主要ガイドライン

学会・機関	対象	検査	間隔
米国糖尿病学会	● 妊娠糖尿病の病歴のある女性 ● 抗レトロウイルス療法を開始または切り替える前のHIV患者 ● BMI ≥25 kg/㎡のすべての成人	HbA1c、空腹時血漿ブドウ糖、または2時間経口ブドウ糖負荷試験（OGTT）のいずれか	スクリーニング検査が陰性の場合は、3年ごと
米国予防医療専門委員会	過体重 BMI ≥25 kg/㎡（アジア系米国人は23）、または肥満 BMI ≥30 kg/㎡の35～70歳	Prediabetes:（前糖尿病） 空腹時血糖 100-125 mg/dL、HbA1c 5.7-6.5%、またはOGTT 2時間血糖 140-199 mg/dL 2型糖尿病: 空腹時血糖 126 mg/dL以上、HbA1c 6.5%以上、またはOGTT 2時間血糖 200 mg/dL以上	血糖が正常範囲だった対象を3年ごとにスクリーニング
カナダ予防医療専門委員会	検証済みのリスク計算法を使用して糖尿病のリスクが高い人を特定することを推奨	HbA1c	リスクにより異なる：低～中リスク=定期的スクリーニングせず。高リスク=3～5年ごと。極高リスク=毎年
米国疾病管理予防センター	45歳以上、かつ以下の危険因子を持つ個人に対して：過体重、糖尿病の一等親血縁者、高リスクの民族グループ、妊娠糖尿病の病歴、または座りがちな生活	空腹時血糖、OGTT、HbA1c検査、または随時血糖検査	
英国NICE	40歳以上、または25歳以上で高リスク民族グループ、肥満、高血圧、または心血管疾患のある人に、自己評価質問票または糖尿病のリスク評価ツールを使用したリスク評価を推奨	空腹時血糖、またはHbA1c	高リスクの人は少なくとも1年ごと、低リスクの人は少なくとも5年ごと
特定健康診査・特定保健指導（日本）	40～74歳	空腹時血糖、またはHbA1c（実際は両方が多い）	年1回

（出所）　縄田・井伊・葛西（2022）

分布、運動、喫煙、睡眠、食事、環境因子、薬剤、疾患などが明らかにされている。理想的には、まず担当の医師が住民のリスクを評価してから必要な人へスクリーニング検査を促す流れが望ましい。たとえば、英国ではすべての診療所が、17歳以上の糖尿病患者全体の糖尿病を疾患タイプを特定し登録している。そして各診療所は糖尿病患者に関して、八つの指標（第3章の表3－10）を計測し、NHSに提出し評価を受けることで報酬を得る仕組みになっている[26]。

検査としては、海外では、空腹時血糖、または HbA1c を実施しているところが多い（表5－7）。日本の特定健診でも空腹時血糖、または HbA1c を測定することになっているが、実際には空腹時血糖と HbA1c の両方を測定していることが多く、過剰検査になっている。

空腹時血糖の利点は低費用（わが国の診療報酬点数の検査料のみの比較で、血糖は11点、HbA1c は49点）だが、欠点は日内変動が大きく、個体内変動も HbA1c より大きいこと、空腹時間の長さ、運動、ストレスの影響を受けることだ。他方 HbA1c は、検査に際し空腹など特別な準備がいらないことと、網膜症など糖尿病合併症と高く相関することが利点だが、貧血や血液疾患などがあると検査値が正しく解釈できない。ブドウ糖負荷試験（ＯＧＴＴ）は、空腹時血糖や HbA1c の精度管理の指標となるほど信頼性が高いが、ブドウ糖負荷（経口摂取）後2時間の検査値が必要なため、健診には不向きである。空腹時間に関係なくいつでも健診ができる受診者の利便性を重視して、カナダ予防医療専門委員会（ＣＴＦＰＨＣ）は、糖尿病のスクリーニングの検査には HbA1c のみを推奨している。日本でもリスクを正しく評価して必要な検査のみ行うことで、かなりの費用削減効果が期待できる。

次に、間隔に関しては、日本で定期健診といえば毎年受診するものであるが、海外ではそれぞれの検査の必要性に応じた間隔で受診すると理解されている。糖尿病スクリーニングの間隔についてもリスクの評価を加えており、高リスクでは毎年、さらにリスクが低くなると３～５年間隔となっている。

注目する点として、今回のスクリーニングが陰性（正常範囲）だった人のみを次回のスクリーニングの対象としていることだ。スクリーニングで陽性だった人は、すでに治療を受けているため、再スクリーニングの必要性はないという合理的な判断である。

わが国では、健診と医療が有機的に連携していないので、健診で異常所見が出ても医療を利用せず漫然と健診を受け続けていることがよく見られる。たとえば、高血圧かつ重度の糖尿病でありながら、病院等で治療を受けていない者が数多く存在することも研究から明らかになっている。縄田・井伊・葛西（2022：表６）によると、高血圧（140/90mmHg以上）で、血糖値200mg/dL以上でも、降圧薬と血糖降下薬のいずれも服用していない人の割合は39・５％もいた。この割合は、高血圧で血糖値126－200mg/dLのグループ（37・３％）と比較しても高くなっている。

高リスクの人に予防のための受診を促すことは、糖尿病重症化の予防として、今までも自治体、健康保険組合、厚労省なども取り組んできたが、効果はそれほど上がっていない。ここでは糖尿病の健診を例に取り上げたが、それ以外の健診も同様の傾向だ。なぜ日本では健診と医療の連携が弱いのだろうか。

2で指摘したことと関連するが、日本では予防と医療が制度として連携していない。健診データと診療データを連結することの重要性は、コロナ禍以前からも指摘され、デジタル化のために、多額の予算が使われてきたが情報連携は進んでいない。たとえば「地域医療連携ネットワーク」では、個々の医療機関が保有するカルテを電子化し、地域の医療機関の間で共有する仕組みを整備しようとした。かかりつけ医療機関としての診療所と、入院などを担当する病院との間で投薬や検査など患者情報を効率的に共有できれば、地域内の機能分化と連携が促進されることが期待された。しかし、補助金依存で構築されたこともあり、補助金終了とともに運用が継続されなかったケースが多くみられた。医療機関に運用を任せたことも原因の一つだ（伊藤・井伊［2023］）。連携の目的は、情報を共有することだけではない。本来の目的は患者のケアを適切に行うことだ。しかし日本では診療所と病院は患者の取り合いになっていて、役割分担をする仕組みになっていない。デジタル化の予算を付けるだけでは地域内の連携は難しい。

(4) 健診と医療をどのように連携させるのか

慢性疾患の患者をケアに結びつけるためには、従来の上から目線の「教育」では行動変容は困難だ。患者一人ひとりの背景、置かれた状況、そして価値観を見出して彼または彼女自身のやり方で進めていけるように支持する「動機づけ面接」ができるプライマリ・ケアの専門家とそのチーム（看護師や栄養士など）が必要となる。それをサポートする支払い制度も必要で、Quality and Outcomes Framework（ＱＯＦ）などの成果払いも参考に、登録住民がより健康になることで報酬が支払われるような仕組みを、諸外国の成功例を参考に取り入れることも一案であろう。第２章図２－１の地域住民のうち医療機関を受診しない７５０人、受診する２５０人、その２５０人のうち入院したり大学病院に紹介される患者の支払い制度はそれぞれ異なるべきであろう。

また、多くの国々では、前述のような介入は看護師や医療助手などによっても行われている。こうした海外の取組みを参考にすると、かかりつけ医療機関の制度を整備する際に、第３章のＢＯＸ３－５で提案したような質の評価の導入が考えられる。

最後に費用に関して言及しておきたい。健診の有効性を高めるためには、研究エビデンスも参考にしつつ、国民全体の健康維持・増進の中で優先順位をつけて絞り込まれた健診項目を設定し、費用対効果も含めた適切な指標によって評価する政策を遂行する必要がある。特にＯＥＣＤには、日本では「異常なほどの多くの健康診断を頻繁に行っても効果はなく、費用対効果も低く、有害」（OECD［2019b］）と指摘されているほどだ。しかし、東京都の章でも指摘したように、日本では医療政策を議論をするときに費用と効果という視点から考えることがほとんどない。

その理由の一つとして、第４章でみたように、医療費の負担が国なのか地方自治体なのか制度が複雑でわかりにくいという問題がある。たとえば、図５－６の定期健診や特定健診の経費は、国が補助しているもの、限定的に補助しているもの、地方単独事業のものなどさまざまだ。

特定業務従事者として危険な状況で働く労働者については、6カ月ごととさらに頻繁に健診を提供することが法律上義務づけられているが、費用については事業者持ちが基本のため、正確な経費の見積りは困難だ。

「1歳6カ月と3歳の幼児」の健診は地方負担、「児童生徒等」の健診は学校の設置者負担のため文部科学省の予算だ。このように健診の経費はいろいろな予算に溶け込んでおり、費用対効果を計測するにしても費用の把握が難しい。

その上、予防は、保険外診療も多く、提供価格も多様で費用の把握は難しい。そのため不必要な検診や健診を減らすことで、心身の負担だけでなく、費用負担をどのくらい減らせるのかという議論が難しくなっている。そもそも政府には、地域住民の判断の材料としてわかりやすい統計を提供するという意識が欠けているのではないだろうか。第4章で議論した「保健医療支出」の予防費用を正確に把握し公表することが議論を進める一歩になる。

6　出生前のスクリーニング㉗

どの国もその国独自の医療制度を持っており、スクリーニングの一連の流れは、その国の医療制度に明確に位置づけられなければならない。まずは誰が対象者となるのか、どのように受診勧奨され、どの医療機関を紹介され、どの検査を受診し、精密検査が必要なのかどうか判断され、必要な治療や介入を受けるべきかどうか示される。

対象者はどのような情報に基づいて、スクリーニングを受けるかどうか決めるのか、またスクリーニングの結果をどのように受け取るのかに関しても記される必要がある（WHO［2020］）。そして上記の一連の流れは、その時点で最も確実なエビデンスに基づいた基準と体制で実施されなければならない。特に、出生前スクリーニングのように、スクリーニングの意味合いが複雑で個人的な選択を必要とする場合にはそうした基準が示されることが必要となる。一般人も臨床医も、スクリーニングの利益を過大評価し、スクリーニングの不利益を過小評価する傾向があるからだ。しかし本書で何度も指摘したようにどのような最先端の技術も完全ではない。

数年前ある新聞に、妊婦の血液検査によるダウン症予測に関する以下のような記事が出ていた。「公表されているデータによると、子どもがダウン症だった場合、ダウン症と判定できる精度は98・６％だった。反対に、ダウン症でないのに、ダウン症と判定してしまった率は０・２％だった。かなり正確に判定できると言える」。

この記事を読んで、「血液検査で陽性だった場合は、かなりの高い確率でダウン症」と解釈する人が多い。これは、致命的な間違いだ。次の数値例を用いて正しい確率を求めてみよう。

ダウン症の有病率は妊婦の年齢に依存する。妊婦が20歳の場合、１６６７分の１の割合で染色体異常が起こる。25歳では１２５０分の１、30歳で９５２分の１、33歳で６２５分の１と徐々に確率は上がっていく。さらに、35歳では385分の1、38歳で175分の1。40歳では106分の1、45歳では30分の1とされている[28]。

人口動態統計によれば、第一子を出産した時の平均年齢は30・9歳なので、ここではダウン症の有業率は1000分の1であると仮定して話を進める。

「ダウン症の場合に検査が陽性の確率」から「検査が陽性だった時にダウン症の確率」は、図5－1と同様にベイズの定理から求められる。

（1/1000）*98.6%／（（1/1000）*98.6%＋（999/1,000）*0.2%）＝33%

検査結果が陽性で、本当にダウン症であるのは10人に3人で、7人近くは間違いの陽性（偽陽性）となる。

一方で、有病率が30分の1（妊婦の年齢が45歳）の場合は、検査が陽性でダウン症である場合は、94・6%と大きく増加する。

（1/30）*98.6%／（（1/30）*98.6%＋（29/30）*0.2%）＝94.6%

出生前スクリーニングは、前述のように感度98・6%のような数字だけみると、「検査をやれば確実にわかる」と誤解してしまうが、この数字は検査実施者の視点からの数値である。受診者にとってより大切な「胎児が陽性と判断されたとき、本当に病気なのか?」の情報は、「感度98・6%」は教えてはくれない。確率の計算が必須なのである。つまり確率の理解はヘルスリテラシーの必要条件だ。偽陽性の判定をされた親の不安を子どもが察知し、正常に生まれた場合でも育っていく過程で不安行動を起こすという研究もある（Gurian *et al.*［2006］）。偽陽性の弊害は大きい。

スクリーニング検査が実施される前に妊婦と家族が検査について説明を受けて納得し同意する必要がある。意思決定の過程で、健康面および精神面での支援を受けることが極めて重要だ。スクリーニング検査を受ける前にどのような結果が起こり得るのかということ、どのような決定を下すことに直面しなければならないかということを認識しておくことが、妊婦と家族にとって最も重要だ。

そのため、検査を受ける前に、医師と患者が共通の理解基盤に立って、その検査の限界を含めて検査結果が意味するものを十分理解した上で、患者の持つリスクや意向に沿って個別に検査を受けるか否かの共同意思決定を行う必要がある。日本ではこうした意思決定を支援する体制ができておらず、検査、健診、検診の受診率を上げることばかりが強調される。確率的なものの考え方とリスクの伝え方について、医師と患者双方の教育が日本では十分でない。

ベイズの定理を理解する合理的な個人とは、伝統的な経済学で仮定する合理的な個人であり、その場合は情報は多ければ多いほどよい。しかし、現実には私たちはそれほど合理的に思考をしているわけではなく、特に不確実性のもとで賢い意思決定をするためには、情報は多ければ多いほどよいいとは必ずしもいえない。少ない費用でよりよい医療が受けられるようにするには、医師と患者のヘルスリテラシーを高めることも大切だ。一律に自己負担額を増やすなどの政策だけでは、不必要な医療を減らしたり、よい医療を達成するのは難しい。

7　過剰に検診・健診が行われるのはなぜなのか

日本では、検診・健診をはじめ、過剰に検査が行われるのはなぜなのだろうか。そして、健診やがん検診のメリットが強調される傾向はどうしてなのだろうか。

日本の検査の特徴として以下の四点がある。

一点目は、医師と関係のないところで健診・検診が進められることが多い。そのため「自治体から無料（またはとても安い）の案内が来たので、検診を受けてみた。そしたら異常な値が出て慌ててインターネットや知り合いに相談をして、医療機関を受診し、そこで同じような検査を再度受ける」ということが起こりがちだ。がん検診をはじめ、どの検査も若い人やリスクの低い人、2年に一度のところを毎年受診すれば偽陽性が増えてしまう。どのタイミングや頻度でどの検査を受けるのか、日本のガイドラインにはそうしたことが、わかりやすく記載されていない。その上、医療者と相談をしてから検診・健診を受ける仕組みになっていない。

二点目は、どのような検査も利益と不利益があることをわかりやすく患者に伝えるトレーニングが、日本の医学教育ではほとんど行われていない。

ひと昔前は、検査が陽性なら病気、陰性なら病気でない、と考えられていた。しかし、今の検査の考え方はすべて確率論である。検査は、検査前確率から検査後確率を導き出す手段にすぎない。血液検査もＣＴの画像も患者の症状も診断のための一つのツールにすぎない。血液検査やＣＴの画像検査で異常がなくても（陰性）病気にかかっていることはあるし、検査結果で異常が出ても（陽性）病気にかかっていないこともある。「病気」の早期発見は意外に難しいのである。

三点目も、医学教育に関することだが、多くの国々では、問診や身体診察をしっかり行い、特にＣＴ検査のように身体に負担となるような検査は、必要でない限り行わないことを説明することが質の高い医療であると教育されている。

日本では患者の症状をもとに問診だけで診断をすることは少なく、多くの医師が血液検査やＣＴなど最初から検査に頼ることが多い。他の国と比べると検査の回数が圧倒的に多い。第6章で見るように、日本は海外に比べてＣＴやＭＲＩなどの高度な検査機器の保有率は世界一高い。その上、日本の医療保険制度は一部の入院を除けば主に出来高払いなので、医療機関側に多めの検査や投薬を行い報酬を得ようとするインセンティブが働く。ＭＲＩ検査やＣＴ検査はさまざまな検査料と加算(29)があり、生活指導などに比べて診療報酬の点数も高く、経営にも寄与する傾向になる。そのため有益性を示すエビデンスがなくても、高度な医療機器を用いた検査を頻繁に行うことになる。日本では「高額な医療機器を保有していることが、質の高い医療機関」と評価されがちだ。患者だけでなく医師も同様だ。そのため高額な医療機器を購入して、医師をはじめとする医療従事者を集めようとする経営者も少なくない。

四点目として住民の意識の問題もある。日本では、住民や患者も過剰な検査や投薬になれていて、それがないと寂しいと感じる人が多い。安心のために検査を受けたい、という人たちに検査には限界があることをわかりやすく説明するのも医療者の役割だ。しかし、日本の医療制度では、患者に丁寧に説明をするだけで検査を行わなければ経営にマイナスになってしまう。

以上のように、日本では、医療者をはじめ検診・健診の提供者が、「検診・健診はエビデンスに基づいて十分な精度管理体制の下に行うべき」という理解を共有していない。そのため検診・健診の要件が踏まえられずに検査が実施されてしまい、成果が上がっていない。また地域住民にはエビデンスに基づかない情報が発信されており、その結果として過剰なまでの検診・健診を日常的に受けている住民がいる一方で、受診するべき人が受診していなかったり、受診した場合でも適切なフォローアップがないことが多い。

WHOが指摘するように（WHO［2022］p.47）、スクリーニング（検診・健診）プログラムには、プログラムを運営するための多くの条件や判断基準（決め事）がある。その決め方は、最新最良のエビデンス、実現可能性、費用対効果に基づく必要がある。具体的には、「誰に受診を勧めるべきか」「どのぐらいの間隔で受診を勧めるべきか」「対象者が情報を得た上で「受診するかどうかを」判断するためには何を提供すべきか」「検査の閾値とその感度、特異度、陽性適中率」そして「スクリーニング（検診・健診）で異常があった場合、最終的にどのような診断方法や治療が行われるべきか」。こうした多くの条件や判断基準の許容範囲内で運営しなければならない。日本で考慮される条件は年齢と頻度くらいと乏しい。

8　諸外国ではどのように医療健康情報を住民に提供しているのか

第３章でも紹介したが、諸外国では国の機関が責任を持って治療や予防など健康や医療に関して情報発信を行っている。

たとえば英国では、ＮＨＳが「Health A to Z」、「Medicine A to Z」など、患者本位のわかりやすい情報発信を行っている。そこで、「認知症」「肺がん」「不眠症」の三つの項目に関して、日本の厚労省が提供しているｅ－ヘルスネットの内容と比較をしてみた（２０２１年のコロナ禍に行った）。

⑴　認知症

まず認知症では、ＮＨＳの「Health A to Z」では、認知症の解説だけでなく、症状、利用可能な公的・民間サポート、認知症を持って暮らしていくことに関するアドバイスや、認知症の人との付き合い方まで、幅広い情報をワンストップで提供している。情報も頻繁にアップデートされている。そして、気になる症状がある場合は、早めに家庭医に相談することを勧めている。英国のすべての住民は健康な時から診療所を1カ所登録しているため、認知症に関して相談事したいときには、登録している診療所で働く家庭医に連絡をすればよい。

認知症が疑われる人との接し方についての紹介もある。認知症が疑われる人が自分の症状をどのように受け止めているのか、どのような感情を持っているのか、医療サポートの必要性を感じているのかなどについて、周りの人が注意しながらコミュニケーションをとるように、などが書かれている。「Become a Dementia Friend」という項目では、認知症の患者をサポートする方法が載っている。

一方、日本の厚労省のｅ－ヘルスネットの情報提供は百科事典的で、病気に関する情報が網羅されているだけだ。「認知症」の場合、その内容は学問的な説明にとどまっており、研究結果の紹介が主である。ＮＨＳの情報提供と比べて一般の人が関心を持ちそうな情報が手に入りにくい。家族に気になる症状が現れたときに誰にどのタイミングで相談をすればよいのか悩んでいる人は少なくない。信頼できそうな医療機関を見つけるまであちらこちらを訪ね歩いたり、何度も検査を受けたりすることになる。そのたびに今までの経緯を知らない医療者に説明をする手間もかかる。

(2) 肺がん

次に、肺がんに関しては、ＮＨＳの「Health A to Z」では概要、症状、原因、診断、治療、疾患との付き合い方、予防方法の項目に分かれていて、それぞれのページに直接アクセスし詳細な情報を得られるように作られている。概要には必要情報がまとめてあり、ここを参考にすることで自覚症状でがんが発覚してからの流れを知ることができる。コロナとがんのページへのリンクもあり、現状に応じて情報を簡単に迅速に得られるようになっている。

診断には、検査の方法と診断におけるがんの段階についての詳細が書かれている。検査方法では、それぞれの手順のほかに、痛みの有無や所要時間も記述されている。生体検査（がんの病変を採取する検査など）についての記述も詳細で、入院の必要性やリスクについても書かれている。

治療では、手術、放射線療法、化学療法、免疫療法、分子標的療法とその他の治療法に分類されていて、それぞれの治療法の流れや副作用についての記述がある。保険適用外の薬についても言及がある。疾患との付き合い方では、治療中の生活における息切れや痛みなどの肉体的な症状のほかに、精神面への影響とその対処法や経済的な支援を受ける方法についての記述もある。経済的支援のところには、英国政府の該当ページ（gov.uk）へのリンクがあり、そこからすぐに疾病手当や雇用手当の申請ができるようになっている。認知症や肺がんにかかわらず、すべての項目が頻繁にアップデートされているのも特徴だ。研究成果などエビデンスが出てくると、それを一般向けにわかりやすく情報提供する仕組みだ。

一方、厚労省のｅ－ヘルスネットで、「肺がん」を検索しても、肺がんの関連として喫煙が健康に与える影響についての記事はあっても、肺がんになるとどのような症状があるのか、どのような治療法があるのか、などの情報は得られない。さまざまな情報を自分で探さなければならない。内容も患者視点ではなく研究者視点のものが多い。喫煙が健康にもたらす影響はわかっても、肺がんの症状や実際に罹患した時にどうすればよいのかなどの情報は得られない。

日本では、信頼性が高く地域住民にもわかりやすい公的な情報源が少ない。こうしたオンラインの公的情報を参考に、主治医とオンラインで治療方針を相談できる仕組みにもなっていない。そのため、がん患者でも治療を受けるか受けないかを自己判断するケースが少なくないことが、コロナ禍でのがん患者の治療行動に関する調査（新型コロナウイルス感染症拡大が及ぼしたがん患者への影響調査［第2回］CSRプロジェクト（2022））で明らかになった[30]。診断から5年以内のがん患者310人を対象にしたこの調査によると、8人に1人が薬や放射線治療をキャンセルし、外科手術をやめた患者もいた。医師や医療機関による判断もあるが、実に変更理由の4割が、自己判断や患者仲間からの助言だった。自己判断の情報源の多くはテレビのワイドショーや普通のインターネットだ。医療・健康情報をどのように理解しリスクと付き合うか患者の利便性を第一に考えていく必要がありそうだ。

(3) 不眠症

最後に不眠症について調べてみた。NHSでは、不眠症があるのかどうか、自己チェックを行えるようになっている。そして不眠症がある場合にするべきこととしてはいけないことのリストが紹介されている。登録先の診療所を受診する際に、家庭医や薬剤師に相談するべきこと、家庭医の標準的な治療についても記載されている。コロナ禍では、不眠症が悪化する場合もあるため、家庭医に連絡をとる場合の仕方も書いてある。ＮＨＳのサイトの特徴は、内容を絶えずアップデートしている点だが、コロナ禍でのロックダウン、失業、家族関係の変化などがある中で、こうしたサイトの存在と、必要に応じて家庭医に家族ぐるみで見てもらえる安心感があることはとても心強い。

一方、ｅ‐ヘルスネットでは、不眠症の定義、専門医に相談することを躊躇しない、睡眠薬を過度に怖がらないように、などと書いてあるが、それではどの専門医にどのタイミングで相談をしたらよいのか、自分にとって適切な睡眠薬の量はどの程度なのか、などの情報は得られない。

こうして三つの疾患に関して比べてみると、ＮＨＳと厚労省のｅ‐ヘルスネットのサイトの両者の大きなちがいは、患者の視点に立ったわかりやすい情報提供になっているかどうかといえる。特に問題と思われるのが、ｅ‐ヘルスネットでは監修者が、プライマリ・ケアの専門トレーニングを受けている医療者でなく、臓器別専門医の場合がほとんどであることだ。そのため、内容だけでなく受診の目安もその疾患関連だけになりがちだ。

ここで重要なのは、信頼できる健康・医療情報の発信はそれ自体が独立しているのではなく、医療（介護を含む）制度、特に日本の制度の弱点であるプライマリ・ケアの中に組み込んでいくことが不可欠だということだ。プライマリ・ケアの制度が整備されることで、予防や健康維持・増進を含めてトレーニングを受けた医療者へのアクセスがよくなる。医師だけでなく、看護師、薬剤師、栄養士、理学療法士・作業療法士・言語聴覚士などのリハビリの専門家、ソーシャルワーカーなどが互いの専門性を尊重しながら対等な立場で連携しつつ、質の高い患者ケアが提供される。地域住民は、こうした医師と対等な立場で働く医療者から標準的な治療法など医療情報を得ることができる。日本の「かかりつけ医療機関」はそうした役割を果たせるだろうか。そうした役割を担う医療機関がないところで、インターネットでの情報発信を充実させても、住民がその情報を十分に活かすことは難しい。

Gigerenzer（2015）によると、健康や医療に関する情報の入手方法としてOECD諸国では、プライマリ・ケアの専門医である家庭医の役割が大きい（第1章、表1－9）。最近のドイツの研究（Oedekoven *et al.*［2019］）では、家庭医71％、他科専門医39％、インターネット33・7％と、家庭医が最もメジャーな情報源である。ドイツでは全医師の16％が家庭医だ。

最後に日本の診療ガイドラインの問題についても指摘しておきたい。第4、5節で見たように、日本の診療ガイドラインは、他国とは、驚くほど推奨内容が異なっている。日本では医療と公衆衛生の連携機能が乏しいため、医療機関が住民のリスク（喫煙など）を把握できないことも一因だ。そのため、糖尿病や高血圧のような、よくある疾患でも、日本のガイドラインと海外のガイドラインとではかなり異なる。その上、海外では誰もが最新のガイドラインにインターネットで自由にアクセスできるが、日本では、発表されていても最新のものへのアクセスが制限されていて、書籍として購入するか学会員でないと自由にアクセスできないことが多い。さらに、費用対効果を考慮した推奨事項が掲載されているガイドラインはごく少数である。

特に外来診療におけるプライマリ・ケアでの使用に適しているものはわずかだ。このためケアに関わる人たちが根拠のある診療方法を選択することを困難にしている。その結果、諸外国と比べて、同等の有効性と安全性があるにもかかわらず、より高価な薬剤や医療技術の使用を増やすことになる。日本のガイドラインのあり方も考え直す必要がある。具体的には、ガイドラインを作成し公開する機関は学会ではなく、公的機関が担うべきであろう。そして、そこではエビデンスを継続して吟味を続ける仕組みが必要となる。ガイドラインは何よりも患者のためであるべきだ。

２０１５年にノーベル経済学賞を受賞したアンガス・ディートンは、著書の中で「（英国の）ＮＩＣＥ（筆者注：第4節で紹介したように、国で統一したガイドラインを作成している。国際的にも高い評価を受けている）は製薬業界や医療機器メーカーから強い反発を受けている。ある不利な決定を受けて少なくとも一社の製薬会社がイギリスから撤退すると脅しをかけたのだが、当時首相だったトニー・ブレアは一歩も引かなかった。」（Deaton［2013］）というエピソードを紹介している。不退転の決意とエビデンスを政策の基盤に据えることについて、政治的なリーダーシップと決断が不可欠なのだろう。

9　医師と患者のヘルスリテラシーを高めることで、より少ない費用でよりよい医療を提供する

よりよい医療や介護のためには、負担を増やす（増税か保険料を上げる）しか選択肢はないのだ

ろうか。この章で見たように、医師と患者のヘルスリテラシーを高めることで、より少ない費用でよりよい医療を受けることが可能だ。

政府が責任を持って情報を提供している仕組みも重要だ。英国では、前節で見たように「Health A to Z」や「Medicines A to Z」といった患者・市民向けの医療情報サイトの存在がある。NHSが国として信頼性の高い医療情報を無料で提供している。適切なエビデンスとガイドラインを用いて情報が定期的に更新され、健康と病気に関する幅広い情報を医療の素人である患者にもわかりやすく提供している（澤［2012］）。

政府公認のウェブサイトがサーチエンジンで常に優先的に表示され、一般国民だけでなく医療者にとっても信頼できる健康・医療情報源となっている。英語で発信されているため、世界中から多くのアクセスがある。

英国では、家庭医によるケアだけでなく、患者自身によるセルフケアも重視している。Health A to ZやMedicines A to Zによる情報発信を通じ、受診が必要な状況を説明し、それまではセルフケアで乗り切るように患者を誘導する。日本では、「セルフケアの促進」とは、ともすれば健康食品や高価な人間ドックを推進するような商業的な話になりがちだ。それにもかかわらず、気になる症状がある場合に、信頼できる情報ソースがないために、すぐに診療所や病院で診察を受けようとする。信頼できる情報を提供することにより、セルフケアを促す仕組みも必要である。情報を提供することが、医療機関を守ることにもなるのだ。

地域住民や患者は、自分にとってどのような治療や予防が効果があるのか明快な答えを期待するが、経験のある医療者でも正解を持たない場合は多い。その上、われわれの期待は人によって異なる。世の中は不確実なことに満ちている。技術が進歩するほど住民の選択肢は増え、迷いも増える。日本の医療・介護提供体制の議論では、自己負担額を増やすことで、総費用を抑えたり、過剰な受診や不必要な医療費を削減する政策が提案されてきた。なぜなら古くは１９７０年代の老人医療の無料化、最近では小児医療の無料化など、自己負担が低いと不必要な受診が増える傾向があるからだ。しかしＯＥＣＤ諸国をはじめ、子供だけでなくすべての世代で自己負担が無料の国は少なくないが、過剰受診は日本ほど問題になっていない。

医療のように情報の非対称性がある場合は、正しい情報が与えられずに、価格だけで需要（受診するべきか否か、受診するとしたらどのような頻度で受診し、検査を受けるのかなど）をコントロールするのは適切でないことが多い。多くの国や地域では、供給者側（医療者）をコントロールすることで、患者が適切な医療を受けられるようにしている。しかし日本では、供給者側をコントロールする有効な仕組みが弱いために、患者の金銭的な負担を増やすことで、医療費総額を抑えようという政策になりがちだ。一方で、技術進歩も日進月歩で急速に進んでおり、患者がその内容を理解して適切な受診を自分で選ぶのは難しい。

供給者側をコントロールする仕組みの一つは、アウトカム（結果）評価の導入だ。日本の診療報酬は、インプット（投入）やストラクチャー（構造）を重視し、アウトカムに連動しない診療報酬によって政策を誘導してきた。診療報酬はアウトカムとは結びついていないため、診療報酬で政策を誘導するやり方には限界がある。

地域住民のヘルスリテラシーを向上させることで、国民はより健康になれるし、無駄な医療も削減できることが期待される。しかし日本の現行の公的医療保険制度では、地域住民のヘルスリテラシーが向上すると医療機関の経営が悪くなってしまう。診療報酬制度の見直しも不可欠なのである。

【第5章　注】

（1）たとえば、国のがん対策の指針となる２０２３年度から6年間の「第4期がん対策推進基本計画」（２０２３年3月28日に閣議決定）では、がん検診の受診率の目標を60％に引き上げた。

（2）過剰診断（overdiagnosis）とは、「生命予後に影響しないがんを発見すること」（厚生労働省［2023］）、「生涯の間に決して人に害を与えることのない（症状が発現しない、生命に危機を及ぼさない）であろう疾患や健康問題を見つけてしまうこと」（WHO［2020］、訳は斎藤監訳［2022］）。

（3）"benefit"と"harm"は、「利益」と「不利益」と訳した。WHO（2020）の斎藤監訳（2022）や国立がん研究センターの訳を参考にした。英国のBMJ Publishing Groupによる臨床現場でのＥＢＭを支援するツールである『Clinical Evidence』の日本語版のように、「有益性」と「害」と訳することもある。そこでは、「臨床研究で示された有益性と害」という意味で使っている。日本語で「害」とすると印象が強すぎてしまうので、「不利益」と訳することが多いようだ。

（4）英語ではcancer screeningだが、ここではがん検診と訳している。Screening（スクリーニング）とは、症状のない人が検査を受けること。

（5）「金融リテラシー調査（２０２２年）」のポイント　https://www.shiruporuto.jp/public/document/container/literacy_chosa/2022/pdf/22lite_point.pdf

（6）情報の非対称性の議論で、経済学を知らない人がよく勘違いをする言葉に「モラルハザード」がある。「保険に加入しているために、注意を怠り、事故や病気を引き起こしやすい（もしくは、引き起こす確率を高める）『行動』を選択する」ことだ。これは「違法ではないが、誉められたものではない」という感じだろうか。「モラルハザード」は、「倫理の欠如」と訳されることがあるが、ここでのモラルは、日本語の倫理（ethics）とは意味合いが異なる。

情報の非対称性に起因する行動の変容を、アドバースセレクション（逆選択）と対比する時にも使う。「アドバースセレクション」は「保険会社が保険料率を引き上げると、事故を起こしたり、病気になりやすい人ほど、保険に加入する行動を選択する」ことだ。つまり、収入や利潤に不利な影響を持つ人が保険を購入することを意味する。

（７）たとえば、以下のような設問が金融リテラシーの調査項目だ。

[1] １００万円を年率２％の利息がつく預金口座に預け入れました。それ以外、この口座への入金や出金がなかった場合、５年後、口座の残高はいくらになっているでしょうか。利息にかかる税金は考慮しないでご回答ください。（回答：単利なら１１０万円、複利なら１１０万４０８０円）

[2] インフレ率が２％で、普通預金口座であなたが受け取る利息が１％なら、１年後にこの口座のお金を使ってどれくらいの物を購入することができると思いますか。（回答：今日以下しか物を購入できない）

（８）健康や疾患に関する具体的な知識の有無（例：喫煙が健康に与える影響）で評価することも一案だ。しかし、この章で説明するように、「がん検診」や「健診」などに関する評価は専門家でも難しく、客観的な評価指標は確立していないのではないだろうか。ヘルスリテラシーとは、「不確実であることを知った上で、関心ある疾患に関してはある程度アップデートされた情報を持つ（探す）ことができる」と定義できる。

（９）前回の調査参加国のうち16カ国が２０２０年の調査に不参加だったことも影響していると考えられる。２０２２年　調査結果の概要　https://www.shiruporuto.jp/public/document/container/literacy_chosa/2022/pdf/22literacyr.pdf

（10）健康情報についての全国調査（INFORM Study）　https://www.ncc.go.jp/jp/icc/behav-sci/project/030/index.html

（11）本書は医学書でないので、参照するガイドラインは最新でない場合もある。ここでは、検査を正しく理解するための考え方を説明することが目的で、検診のための最新最良のエビデンスの提供ではないことは強調しておきたい。

（12）厚生労働省「がん予防重点健康教育及びがん検診実施のための指針」（２０２３年）https://www.mhlw.go.jp/content/10900000/001114125.pdf

（13）厚生労働省「市区町村におけるがん検診の実施状況調査」により把握した住民検診の実施状況を国立がん研究センターがまとめたページ。https://ganjoho.jp/reg_stat/statistics/stat/screening/dl_screening.html　https://ganjoho.jp/reg_stat/statistics/stat/screening/excel/Pref_Cancer_Screening_Assessment（2015-2021）.xlsx

（14）年齢別の罹患率は以下を参照のこと。国立がん研究センター　がん情報サービス　https://ganjoho.jp/reg_stat/statistics/stat/cancer/14_breast.html

（15）図５－１を参考に、ベイズの定理を用いる。1.19％=0.15×0.8/（0.15×0.8+99.85×0.1）

（16）Giegerenzer（2016）を参考に筆者が追加。

(17) 葛西・井伊（2022）を参照。

(18) ある判断を下すための基準点や限界値のこと。その値を境に意味や判定などが異なる境界となる値のこと。生物学、医学、心理学などでは「いきち」、物理学、経済学、工学などでは「しきいち」と読むことが慣例化している。

(19) 図５－３が肺がんが疑われるＰＰＶ３％の症状の例。ただし今後定期的に見直しが行われ改訂されるので注意が必要。

(20) 財政的な費用に関する情報は公開されている。たとえば、ガイダンスのp.16-17に“Incorporating health economics evidence”の節がある。https://www.nice.org.uk/guidance/ng12/evidence/full-guideline-pdf-2676000277

(21) 注（12）と同じ。

(22) 指針に基づかない検診実施状況はp.16に示されている。https://ganjoho.jp/public/qa_links/report/pdf/Cancer_Screening_Performance_Measures_2021.pdf#page=17

(23) 国立がん研究センターがん対策研究所「なぜ「生存率」ではだめなのか」を参照。http://canscreen.ncc.go.jp/kangae/kangae3.html

(24) 「がん検診事業のあり方について」の報告書（２０２３年）。https://www.mhlw.go.jp/content/10901000/001115628.pdf#page=168

(25) 児童生徒の健診は、一部のＯＥＣＤ諸国でも行われているが、日本ほど頻繁ではなく、健診項目の範囲はより狭い。労働者の健診は、少数のＯＥＣＤ加盟国が義務づけているが、児童生徒の健診と同様に、日本に比べて健診間隔は長く、対象者は絞られている。

(26) ＱＯＦ（Quality and Outcomes Framework）という診療所における支払い制度である。（より詳細には「医療の質」の章を参照）。

(27) 日本では「出生前診断」と呼ぶことが多い。筆者も『新医療経済学』（2019）では「出生前診断」と呼んでいたが、胎児の疾患を診断するのではなく、疾患の可能性を調べることなので、「出生前スクリーニング」が適切というＷＨＯ（2022）の訳者補足に従って（45ページ）、本書では「出生前スクリーニング」にした。

(28) 厚生労働省「不妊に悩む方への特定治療支援事業等のあり方に関する検討会」報告書参考資料（２０１３年）。https://www.mhlw.go.jp/file/05-Shingikai-11901000-Koyoukintoujidoukateikyoku-Soumuka/0000022032.pdf#page=16

(29) 日本放射線科専門医会の放射線科の診療報酬２０２０によると、加算には、たとえば画像診断管理加算（以下のように施設基準によって異なる）、電子画像管理加算（１２０点）、冠動脈ＣＴ撮影加算（６００点）、大腸ＣＴ撮影加算（６２０点）などがある。加算の算定は医師の配置で決まるため、医師数の確保が必要となる。検査料のほうが加算よりも高い。

（検査料の例）

ＣＴ（64列以上）撮影料１０００点、ＭＲＩ（３Ｔ以上）撮影料１６００点、画像診断料４５０点など。

（加算の例）

画像診断管理加算の施設基準
加算１は70点、常勤の放射線診断専門医が１名以上配置。

加算２は１８０点、常勤の放射線診断専門医が１名以上配置、ＣＴ、ＭＲＩ、核医学の８割以上を翌診療日まで読影など（撮影した画像枚数を翌日までに読影できる医師数が必要となる）。

加算３は３００点、特定機能病院で常勤の放射線診断専門医が６名以上配置されているなど（前記の８割以上の読影要件も入るため、医師数もさらに必要になる）。

高額医療機器を購入し、医師を集めれば診療報酬（検査料と加算）が増えていく仕組みだ。コストを回収するためには検査数を増やさないとならず、不要な検査が増える。そのため、高額医療機器を保有する病院が乱立し、不要な放射線検査が増えてしまう。

(30)　ＣＳＲプロジェクト（２０２２）。http://workingsurvivors.org/doc/20220118covid-ver2.pdf

第6章　医療提供体制の国際比較

1　なぜ国際比較が必要なのか

医療や介護の提供体制は、それぞれの国や地域の歴史的背景や文化的背景により異なっている。各国が抱えている固有な事情があるとはいえ、国際比較は重要だ。なぜなら比較をすることで、自国の制度の長所や欠点を知ることができるからである。そして新型コロナウイルス感染症（以下、コロナ）のように世界的な感染症の蔓延などが起きると国際機関をはじめ国際的な協力が求められるほか、昨今のように外国人労働者や観光客などの急増に対応するためには、国際標準の医療提供体制が不可欠となる。

医療提供体制の国際比較で参考になるのは、ＯＥＣＤが公表している統計だ。OECD Health Statisticsとして毎年公表され、ＯＥＣＤのウェブサイトから自由にアクセスできる。ＯＥＣＤでは国際比較を念頭にさまざまな指標を定義しており、定義の詳細に関する説明もサイトから入手できる。

ここでは、まずハード面である病床数、病院数、平均在院日数、病院のガバナンス、高度医療機器へのアクセスを考察する。さらに、そこで働く人に注目し、医師、看護師、薬剤師の人口あたりの数の比較、診療科別の医師数の国際比較をする。最後にその背景にある医療費の支払い制度を考察する。

2　人口あたりの病床数と病院数

日本の人口千人あたりの総病床数は10・04床と、韓国と並んで多い（表6－1）。その理由の一つとして、精神病床が多く、総病床数の2割以上を占めていることがある。精神病床については本章8節で詳しく説明する。

日本は急性期病床数[1]も多い。人口千人あたりの急性期病床数は7・71床でOECDで一番多い（表6－3）。日本の急性期病床の定義は、一般病床、感染症病床、結核病床、診療所の病床数を合計したものだ。診療所の病床も、病院と同様に一般病床と療養病床に分かれており、表6－2と表6－3の急性期病床には診療所の一般病床を含む。病院と診療所の区別は医療法上便宜的につくられていて、このように病床を持ち入院医療や専門的な医療を提供している診療所がある一方で、大病院が外来診療においてプライマリ・ケアを提供しているのも日本の医療制度の特徴だ。

日本はリハビリテーション（以下、リハビリ）病床をOECDに報告していない。日本の回復期

表6－1　医療提供体制の国際比較（OECD 諸国と台湾、2021年または直近年）

	千人あたりの病床数[注1)]	百万人あたりの病院数	急性期病床の在院日数	CT/百万人	MRI/百万人
日本	10.04	65.38	16.0	115.70	57.39
カナダ	2.58	18.46	7.8	－	10.05
フランス	5.65	44.08	5.6	19.52	17.00
ドイツ	7.76	35.81	7.4	36.49	35.25
イタリア	3.12	17.93	7.4	38.73	33.25
英国	2.44	29.60	7.1	－	－
米国	2.77	18.47	5.9	42.53	37.99
オーストラリア	3.84（2016）	52.19	4.6	69.57	14.99
オランダ	2.95	39.41	5.2	18.56	14.94
韓国	12.77	81.01	7.6	42.19	35.48
台湾	7.30	19.94	8.9	（450）	（272）

（注）1. 精神病床数は含まない（ただし、急性期精神病床数は含む）。
2. 台湾のCT数とMRI数は、人口あたりでなく全地域で保有する総数。
（出所）OECD Health Statistics（2023）

表6－2　病床数の内訳（2021年または直近）

（単位：床）

	合計[注1)]	急性期[注2)]	リハビリテーション	長期療養[注3、4)]	その他	精神
日本	1,260,223	969,251	－	290,972	－	323,502
カナダ	98,692	76,714	4,427	17,368	183	14,087
フランス	329,079	195,317	103,499	30,263	－	53,633
ドイツ	645,620	483,606	162,014	0	0	108,898
イタリア	184,724	154,151	23,483	7,090	0	4,720
英国	165,070	－	－	－	－	23,782
米国	919,649	831,409	37,940	50,300	0	117,353
韓国	660,935	379,823	2,978	276,443	1,691	66,054

（注）1. 精神病床数は含まない（ただし、急性期精神病床数は含む）。
2. 日本以外の急性期とリハビリは、急性期精神病床とリハビリ精神病床を含む。
3. OECDの定義では、長期療養病床にリハビリ病床は含まないとしているが、日本の長期療養病床はリハビリ病床を含む。
4. フランスの長期療養病床は、病院以外（療養施設等）への転換が進んでいる。
（出所）OECD Health Statistics（2023）

表6－3　病床数の内訳（2021年または直近年）

（単位：床／人口千人）

	合計	急性期	リハビリテーション	長期療養	その他	精神
日本	10.04	7.72	−	2.32	−	2.58
カナダ	2.58	2.01	0.12	0.45	0	0.37
フランス	4.86	2.88	1.53	0.45	−	0.79
ドイツ	7.76	5.81	1.95	0	0	1.31
イタリア	3.12	2.61	0.40	0.12	0	0.08
英国	2.44	−	−	−	−	0.35
米国	2.77	2.51	0.11	0.15	0	0.35
韓国	12.77	7.34	0.06	5.34	0.03	1.28

（注）　表6−2の注1～4に同じ。
（出所）　OECD Health Statistics（2023）

リハビリ病棟は、一般病床と療養病床にまたがっており（第1章の図1－5）、表6－2と表6－3の日本の急性期病床と長期療養病床には、それぞれリハビリ病床が一部含まれている。

ＯＥＣＤは、長期療養病床を「長期の療養が必要な患者を受け入れる病床で治療用病床やリハビリ病床を含まない」と定義しているが、日本の長期療養病床数にはリハビリ病床数が含まれている。その理由は、日本は「医療施設調査における病院と診療所の療養病床数」を「長期療養病床数」としてＯＥＣＤに報告しているためだ。

コロナ禍で、日本は人口あたりの病床数が多いのになぜ病床が逼迫したのか批判があった。それに対して、「急性期病床とリハビリ病床を合計した上で比較すると、人口千人あたり急性期病床数およびリハビリ病床数は、日本は病院と有床診療所の合計で7・8床（筆者注：2018年のデータ）、病院のみでは7・1床で、いずれもドイツよりも低い」という国際比較の論考（前田［2021］

など）もあった。しかし、その論考では、一般病床のリハビリ病床のみを計上しており、療養病床に含まれるリハビリ病床は計上されていない。

以上のように、急性期病床、リハビリ病床、長期療養病床のいずれも、日本の数字は国際比較をする際に注意が必要だ。

日本では病床数だけでなく病院数も多い（表6－1）。病院の規模は小さく、200床未満が病院全体の7割を占める。そして第1章でみたように、各病院が機能分化しておらず、総合病院でも、一般病棟、療養病棟、地域包括ケア病棟、回復期リハビリ病棟など、さまざまな機能の病棟を持っている場合が少なくない。

このように日本の医療機関は機能や役割が分化していないこと、そして中小の病院が多いことが特徴であるが、韓国も、日本の医療制度とよく似ていると指摘される。日本の公的保険制度を参考に1989年に皆保険を導入した。千人あたりの病床数、百万人あたりの病院数はともに日本よりも多く、中小の民間病院も多い（表6－1、表6－4）。しかし内訳はだいぶ異なっており、人口あたりの長期療養病床が多く、精神病床数は日本の半数以下だ（表6－3）。9節で見るように、病院、療養病院、診療所のそれぞれで働く医師の専門性が異なっており、機能分化も進んでいる。また第3章でも紹介したように、病院、診療所など、医療機能別の質の評価を行っている。

台湾も韓国と同様に日本の公的保険制度を参考に1995年に皆保険制度を導入した。表6－5は台湾の医療機関数の内訳の推移だ。台湾政府は、日本よりも急速に進む高齢化に対応するために、

表6－4　開設者別病院数（病院数、2020年または直近年）

	公的 ①	民間非営利 ②	民間営利 ③	総病院数 ④	公的割合(%) ①÷④
日本	1,520	6,718		8,238	18.5
カナダ	695	－	7	702	99.0
フランス	1,347	670	972	2,989	45.1
ドイツ	762	914	1,330	3,006	25.3
イタリア	430	0	635	1,065	40.4
英国	(1,921)		－	(1,921)	(100.0)＊
米国	1,418	3,098	1,574	6,090	23.3
韓国	222	3,884	0	4,106	5.4
台湾	81	108	289	478	16.9

（注）　＊は英国の公立病院数は推定値。英国では、イングランド、ウェールズ、スコットランド、北アイルランドの4地域に分けて統計が報告される場合が多く、英国としての数字の入手は困難。コモンウェルス財団によるとイングランドの民間病院数は515。公立病院は「病院トラスト」として報告されていて、公立病院数の正確な把握は難しい。NHSイングランドによると270の急性期病院、その他の公立病院が500から1,300と推定されている。他国でも同様だが、公立病院（NHS管轄）でも民間医療サービスを提供している。

（出所）　OECD Health Statistics（2023）、台湾はNational Health Insurance Administration

表6－5　台湾の医療機関数の内訳

年	病院総数	センター病院 （Medical Center）	区域病院 （Regional Hospital）	地区病院 （District Hospital）	診療所
2001	565	23	74	468	7,673
2010	482	23	81	378	9,276
2021	470[注]	25	82	363	10,282

（注）　表6-4では病院総数は478病院となっているが、以下の8病院はここでは含まれていない。4中医（中国伝統医学）病院、1歯科病院、3専門病院（耳鼻咽喉科、整形外科）。

（出所）　National Health Insurance Administration

医療提供体制の改革を進めている。高度急性期や急性期を担うセンター病院・区域病院という大規模病院は微増だが、亜急性期や慢性期も担う地区病院を減らし、地域の診療所を増やすというＭ字型の医療提供体制へと移行を進めている。地区病院の多くは中小規模の民間病院で、この20年間で４６８病院から３６３病院に大きく減少している。一方で、診療所が増加している。この診療所の多くは本章のＢＯＸ６－１で見るように半数がプライマリ・ケア診療所である。

３　急性期病床の平均在院日数

前節で見たように、日本の急性期病床には、さまざまな機能を持つ病床が混在しており、平均在院日数は他国と比較して長くなる傾向にある。

しかし、そうした事情を考慮しても日本の在院日数は主要国でも突出して長い。コロナ禍前の２０１９年でも日本の急性期病床の平均在院日数は16日でＯＥＣＤ諸国平均の２倍以上と長い一方で、病院利用率は76％と低い。これは、在院日数が極端に長いにもかかわらず病床が十分に埋まっていないことを示しており、それだけ過剰な病床があるということだ。病院・病床数の過多が平時から医療従事者をはじめ医療資源を分散させ、その結果低密度な医療を招き、コロナ禍ではこの体制が医療逼迫の要因となった。現行の診療報酬制度（支払い制度）がこうした状況が改善されない一因となっている。診療報酬のあり方に関しては、この章の最後に考えてみたい。

4　開設者別病院数

日本では、「医療機関の多くは民間なので、政策の直接的な関与は難しく政府主導での改革が進まない」と指摘されることが多い。前出表6－4によると、たしかに公的な医療機関（政府やその他の公的機関によって所有ないし管理されている病院）が所有する病院数や病床数の割合はＯＥＣＤでも少ないほうである。しかし、ドイツ、米国、とそれほど変わらなく、韓国と台湾は日本よりも民間医療機関の割合が高い。韓国・台湾と日本の医療提供体制には共通点が多く、中小の民間病院が多い。人口十万人あたりのＩＣＵ病床数でみると韓国は21・09床、日本の19・49床と大きなちがいはない。一方で、1病院あたりのＩＣＵ病床数で比較をするとかなり状況が異なる。

たとえば韓国（人口5174万人）の病床数の多い病院は、ソウル（人口1000万人）市内に集中している。5大病院の病床数とＩＣＵ病床数は以下の通りだ（2023年9月現在）[2]。

アサン医療センター（蔚山大学校）：2753／249

セブランス医療センター（延世大学校）：2435／229

サムスン医療センター（成均館大学校）：1988／189

ソウル国立大学病院：1756／170

ソウル聖母病院（カトリック大学）：1370／139

台湾（人口2357万人）の病床数の多い上位5病院の病床数とICU病床数は以下の通りだ（2023年9月現在）。

長庚紀念病院　林口分院：3600／299
台北栄民総医院：3300／217
国立台湾大学病院：2500／162
長庚紀念病院　高雄分院：2400／216
台中栄民総医院：2200／146

日本（人口1・3億人）では、病床数の多い上位10病院の病床数とICU病床数は以下の通りだ。病床機能報告や各病院のウェブサイトから入手した。そのため必ずしも標準化された報告内容ではない。

（愛知県）藤田医科大学病院1376／18
（福岡県）九州大学病院1267／12
（東京都）東京大学医学部附属病院1226／34
（栃木県）獨協医科大学病院1195／10
（東京都）東京女子医科大学病院1190／18
（岡山県）川崎医科大学附属病院1182／18

（岡山県）倉敷中央病院１１７２／24
（宮城県）東北大学病院１１６０／18
（京都府）京都大学医学部附属病院１１４１／16
（東京都）杏林大学医学部附属病院１１３７／18

以下、僅差で神奈川県、埼玉県、福島県の病院が続いている。日本の特徴として、病院は日本各地に分布しているが、一番病床数の多い病院でも１５００床に満たないこと、そしてＩＣＵ病床数が少なく20床未満の病院も少なくないことが挙げられる。一方、韓国のソウル市内には２５００病床前後の病院が２つ、ＩＣＵの数は２病院の合計で５００床近くある。台湾では台北市内や台北近郊に３０００病床を超す病院が２つ、この病院に国立台湾大学病院を加えると、ＩＣＵ病床数は３病院で７００床近くある。韓国や台湾が政府主導で、医療機関の機能分化と集約を進めることで、医療の効率化と質の向上を目指していることは明らかだ。９節で説明するようにプライマリ・ケアの整備も進めている。

日本も地域医療構想のもと病院の集約化を進めようとしているが、民間病院の話し合いではうまく進まないといわれ続けて、現在に至るまで集約はあまり進んでいない。

しかし日本だけが民間病院のコントロール（ガバナンス）が利かないといわれる背景にはどのような理由があるのだろうか。韓国と台湾の比較から、少なくとも次の二点が指摘できる。韓国と台湾は保険者が一元化されている、そして有事体制を意識していることだ。

保険者に関しては、以前から池上（2017）や田中（2023）が指摘するように、日本には3000以上の保険者があり複雑な財政調整によって維持されているため、ガバナンスが働きにくい。

コロナ禍で明らかになったように、日本でも有事において、誰が事態をマネジメントし、責任を持つかを整理し明確にしておくことが大切だ。今後もコロナ禍のような感染症や大地震などに備える必要がある。平時と有事はつながっているという意識を持ち備えることが重要であろう。公的医療保険の対象となる医療機関については、感染や災害等は政府・行政機関の緊急時ガバナンスに従って医療を提供することを公的医療保険契約の要件とするべきであろう。

5　高度医療機器（CT、MRI）へのアクセス

日本のCT普及率は世界一高く、アメリカの3倍近く、フランスやオランダの10倍以上だ（表6－1）。日本の支払い制度は、出来高払いを基本にしており、特に外来はすべて出来高払いとなっているために、医療機関側にどうしても多めの検査や投薬をして報酬を得ようというインセンティブが働く。また、患者のほうも過剰な検査や投薬に慣れており、それがないと逆に不安になったり医療の質に疑問を持ったりする人も多い。有益性を示すエビデンスがないのにCT、MRIやPETを用いた検診などを含めた人間ドックを頻繁に行うのも日本の医療の特徴だ（詳しくは第5章）。

日本の医療はアクセスがよい。海外の人が驚くのは、その日のうちにCTが撮られ、結果もすぐに出て、場合によってはMRIも追加できることだ。そのようなアクセスのよさは日本では優れているといえるのかもしれないが、実際にはCTやMRIが必要な場合はごく一部で、その一部を除けば無駄なことをその日のうちにできてしまう。患者にとって検査されて異常がなかったという結果が出ればそれはたしかに安心につながる。もしくは異常があったらすぐに治療ができてよかった、ということになる。そのためCTやMRIなどの高度先進機器が数多くあることは、日本の医療者にも利用者にもあまりマイナスとは思われていない。

けれどもそのことが医療費をどれだけ不必要に押し上げているのか。また過剰医療の有害事象（CTによる放射線被曝、子どもを検査する時に使用する麻酔の副作用、偽陽性所見によるさらなる検査・手術など）も利用者は意識するべきだろう。

しかし、このように日本では検査や画像診断が多く、重複検査などが指摘されることが多いにもかかわらず、第4章で見たように臨床検査や画像診断に使われている費用（図4－1(1)のHC・4補助的サービス）を正確に把握できない。そのため利用者が費用を意識しにくくなっている。

6　人口あたりの医師数、看護師数、薬剤師数、病床あたりの医師数と看護師数

表6－6によると、日本の人口千人あたりの医師数は2・6人だ。これはOECD加盟国の平均

表６－６　医療提供体制の国際比較（OECD 諸国、2021年または直近年）

	千人あたりの医師数	家庭医が占める割合（％）	千人あたりの看護師数	千人あたりの薬剤師数	1年間の医師受診回数（対面診療[注]）	1年間の医師受診回数（オンライン／遠隔診療）
日本	2.60	－	12.10	1.99	11.13	－
カナダ	2.75	47.43	10.25	1.05	4.73	1.8
フランス	3.18	30.35	8.58	0.92	5.50	0.2
ドイツ	4.53	16.08	12.03	0.67	9.60	－
イタリア	4.25	16.05	6.21	1.28	5.30	－
英国	3.18	25.41	8.66	0.90	－	－
米国	2.67	11.47	－	－	3.40	-
オーストラリア	4.02	30.86	12.81	0.94	6.46	1.86
オランダ	3.90	23.63	11.38	0.22	8.60	－
韓国	2.56	5.79	8.77	0.78	15.65	0.04
台湾	7.30	7.39	3.20		15.00	－

（注）対面診療は、在宅医療も含む。
（出所）OECD Health Statistics（2023）

である３・６人（２０１９年）を下回る。しかし、米国は２・67人、カナダは２・75人であり、日本と大差ない。韓国では２・56人と日本とほぼ同数だ。

そもそも、カナダや米国のように国土が広く人口密度の低い国と、日本や韓国のように国土が狭く人口密度の高い国では、必要な医師数も自ずと異なるかもしれない。

診療内容も欧米とは異なる傾向にある。日本では、心疾患の罹患率はＯＥＣＤ諸国でも韓国と並び低水準であり、心疾患による人口10万人あたりの死亡率は英米の４分の１、オーストラリアやカナダと比較しても３分の１だ。罹患率が低いことが理由の一つだ。一方、日本や韓国では高齢化が急速に進んでおり、疾病構造が異なれば、必要な医師数は異なることになる。

また、表６－６の人口千人あたりの医師数で

図6−1　医師に占めるジェネラリスト（家庭医・一般医）の割合
（2021年または直近年）

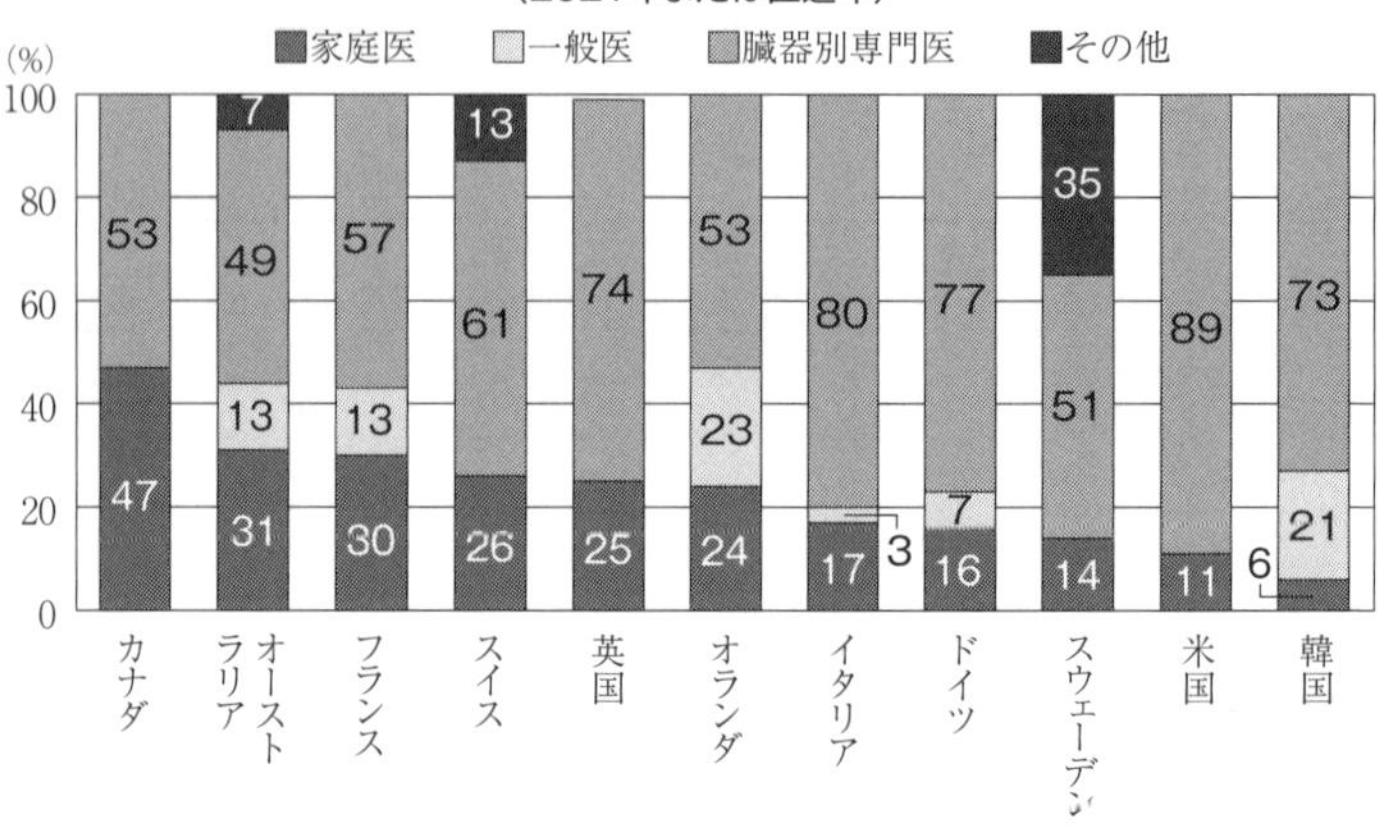

（注）　一般医とは、家庭医の専門トレーニングを受けていないジェネラリスト。
（出所）　OECD Health Statistics（2023）

特徴的なことは、日本は家庭医の占める割合が空欄になっていることだ。日本の医療制度は機能分化していないため、プライマリ・ケアの専門医である家庭医が制度的に確立していない。図6－1のように各国はジェネラリストとしての家庭医を育成しているが、日本では家庭医養成のための専門研修や生涯教育が重視されず、病院で内科を研修したり、地域で数年医療に従事したりしていれば自然と身につく程度の内容だと思われている。医療の中で最も利用が多いプライマリ・ケア体制の整備を怠ってきたことの弊害として、病院医療に不必要な負荷がかかり、医療資源の非効率な消費につながり、医療システム全体の非効率化につながっている。

たとえば、第1章の東京都の医療でも見たように、介護施設でも高齢者の急変時に病院受診や救急車を指示する嘱託医が少なくない。まし

図6−2　女性医師の割合はOECDで最も低い
（女性医師の割合、2010年と2022年または直近年）

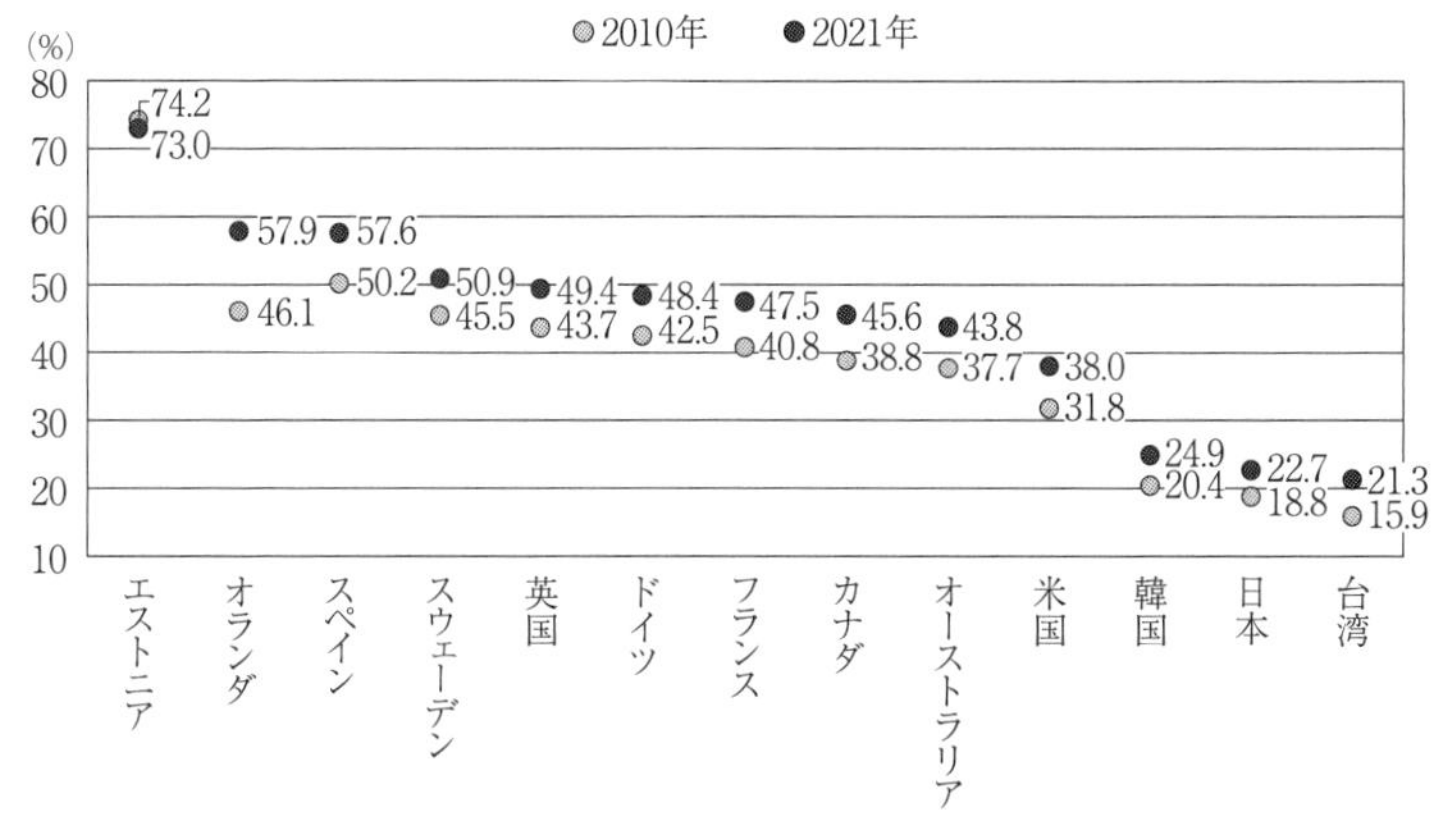

（注）　台湾も参考のために追加。
（出所）　OECD Health Statistics（2023）、台湾はTaiwan Medical Association

てや自宅での緊急時には、多くの医療機関がある東京でも救急車のみが選択肢という人が少なくない。そうした結果不必要な救急搬送や入院が増えてしまう。

女性医師の割合が低いことも日本の医療制度の特徴だ（図6－2）。現在医学部の女子学生比率が増加しているため、将来的には日本もOECD平均（2021年は50％）に近づいていくであろう。女性医師が選ぶ診療科の特徴や国際比較は第9節で行う。

人口千人あたりの看護師数と薬剤師数は、OECD諸国でもトップレベルだ（表6－6）。しかし、担当できる業務範囲が狭く、医師の指示がないと業務ができない。業務範囲を広げて、権限を拡大することは医師の負担軽減にもつながる。第3章で、英国では診療所で行われている質の評価の一環として、家庭医の処方内容が外

図6－3　「一病床あたりの医師数」と「人口千人あたりの病床数」
（2021年 または直近年）

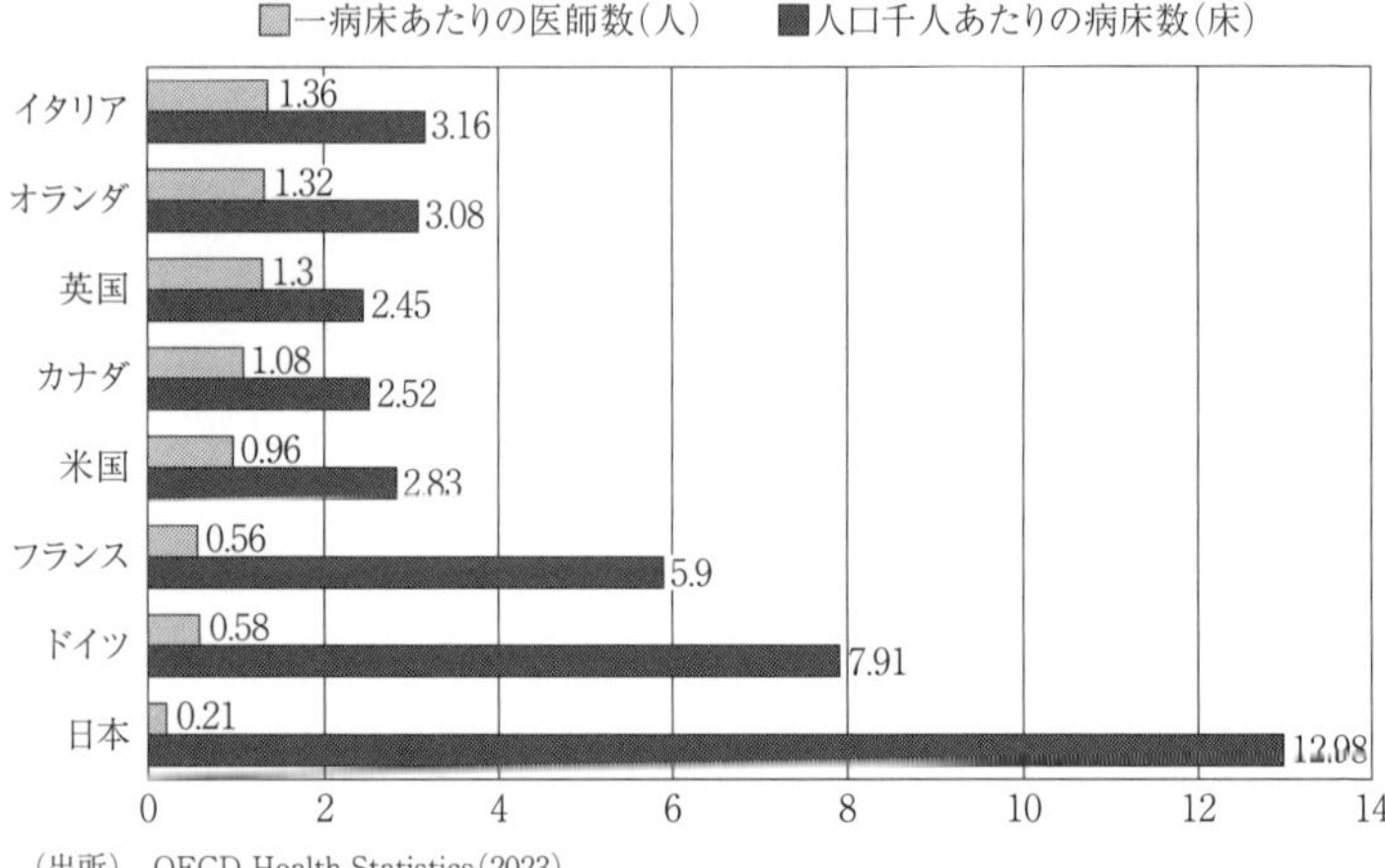

（出所）　OECD Health Statistics（2023）

部から監査されることを紹介した。この監査や助言は主に薬剤師が担っている。

図6－3と図6－4は、一病床あたりの医師数・看護師数と人口千人あたり病床数のOECD比較をしたものだ。日本は1人の医師が5床を診ている。ドイツとフランスは医師1人が2床、米国は医師1人が1床、英国とオランダとイタリアは医師1人が1床以下を診ている。看護師に関しては、日本では1床に1人、ドイツとフランスは1・8人、イタリアは2人、英国とオランダは3・5人、米国は4・5人が診ていることを表している。日本の医療提供体制の特徴は非常に低密度であるということだ。これは医療者が不足しているというよりも、病床数が多いことを表している。

コロナ禍でも、病院がそれぞれ少しずつコロナ患者を引き受けるという脆弱な体制であった。

図6−4　「一病床あたりの看護師数」と「人口千人あたりの病床数」（2020年または直近年）

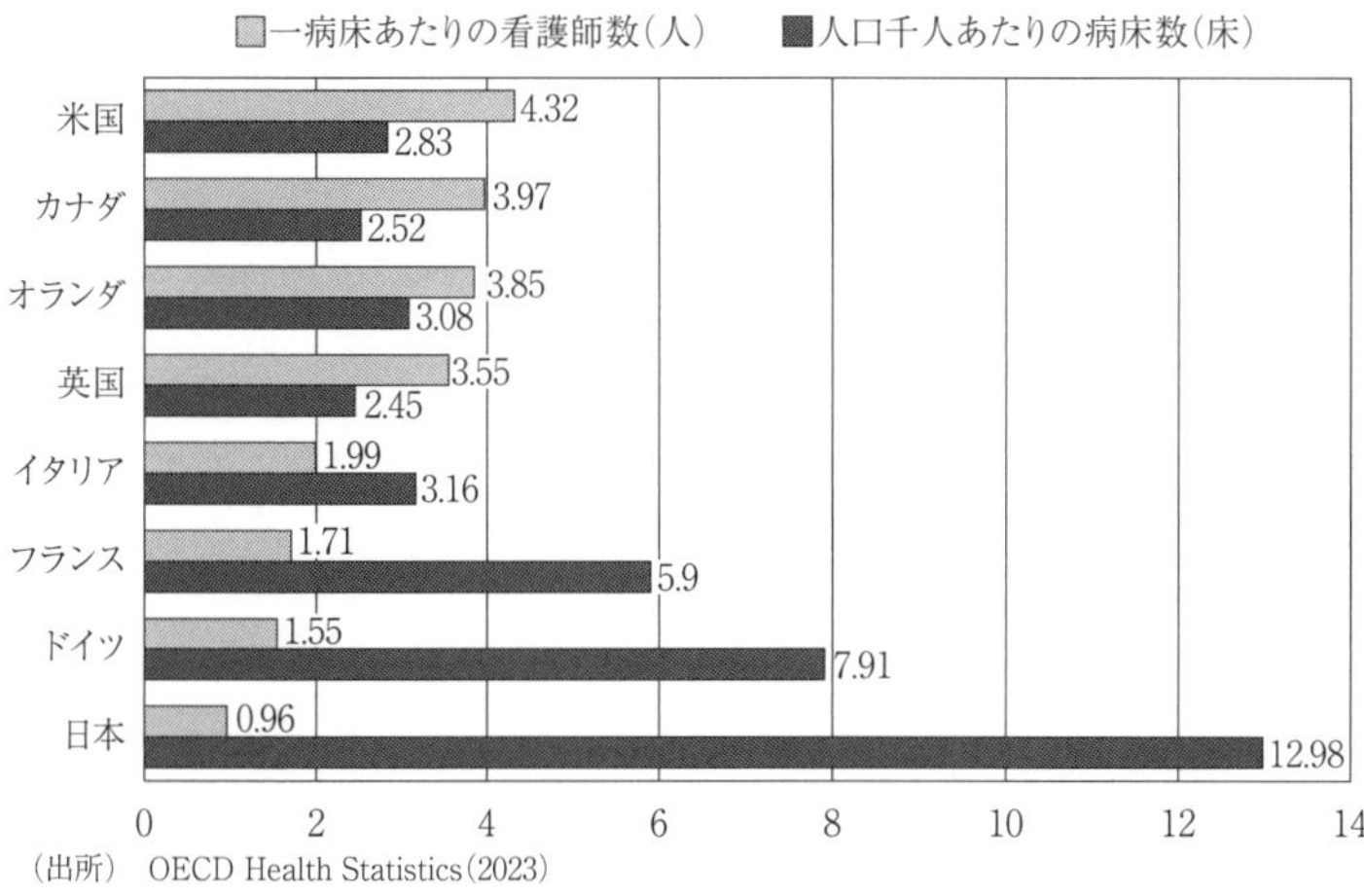

（出所）　OECD Health Statistics（2023）

たとえば第5波（2021年7月）の東京都では、コロナ患者の入院受入れ（1日中央値）は200床未満の病院で5人、200～399床病院で10人、400床以上の病院でも21人だった（井伊・森山・渡辺［2021］）。海外の病院のコロナ患者受入れからすると圧倒的に少ない。病院ごとのコロナ病床を増やすことが難しい大きな理由は、日本は中小病院が多く、病床あたりの医療人員体制が少ないことだった。

7　1年間医師受診回数

日本人は医師への受診回数が国際的にも多い（前出表6－6）。自由にどの医療機関にもアクセスできるため、出来高払いの制度のもと、重複受診や重複投薬など過剰医療が指摘されている。この解釈には少なくとも三つの点で注意が必要である。

まず、表6－6のOECDの「医師受診回数」の定義は、外来医療だけでなく在宅医療（患者の自宅等での診療）も含んでいる。多くのOECD諸国では、通常受診する診療所の医師が外来医療と在宅医療の両方を担当している。患者の意向、医学的適用、社会的状況などに応じて、外来と在宅を基本として、必要に応じて電話、メール、ビデオなどで対応している。日本のように在宅医療のみを行っている医師はかなり特異な存在だ。オンライン診療に関しては後述する。

二点目に、受診回数が多いのはすでに受診している人の傾向であり、実は一度も受診していない人の割合は国際的にも高い。筆者らが行った調査（井伊・関本［2015］，Ii and Niu［2019］）では、過去1年間に一度も医師の診療を受けていない人は、日本では26％にものぼる。コモンウェルス財団の調査によると、日本以外の対象国では十数％前後である。

三点目は、この受診回数は、医師の受診回数だ。多くの国では、看護師や薬剤師、理学療法士、栄養士など、医師以外の医療専門職も疾病予防や生活習慣病の治療の現場では重要な役割を担っている。一方、日本では、医療機関を受診することは医師に診てもらうことがほとんどであるため、看護師を含む医療専門職に一度も診てもらっていない人の割合は日本では格段に高くなる。

そのため、実は過少医療の問題も日本では深刻だ。忙しく働いている人たちの中には、本当に受診が必要であっても、待ち時間が長いなどの理由で医療機関にかかれない人も多い。第5章で見たように非常に多くの健診や検診が行われているが、そこから適切な治療へとつながらない場合も少なくない。多くの地域住民にとって、そもそもどの医療機関を受診したらよいのかわからなかったり、受診したとしても再度の検査や薬の処方だけで、生活習慣の改善について指導を受けられるわけでもないので、メリットが感じられない。

また、医師受診回数は外来医療を評価する指標の一つにすぎない。同じ受診回数でも、異なる（場合によっては同じ）複数の診療科を受診している人と、一カ所で包括的に継続的に受診をしている場合では、ケアの中身がだいぶ異なる。受診回数だけでなく、そうした視点から医療制度の評価をすることが必要になる。外来医療において、地域住民の利便性を考慮して包括的かつ継続的に医療が適切に提供されているかを示す指標については、第3章で詳しく紹介した通りだ。

コロナを経て各国で導入が一層進んだオンライン診療も日本では導入が限定的だ。なお、日本ではオンライン診療と遠隔診療を厳密に分けている。オンライン診療の目的は、医師の新しい働き方や診療方法、患者の通院時間の軽減であり、遠隔診療の目的は医療の地域偏在の解消や、離島やへき地に住む人々への医療提供を活性化させることとなっている。

ＯＥＣＤの医師受診回数の項目では、teleconsultation（オンライン／遠隔診療）の回数もあるが、日本は報告していない。日本独特の「オンライン診療」「遠隔診療」などの定義も国際比較を一層難しくしている。

日本の診療所が果たす役割は諸外国と比べて限定的である。多くの国や地域では、診療所は平時から診療に加えて、日本の保健所が持つ公衆衛生の機能も担っている。コロナ禍でもＰＣＲ検査、自宅療養者のケア（退院後も含む）などの重要な役割を果たした。一方日本では、診療所と保健所の機能が分かれており、一人診療所が多いこと、診療所間の連携が弱いこともあり、退院後の自宅療養者のケアがうまく機能しなかった。

今後、高齢化が進み、人口が減少する日本の医療現場では、地域の診療所の役割がますます重要になる。地域と一体となった医療制度を考える必要があり、その際診療報酬など医療費の支払い方法をめぐる議論も必要になる。台湾も日本と同様に一人診療所が多いが、２００３年３月に台湾政府は「家庭医療包括ケアシステム（ＦＰＩＣＰ：Family Practice Integrated Care Project）のパイロットプログラムを導入した。各診療所が地域グループをつくり、地域内の世帯はこのグループを通じて包括的、継続的なプライマリ・ケアを受ける制度だ（ＢＯＸ６－１）。

ＢＯＸ６－１　台湾の家庭医療の進展

２００３年３月に台湾に導入された家庭医療包括ケアシステム（ＦＰＩＣＰ）は、１９９９年の台湾中部大震災（「９２１大地震」）と２００３年３月のＳＡＲＳ（重症急性呼吸器症候群）禍もきっかけの一つだったと言われている。

家庭医療包括ケアシステムは、国民医療保険と契約をした同一地域の5～10のプライマリ・ケア向けの診療所と、同じ国民医療保険と契約をした病院とが、地域の医療グループを形成するものである。地域内

表6－7　台湾の家庭医療総合診療制度（FPICP）の参加診療所数と医師数の変遷

年	2003	2004	2010	2021
グループ（数）	24	269	356	623
診療所（数）	144	1,576	2,183	5,608
全診療所に占める割合（%）	1.7	18.4	21.5	53.2
医師数	154	1,811	2,478	7,683
診療所で働く医師に占める割合（%）	1.4	16.4	18.6	47.2
参加人口	60,331	620,294	1,311,460	5,910,000
国民に占める割合%	2.7	2.8	5.8	24.7

（出所）National Health Insurance Administration

の世帯は、このグループを通じて包括的で、継続的なプライマリ・ケアを受けることができる。表6－7にあるように、2003年の発足時は、24の地域グループが形成され、144のプライマリ・ケア診療所（全診療所の1・7％）と154人の医師（診療所で働く医師の1・4％）が、地域住民に対するグループ診療に参加した。翌2004年には、269の地域グループ、1576のプライマリ・ケア診療所と合計1811人の医師（診療所で働く医師の16・4％）が参加と急拡大した。

2021年現在、623の地域グループ、5608プライマリ・ケア診療所（全診療所の53・2％）、7683人の医師が参加（診療所医師の47・2％）そして、591万人の住民が参加（全国民の24・7％）となり、診療所の半数以上が参加し、診療所医師の半数、そして国民の4分の1が参加する制度となった。

家庭医を中心とする多職種連携によるプライマリ・ケアの実践によって、入院や救急受診が減少し、糖尿病のケアの質が向上したなどの研究結果もある（Jan C-F］*et al.*［2021］）。一気に改革をするのでなく、手上げ方式で少しずつ参加者を増やしていく台湾方式は日本にも参考になる。家庭医療包括ケアシステムには、家庭医の専門トレーニングを受けていない一般医や内科医も参加できる。「競争より協力へ」というキャッチフレーズは、日本の医療制度にも示唆的だ。

日本の公的保険制度を参考に皆保険を導入した台湾の医療提供体制と公的医療保険は日本と共通点が多かった。たとえば、中小の民間病院が多い、一人医師の診療所が多い、基本的に出来高払いの診療所の診療報酬などだ。

しかし、台湾は2002年7月の総額予算支払制度を全面的に導入するなどさまざまな改革を進めている。医療費抑制で質が犠牲にならないように、質の向上に関しても多様な取組みをしている。地域住民への情報発信も優れている。

8 精神病床

日本の精神医療（メンタルヘルスケア）は、多くの点で他の国に比べて遅れていると国際機関からも指摘されている。たとえば「日本の自殺率の高さ、精神科病床数の多さ及び精神科施設での平均入院日数の長さから、精神医療の質及びアウトカムに関して、大きな改善の可能性が示唆される」（OECD［2015］）。2022年には国連による「障害者権利条約」に関する審査があり、日本は精

図6−5　人口10万人あたりの精神病床数と在院日数（2021年または直近年）

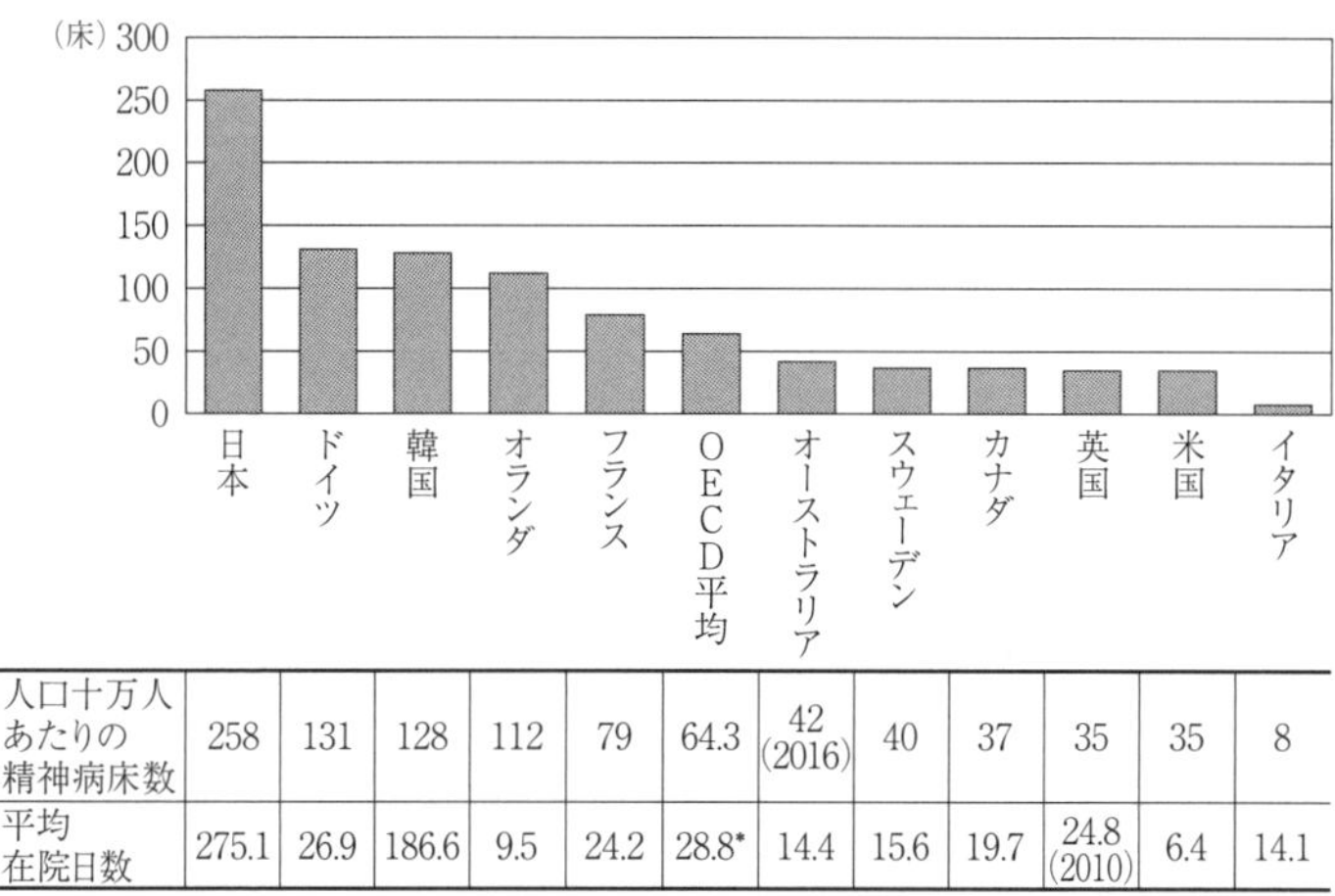

	日本	ドイツ	韓国	オランダ	フランス	OECD平均	オーストラリア	スウェーデン	カナダ	英国	米国	イタリア
人口十万人あたりの精神病床数	258	131	128	112	79	64.3	42 (2016)	40	37	35	35	8
平均在院日数	275.1	26.9	186.6	9.5	24.2	28.8*	14.4	15.6	19.7	24.8 (2010)	6.4	14.1

（注）　*は日本を除いた値。
（出所）　OECD Health Statistics（2023）、日本の平均在院日数は病院報告（2021）

神科病院の抜本的な改革など改善すべき点があると勧告を受けた。

図６－５のように、ＯＥＣＤ諸国の中で日本の精神病床の多さは突出している。精神病床数のＯＥＣＤ平均は十万人あたり64・３床だが、日本は２５８床だ。日本の精神病床の特徴として、認知症をはじめ慢性疾患患者の長期入院に利用されていることも、他のＯＥＣＤ加盟国と大きく異なる点だ。平均在院日数が長いのも特徴だ。

入院患者数の人口比も世界一高い。「患者調査」によると、日本人５００人のうち１人が精神科病院に入院していることになる。１年以上の長期入院が多く、数十年に及ぶ人も珍しくない。ＯＥＣＤのほとんどの国では、病院から地域へ医療を移行する「脱施設化」を進めている。日本ではなぜ精神科病院の長期

の推移（病院・診療所別）

(2) 診療所

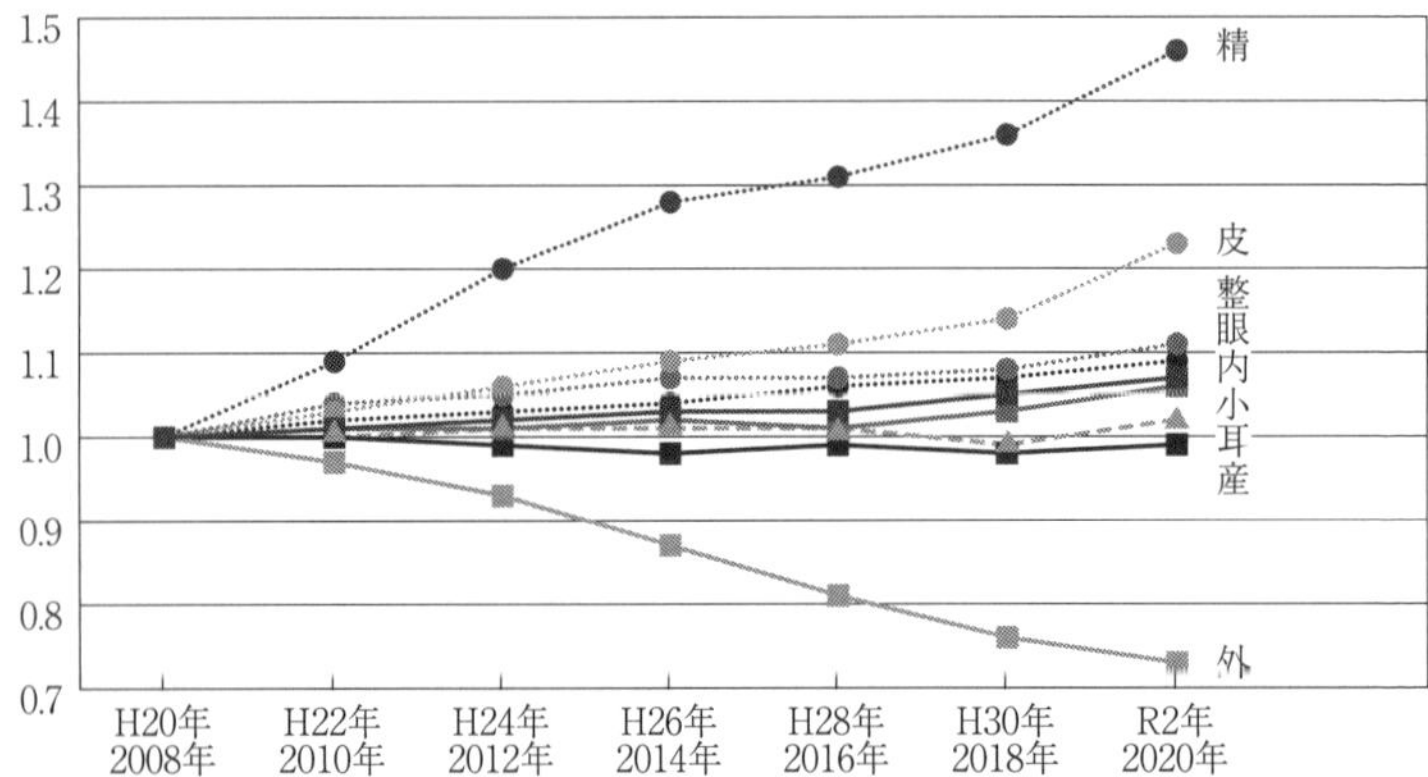

の推移（病院・診療所別）男性

(2) 診療所

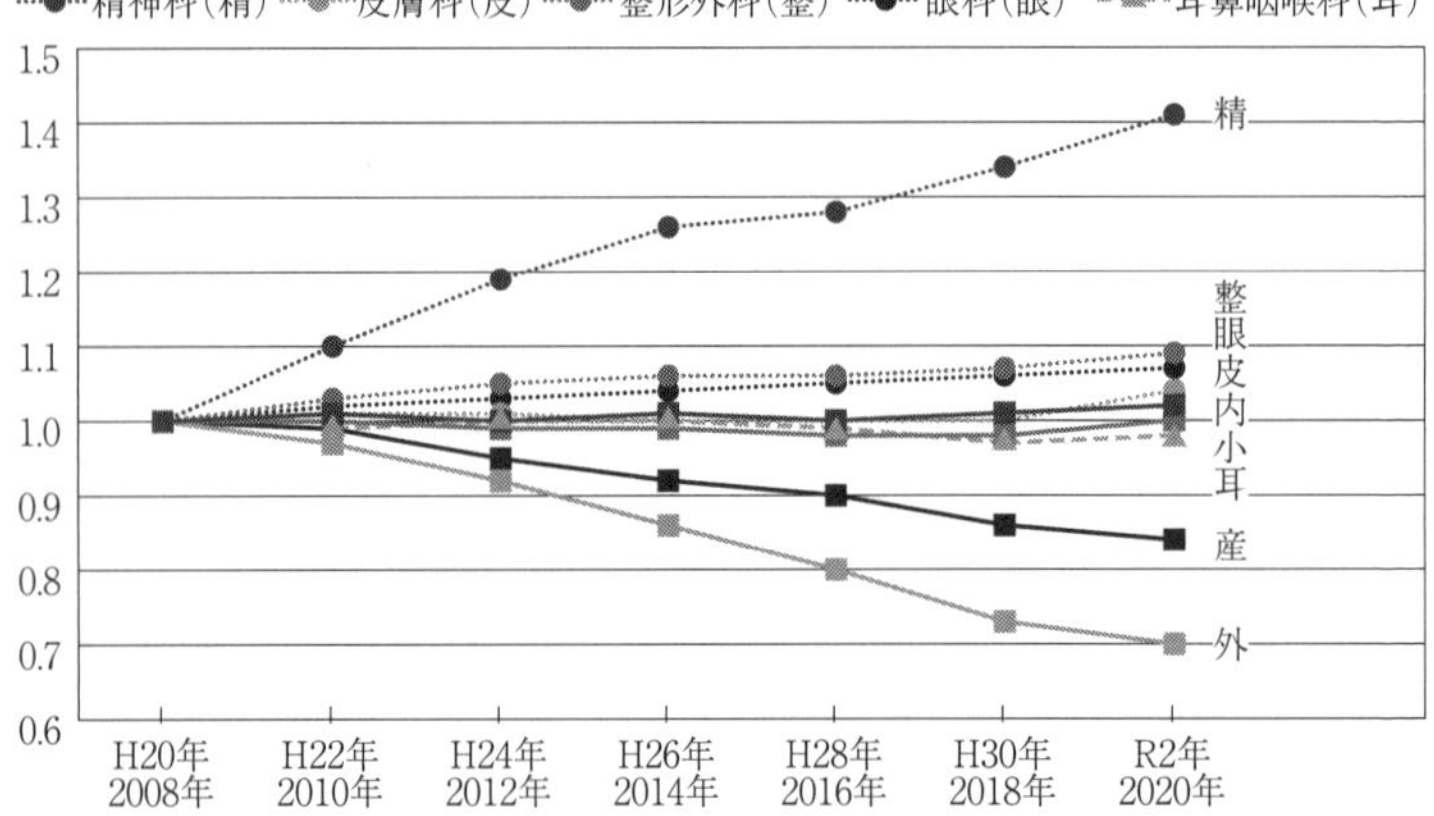

図6−6　日本の診療科別医師数

（1）　病院

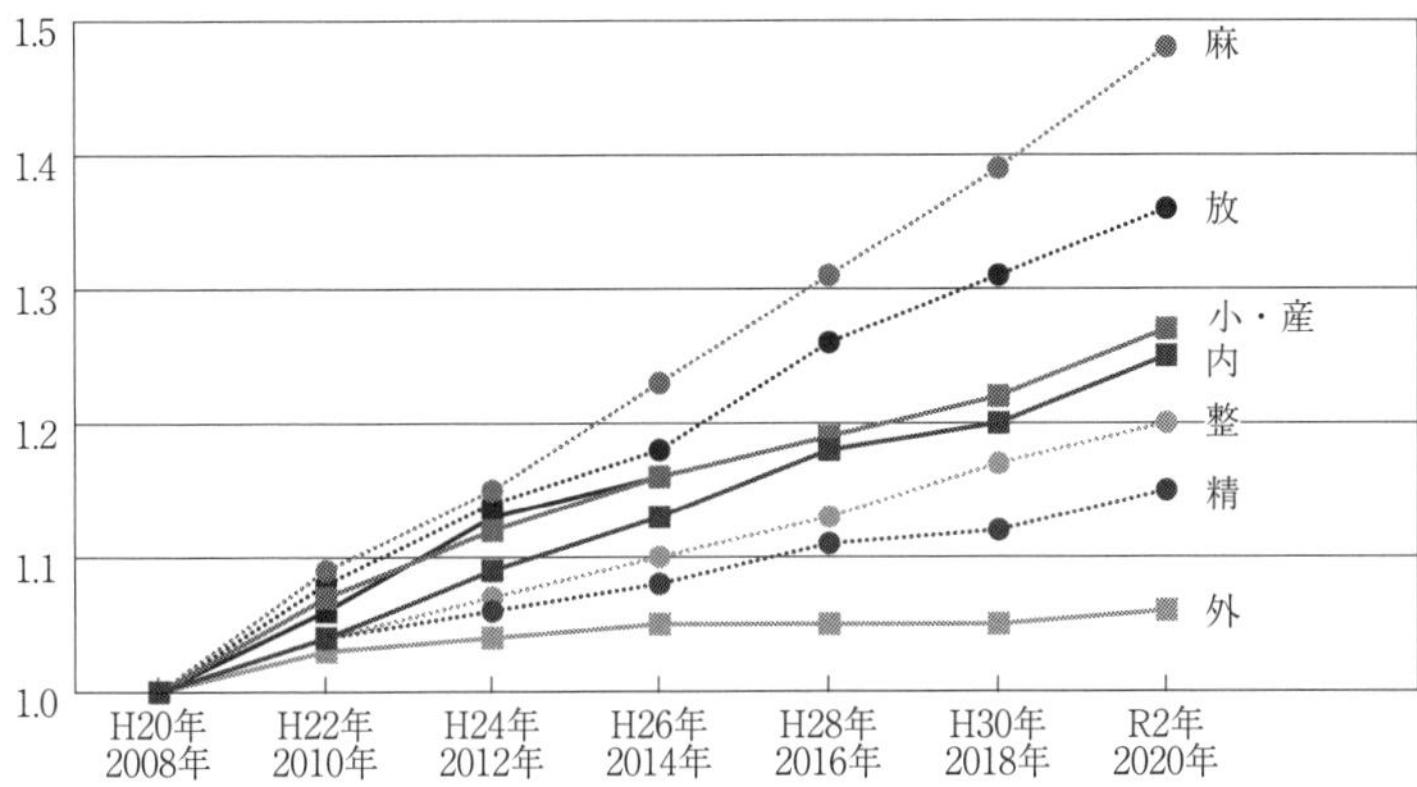

図6−7　日本の診療科別医師数

（1）　病院

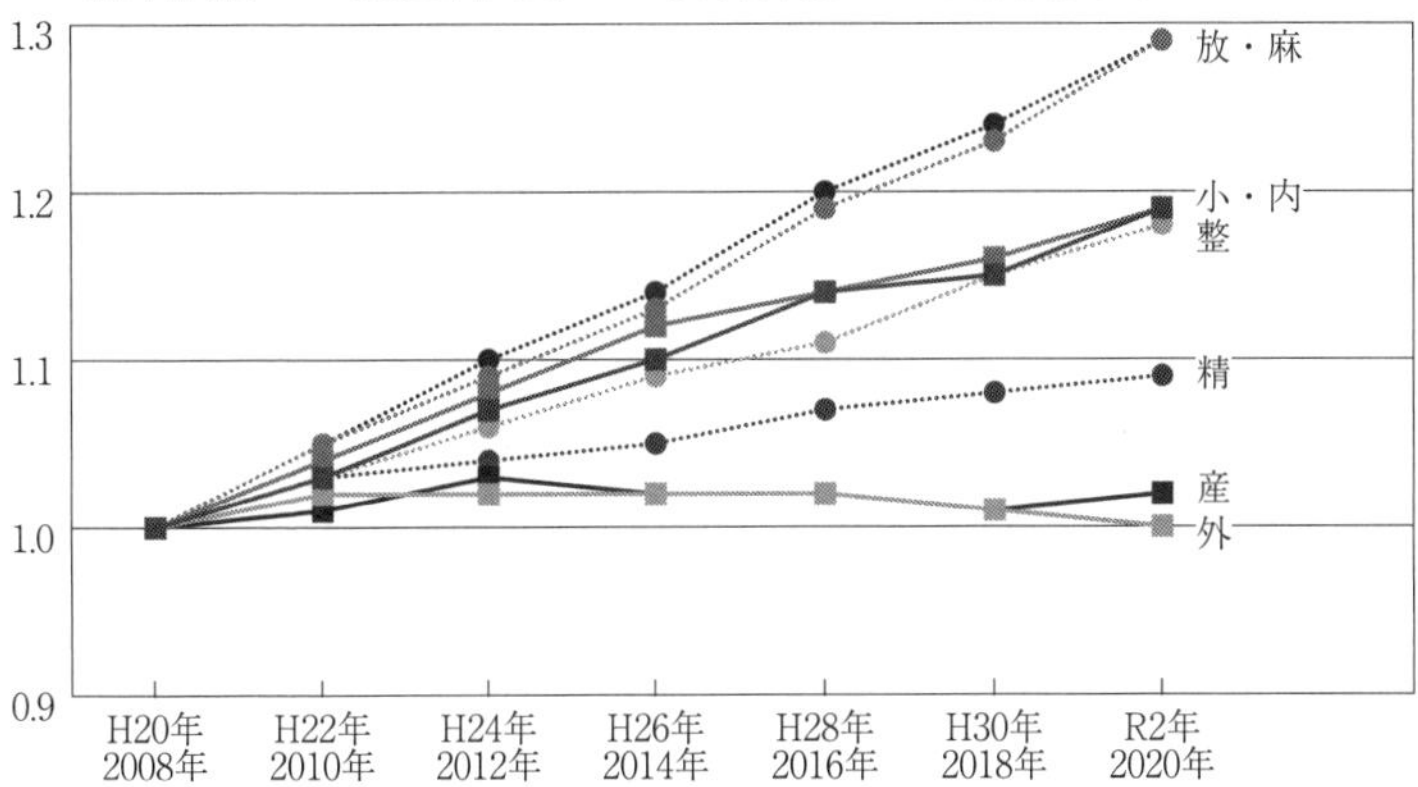

の推移(病院・診療所別)女性

(2) 診療所

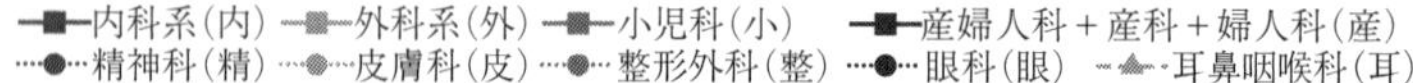

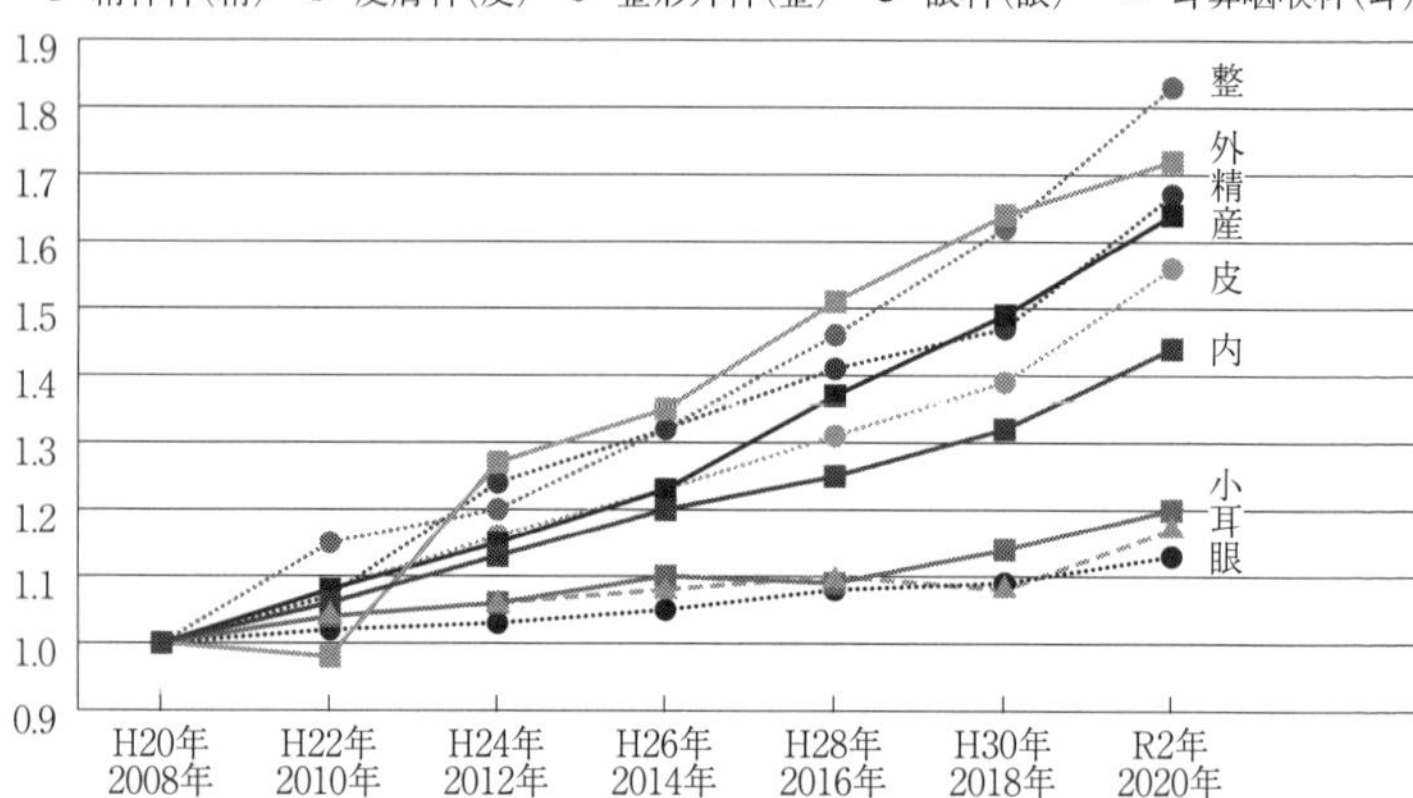

入院が減らないのだろうか。退院支援が不十分なのだろうか。

診療報酬改定では、早期退院を促す項目が含まれてきた。たとえば退院支援のための精神保健福祉士の配置など、一定の要件を満たす医療提供者には診療報酬の加算がある(3)。しかし根本的な問題は、退院支援だけではない。精神病床が明らかに多すぎるのである。病床削減なしには、「脱施設化」は難しい。しかし、精神科病院や精神病床の数を減らしても、地域の受け皿がないと根本的な解決にならない。多くのOECD諸国で軽症や中等症のメンタルヘルスの問題に対応しているのは家庭医で、地域の受け皿になっている（第3章の図3−1)。

日本では、東京都内・全国ともに精神科を標榜する診療所が最近急激に増加している

図6−8　日本の診療科別医師数

(1)　病院

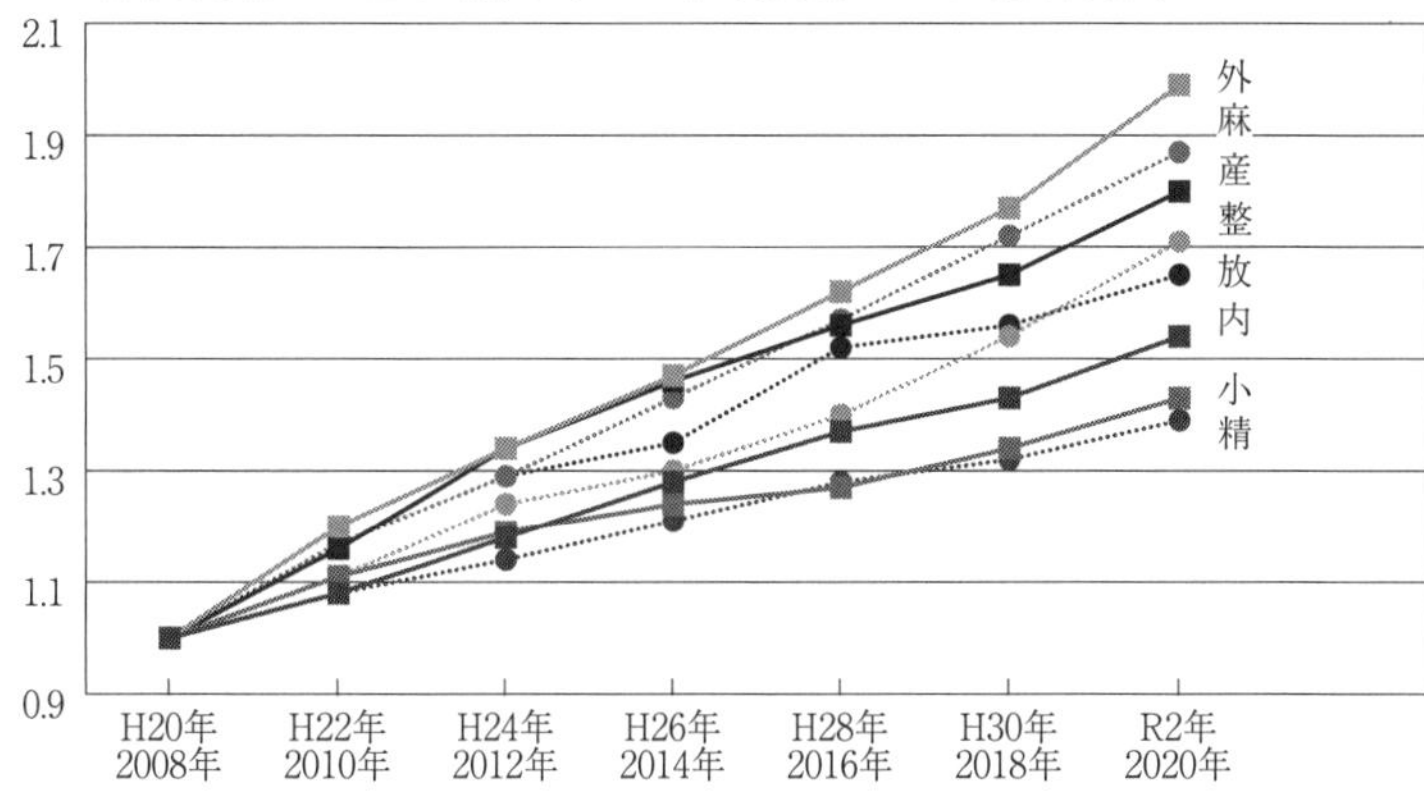

（出所）　図6−6、7、8いずれも医師・歯科医師・薬剤師統計（2022）

（第1章図1−13、本章図6−6〜6−8）。

しかし地域の受け皿となるのは、診療所の精神科医だけなく、精神科医と連携できる地域を基盤としたプライマリ・ケア専門職チームである。日本の医療提供体制は機能分化していないため、プライマリ・ケアが整備されておらず、標準的なトレーニングを受けた家庭医がほとんどいないため、軽症や中等症のメンタルヘルスの問題を抱えた患者の行き場が大変少ないのである。

ＯＥＣＤの報告書（OECD［2015］）で、日本では地域医療を担う医療提供者のメンタルヘルス分野での能力を向上させる必要があると指摘された。同報告書では、ヨーロッパ諸国において、心理療法を中心とした、軽症・中等症の患者のためのエビデンスに基づく治療プログラムを作成し実施することで、精神病床数が減少してきたことを引用し、日本も同様の改革を進めることを提案している（第3章6節）。

メンタルヘルスケアに関するOECDの報告書でも、日本が軽症または中等症のうつ病や不安障害などにも注意を向けるべきと提案している。日本のうつ病による経済的負担は110億USドルで、そのうち69・1億USドルは職場でのコスト（うつ病による欠勤や生産性の低下）である（Hewlett and Moran［2014］p.64）。

Hewlett and Moran（2014）によると、アイルランドや英国のように家庭医がゲートキーパーの役割をしている国だけでなく、イタリアのように自由に専門医を受診できる国でも、メンタルヘルスの問題を持つ患者の多くは家庭医を受診する傾向がある。これは登録制や診療報酬上のインセンティブがあるから家庭医を受診するのではなく、家庭医の能力、医師－患者関係、プライマリ・ケアの専門医が提供するメンタルヘルスケア（治療）への患者の信頼などを理由としている。そのため、OECD諸国におけるメンタルヘルスに関する政策とデータの入手可能性に関する調査[4]に回答したほぼすべての国々で、プライマリ・ケアの専門医が、軽症または中等症のメンタルヘルスの問題に対応し、必要に応じてメンタルヘルスの専門職に紹介している。ほぼすべてのOECD諸国は、プライマリ・ケア専門医が少なくともいくつかの抗うつ薬、そしてしばしば注意欠如・多動性障害（ADHD）の精神刺激薬の処方を開始したり調整する専門トレーニングを受けている。

日本の外来医療では、「かかりつけ医」が患者を精神科医に紹介すると連携加算（心の連携指導料）が導入されることになった。先にみた退院支援をはじめ、さまざまな加算や指導料が導入されることで質の向上にどれだけ寄与したのかを評価し、公表することが必要だ。その際には国際的に比較可能な指標（第３章）に基づいて評価が行われるべきである。

日本はＯＥＣＤから、日本のメンタルヘルスケアに関して入手可能なデータが不足しているため、現状を評価するのが難しいこと、ＯＥＣＤが医療の質指標として挙げているメンタルヘルスケアの指標を収集することをまず出発点とするべき、と２０１５年に指摘されている（OECD［2015］）。しかし、第３章で紹介したように、日本は現時点で（２０２３年９月）、メンタルヘルスケアの質の指標を依然、まったく報告していない。

9　診療科別の医師数と女性医師の比率

日本では診療科ごとの専攻医の定員は決まっていない。そのため国民のニーズと関係なく、人気やトレンドで専攻医が診療科を選択することを排除できない。そのため診療科の偏在だけでなく、地域的な医師の偏在も起きている。

一方で、先進諸外国では国民の保健医療ニーズに合わせて必要な診療科の専門医を必要な数だけ育成している。各診療科の定員もおおよそ決まっている。そこでこの節では、諸外国における診療科別の専門医数を調べてみた。今後の日本の医療体制を考える上でも参考になる。

また、日本では女性医師の数は近年増加しているが、それでも日本の女性医師の割合はＯＥＣＤ

表6－8　韓国の診療科別医師数（全国、医師数の多い診療科上位：2021年）

診療科	人数（人）	女性比率（%）
合計	91,053	24
1.内科	17,376	27
2.家庭医療科	7,115	34
3.整形外科	6,738	1
4.一般外科	6,361	11
5.小児科	6,000	46
6.産婦人科	5,958	41
7.麻酔科	5,003	29

（注）　内科はInternal Medicine、家庭医療科はFamily Medicineの訳。
（出所）　2021 National Health Insurance Statistical Yearbook

で最も低い（図6－2）。日本だけでなくどの国も女性医師の割合は増加傾向にある。OECD平均は50％で、医師の半数以上が女性である国も多い。しかし、日本のように女性医師が増えることで医療崩壊につながるなどの理由で、医学部の入学者を制限するような社会問題にはなっていないようだ。海外の状況を知ることは、日本の医療の今後のあり方を考える上で参考になる。そこで、診療科別の女性比率も次に調べてみた。

ここでは、女性比率の高いスペインとオランダ、ほぼOECD平均の英国、平均より少し低めのオーストラリア、女性比率の低い米国、韓国、台湾での診療科別医師数の分布と女性比率を考察した。

まず、韓国（表6－8）では、医師数が多い診療科は、内科、家庭医療科、整形外科、一般外科、小児科の順だ。韓国は、日本の公的皆保険制度を参考に1989年に皆保険制度を導入しており、医療提供体制にも日本と共通点がある。たとえば年間の医師受診回数が多い、人口あたりの病床数や病院数が多い、急性期病床数が多いなどだ。しかし、表6－9によると、日本と

表6－9　韓国の診療科別医師数（医療機能別、医師数の多い診療科上位）

病院

診療科	人数（人）
合計	42,503
1. 内科	9,226
2. 整形外科	3,765
3. 放射線科	3,286
4. 一般外科	3,202
5. 小児科	2,615
6. 麻酔科	2,613
7. 産婦人科	2,311

（うち療養病院）

診療科	人数（人）
合計	4,554
1. 家庭医療科	939
2. 内科	777
3. 一般外科	667
4. リハビリテーション	544
5. 産婦人科	369
6. 神経内科	221

診療所

診療科	人数（人）
合計	45,383
1. 内科	8,040
2. 家庭医療科	4,856
3. 小児科	3,316
4. 耳鼻咽喉科	3,261
5. 産婦人科	3,229
6. 整形外科	2,949
7. 眼科	2,663
8. 一般外科	2,627

（出所）　KOSIS（KOrean Statistical Information Service）　2023年9月8日アクセス

異なり、韓国では病院と診療所の機能分化が進んでいることがわかる。

医師数の多い診療科は、病院では、内科、整形外科、放射線科、一般外科、一方で診療所では、内科、家庭医療科、小児科、耳鼻咽喉科、産婦人科である。診療所で働く医師の10人に１人は、家庭医療の専門研修を受けた医師である。

また、病院のうち療養病院では、家庭医療科の医師数が最も多く、５人に１人は家庭医である。２０１２年のＯＥＣＤの医療の質レビューでは、韓国が実質的な医療制度改革をこの10年ほど進めていることを認め、さらによりよい制度にするために、強力なプライマリ・ケアの制度を構築することを提言している。具体的には「地域密着型の診療所における予防医療や患者カウンセリングへの財政支援を増やす、軽度な外科手術や診断検査を医師の収入源とすることを減らす」などを提言した（OECD［2012］）。ＯＥＣＤの提言を参考に、過去10年間着々と改革を進めていることが、診療科別の医師育成の方針、第３章の医療の質指標

表6－10　韓国の女性比率の高い診療科（2021年）

専門分野	女性医師数（人）	女性比率（%）
1. 小児科	2,747	46
2. 放射線科	1,718	43
3. 産婦人科	2,450	41
4. 家庭医療科	2,392	34
5. 麻酔科･疼痛管理	1,449	29
6. 精神科	1,091	28
7. 神経内科	561	28

（出所）2021 National Health Insurance Statistical Yearbook

のOECDへの提出状況や国民へのわかりやすい情報公開などからもわかる。

韓国も日本と同様に女性比率が少ないが（図6－2）、医学部生の女性比率は増えており将来的には女性医師も増加していくだろう。現在の女性比率が多い診療科は表6－10の通りである。小児科（46％）、放射線科（43％）、産婦人科（41％）、家庭医療科（34％）、麻酔科・疼痛管理（29％）の順である。病理学（58％）、臨床検査医学（53％）など女性比率が50％を超える専門分野もあるが、表6－10では、専門医数が3000人以上の診療科を対象としている。

台湾（表6－11）の診療科ごとの医師数は、内科、一般科、外科、家庭医療科、小児科の順だ。女性比率の高い診療科は、小児科（35・2％）、産婦人科（34・4％）、家庭医療科（26・1％）だ。一般科はgeneral medicineの訳である。一般科の医師（一般医）とは家庭医療の専門研修を受けていないジェネラリストのことである。

本章2節で見たように、台湾は高度急性期・急性期を担うセンター病院と区域病院が微増し、亜急性期や慢性期を担う地区病院が減少し、地域の診療所が増加するM字型へ移行している。表6－12は

表6－11　台湾の診療科別の医師数

診療科	人数(人)	女性比率(%)
合計	52,384	21.7
1. 内科	10,530	14.6
2. 一般科	6,941	23.5
3. 外科	4,143	11.3
4. 家庭医療科	3,872	26.1
5. 小児科	3,735	35.2
6. 耳鼻咽喉科	2,655	14.2
7. 産婦人科	2,530	34.4
8. 救急	2,124	13.7
9. 眼科	1,968	33.2

（出所） Taiwan Medical Association

表6－12　台湾の診療科別医師数（医療機能別、医師数の多い診療科上位、2021年）

センター病院

診療科	人数(人)
合計	16,113
1. 内科	3,308
2. 一般科	2,465
3. 外科	1,814
4. 小児科	985
5. 救急科	883
6. 産婦人科	645
7. 家庭医療科	552

区域病院

診療科	人数(人)
合計	11,693
1. 内科	2,809
2. 外科	1,108
3. 救急科	977
4. 家庭医療科	659
5. 一般科	636
6. 小児科	643
7. 整形外科	539

地区病院

診療科	人数(人)
合計	5,410
1. 内科	1,573
2. 外科	545
3. 家庭医療科	417
4. 産婦人科	381
5. 整形外科	334
6. 救急科	285
7. 小児科	283

診療所

診療科	人数(人)
合計	18,683
1. 一般科	3,919
2. 内科	2,696
3. 家庭医療科	2,188
4. 小児科	1,851
5. 耳鼻咽喉科	1,814
6. 眼科	1,814
7. 産婦人科	1,003

（出所） Taiwan Medical Association

表6－13　米国の診療科別の医師数（2021年）

診療科	医師数(人)	女性比率(%)
合計	946,790	37.1
1. 内科	120,131	39.2
2. 家庭医療科	118,464	42.3
3. 小児科	60,252	65.0
4. 救急医療科	46,822	29.0
5. 産婦人科	42,459	60.5
6. 麻酔科	42,220	26.1
7. 精神科	38,401	40.9
8. 放射線科および診断放射線科	27,180	26.9
9. 一般外科	24,861	22.6
10. 眼科	18,938	27.2
11. 整形外科	18,464	5.9
12. 皮膚科	17,756	52.5
13. 神経内科	13,839	31.4
14. 泌尿器科	10,077	10.0
15. 理学療法とリハビリテーション	9,698	35.8
16. 耳鼻科-頭頸部外科	9,610	18.9
17. 形成外科	7,224	17.6
18. 予防医療	6,551	36.0

（注）　家庭医療科はFamily Medicine/General Practiceの訳。米国では、家庭医療の専門研修を受けていない一般医のことをgeneral practitioner（GP）と呼ぶ。ヨーロッパ、オーストラリア、ニュージーランドのGPとは異なるので注意が必要。
（出所）　Association of American Medical Colleges

医療機能別の医師の分布を示している。ＢＯＸ６－１で紹介したように、台湾では診療所で働く医師の半数近くが「家庭医療包括ケアシステム」に参加している（表６－７）。家庭医だけでなく一般医や内科医も参加できるが、表６－12からも一般科、内科、家庭医療科で働く医師が、診療所で働く医師の45％を占めていることがわかる。

米国の診療科ごとの医師数（表６－13）は、内科、家庭医療科、小児科、救急医療科の順で多い。女性医師が多い診療科は、小児科（65％）、産婦人科（60・５％）、皮膚科（52・５

表6－14　英国の診療科別の専門医登録数、SAS/LEと研修医数（2022年）

診療科	医師数（人）	女性比率（%）
合計	283,664	48.5
1. 家庭医療科	65,160	57.2
2. 内科	22,625	39.9
3. 外科	14,952	16.7
4. 麻酔科・集中治療科	11,125	36.9
5. 精神科	8,516	45.3
6. 小児科	6,586	58.5
7. 放射線科	6,584	39.8
8. 産婦人科	4,429	60.0
9. 病理学	3,104	49.9
10. 救急医療科	2,737	36.2
11. 眼科	2,446	33.5
12. 公衆衛生	1,014	55.3
13. 産業医学	528	33.1
14. SAS/LE	63,740	44.1
15. 研修医	69,961	56.6

（注）1. 家庭医療科はGPの訳。内科はMedicineの訳。
　　　2. SAS/LEは多くは海外出身の医師。
（出所）General Medical Council

％）、家庭医療科（42・３％）、精神科（40・９％）と続く。なお、表６－13の家庭医療科は、family medicine/general practiceの訳である。第３章の表３－５で示したようにfamily medicineとgeneral practiceは同義語であるが、米国では、general practiceで働く医師は、家庭医療の専門研修を受けていない一般医を指すこともあるので、注意が必要だ。

英国（表６－14）では、医師数の多い診療科は、家庭医療科の６万５１６０人で、内科、外科、麻酔科・集中治療科と続く。ＳＡＳ／ＬＥ（specialty and associate specialist and locally employed doctors）は主に各科専門医（consultant）や家庭医以外の医師で大半は海外出身の医師である。

表6－15　オーストラリアの診療科別の専門医登録数（2023年）

診療科	人数（人）	女性比率（％）
合計	86,345	41.9
1. 家庭医療科	34,934	48.9
2. 内科	13,161	36.5
3. 外科	6,484	14.9
4. 麻酔科	5,919	34.2
5. 精神科	4,540	43.2
6. 小児科･小児保健	3,811	58.2
7. 救急医療	3,326	39.2
8. 放射線科	3,044	29.3
9. 病理学	2,362	48.9
10. 産婦人科	2,280	55.8

（注）1. 2023年4月1日から6月30日の専門医登録者（specialist registration）の数。専門医以外の医師や研修医を含む医師総数は13万6742人。
2. 家庭医療科はGeneral Practice、内科はPhysicianの訳。
（出所）Medical Board of Australia Registrant data 2023

女性の比率が多い診療科は、産婦人科（60％）、小児科（58・5％）、家庭医療科（57・2％）、公衆衛生（55・3％）と続く。一方で女性比率が一番少ないのは外科で16・7％だが、2012年の9％から増加している。診療科としては一番小さいが、産業医学が専門分野の一つになっているのも英国の特徴だ。産業医は他の専門分野と同様に専門研修を経て認定されるが、最低6年間の研修が必修となっている。日本では、産業医は独立した専門医の領域ではなく、どの専門分野の医師も短期の講習会受講で取得できる。

表6－15はオーストラリアの診療科ごとの医師数（専門医登録数）だ。オーストラリアでは、専門医の4割が家庭医である。その次に多い診療科が内科、外科、麻酔科と続く。女性医師の割合が高い診療科は、小児科・小児保健（58・2％）、産婦人科（55・8％）、家庭医療科（48・9％）、病理学（48・9％）である。オーストラリアでは家庭医療科は原文（英語）ではgeneral

表6－16　オランダの診療科別の専門医登録数（2019年）

診療科	人数(人)	女性比率(%)
合計	44,459	49
1. 家庭医療科	13,710	57
2. 精神科	3,781	52
3. 内科	2,588	48
4. 麻酔科	2,097	38
5. 老年医学科	1,743	68
6. 小児科	1,708	67
7. 産業医学	1,683	36
8. 外科	1,536	24
9. 放射線科	1,427	32
10. 心臓病学	1,266	24
11. 産婦人科	1,228	63

（注）　専門医以外の医師と研修医は含まない。
（出所）　Capaciteits orgaan（“Capacity body”）2021-2024、Hoofdrapport（“Main Report”）

practice、内科はphysicianと表記していることに注意が必要である。

表６－16はオランダの診療科別の医師の分布だ。オランダでは専門医の３割以上が家庭医で、精神科、内科、麻酔科、老年医学科と続く。オランダの診療科別の医師数で特徴的なことは、精神科医が多いこと、そして老年医学の専門家が多いことだ。老年医学の専門医は、家庭医と同様にオランダではプライマリ・ケアの専門分野の一つとされている。女性医師が占める割合は、全体で49％（図６－２では57・９％となっているのは、研修医や専門医以外の医師も含まれているため）。女性医師が占める割合が高い診療科は老年医学科（68％）、小児科（67％）、産婦人科（63％）家庭医療科（57％）、精神科（52％）などだ。

表６－17はスペインの研修医の研修分野と女性比率を示している。スペインでは家庭医療の分野の研修医が非常に多い。女性比率はどの診療科も高いが、特に

表6−17　スペインの研修医の研修分野と女性比率（2020年）

研修分野	人数（人）	女性比率(%)
合計	27,111	64.3
1. 家庭医療･地域医療	7,184	72.0
2. 小児科	1,669	81.3
3. 内科	1,558	59.7
4. 麻酔科	1,301	57.8
5. 整形外科	1,167	39.0
6. 産科･婦人科	1,000	84.0
7. 精神科	940	65.9
8. 一般外科	930	61.2

（出所） Sindicato Medico Andaluz Granada (2020)

表6−18　日本の診療科別　医師数（2020年）

診療科	人数(人)	女性比率(%)
合計	323,700	22.8
1. 内科系	118,119	19.1
2. 外科系	23,837	10.7
3. 整形外科	22,520	5.7
4. 臨床研修医	18,310	33.6
5. 小児科	17,997	36.0
6. 精神科	16,490	23.7
7. 産婦人科、産科、婦人科	13,673	40.1
8. 眼科	13,639	39.0
9. 麻酔科	10,277	41.2
10. 皮膚科	9,869	49.9

（出所） 医師･歯科医師･薬剤師統計 (2020)

家庭医療・地域医療（72％）、小児科（81・3％）、産科・婦人科（84％）は高い。

日本の診療科別の医師数は表6−18の通りだ。「医師・歯科医師・薬剤師統計」を用いた。これは行政記録情報を利用して作成する公的統計であるが、本人が自分で記載する。日本では比較的最近まで統一された専門医制度を担保する明確な基準と評価システムがなく、自己申告で専門の診療

表6－19　日本の診療科別医師数（病院・診療所別、2020年）

病院

診療科	人数(人)	女性比率(%)
合計	216,474	23.8
1. 内科系	69,088	21.2
2. 外科系	20,261	11.5
3. 臨床研修医	18,298	33.6
4. 整形外科	14,419	6.7
5. 精神科	12,163	23.7
6. 小児科	11,088	37.2
7. 麻酔科	9,712	41.9
8. 産婦人科、産科、婦人科	8,332	45.6
9. 放射線科	6,618	24.4

診療所

診療科	人数(人)	女性比率(%)
合計	107,226	20.8
1. 内科系	49,031	16.1
2. 眼科	8,612	37.1
3. 整形外科	8,101	4.0
4. 小児科	6,909	34.0
5. 皮膚科	5,951	46.2
6. 耳鼻咽喉科	5,480	19.5
7. 産婦人科、産科、婦人科	5,341	31.4
8.精神科	4,327	23.8
9. 外科系	3,576	6.3

（出所）　医師・歯科医師・薬剤師統計（2020）

科を報告することになっている。自由標榜制度という日本独特の制度だ。そのため国際比較には注意が必要だ。

実働医師数も把握できないなどいろいろ問題点は多いが、診療科別の医師数に関する入手可能な唯一[5]の公的調査である。表6－18によると内科系、外科系、整形外科、小児科、精神科が上位を占める。

病院では、内科系、外科系、（臨床研修医）、整形外科、精神科、診療所では内科系、眼科、整形外科、小児科、皮膚科、耳鼻咽喉科となっている（表6－19）。日本の診療所の特徴は、家庭医療科がないこと、精神科が多いことだ。

女性医師の割合が多い診療科は、皮膚科、麻酔科、産婦人科（産婦人科、産科、婦人科）、眼科、小児科などだ（表6－20）。

全国の診療科別の医師数の過去10年の推移は、前出図6－6、6－7、6－8の通りだ。医師数は年々増加傾向にあり、病院ではどの診療科も増加傾向にある

表6－20　日本の診療科別医師数（女性比率の高い診療科、2020年）

診療科	人数（人）	女性比率（%）
1. 皮膚科	4,926	49.9
2. 麻酔科	4,230	41.2
3. 産婦人科、産科、婦人科	5,478	40.1
4. 眼科	5,313	39.0
5. 小児科	6,477	36.0
6. 形成外科	1,042	34.7
7. 臨床研修医	6,151	33.6

（出所）　医師・歯科医師・薬剤師統計（2020）

（図6－6）。男性医師に注目をすると、病院の産婦人科と外科以外の診療科は増加傾向だ。診療所では、精神科が急増する一方で、産婦人科と外科が減少傾向にある。一方で、女性医師数は年々増え続けていることもあり、病院と診療所ともにすべての診療科で医師数は増えている（図6－8）。

こうした国際比較から見えてくることは以下の四点だ。

まず一点目として、ほとんどの国や地域で人数の多い家庭医療科が日本にはほぼ存在しない。日本ではプライマリ・ケアの専門医である家庭医の育成は、他のOECD諸国と比較しても遅れており、OECD Health Statisticsでも日本ではジェネラリストの数を報告できない状況だ。

二点目は、女性医師はどの国でも増えている。女性比率が高いのは、小児科、産婦人科、家庭医療科である。日本でも小児科と産婦人科は女性比率が高いが、家庭医療科は一点目で指摘したように、ほぼ存在しない。

三点目は、内科と家庭医療科は異なる専門分野であるということだ。日本では総合内科のトレーニングを受けて地域医療（プライマリ・ケア）の担い手になることが少なくないが、これは国際的には標準でない。

四点目は、日本では医師数の多い診療科上位が、病院と診療所で大きな相違はなく、医療機関の機能分化が進んでいない。韓国と台湾では医療の機能分化を進めており、病院で働く医師と、診療所で働く医師の診療科別分布は異なる傾向にある。英国、オーストラリア、オランダ、スペインのように医療機関の機能分化が進んでいる国では、診療所で働く医師は家庭医療の専門医で、臓器別専門医の働く場が病院だ。そのため一部の例外を除いて、大きな病院に家庭医療科はない。

日本では、家庭医とそれ以外の専門医は「身分」が異なると指摘されることがあるが、これは正しくない。家庭医も家庭医療専門医という専門医である。次節以降でも説明するように、家庭医療の国際学会では地域医療に関する研究も盛んだ。地域住民を対象とした家庭医による質の高い臨床研究は一流誌に掲載されるものも少なくない。こうした研究をもとに「家庭医による家庭医のための診療ガイドライン」が多数作成されているオランダのような国もある。

10　地域医療の質を高めるために必要な医学教育

(1)　卒後教育の重要性

第3章の医療の質でも指摘したが、日本では高度医療や先進医療が質の高い医療だと思われがちだ。そして医療の質は技術進歩と結びつけて考えられることが多い。しかし、私たちが必要とする医療や健康問題の8割はプライマリ・ケアである。そして質の高い医療を提供するためには、質の高い教育が不可欠だ。医学教育のことは意外に医学部以外の者は知らないことが多い。医療政策を議論する場でも、有識者が「医師の質を担保するために、医師国家試験を更新制にして、数年に一度受けるようにすればよい」のような発言をすることがある。医師国家試験は医学部卒業時に受ける筆記試験であり、座学だけの試験を何度受けても「医療の質」の向上にはそれほど大きく寄与しないであろう。より重要なのは卒後教育と生涯教育だ。

医学教育は大きく三つに分かれている。卒前教育、卒後教育、生涯教育である。卒前教育は医学部の6年間で、コア・カリキュラムと選択カリキュラムに分かれている。すべての医学部生が履修するべきコア・カリキュラムは、全体のおおよそ3分の2を占める。2001年度改訂からコア・カリキュラムで必要な内容が標準化された。3分の1を占める選択カリキュラムは、各大学が独自の教育体制を提供できる仕組みになった。今後の医学教育は、選択カリキュラムも重要になる。日本は急速な高齢化が進み、地域では住み慣れた土地で安心して暮らせるように、医療、介護、生活支援などが連携できることが急務であり、選択カリキュラムではそうした社会的需要や多様性に対応することも目的としている。

卒後教育は、2004年から初期臨床研修が必修化され、病院マッチング制度、プライマリ・ケア重視の基本診療科ローテーションなどの改革が行われてきた。しかし、その後、各分野で取得する専門医資格は各分野の学会が独自に認定してきた。中には学会に出席していれば比較的容易に認定される場合もあり、専門医の質のばらつきが問題になっていた。

日本学術会議（2008）などでも、医療の質を保証できる体制として、①専門医の質を保証しつつ必要な専門医の数を分野ごと地域ごとに決めて、持続的に一定の臨床経験を持った専門医を養成すること、②医師の連携体制を推進するためにも、プライマリ・ケアを担当する医師の位置づけ、信頼性を保証する専門医制度の確立が非常に重要である、と提言がされてきた。

こうした中、学会や日本医師会など医療関係者が集まって第三者機関である「日本専門医機構」が設立され、２０１８年４月に新専門医制度が始まった。共通で標準化された専門研修により、国民に対して幅広く良質な医療を提供するとともに、これから育成される医師のキャリア形成支援にも重点を置くことが目的だ。

初期臨床研修を修了した医師は、内科、外科など既存の18領域と、２０１８年から加わった総合診療の合計19の「基本領域」の中から自身が目指す診療科を選択し、３年間の「専門研修プログラム」を履修し、研修修了後の認定試験に合格できれば、専門医としての資格を得ることができる。その後、資格の更新には別途審査基準が設けられており、原則5年ごとの更新となる。

専門医認定された医師は次なるステップアップのため、その分野に関連する23領域の「サブスペシャルティ領域」の専門医資格の取得を目指し、当面の活動をしていくこととなる。

日本専門医機構は、第三者の独立した中立的な機関として、研修のプログラムと資格を認定し、各学会が行う生涯教育の質を監視することも大切な役割だ。しかし、日本の専門医制度は、依然世界

図6−9　Engelの生物心理社会的医学モデル

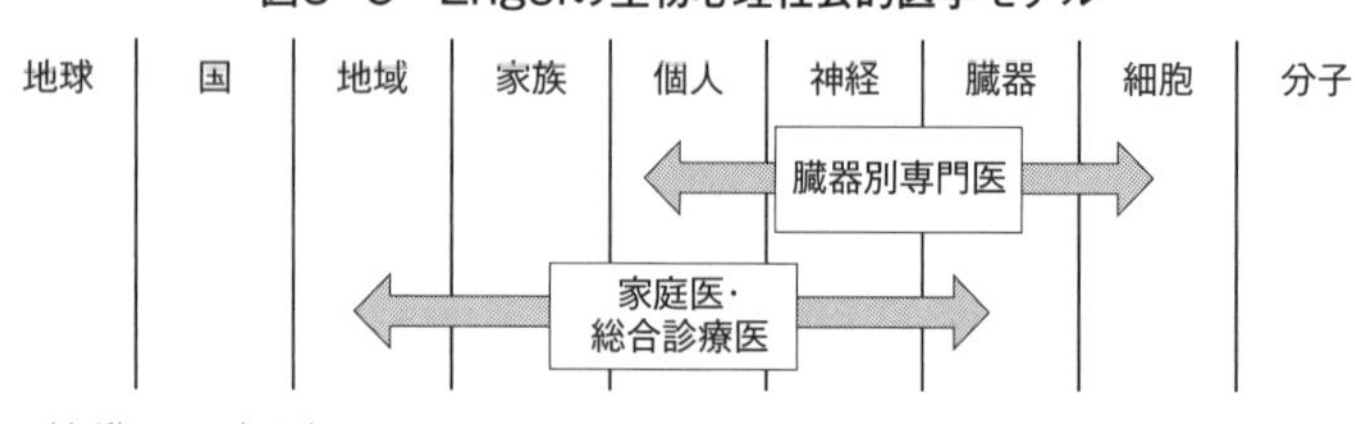

（出所） Engel（1977）

の多くの国と大きく異なる点がいくつかある。まず一点目として、日本では各診療科の定員（専門医の育成人数）を決めていない。そのため現行の専門医制度では、専攻医としてどの診療科の専門研修を受けるかはほぼ自由に選ぶことができる。しかし、専門研修を修了して専門医になってもその専門能力を活かせるポストは保証されていない（葛西［2022］）。

二点目として、日本専門医機構は、日本の医療の質を確保する重要な第三者機関にもかかわらず、そこで議論している内容が一般にほとんど知られていない。ガバナンス、透明性に欠ける。

三点目として、地域医療の視点からの問題点として、専門医機構には19の専門分野があるが、担当する学会が明記されていないのは、総合診療だけである。総合診療・家庭医療の分野で専門研修プログラムの国際認証まで受けている日本プライマリ・ケア連合学会は、日本専門医機構の中で社員になれていない。

(2) 医学教育も急性期重視

日本の医学教育は国際的な基準から特異な点が多い。図6−9は、ロチェスター大学の内科医・精神科医Engelの生物心理社会的医学モデルだ。日本の医学部や研修制度は、主に臓器別専門医を育成する仕組みで、病院で臓器別専門医として働いた後に、地域の診療所で開業医として専門のトレーニングがないまま「地域医療」に従事するのが一般的な医師のキャリアパスだ。そのため日本の医師は、大学病院や基幹病院において急性期の診療経験があっても、診療所・介護施設・在宅などで慢性期の医療を経験することは非常に限られる。第2章図2−1（地域住民の受療行動）で指摘されているように、1000人の地域住民のうち入院が必要な人が9人、その中で専門医による治療が必要な人は5人、さらにその中で大学病院に紹介されるのは1人だけだ。日本のほとんどの医師はこの15人の患者（稀な病気や重篤な疾患）を診るトレーニングを大学病院などで受けているが、それ以外の991人の地域住民のよくある疾患の治療や予防についてはほとんど学ぶ機会がないということだ。

そのため、急性期病院の退院後の世界を、医学生や研修医はほとんど知らない。「退院がゴール」の医療を教わっており、自宅や施設に戻った後の患者のことも考慮できる臨床医の育成はほとんど行われていない。医療政策の議論では盛んに「在宅医療」の重要性が指摘されるが、医学教育でのその比重は卒前でも卒後でも小さく、高齢者医療や在宅医療は、いまだ「あきらめの医療」だ。そうした質の低い教育の弊害を受けるのは患者だ。在宅医療の体系だったトレーニングを受けていない「在宅医」の質は千差万別だ。質を評価する仕組みもない。

医学部の博士論文のテーマも動物を対象としたDNAなど遺伝子などの実験が主だ。高齢化社会で現場が必要としている研究テーマ、たとえば「大腿骨骨折で入院した高齢女性の退院後の最適ケアは何か」「うつ病と認知症に対するケアで多職種保健チームと医師単独の場合の患者アウトカムのちがい」「介護予防への家族と地域との関与の効果」などを分析する研究は、公衆衛生など一部の領域を除いて、適切な研究テーマとは認められにくい。一方9節で見たようにOECD諸国では医師の2割から4割が、主に地域の診療所で働く家庭医であり、医学部の研究テーマも地域に密着したプライマリ・ケア領域のものが多い。

第3章で見たように、さまざまな質の評価を行う時にエビデンスが必要で、そのためには研究が不可欠だ。日本は医学の研究というと、基礎医学の研究や臓器別、疾患中心の研究が中心である。日本のような高齢化が大きな課題になっていて、多疾患併存、ポリファーマシー、地域でのサービス連携、軽症から中等症のうつ病のマネジメントであるとか、そうしたプライマリ・ケアに関するいろいろな研究課題があるにもかかわらず、科学研究費の審査区分にもプライマリ・ケアや家庭医療学はない。これでは研究を進めるのも難しい。

プライマリ・ケアの研究の重要性は臨床分野にとどまらない。プライマリ・ケアを整備することは、低中所得国だけでなく、多くの高所得国でも費用対効果に優れた医療制度改革の要だ。その他にも、国全体としての総合的な健康アウトカム、患者満足度、効率性など医療制度における重要な要素を向上できると認知され、いろいろな視点から研究されている。

最近ではWHO（2022）、OECD（2020, 2021）、World Bank（2016）などの国際機関による研究も多い。コロナ禍におけるプライマリ・ケアが果たした重要な役割に関しても報告や研

表6－21　プライマリ・ケア制度の重要な機能

	ゲートキーピングや紹介制度は必須か	家庭医への登録制度は必須か	家庭医·GPになるための専門研修は必須か
オーストラリア	はい	選択	はい
チェコ	いいえ	必須	はい
デンマーク	はい	必須	はい
イスラエル	はい	必須でない	はい
イタリア	はい	必須	はい
日本	いいえ	必須でない	いいえ
韓国	いいえ	必須でない	はい
ノルウェー	はい	必須	はい
ポルトガル	はい	必須	はい
スウェーデン	いいえ	選択	はい
トルコ	いいえ	必須でない	はい
英国	はい	必須でない	はい

（出所）　OECD（2017a）に基づいて著者訳

究結果が多数出ている（OECD［2020］、世界銀行の研究者であるBaris *et al.*［2021］、オーストラリアに関しては、Desborough *et al.*［2020］、Desborough *et al.*［2021］、Kidd［2022］など）。

(3) 国際比較による知見

OECD（2017a）は、OECDの質のレビューを受けた12カ国[6]の報告書の総括を行っている。表6－21はプライマリ・ケアが医療制度の中でどのように位置づけられているかを三つの軸で示している。[1]ゲートキーピングなのか、[2]登録制なのか、[3]専門研修なのかの三点だ。開業医が、ゲートキーピングするかどうか、医師や診療所を登録するかどうかは国によって異なる。選択だったり、必須だったり、さまざまだ。

また、文化的なこと、歴史的な背景などにも依存する。しかし日本が大きく異なるのは、調査対象の12カ国の中で、プライマリ・ケアの専門医になるために、専門研修が必修でない唯一の国であることだ。

9節で見たように、多くの国や地域で家庭医療科の医師の育成に力を入れている。理由として先進国では20世紀後半ごろから、医療専門職の細分化と科学技術重視、そして医師と患者関係が崩壊しつつあることが問題になった[7]。医療過誤訴訟の増加も急増した。

一方で、高齢化が進み慢性疾患をいくつも抱える人や、メンタルヘルスの問題を抱える人が増えていった。そうした状況に対応するために、各国はプライマリ・ケアの専門医（家庭医）の育成を進めてきた。オーストラリアと英国では家庭医が専門医の4割を占め、オランダでは3割を占める。プライマリ・ケアの整備が遅れた米国でも診療科別の専門医数では2位に位置する。

日本の医療制度を参考に皆保険制度を導入した韓国と台湾は、家庭医の育成を進めていて、家庭医療科は研修先として人気診療科の一つだ。そこで働く医師は、家庭医療専門医であり、診療科の名称も家庭医療科だ。日本のように曖昧な名称は用いていない（第3章の表3－5）。家庭医を育成する学会は、韓国はKorean Academy of Family Medicine（ＫＡＦＭ）、台湾はTaiwan Association of Family Medicine（ＴＡＦＭ）として、専門医を積極的に育成するだけでなく、地域医療に関する研究も盛んで、家庭医療の国際学会であるＷＯＮＣＡ（World Organization of National Colleges, Academies and Academic Associations of General Practitioners/Family Physicians：略称World

Organization of Family Doctors）でもアジア太平洋地域のリーダー的な存在だ。ソウル大学校や国立台湾大学の医学部に、30年以上前に医師会の支援で家庭医療学講座が創設されていることも日本との大きなちがいである。

日本でも過去に国を挙げて家庭医療を制度として立ち上げようとする取組みがあった。１９８５－87年の旧厚生省の「家庭医に関する懇談会」である。しかし、日本医師会の反対で家庭医構想は頓挫してしまった。それ以来旧厚生省（現厚生労働省、以下厚労省）において、「家庭医」という言葉すら使用できなくなった。そのかわりに「かかりつけ医」「総合医」「総合診療医」「プライマリ・ケア医」などが定義が曖昧なまま、実体を伴わずに用いられている。

１９８７年当時、日本医師会が家庭医構想に反対した大きな理由の一つは、地域医療において人頭払い制度が導入されることへの懸念である。人頭払いとは、診療所に登録した住民の人数に応じて診療報酬が支払われる制度で、多くの国では、地域医療の支払い制度として導入されている。当時の日本は、人口も増加し、バブル経済と呼ばれる好景気を謳歌しており、フリーアクセスと出来高払いの支払い制度で収入を得る制度からの変更には大きな抵抗があった。

そのため、家庭医制度は「開業医療に対する国家統制」であり「安価で質の悪い医療」を国民に押しつけるものとして、反対された。また、「医療費を上げないとよい医療ができない」という主張もいまだによくされる。この時の経験はしこりとして大きく残り、世界から大きく後れをとることになった。

日本は急速な高齢化が進み、地域では住み慣れた土地で安心して暮らせるように、医療、介護、生活支援などが連携できることが急務であろう。日本の医療はさまざまな診療科に細分化されているため、地域や家族の実情なども考慮しながら、総合的に患者を診ることができる地域医療の専門トレーニングを受けた医師の育成の重要性は長年言われてきた。しかしほとんどの医師会も大学医学部もその育成には取り組んでこなかった。

大学医学部が家庭医育成に力を入れられない理由の一つとして、「家庭医は大学病院で働かないため、大学病院の経営（収入）に貢献しない」こともある。大学病院だけではない、地域の病院や診療所でも家庭医はまずは患者の意向と心身の負担、そして医学的適応と費用対効果を考慮して優先度の低い検査や投薬を控えるため、儲からないと批判される。国や地方の財政がこれほど逼迫していても、医療の現場では、民間病院だけでなく、公的病院も自分の病院の経営のことで精一杯だ。現行の医療制度には「地域医療を担う」と言いながら誰も地域医療のグランドデザインを描くモチベーションはほとんどない。

地方での医師不足対策に対応するために、大学医学部の地域枠・地元枠も長らく導入されている。しかし、地域で経験を積むだけで、地域医療の専門医になれるわけでない。日本ではようやく2018年から「総合診療専門医」として日本専門医機構が19の基本領域の一つとして3年間の専門研修制度を開始した。しかし、いまだに種々のステークホルダーが対立している。「理想的には総合診療専門医。でも、育成を待っている時間はない」。そう言い続けられて、すでに何年も経っている。

昨今のかかりつけ医の議論も同様だ。日本専門医機構はどういうタイムスパンで、何人の総合診療専門医を育成する必要があると見積もっているのか、根拠とともに開示するべきだろう。

そうした上で、プライマリ・ケアの専門医育成のロードマップを作ることが医療資源の適切な配分のための前提となる。たとえば本節(1)項で指摘をした三点に加えて、以下の点も考えられる。

地域住民の視点からは、まずは、総合診療・家庭医療を標榜科にすべきだ。そして医療機関、特に診療所や中小病院は、地域住民が医療機関を選ぶときに参考にできるわかりやすい診療内容や医療の質に関する情報を提供することが重要だ。その時の情報内容は標準化され、医療機関間で比較できるものであるべきだ。厚労省のウェブサイトからアクセスできる医療機能情報提供制度は、現状は公開情報が少なく地域住民の目線でもなく認知度も低い。日本の医療制度は自由に医療機関を選べる仕組みなので、地域住民が医療機関を選ぶときに参考となるような、わかりやすい医療の質に関する情報提供が不可欠だ。手上げ方式で公表できる医療機関から徐々に提供していけばよい。

「医師・歯科医師・薬剤師統計」の「従事する診療科名等」の欄にはまだ「総合診療科」[8]がない。日本では統計調査の対象項目にすらなっていない状況だ。総合診療科・家庭医療科を追加するべきだろう。厚労省の公的統計に従事する診療科名がない分野では、医学部生や初期研修医はキャリアプランを描くことも難しく、総合診療や家庭医療を選ぶ医師を増やすのは難しい。理想的には、自己申告である「医師・歯科医師・薬剤師統計」ではなく、他の国や地域のように第三者機関によって実働の診療科別の医師数が報告されることが望ましい。

日本では各国にかなり遅れて２０１８年から日本専門医機構による新専門医制度が始まった。将来的には日本専門医機構が日本の医師の専門能力を示す統計を整備し公表することも機構の役割であるべきだ。繰り返しになるが、科学研究費の審査区分にプライマリ・ケアと家庭医療を加えることが重要である。そうすることで、他の先進国と同様に診療所におけるプライマリ・ケアの研究を進め、日々の診療をよりエビデンスに基づいた質の高いものにできる。

11　国際比較から見えること

筆者は医学部で教える機会があるが、経済や社会状況に応じてこれからどのような医療が必要とされているのかを学生たちが学んでいないことに驚く。自分の将来設計にも関係することで関心はあるのだが、大学では体系立てて教わることはほとんどない模様だ。

ＯＥＣＤの統計など、標準化された定義で国際比較をすることは、いろいろな意味で有意義である。どこの国や地域も独自の問題を抱えているが、高齢化、多疾患併存、メンタルヘルスケアの問題、技術進歩による費用の高騰化など共通の問題も多い。自国の制度や統計だけでは見えてこないことが多い。しかし、日本は国内独自の定義が多く特に国際比較が難しい。韓国や台湾は中小の民間病院を主体に医療提供体制を整備してきたこと、基本的にはフリーアクセスで出来高払いであることなど日本と似た制度で、高齢化という同様の問題を抱えている。しかし、国際標準の定義に従って統計を整備し、医療提供体制の改革も進めている。

日本の医療は国際化が遅れているが、特に遅れているのが前節で見たように地域医療を担う医師の育成だ。医療関係者でも育成に関する誤解が少なくない。たとえば、地域医療（プライマリ・ケア）を担う医師である総合診療専門医になるための研修では小児科研修は3カ月、救急3カ月、内科6カ月など研修期間が決められている。よくある総合診療専門医への批判の一つとして「3カ月の研修だけで小児科がすべてわかるのか」と指摘されることがある。総合診療専門医における小児科研修は小児科のすべてがわかるための研修ではなく、小児のプライマリ・ケアを安全に行い、小児科専門医に紹介するべきかどうかを見分ける能力を身につけるための研修である。

日本の「かかりつけ医」は地域で実際に診療している人で、学術的な分類とは異なるという議論もある（第1章7節(1)項）。世界では地域で診療に従事する医師は、プライマリ・ケアの専門医（家庭医）として国内だけでなく国際的な学会にも参加し、研究のネットワークにも入っている。第3章2節で紹介したように、地域医療の現場では、疾患特異的なエビデンスでは不十分なことが少なくない（プライマリ・ケアのパラドックス）。エビデンスを考慮しない診療は患者のためにもならないだけでなく、費用対効果も悪い。地域での診療にもエビデンスとそのための研究は不可欠だ。

質の高い医学教育や継続的な生涯教育を提供するための体制を整えるのは時間がかかる。しかし、それをきっちりと整備していかないと、よい医療の実践や、医療費の問題解決を図ることはできない。日本も他の国と同様に、各診療科の専門研修で受け入れる専攻医の枠数を、政府が外来と入院それぞれでの専門診療科の重症度別診療実績など、適切な指標や統計をもとに、毎年政策的に決定するべきである。

次年度に専門研修を希望する初期研修医にとって、限られた枠に入るために必要な試験に合格すれば、その診療科の専門医として活躍できるポストが保証されるため、より明確なキャリアパスを描くことができる（葛西［2022］）。このままではフリーランスなど、どの医療機関にも所属せず、自由に診療をする医師が増え続ける可能性がある。医療は1人で行うものでない。医療分野の進歩は早く常に学び続けなければならないのに、そうした学びもなく診療を続けている医師が増えることの弊害は大きい。

フリーランスの医師は在宅医療やオンライン診療などに関わることが多いが、どのような医療が行われているのか、現在はほとんど情報がない。費用対効果に劣るものも少なくないと思われる。こうしたフリーランスの医師を生み出す背景は、自由標榜制度であり、医療の質の評価をきっちりと行ってこなかった現行の医療制度であり、その改革なしには医療の質が保てないばかりか医療費や介護費の高騰化も避けられない。複数のオンライン診療を利用している場合、重複受診や重複投薬の問題も出てくる。もちろん在宅医療やオンライン診療は進めるべきだが、質を伴ったものでなければ地域住民のためにはならない。

最後に診療報酬についてまとめておきたい。急性期病床の在院日数は徐々に低減してきたが、それでも国際的には極めて長い。その背景には急性期病院での入院の支払いが、主に出来高払いと一日あたりの定額の組み合わせであることが影響している。そのため入院期間を延ばして収益を上げるインセンティブが働く。年々入院へのニーズは減っているが、空床が増えると病院経営にはマイナスになるため、経営者としては入院日数を増やすことが経営手段となってしまう。不要に長い入院は、特に高齢者には認知機能の悪化、筋力低下、そして転倒などの危険を招くなどのマイナス面が多い。

また外来での治療が可能でも、入院をさせることで空いている急性期病床を有効活用し、経営を安定させるインセンティブが働くこともある。診療報酬が外来よりも入院治療のほうが高く設定されている場合もあるからだ。たとえば、白内障手術、ポリペクトミー、化学療法、心臓カテーテル検査、扁桃摘出術、鼡径ヘルニア手術などだ。

日本の平均在院日数がＯＥＣＤ平均の７日程度になれば、日本の急性期病床数は半分ぐらいで十分であろう。その上で在院日数を減らしても経営が成り立つように、多くのＯＥＣＤ諸国が導入しているような「一入院包括払い（ＤＲＧ／ＰＰＳ：Diagnosis Related Group/Prospective Payment System)」に移行するなどの議論を進めることが不可欠である。日本の急性期病床数は多く、急性期病床を集約化するためにも在院日数の削減が必須だ。

外来においては、現行の支払制度では、長期処方など地域住民の利便性を高めると受診が減少して医療機関の収入が激減してしまう。受診者数が減少しても医療機関が困らない支払い体制が不可欠だ。その際医療機関が予防のための健康教育を行う役割も持てるよう地域住民あたり定額（人頭払い）の診療報酬制度の創設も諸外国の経験からも妥当であろう。今後日本では人口減少がますます進むため、医療機関の経営安定のためにも必要となる。「一入院包括払い」や「地域住民あたり定額」を導入する場合には、粗診粗療を防ぐためにも医療の質の評価を行うことがより一層重要となる。

BOX 6-2 キューバのプライマリ・ケア

プライマリ・ケアが整備されている国や地域は増えているが、キューバもプライマリ・ケアを中心に医療提供制度を整備した国の一つだ（渡邉ほか［2015］）。筆者がキューバを訪ねた時の経験を紹介したい。

キューバでは、全医師の75％が家庭医として地域で働いている。キューバでは6年間の大学教育を終えて医師免許を取得した後、約9割が3年間家庭医療の専門研修を受けており、その後希望者（約25％）のみが他の専門科を選択する。看護教育は5年間の大学教育に一元化されていて、多くの看護師はその後地域で働くが、地域・家族ケアの専門看護師はさらに3年間の専門教育を受けている。

図6-10はキューバの診療所にあるポスターだ。キューバではすべての受診は自己負担無料だが、患者に費用負担を意識させるために、それぞれの診療項目（受診、リハビリの受診、臨床検査（血液検査など）、眼科診察、超音波、X線、遺伝専門相談、特殊細胞診）における費用がポスターにわかりやすく書かれている。

「自己負担が無料である」といっても、社会主義の国であっても、医療費は誰かが負担しており、それを国民に意識させる工夫をしている。医療者も利用者も医療の費用対効果をほとんど考える習慣のない日本人にとって学ぶことが多い。

キューバのプライマリ・ケアの制度が国際的に評価されている例として、２０１５年にＨＩＶと梅毒の母子感染撲滅を宣言したこともある。[9] このニュースは世界の保健医療にも大きな意義があり、ＢＭＪもニュースにとりあげた（BMJ [2015]）。そこでのＰＡＨＯ（Pan American Health Organization）局長のコ

図6−10　キューバの診療所（筆者撮影）

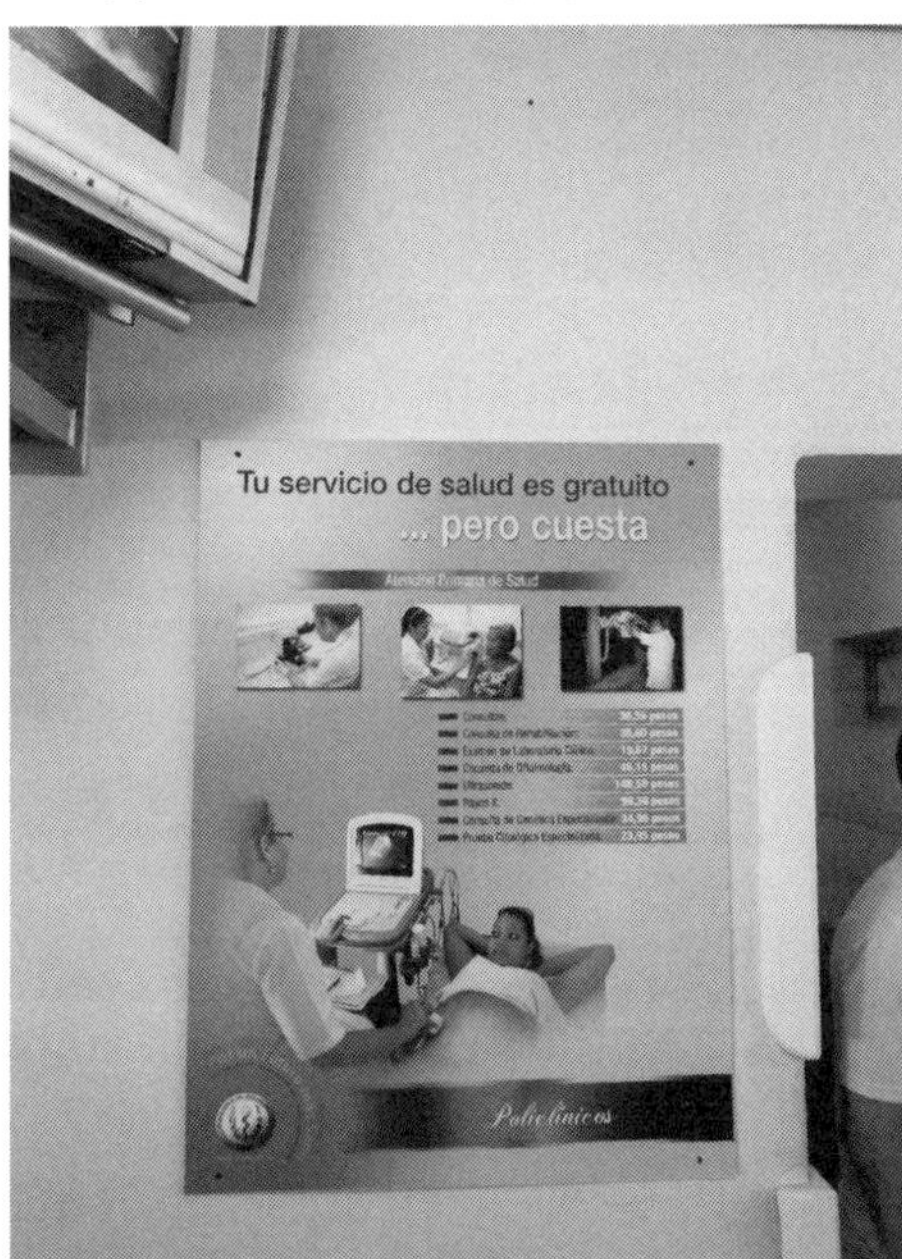

すべての受診に関して自己負担は無料。
でもこのようなポスターがすべての診療所に貼ってある。

保健医療サービスを受けるのにかかる
費用はいくら?

- 受診 36.55 ペソ
- リハビリの受診 36.60ペソ
- 臨床検査（血液検査など）19.67ペソ
- 眼科診察 46.15 ペソ
- 超音波 148.5ペソ
- X線 99.39ペソ
- 遺伝専門相談 34.95ペソ
- 特殊細胞診 23.95ペソ

メントは、「キューバの成功は、ＨＩＶのような問題に上意下達の保健医療制度では対処できないことを証明している。プライマリ・ヘルスケアを基盤として、すべての人が健康のために利用できる保健医療制度が、どの国にとっても、その国民の健康と幸福を保証するために最も持続可能な方法だ」。

キューバの医療制度に関して特筆するべきは、そのマネジメント能力の高さだ。リッチ・ロバーツ（ウィスコンシン大学マジソン校教授、ＷＯＮＣＡ［世界家庭医機構］の元会長）は、キューバの医療制度の成功はマネジメントの「グル」ジム・コリンズも賞賛するだろうと指摘している[10]（Richard Roberts『From the WONCA President: 2010-2013』）。キューバ革命により多くの人材が去り、限られた資源の中で、国民のより良い健康を支えるための基盤であるプライマリ・ケアの構築に集中したのである。

第２章でも議論したように、地域住民に包括的な医療サービスを提供するには十分なガバナンスが必要だ。ガバナンスが弱くマネジメント能力が低いと、縦割りの疾患特異的な介入政策（糖尿病重症化予防、がん対策など）に陥りがちで、費用をかけるわりには効果が低くなってしまう。地域医療のマネジメントの視点からも日本が学ぶことが多い。

ＢＯＸ ６－３　スコットランドの認知症のケア

２０２０年に学術会議は「認知症に対する学術の役割――「共生」と「予防」に向けて――」という提

言を出した。筆者も提言の作成に関わったが、そこでまず取り上げられたのは、スコットランドでは、２００９年に超党派国会議員グループが「認知症の本人とケアラーのための権利憲章」を制定し、社会全体で認知症の人や家族の権利が尊重されていることだ。２０１１年には、当事者の意見を取り入れた「認知症ケア基準」を策定し、これをアウトカム指標とする国家施策も始動した。認知症ケア基準のキーワードは、1プライマリ・ケアの専門医（家庭医）の役割、2多職種連携、3個人のニーズに応じたケア（患者中心のケア）の実践だ（Scottish Government [2011]）。

こうしたアウトカム指標を用いた国家施策を進められる大きな理由の一つは、英国は２００４年からすでにＱＯＦと呼ばれるプライマリ・ケアによるアウトカム指標に基づく成果払い制度（第３章４節）を導入していることがある。スコットランドでも、事前に居住地などに応じて登録して、家庭医を受診し、その後必要に応じて、家庭医から各診療科の専門医を紹介される。すべての住民は生まれた時から亡くなるまで診療所（とそこに所属する家庭医）に登録することが義務づけられている。

一方日本では、認知症の疑いが出て初めて医師にかかる人も多い。ＣＴ、ＭＲＩ、ＰＥＴのような最先端の医療機器や認知症予防や改善の特効薬が多く解決してくれると期待しがちだ。しかし、認知症のすべてがわかるような画像診断はどのような優れたＡＩ技術でも難しい。

元気な時から継続的に診ている身近な医師の役割が大きい。そうした医師は認知症の患者だけでなく、介護者へのケアもしてくれる。

図6－11　インドネシアではGP登録制を導入し、アプリで予約・受診歴・医療機関情報を確認できる

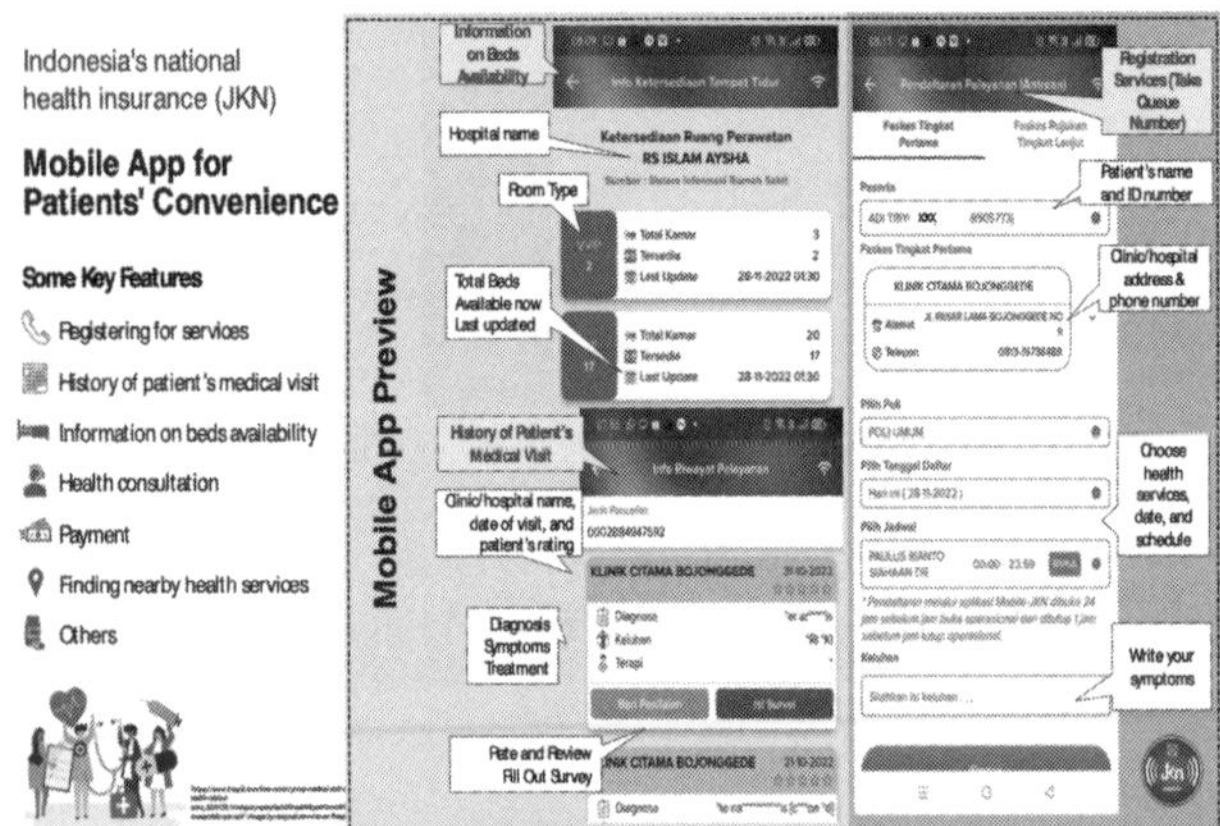

（出所） Mobile Indonesia's National Health Insurance (JKN) app (2022)

この10年近く、東南アジアの諸国も皆保険を導入している。インドネシアは2014年に皆保険を導入して、すべての加入者は1カ所の診療所に登録をすることになった。図6－11はスマートフォンのアプリだ。本人の名前、担当する家庭医の名前が右上にある。家庭医や診療所が当初の期待通りでなかった場合もあるので、3カ月待つと変えられる。基本的にはグループ診療所なので、診療所を登録する。左側に、受診歴、医療機関の情報、ベッド数の空き具合もわかる。コロナ禍にはアプリでワクチン接種や診察の予約もできた。インドネシアでは、プライマリ・ケア（診療所の医療）だけでなく、病院もすべて自己負担無料だ。

日本では医療機関の自己負担無料というと、

１９７０年代の老人医療費無料化のことを思い出して、無駄な医療、過剰な医療が指摘されるが、質の評価や提供体制のほうで過剰医療にならないようなガイドラインであったり、教育がしっかり行われている。インドネシアでは、９割近い病院が認証を受けていて、診療所の認証も始まっている。世界はどんどん進んでいるのである。

【第6章　注】

（1）急性期病床はcurative（acute）care bedsの訳である。

（2）OECDのHealth Statisticsでは、日本は病院の総数と、公的病院の病院数を報告しているが、民間非営利と民間営利の病院数は報告をしていない。

（3）２０２２年の診療報酬改定でも、精神疾患を持つ人の地域定着支援（入院生活から地域生活中心へ）のために、さまざまな加算や指導料が導入され、地域との連携を進めようとしている。

●療養生活継続支援加算（他職種による包括的支援マネジメント）
●心の連携指導料（かかりつけ医と精神科・心療内科の連携）
●救急患者精神科継続支援料の算定要件に精神保健福祉士の配置
●地域共生社会　医療的ケア児への支援、主治医と学校医の連携　など。

（4）"Mental Health Systems in OECD Countries: Policy and Data Availability Questionnaire."

（5）「医師・歯科医師・薬剤師統計」は、回答率が約90％と推計されている（島田・近藤［2004］）。一方で、公的な統計ではないが、アルトマークのデータは製薬会社のＭＲが集めた情報をもとに構築しており、実際に診療に携わっているほぼすべての医師の状況が把握できる。アルトマークのデータを用いた研究も最近増えている（たとえばTakaku［2020］など）。

（6）英国はイングランド、北アイルランド、スコットランド、ウェールズそれぞれでレビューしているため、報告書の正式名称は「12カ国と15のレビュー」となっている。

（7）実は１００年前近くに、米国では、医療専門職の細分化と科学技術重視が医師－患者関係の崩壊という深刻な影響をもたらしたこと、医学教育改革によって得られたものがある半面、失われたものがあったことをFlexner（1930）が指摘していた。「この医学の思いやりのある人間的な面を無視することが、今まさに、医療過誤訴訟の増加や科学技術に対する幻滅感の助長のような結果をもたらし始めているのです」（McWhinney and Freeman［2009］）

　Flexnerとは、１９１０年の北米の医学教育の転換点となったフレクスナー・レポート「アメリカとカナダの医学教育：カーネギー教育振興財団への報告書」の執筆者で、この報告書が発表されて以降、サイエンスに基づいた大学ベースの教育へ変化したと言われる。

（8）「該当する診療科名がない場合、最も近い診療科名の番号を○で囲むこと」と注意書きがあり、「総合診療科」の医師は「全科」や「その他」の医師として登録せざるを得ない。

（9）母子感染の予防的介入に１００％の効果は期待できないので、公衆衛生上問題とならないあるレベル以下までの感染の低下を撲滅と定義している。ＨＩＶについては、少なくとも1年間、母子感染による子どものＨＩＶ感染が出生10万あたり50人未満であり、ＨＩＶの母子感染率が、母乳育児の集団で５％未満、非母乳育児の集団で２％未満というのが、効果についての指標である。

（10）Richard Roberts "President's Message: Exceeding expectations" April, 2012. https://www.globalfamilydoctor.com/News/Exceedingexpectations.aspx

巻末資料　地域医療を重視した評価指標（コモンウェルス財団）

(1) 受診の容易さ

① 経済的負担

指標1　過去1年間で、費用に関連する医療アクセスの問題を抱えたことがある
指標2　過去1年間で、費用の問題から歯科ケアや健康診断を受けなかったことがある
指標3　医療への保険金支払いが拒否された、または額が想定以下だったことがある
指標4　医療費の支払いで深刻な問題を抱えた、または支払うことができなかったことがある
指標5　過去1年間で、1000ドル以上の医療費を自己負担した（米ドル換算）

② 適時性

指標6　通常受診する医師（原文ではregular doctor、以下「通常の医師」）や場所がある
指標7　何か疑問があり連絡をした時、常に、またはたいてい通常の医師が同日に答えてくれる
指標8　前回医療が必要だった時に、その日または翌日に医師・看護師に診てもらえた

指標9　時間外にケアを受けることが、いくらか、または非常に難しい

指標10　時間外でも救急外来に行くことなく、医師や看護師の診療を受けられるようにプライマリ・ケア診療所が調整している

指標11　医療者とメンタルヘルスについて話したいと思った回答者の中で、実際に過去12カ月以内にメンタルヘルスのカウンセリングや治療を受けた人の割合

(2) ケアの過程

① 予防ケア

指標12　過去1年間に、健康な食事、運動、身体活動について医療者と話し合ったことがある

指標13　喫煙者に対して、過去1年間に、喫煙の健康リスク、禁煙方法について医療者と話し合ったことがある

指標14　多量飲酒者に対して、過去12カ月間に、飲酒について医師やヘルスケアの専門職と話し合ったことがある

指標15　50～69歳の女性のうち、過去2年間にマンモグラフィー検診を受けた人

指標16　1歳以下の子供のうち、過去1年間に麻疹のワクチンを接種した人

指標17　65歳以上の高齢者のうち、過去1年間にインフルエンザワクチンを接種した人

指標18　避けられたはずの糖尿病による入院数（年齢・性調整、人口十万人あたり）

指標19　避けられたはずの喘息による入院数（年齢・性調整、人口十万人あたり）
指標20　避けられたはずのうっ血性心不全による入院数（年齢・性調整、人口十万人あたり）

②　ケアの安全性

指標21　過去2年間に、医療や薬剤における過誤を経験したことがある
指標22　プライマリ・ケア医が、患者に検査結果を伝えるように、コンピューターシステムを通じて警告を受け取っている
指標23　二つ以上の処方薬を使用している人の中で、過去1年間に薬がヘルスケア専門職によって再検討されなかった人の割合
指標24　腹部手術後に起きた敗血症の件数（退院十万件あたり）
指標25　人工股関節置換術および人工膝関節置換術での術後肺塞栓症の件数（退院十万件あたり）

③　連携の取れたケア

指標26　プライマリ・ケア医は、患者が専門医を受診後1週間以内に、いつも、またはたいてい受診結果についての報告を受け取っている
指標27　プライマリ・ケア医は、患者が専門医の受診後1週間以内に、いつも、またはたいてい患者の投薬またはケアプランの変更に関する情報を受け取っている

指標28　過去2年間に、専門医が十分な病歴を得ていない、または通常の医師が専門医のケアについて知らされていない

指標29　過去2年間に、病院の退院計画にギャップを経験している

指標30　プライマリ・ケア医は、患者が救急外来を受診したときはいつも連絡を受けている

指標31　プライマリ・ケア医は、患者のニーズや提供されるサービスに関して訪問介護提供者と連絡を取り合っている

指標32　診療所はソーシャルサービスをはじめ地域の多職種と連携してケアを行っている

④　参画と患者の意向

指標33　通常の医師 は、患者の病歴についての重要な情報を常に、またはたいてい知っている

指標34　通常の医師は、常に、またはたいてい、患者に十分な時間を割き、物事をわかりやすく説明する

指標35　5年以上同じ医師を受診している

指標36　入院中、医師は常に礼儀正しく敬意を持って患者を扱った

指標37　入院中、看護師は常に礼儀正しくかつ敬意を持って患者を扱った

指標38　慢性疾患を持つ患者が、過去1年間にケアの主要なゴールと優先度について、ヘルスケア専門職と話し合った

指標39　慢性疾患を持つ患者が、過去1年間に治療の選択肢について、副作用も含めてヘルスケア専門職と話し合った

指標40　慢性疾患を持つ患者が、健康問題を管理するために必要な支援をヘルスケア専門職から受けてきたと明確に感じている

指標41　65歳以上の高齢者で、終末期に自分が望む治療について記載した計画書がある

指標42　65歳以上の高齢者で、自分がそれをできなくなった時に、自分の代わりに治療の意思決定をしてくれる人を指名した計画書がある

指標43　過去2年間、医療に関する質問や気がかりを通常受診する診療所に連絡（メールを含む）するために、安全なウェブサイト／ポータルサイトや携帯アプリを使用した

指標44　過去2年間で、処方箋のリフィルを通常受診する診療所に依頼するために、安全なウェブサイト／ポータルサイトや携帯アプリを使用した

指標45　ケアに従事するプライマリ・ケア医やその他のヘルスケア専門職は、頻繁にまたは時々、遠隔映像ツールによる診療を行う

(3)　管理運営の効率性

指標46　プライマリ・ケア医の中で、保険や請求に関する管理運営事項に費やされる時間を大きな問題と考えている割合

指標47　プライマリ・ケア医の中で、保険の適用範囲の制約下で患者が必要な薬剤や治療を施すために、費やされる時間を大きな問題と考えている割合

指標48　プライマリ・ケア医の中で、臨床もしくは品質データを政府やその他の機関に報告するのに費やされる時間を大きな問題だと考えている割合

指標49　過去2年間に、通常の医師がいれば治療できたはずの疾患で救急外来を受診した患者

指標50　医療費に関連するペーパーワークや議論に多くの時間を費やしている

(4) 公平性

(1)受診の容易さ（①経済的負担、②適時性）と(2)ケアの過程（①予防ケア、②ケアの安全性、④参画と患者の意向）の一部の指標に関して、所得が平均以下の人と平均以上の人に分けて、結果を示している。該当の指標は以下の通りである。

指標51　過去1年間で、費用に関連する医療アクセスの問題を抱えたことがある

指標52　過去1年間で、費用の問題から歯科ケアや健康診断を受けなかったことがあったか

指標53　医療費の支払いで深刻な問題を抱えた、または支払うことができなかったことがある

指標54　時間外にケアを受けることが、いくらか、または非常に難しい

指標55　通常受診する医師（原文ではregular doctor、以下「通常の医師」）や場所がある

指標56　過去1年間に、健康な食事、運動、身体活動について医療者と話し合ったことがある

指標57　過去2年間に、医療や薬剤における過誤を経験したことがある

指標58　通常の医師は、常に、またはたいてい、患者に十分な時間を割き、物事をわかりやすく説明する

指標59　通常の医師は、患者の病歴についての重要な情報を常に、またはたいてい知っている

指標60　過去2年間、医療に関する質問や気がかりを通常受診する診療所に連絡（メールを含む）するために、安全なウェブサイト／ポータルサイトや携帯アプリを使用した

指標61　過去2年間で、処方箋のリフィルを通常受診する診療所に依頼するために、安全なウェブサイト／ポータルサイトや携帯アプリを使用した

(5)　健康アウトカム

【地域住民全体の健康】

指標62　乳幼児死亡率：出生児千人あたりの死亡数

指標63　少なくとも2つ以上の慢性疾患を有している成人（18歳から64歳）数

指標64　60歳時での平均余命（年）

【ヘルスケアによって避けられる死亡率】

指標65　治療可能な死亡率：十万人あたりの死亡数

指標66　予防可能な死亡率：十万人あたりの死亡数

指標67　回避可能な死亡率の10年ごとの推移：十万人あたりの死亡数

【疾患別健康アウトカム】

指標68　急性心筋梗塞後30日の院内死亡率：患者百人あたりの死亡数

指標69　虚血性脳卒中後30日の院内死亡率：患者百人あたりの死亡数

指標70　妊産婦死亡率：出生児十万人あたりの死亡数

指標71　自殺による死亡者数：人口十万人あたり

サンプル数に関しては、Commonwealth Fund（2021）Schneider, E.C. *et al.* の Appendix 9を参照。

https://www.commonwealthfund.org/sites/default/files/2021-08/Schneider_Mirror_Mirror_2021.pdf#page=32

おわりに

本書では、筆者が年来、心に抱き続けてきた、わが国の医療に関する問題点と解決策を、地域医療を中心に議論した。紙幅の関係等で割愛せざるを得なかったが、医療、介護、予防制度における負担のあり方は重要で、いずれ別の機会に議論を深めたい。

日本の医療保険や介護保険は、保険料だけでなく多額の税金が投入されている。地方自治体が提供する予防に関する政策は、地方の一般財源で賄われているものがほとんどだ。本書では費用対効果の高い医療サービスを提供する仕組みやインセンティブのあり方について主に議論をしたが、税金か保険料かという財源論と併せて行うことが政策の場では必要となる。第4章で詳しく論じたOECDの「保健医療支出」は、機能別（支出項目別）だけでなく財源別にも統計を整備しているため、負担の議論にも有効な統計である。なお日本では「所得」が正確に把握できていないにもかかわらず、「所得」が社会保険料負担のほぼ唯一の基準となり、さまざまな給付制度が提供されていることも負担の議論の重要な論点である。

本書を執筆するにおいて、さまざまな方から貴重な助言や示唆をいただいた。

一橋大学の元同僚の齊藤誠氏からは、複雑な経済現象を計測する作業である国民経済計算の重要性をさまざまな視点からご教示いただいた。いずれの国でも、政府機関がかなりの労力と資源を投入して国民経済計算を作成している。きっちりとした国民経済計算がなければ、まともな経済政策の展開はできないことを再認識した。

国立社会保障・人口問題研究所の竹沢純子氏と日本総合研究所の西沢和彦氏からは、エビデンスに基づいた地域医療の政策を展開するためには、費用に関する統計をどのように整備していくべきか、お二人との議論から多くを学ぶことができた。

勤務先である一橋大学では、教育と研究を両立させるための多くのサポートをいただいた。特に一橋大学医療政策・経済研究センター（HIAS Health）の荒井耕、小塩隆士、佐藤主光、高久玲音、中村良太、本田史子、山重慎二の各氏には日常的に医療政策について議論をする機会を通して、さまざまな教えを頂戴した。

共同研究者の伊藤由希子氏と葛西龍樹氏には本書の草稿に何度も目を通して、そのたびに詳細なコメントをいただいた。大変感謝している。

他にもさまざまな方から助言や示唆をいただいた。大田弘子、岡崎哲二、岡本悦司、翁百合、大橋博樹、草場鉄周、佐々江龍一郎、澤憲明、関本美穂、髙柳宏史、田中秀明、土居丈朗、中川貴史、成瀬道紀、縄田和満、牛冰、原千秋、野村裕、細野恭平、前村聡、松井彰彦、松坂方士、松島斉、丸山泉、森山美知子、山田康介、渡辺幸子、Seo Eun Hwang, Chyi-Feng Jan, Michael Kidd, Juan Manuel Mendive, Tim olde Hartman, Robin Ramsay, Maham Stanyon, Oliver Stanyon, Chris van Weelの各氏、そして多くの自治体の医療政策担当者にはこの場を借りて感謝を申し上げたい。歴代の井伊ゼミ生の北村優貴、板橋諒、小柳慶太、筑後孝夫の各氏には図表の作成などでお世話になった。またＩＱＶＩＡジャパンからは、同社ＨＰ掲載のデータの転載を許可いただいた。

この本は慶應義塾大学出版会の増山修氏のおかげで出来上がった。増山氏が日本経済新聞社出版局におられたときから声をかけてもらい、２００２年に共著の研究書を担当していただいたが、そのあと、「単著を書きませんか?」と次作のリクエストを受け、以来構想を練ってきた。長年にわたる増山氏の忍耐と励ましがなければ、この本はとてもかたちにならなかった。心からお礼を申し上げたい。

本書の元になった研究は科学研究費（課題番号 25285090, 18H00845）から研究助成を受けた。

私が研究者、教育者として心掛けていることは、「自分が苦労したことは次の世代には苦労をさせない」である。私が常々疑問に思っていること、いまだよくわからないことなど、この著書ではできるだけ最新の統計やエビデンスを参考に、私なりに整理をしたつもりだ。しかし、実力不足で見逃していること、誤解していることもあると思う。ぜひ次の世代には本書をアップデートし、修正し、ブラッシュアップしてほしい。そして、日本でも標準的な質の評価が当たり前になり、シンプルなわかりやすいウェブサイトで地域住民が費用や質を比較したり、信頼できるツールを用いて医療に関する意思決定を行うことが日本でも当たり前になる日が近いことを望んでいる。

最後に、本書を父と母、義父と義母に献げることをお許しいただきたい。

2024年2月

井伊　雅子

参考文献

【邦文文献】

井伊雅子（２０１４）「プライマリ・ケア研究事始め―次世代の医療制度の研究―」ファイザーヘルスリサーチ財団（編）『ヘルスリサーチ20年―良い社会に向けて』69－76ページ。

――（２０１５）「医療分野の改革の方向性」ＮＩＲＡ研究報告書「社会保障改革しか道はない」９－26ページ。

――（２０１６ａ）「保健医療統計の陥穽～国際比較をめぐって～」『医療経済学会10周年記念誌　医療経済研究のこれまでとこれから』６－９ページ。

――（２０１６ｂ）「医療と介護に関する研究会」報告書　財務総合政策研究所

――（２０１６ｃ）「医療費の範囲と「国民医療費」」（『医療経済学講義　補訂版』橋本英樹・泉田信行編　東京大学出版会２５３－２７４ページ。

――（２０２３）「ヘルスリテラシーを高めるために求められる情報ソースに関する研究」厚生労働科学研究費補助金 分担研究報告書『国民の健康づくり運動の推進に向けた非感染性疾患（Non-communicable diseases：ＮＣＤｓ）対策における諸外国の公衆衛生政策の状況とその成果の分析のための研究』（文献番号２０２２０９０１６Ａ）https://mhlw-grants.niph.go.jp/project/162429

――・関本美穂（２０１５）「日本のプライマリ・ケア制度の特徴と問題点（特集　地域医療・介護の費用対効果分析に向けて）」『フィナンシャル・レビュー』第１２３号、６－63ページ。

――・五十嵐中・中村良太（２０１９）『新医療経済学』日本評論社。

――・原千秋（２０２１）「不確実性の下での良き意思決定　適切な医療とは？」『経済分析』第２０３号、86－１２０ページ。

――・森山美知子・渡辺幸子（２０２２）「ＣＯＶＩＤ－19パンデミックでの患者の受療行動と医療機関の収益の影響（特集　過剰医療と過少医療の実態：財政への影響）」『フィナンシャル・レビュー』第１４８号、１３３－１６０ページ。

池上直己（２０１７）『日本の医療と介護：歴史と構造、そして改革の方向性』日本経済新聞出版社。

伊藤由希子・井伊雅子（2023）「医療機関情報を透明化し、血の通う医療DXの実現を」『ウェッジ』35巻6号、50－53ページ。

――・葛西龍樹（2022）「地域の急性期医療機関のアウトカム評価の指標（特集　過剰医療と過少医療の実態：財政への影響）」『フィナンシャル・レビュー』第148号、67－91ページ。

井上真奈美（2005）「【胃癌　診断と治療の進歩】疫学・原因・遺伝子異常　胃癌の疫学と今後の動向」『日本内科学会雑誌』94巻1号、3－10ページ。

医療科学研究所（2020）『地域医療の未来：地域包括ケアシステムと総合診療医の役割』法研。

印南一路（2022）「葛西・井伊論文に対するコメント」『フィナンシャル・レビュー』第148号、64－66ページ。

ウォロシン、スティーブン（2011）『病気の「数字」のウソを見抜く―医者に聞くべき10の質問』北澤京子訳、日経BP社。

江口成美・出口真弓（2020）「第7回日本の医療に関する意識調査」日医総研ワーキングペーパー No.448。

大竹文雄・平井啓（2018）『医療現場の行動経済学―すれ違う医者と患者』東洋経済新報社。

岡本悦司（2009）「韓国：医療IT活用の先進国」井伊雅子編『アジアの医療保障制度』第6章、東京大学出版会、161－195ページ。

――（2018）「患者調査オーダーメイド集計からみた病院の種類，病床規模別の急性心筋梗塞死亡退院率の比較」『福知山公立大学研究紀要』2巻1号、1－8ページ。

尾形裕也（2022）「第99回　地域医療構想の現状及び課題をめぐって」『この国の医療の形』MEDIFAX web 2022年7月15日掲載。

翁百合（2017）『国民視点の医療改革―超高齢社会に向けた技術革新と制度』慶應義塾大学出版会。

葛西龍樹（2013）『医療大転換：日本のプライマリ・ケア革命』ちくま新書。

――（2014）「地域包括ケアシステムにおけるプライマリ・ケアの役割と課題」『医療経済研究』26巻1号、3－26ページ。

――（2018）「プライマリ・ヘルス・ケアとプライマリ・ケア：家庭医・総合診療医の視点」『国際保健医療』33巻2号、79－92ページ。

――（2021）「質の高いプライマリ・ヘルス・ケア専門職の育成を急げ」『健康保険』8月、14－19ページ。

――（2022）「医療人材の育成方法にメスを：地域に必要な専門医とは」『ウェッジ』34巻6号、62－64ページ。

――・井伊雅子（2022）「ケアの現場で陥りやすい過剰・過少医療を減らすために：EBM教育と患者中心の医療の役割（特集　過剰医療と過少医療の実態：財政への影響）」『フィナンシャル・レビュー』第148号、40－60ページ。

川越正平・澤憲明（2015）「クロストーク日英地域医療：第9回ピア・レビューや外部監査の機能を持つ英国の医療」『医

学界新聞』第3138号、2015年8月24日。

健康保険組合連合会（2017）「韓国医療保険制度の現状に関する調査研究 報告書」。

齊藤誠・岩本康志・太田聰一・柴田章久（2016）『マクロ経済学』有斐閣。

澤憲明（2012）「英国家庭医から見た患者中心の医療」『病院』71巻4号 286－289ページ。

島崎謙治（2020）『日本の医療―制度と政策〔増補改訂版〕』東京大学出版会。

鈴木邦彦（2023）「かかりつけ医機能のこれまでとこれから」*Journal of Japan Association of Healthcare Management Consultants*（JAHMC）34巻6号、1－4ページ。

高久玲音（2023）「過度な医療資源分散、見直せ コロナと医療提供体制」『日本経済新聞』「経済教室」2023年3月6日。

髙柳宏史（2019）「プライマリ・ケアの理論と実践 ICPCを用いたプライマリ・ケアにおける研究」『日本医事新報』No.4976（9月7日号）、8－9ページ。

田中秀明（2023）『「新しい国民皆保険」構想』慶應大学出版会。

中川貴史（2020）「家庭医／総合診療医による過疎地域の医療改革―寿都町立寿都診療所における地域包括ケアの実践と分析から―」医療科学研究所監修『地域医療の未来：地域包括ケアシステムと総合診療医の役割』法研 17－43ページ。

中山和弘（2022）『これからのヘルスリテラシー：健康を決める力』講談社。

成瀬道紀（2023）「OECD薬剤費統計の留意点」『日本総研 リサーチ・フォーカス』No.2023-008。

縄田和満・井伊雅子・葛西龍樹（2022）「糖尿病健診における過剰と過少―医療資源の効率利用に関する研究―（特集 過剰医療と過少医療の実態：財政への影響）」『フィナンシャル・レビュー』第148号、5－34ページ。

西沢和彦（2020）『医療保険制度の再構築―失われつつある「社会保険としての機能」を取り戻す』慶應義塾大学出版会

――（2022）「健康支出（Health expenditure）における予防支出推計の改善に向けて―『社会保障施策に要する経費』を用いた再推計」『JRIレビュー』Vol. 5. No. 100。

――（2023）「地方単独事業の社会保障の現状と課題」『JRIレビュー』Vo.4. No.10。

日本医師会（2022）定例記者会見「地域における面としてのかかりつけ医機能 ～かかりつけ医機能が発揮される制度整備に向けて～」11月2日。

日本医療機能評価機構（2022）『医療の質指標基本ガイド～質指標の適切な設定と計測～第一版』。

日本学術会議（2008）「信頼に支えられた医療の実現―医療を崩壊させないために―」要望、医療のイノベーション検討会委員会。

――――（２０２０）「認知症に対する学術の役割―「共生」と「予防」に向けて―」提言、認知障害に関する包括的検討委員会。

前田由美子（２０２１）「日本の病床数」『日医総研リサーチエッセイ』No.102。

松井彰彦（２０２１）「内閣府経済社会総合研究所 ２０１９－２０２０ 年度国際共同研究 超高齢社会における制度と市場の関係性の在り方に関する研究ＷＧ主査序文」『経済分析』第２０３号、１－９ページ。

満武巨裕（２０１４）「国民保健計算の歩み」『慶應経営論集』31巻1号、１６７－１８６ページ。

服部可奈、松田智大、シャルヴァア・ドリアン、査凌、Jiwon Lim, Young-Joo Won, RuRu Chun-Ju Chiang, 堀之内秀仁、新谷康、祖父江友孝（２０２１）「なぜ、日本の肺がん5年生存率は他国に比べて高いのか?」第62回日本肺癌学会学術集会 ２０２１年11月26日－28日、横浜。

山田隆司（２０１５）「地域での適切な外来診療機能について―ＩＣＰＣ（プライマリ・ケア国際分類）による分析と総合診療医の役割―」財務省財務総合政策研究所 『フィナンシャル・レビュー』第１２３号、１００－１２６ページ。

令和臨調（２０２３）提言「だれもが自己実現を目指せる日本をつくるために社会保障制度の再設計を」４月25日。

渡辺さちこ、アキよしかわ（２０２１）『医療崩壊の真実』エムディエンヌコーポレーション。

渡邉聡子、森冬人、児玉久仁子、藤原学、葛西龍樹（２０１５）「家庭医療先進国キューバ研修報告」 医学界新聞、４月13日。

【欧文文献】

Ahmed, K., S. Hashim, M. Khankhara, I. Said, A. T. Shandakumar, S. Zaman, *et al.*（2021）"What drives general practitioners in the UK to improve the quality of care? A systematic literature review", *BMJ Open Quality* Vol.10, e001127.

Barış, Enis, Rachel Silverman, Huihui Wang, Feng Zhao, and Muhammad Ali Pate（2021）*Walking the Talk: Reimagining Primary Health Care After COVID-19*, World Bank, Washington, DC.

BMJ（2015）"Cuba is first country to eliminate mother to child HIV transmission" 351: h3607

Caminal J. and B. Starfield *et al.*（2004）"The role of primary care in preventing ambulatory care sensitive conditions," *European Journal of Public Health* Vol.14, Issue 3, pp.246-251.

Chan, M.（2008）"Return to Alma Ata," *Lancet* Vol.372, Issue 9642, pp.865-866.

Deaton, Angus（2013）*The Great Escape: Health, Wealth, and the Origins of Inequality*, Princeton University Press（邦訳：

松本裕訳（2014）『大脱出—健康、お金、格差の起源』みすず書房）。

Desborough,Jane, Sally Hall Dykgraaf, Lucas Toca, Stephanie Davis, Leslee Roberts, Catherine Kelaher and Michael Kidd（2020）"Australia's national COVID-19 primary care response," *Medical Journal of Australia* Vol.213, Issue 3, 104-106.e1.

———, ———, Christine Phillips, Michael Wright, Raglan Maddox, Stephanie Davis, and Michael Kidd（2021）"Lessons for the global primary care response to COVID-19: a rapid review of evidence from past epidemics," *Family Practice* Vol.38, Issue 6, pp. 811–825.

Duong, Tuyen V., Altyn Aringazina, Gaukhar Baisunova, Thuc V. Pham Nurjanah, Khue M. Pham, Tien Q. Truong, Kien T. Nguyen, Win Myint Oo, Emma Mohamad, Tin Tin Su, Hsiao-Ling Huang, Kristine Sørensen, Jürgen M. Pelikan, Stephan Van den Broucke and Peter Wushou Chang（2017）"Measuring health literacy in Asia: Validation of the HLS-EU-Q47 survey tool in six Asian countries," *Journal of Epidemiology* Volume 27, Issue 2, pp 80-86.

Engel, George L.（1977）"The need for a new medical model: a challenge for biomedicine," *Science* Vol.196, Issue 4286, pp.129-136.

Flexner, Abraham（1930）*Universities, American, English and German*, Oxford University Press.

Fujisawa, Rie and Nicolaas S. Klazinga（2017）"Measuring patient experiences（PREMS）: Progress made by the OECD and its member countries between 2006 and 2016," *OECD Health Working Papers* No. 102.

Fukuchi Y. *et al.*（2004）"COPD in Japan: the Nippon COPD Epidemiology study," *Respirology* Vol.9, Issue 4, pp. 458–465.

Gigerenzer, Gerd（2014）*Risk Savvy: How to Make Good Decisions*, Viking Press（邦訳：田沢恭子訳（2015）『賢く決めるリスク思考—ビジネス・投資から、恋愛・健康・買い物まで』インターシフト）

———（2015）*Simply Rational: Decision Making in the Real World*, Oxford University Press.

———（2016）"Full disclosure about cancer screening," *BMJ*, Jan 6;352: h6967.

———, Wolfgang Gaissmaier, Elke Kurz-Millcke, Lisa M. Schwartz and Steven Woloshin（2007）"Helping Doctors and Patients Make Sense of Health Statistics," *Psychological Science in the Public Interest* Vol.8, Issue 2, pp.53-96.

Green, L. A., G. E. Fryer Jr., B. P. Yawn, D. Lanier and S. M. Dovey（2001）"The ecology of medical care revisited," *N Engl J Med*. Jun 28;Vol.344, Issue 26, pp.2021-5.

Gurian, Elizabeth A., Daniel D. Kinnamon, Judith J. Henry and Susan E. Waisbren（2006）"Expanded Newborn Screening for Biomedical Disorderds: The Effect of a False-positive Result," *Pediatrics* Vol.117, No.6, pp.1915-1921.

Haggerty, J., J. Levesque, W. Hogg, and S. Wong（2013）"The strength of primary care systems," *BMJ* 346: f3777.

Hewlett, E. and V. Moran（2014）*Making Mental Health Count: The Social and Economic Costs of Neglecting Mental Health Care*, OECD Health Policy Studies.

Ii, Masako and Niu Bin（2019）“Are Japanese People Satisfied with Their Health Care System and Services? Empirical Evidence from Survey Data,” *Health Policy* Vol. 123, Issue 4, pp.345-352.

——— and Sachiko Watanabe（2022）“The paradox of the COVID-19 pandemic: The impact on patient demand in Japanese hospitals,” *Health Policy* Vol. 126, Issue 11, pp.1081-1089.

Jan, C-FJ, C-JJ Chang, S-J Hwang, *et al.*（2021）“Impact of team-based community healthcare on preventable hospitalisation: a population-based cohort study in Taiwan,” *BMJ Open* 11: e039986.

Kidd, Michael R.（2020）“Five principles for pandemic preparedness: lessons from the Australian COVID-19 primary care response,” *British Journal of General Practice* Vol.70, Issue 696, pp. 316-317.

Kringos D., W. Boerma, J. van der Zee, and P. Groenewegen (2013) “Europe's strong primary care systems are linked to better population health but also to higher health spending,” *Health Affairs* Vol.32, No. 4, pp686-94.

Lamberts, H. and M. Wood（1987）*International Classification of Primary Care*, Oxford: Oxford Medical Publications.

Machinko, J., B. Starfield, and L. Shi（2003）“The contribution of primary systems to healthcare outcomes within Organisation for Economic Cooperation and Development（OECD）countries, 1970-1998,” *Health Services Research* Vol.38, Issue 3, pp.831-865.

McWhinney, Ian R. and Thomas Freeman（2009）*Textbook of Family Medicine* Third edition, Oxford University Press（邦訳：葛西龍樹・草場鉄周 訳（２０１３）『マクウィニー家庭医療学』ぱーそん書房）.

Mendelson, A., K. Kondo, C. Damberg, A. Low, M. Motu'apuaka, M. Freeman, *et al.*（2017）“The effect of pay-for-performance programs on health, health care use, and process of care: A systematic review,” *Annals of Internal Medicine* Vol.166 No.5, pp.341-353.

Nakayama, K., W. Osaka, T. Togari, *et al.*（2015）“Comprehensive health literacy in Japan is lower than in Europe: a validated Japanese-language assessment of health literacy,” *BMC Public Health* 15, 505.

OECD（2006）*OECD Health Care Quality Indicators Project: Initial Indicators Report*（邦訳：岡本悦司訳「医療の質国際指標―OECD医療の質指標プロジェクト報告書」）

———（2011）*Health at a Glance 2011 OECD Indicators.*

———（2012）*OECD Reviews of Health Care Quality: Korea*

———（2015）*OECD Reviews of Health Care Quality: Japan*（日本語サマリー：OECD（2014）医療の質レビュー　日本　スタンダートの引き上げ 評価と提言）.

———（2017a）*Caring for quality in health: Lessons learnt from 15 reviews of health care quality.*

———（2017b）*Health at a Glance 2017 OECD Indicators.*

———（2019a）*Health at a Glance 2019 OECD Indicators.*

———（2019b）*OECD Reviews of Public Health: Japan A Healthier Tomorrow.*（邦訳：村澤秀樹訳「ＯＥＣＤ公衆衛生白書：日本　明日のための健康づくり」）.

———（2020）*Realising the Potential of Primary Health Care.*

———（2021）*Health at a Glance 2021 OECD Indicators*（邦訳：ＯＥＣＤ編著、村澤秀樹訳、『図表でみる世界の保健医療　ＯＥＣＤインディケータ』［２０２１年版］）.

———（2021）*Strengthening the frontline: How primary health care helps health systems adapt during the COVID 19 pandemic*, OECD Policy Responses to Coronavirus（COVID-19）.

———（2023）"Definitions, Sources and Methods Physicians by categories," *Health Statistics 2023.*

———, Eurostat and World Health Organization（2017）*A System of Health Accounts 2011: Revised edition.*

———/INFE（2016）*International Survey of Adult Financial Literacy Competencies.*

Oedekoven, M., W. J. Herrmann, C. Ernsting, *et al.*（2019）"Patients' health literacy in relation to the preference for a general practitioner as the source of health information," *BMC Family Practice* 20: 94.

Olde Hartman, T. C., H. Woutersen-Koch, and H. E.Van der Horst（2013）"Medically unexplained symptoms: evidence, guidelines, and beyond," *British Journal of General Practice*, Vol.63, Issue 617, pp.625-6.

———, A. Bazemore, R. Etz, R. Kassai, M. Kidd, R. L. Phillips, M. Roland, Kees van Boven, Chris van Weel, and F. Goodyear-Smith（2021）"Developing measures to capture the true value of primary care," *BJGP Open* Vol 5, Issue 2.

Parchman, M. L, and S. Culler（1994）"Primary care physicians and avoidable hospitalization," *Journal of Family Practice* Vol.39, Issue 2, pp.123-128.

Rosano, A, L. Lauria, G. Viola, *et al.*（2011）"Hospitalization for ambulatory care sensitive conditions and the role of primary care," *Italian Journal of Public Health* Vol.8, Issue 1, pp. 77-88.

Soler, Jean-Karl, I. Okkes, M. Wood, and H. Lamberts（2008）"The coming of age of ICPC: celebrating the 21st birthday of the International Classification of Primary Care," *Family Practice* Volume 25, Issue 4, August 2008, pp.312–317.

Sørensen, K., Van den Broucke, S., Fullam, J. *et al.*（2012）"Health literacy and public health: A systematic review and integration of definitions and models," *BMC Public Health* 12, 80.

Srivastava, Mueller and Hewlett（2016）*Better ways to pay for health care : privacy, monitoring and research*（OECD health policy studies）.

Stange, Kurt C., and R. L. Ferrer（2009）"The paradox of primary care," *Annals of Family Medicine* Jul-Aug;7（4）: 293-299.

Starfield, B.（1998）*Primary care: balancing health needs, service, and technology,* Oxford: Oxford University Press.

———, L. Shi and J. Macinko（2005）"Contribution of primary care to health systems and health," *Milbank Quarterly* 83（3）: 457-502.

Stewart, M., J. B. Brown, W. W. Weston, I. R. McWhinney, C. L. McWhilliam and T. R. Freeman（2014）*Patient-Centered Medicine: Transforming the Clinical Method*, Third Edition, CRC Press.（邦訳：葛西龍樹監訳（２０２１）『患者中心の医療の方法』原著第３版、羊土社）

Weiner, J. and B. Starfield（1983）"Measurement and the primary care roles of office based physicians," *American Journal of Public Health* 73: pp.666-671.

White, K. L., T. F. Williams, and B. G. Greenberg（1961）"The Ecology of Medical," *New England Journal of Medicine* 265（2 November）: 885-892.

WHO（2008）*The World Health Report 2008: Primary Health Care Now More Than Ever*, Geneva.

———（2018）*Declaration of Astana.*

———（2020）"Screening programmes: a short guide: Increase effectiveness, maximize benefits and minimize harm. Copenhagen: WHO Regional Office for Europe.（邦訳：斎藤博監訳、松坂方士、雑賀公美子［２０２２］「スクリーニング（検診／健診）プログラム：ガイドブック　効果を高め、利益を最大化し、不利益を最小化する」）.

———（2022）*Primary Health Care Measurement Framework and Indicators: Monitoring Health Systems Through a Primary Health Care Lens.*

World Bank（2016）*Live Long and Prosper: Aging in East Asia and Pacific.*

【資　料】

医薬品の迅速・安定供給実現に向けた総合対策に関する有識者検討会（２０２３）報告書

金融広報中央委員会（２０２２）「金融リテラシー調査２０２２年」の結果

厚生労働省（２０１２）「労働者健康状態調査」

厚生労働省（２０１８ａ）「第14回地域医療機能構想に関するＷＧ」平成30年度病床機能報告の見直しに向けた議論の整理　２０１８年６月15日

厚生労働省（２０１８ｂ）「第24回がん検診のあり方に関する検討会」資料６

厚生労働省（２０２３ａ）「がん検診事業のあり方について」の報告書　https://www.mhlw.go.jp/content/10901000/001115628.pdf

厚生労働省（２０２３ｂ）「第９回ＮＤＢオープンデータの作成方針について」第18回匿名医療情報等の提供に関する専門委員会 令和５年12月６日　https://www.mhlw.go.jp/content/12400000/001175414.pdf

国立社会保障・人口問題研究所（２０１８）「平成28年度 社会保障費用統計 ――概要と解説――」Vol.3, no.3, ４１６－４２８ページ。

国立社会保障・人口問題研究所（２０２１）「令和元年度 社会保障費用統計―概要と解説―」『社会保障研究』Vo.6 No.3・３４６－３５９ページ

国立社会保障・人口問題研究所（２０２２）「令和２年度社会保障費用統計」

総務省地方財政白書　各年

東京都医師確保計画（２０２０）https://www.hokeniryo.metro.tokyo.lg.jp/iryo/iryo_hoken/kanren/kyogikai/ishikakuhokeikaku.html

東京都外来医療計画（２０２０）https://www.hokeniryo.metro.tokyo.lg.jp/iryo/iryo_hoken/kanren/kyogikai/gairaiiryoukeikaku.html

東京都循環器病対策推進計画（２０２１）https://www.hokeniryo.metro.tokyo.lg.jp/iryo/kyuukyuu/junkankibyo/keikaku/junkankibyokeikaku0307.html

東京都地域医療構想（２０１６）https://www.hokeniryo.metro.tokyo.lg.jp/iryo/iryo_hoken/kanren/kyogikai/chiikiiryoukousou.html

東京都保健医療計画（第７次）（２０１８）https://www.hokeniryo.metro.tokyo.lg.jp/iryo/iryo_hoken/kanren/zenbun２/pdf/

zenbun.pdf
東京都（２０１７）健康と保健医療に関する世論調査 平成28年10月実施 https://www.metro.tokyo.lg.jp/tosei/hodohappyo/press/2017/03/07/documents/01_01.pdf
東京都（２０２３）保健医療に関する世論調査 令和４年９月実施 https://www.metro.tokyo.lg.jp/tosei/hodohappyo/press/2023/02/17/documents/01_full.pdf
東京都病床機能報告制度 各年 https://www.byosho.metro.tokyo.lg.jp/
令和国民会議（令和臨調）（２０２３）提言「だれもが自己実現を目指せる日本をつくるために社会保障制度の再設計を」４月25日
Commonwealth Fund（2014）Davis, K. *et al. Mirror, Mirror on the Wall*, 2014 Update: How the U.S. Health Care System Compares Internationally. https://www.commonwealthfund.org/publications/fund-reports/2014/jun/mirror-mirror-wall-2014-update-how-us-health-care-system
———（2017）Schneider, E.C., *et al. Mirror, Mirror 2017* International Comparison Reflects Flaws and Opportunities for Better U.S. Health Care. https://www.commonwealthfund.org/publications/fund-reports/2017/jul/mirror-mirror-2017-international-comparison-reflects-flaws-and
———（2021）Schneider, E.C., *et al. Mirror, Mirror 2021*: Reflecting Poorly, Health Care in the U.S. Compared to Other High-Income Countries. https://www.commonwealthfund.org/publications/fund-reports/2021/aug/mirror-mirror-2021-reflecting-poorly
ＣＳＲプロジェクト（２０２２）「新型コロナウイルス感染症拡大が及ぼしたがん患者への影響調査（第２回）結果報告書」http://workingsurvivors.org/doc/20220118covid-ver2.pdf
ＩＱＶＩＡ医薬品市場統計 各年。
National Health Service（2023）“NHS Payments to General Practice, England 2022/23”
Office for National Statistics（2022）“Trends in patient-to-staff numbers at GP practices in England: 2022” Data and analysis from Census 2021
Scottish Government（2011）*Standards of Care for Dementia in Scotland.*
Taiwan, Ministry of Health and Welfare（2023）*National Health Expenditure 2021.*

【著者略歴】

井伊 雅子（いい・まさこ）

1963年生まれ。86年、国際基督教大学卒業。93年、ウィスコンシン大学マディソン校経済学研究科修了、Ph.D.取得。世界銀行（ワシントンDC）勤務ののち95年に帰国、横浜国立大学経済学部助教授。2004年、一橋大学大学院国際企業戦略研究科教授に就任。05年、同大大学院経済学研究科および国際・公共政策大学院教授となり、現在に至る。専門は医療経済学、公共経済学。政府税制調査会特別委員、日本放送協会経営委員、日本学術会議会員、財務総研「医療・介護に関する研究会」座長などを歴任。

主な業績

『医療サービス需要の経済分析』（共著、日本経済新聞社、2002年）
『アジアの医療保障制度』（編、東京大学出版会、2009年）
『新医療経済学』（共著、日本評論社、2019年） ほか。

地域医療の経済学
――医療の質・費用・ヘルスリテラシーの効果

2024年4月25日 初版第1刷発行

著 者 ――――― 井伊雅子
発行者 ――――― 大野友寛
発行所 ――――― 慶應義塾大学出版会株式会社
〒108-8346 東京都港区三田2-19-30
TEL〔編集部〕03-3451-0931
〔営業部〕03-3451-3584〈ご注文〉
〔 〃 〕03-3451-6926
FAX〔営業部〕03-3451-3122
振替 00190-8-155497
https://www.keio-up.co.jp/
装 丁 ――――― 坂田政則
カバー画 ―――― 岩橋香月（デザインフォリオ）
組 版 ――――― 株式会社シーエーシー
印刷・製本 ―― 中央精版印刷株式会社
カバー印刷 ―― 株式会社太平印刷社

Printed in Japan ISBN978-4-7664-2958-9

【現代経済解説シリーズ】

			定価
失業なき雇用流動化	山田　久	著	2750円
金融政策の「誤解」	早川英男	著	2750円
国民視点の医療改革	翁　百合	著	2750円
アジア都市の成長戦略	後藤康浩	著	2750円
日本の水産資源管理	片野　歩 阪口　功	著	2750円
日本のセーフティーネット格差	酒井　正	著	2970円
医療保険制度の再構築	西沢和彦	著	2970円
「副業」の研究	川上淳之	著	2970円
地域金融の経済学	小倉義明	著	2970円
成長の臨界	河野龍太郎	著	2970円
少人数学級の経済学	北條雅一	著	2970円
「新しい国民皆保険」構想	田中秀明	著	2970円
輸入ショックの経済学	遠藤正寛	著	2640円
円の実力	佐藤清隆	著	2970円

（定価は税10%込みの価格）